Contraste insuffisant

NF Z 43-120-14

19516

ŒUVRES
DE LEIBNIZ

TOME V

Paris. — Typographie de Firmin Didot frères, fils et Cⁱᵉ, rue Jacob, 56.

ŒUVRES
DE
LEIBNIZ

PUBLIÉES POUR LA PREMIÈRE FOIS

D'APRÈS LES MANUSCRITS ORIGINAUX

AVEC

NOTES ET INTRODUCTIONS

PAR

A. FOUCHER DE CAREIL

TOME CINQUIÈME

PROJET D'EXPÉDITION D'ÉGYPTE
PRÉSENTÉ
A LOUIS XIV.

PARIS
LIBRAIRIE DE FIRMIN DIDOT FRÈRES, FILS ET Cⁱᵉ
IMPRIMEURS DE L'INSTITUT, RUE JACOB, 56

1864

Droit de traduction et de reproduction réservé

INTRODUCTION.

I.

PARTIE BIBLIOGRAPHIQUE.

En publiant pour la première fois le véritable projet d'expédition d'Égypte de Leibniz, si vainement cherché jusqu'ici en France et en Allemagne, et qui, au lieu de 25 pages (1), en comprend 300, nous devons à nos lecteurs l'historique de ce projet et la bibliographie complète du *Consilium Ægyptiacum*. C'est une histoire fort simple, mais tellement embrouillée par les précédentes communications, sans en excepter celles qui furent faites à l'*Académie des sciences morales et politiques*, qu'on nous saura gré, sans doute, de la rétablir enfin sous son véritable jour.

---

(1) Comme l'abrégé, qui seul a paru.

Le fil d'Ariane qui nous a conduit dans ces recherches et nous a aidé à sortir de ce labyrinthe est celui-ci : jusqu'ici tous ceux qui ont parlé du *Consilium Ægyptiacum* ne le connaissaient pas, et il n'est pas étonnant qu'ils aient pris le change, car le manuscrit original et volumineux du *Consilium Ægyptiacum* avait été soigneusement dérobé aux indiscrets par la vigilance des anciens bibliothécaires de Hanovre, à cause des événements politiques, tandis que le sommaire, les tables des chapitres et des fragments de la lettre de Leibniz à Louis XIV avaient été, soit envoyés en France, soit offerts en pâture à la curiosité des précédents investigateurs, sans en excepter le général Mortier et le premier consul. Il en est résulté que tous, ou presque tous, ont pris le change jusqu'ici, et que, voulant voir le *Consilium Ægyptiacum* tout entier dans chaque bribe du manuscrit type caché à tous les yeux, ils ont pris, soit un fragment incomplet de la lettre à Louis XIV, soit un sommaire ou abrégé très-concis, soit même de simples notes et des tables des chapitres, pour le document original.

C'est ainsi qu'il faut renoncer à chercher des lumières sur ce document dans Guhrauer. Guhrauer a passé la plus grande partie de sa vie à approfondir ce mystère ; il a écrit deux volumes et plusieurs introductions pour déchiffrer l'énigme du *Consilium Ægyptiacum;* il est venu même en France, à Paris, pour continuer ses recherches et en entretenir l'Académie. Il n'y a qu'un malheur, c'est que Guhrauer n'a jamais vu le document original. A Hanovre, où il était allé, on ne le lui a pas montré, ou il n'a pas su le découvrir ; à Paris, il n'a pu voir que ce qui s'y trouvait, à savoir l'abrégé mentionné plus haut et quelques notes ; mais il n'a pas connu le document que nous publions.

Singulière préoccupation d'un esprit prévenu par ses propres découvertes ! Guhrauer a écrit deux volumes sur ce projet d'expédition d'Égypte, et sa conclusion est celle-ci : « Je crois avoir irrévocablement démontré que le mémoire en latin de Leibniz découvert l'an passé dans la bibliothèque de l'Institut, que l'Académie entière a considéré comme le grand mémoire à Louis XIV, opinion que M. Mignet a soutenue dans l'analyse de mon mémoire, est au contraire un mémoire de Leibniz à l'électeur de Mayence, Jean-Philippe. » Or c'est précisément le contraire : ce mémoire est bien réellement un abrégé qui fut envoyé à Louis XIV, mais n'est nullement le grand mémoire dont il est question plus haut. En revanche, ce grand mémoire, inconnu de Guhrauer, est bien réellement sous la forme d'une lettre à Sa Majesté le roi de France, et n'est pas adressé à l'électeur de Mayence. Mais Guhrauer est tellement sous l'influence d'une idée fixe, qu'elle résiste aux preuves les plus convaincantes. Il cite les paroles et les extraits de Mangourit qui a connu ce grand mémoire, qui dit avoir vu à Hanovre un manuscrit très-volumineux, qui en donne des fragments, sans avoir l'air de comprendre qu'ils ne se rapportent pas à un de ceux qu'il a publiés. Enfin il écrit au précédent bibliothécaire de Hanovre, le savant M. Pertz, qui lui répond en ces termes péremptoires, et lui envoie un signalement exact du manuscrit cherché : « Je réponds avec plaisir au désir que vous exprimez d'avoir des renseignements précis sur l'état du manuscrit de Leibniz, et je le fais d'autant plus volontiers, que j'ai consacré le printemps dernier à mettre en ordre les papiers de ce grand homme. *On trouve dans la bibliothèque royale de Hanovre, non-seulement la copie que vous avez vue d'une petite partie de son mémoire, mais ce dernier lui-même, œuvre d'une grande étendue, qui, à l'exception d'une petite lacune sans importance, a pu être réuni et remis en ordre d'après les propres instructions de Leibniz. Le tout est, ou de la main de Leibniz, ou de celle d'un de ses copistes, mais toujours revu et corrigé par lui. C'est donc bien là le projet original :* « alfo das Original=Concept. » Guhrauer reçoit la lettre et publie un sommaire trouvé à Paris, qui n'est qu'un abrégé de ce grand projet, comme étant le manuscrit original, d'une grande étendue, qui lui est signalé par M. Pertz à Hanovre. C'est à ne pas y croire.

Qu'on se figure un homme qui chercherait un tableau original d'un grand maître et n'aurait pour s'orienter dans ses recherches que de trop faibles indices. Il met la main sur une mauvaise et incomplète gravure ; en même temps on lui annonce que le tableau est retrouvé, mais, lui, soutient que sa gravure est le tableau original et qu'il n'y en a pas d'autre. C'est là ce qui est arrivé à Guhrauer. Il a vu quelques fragments, il a cherché toute sa vie l'original sans le trouver. Alors il a pris la partie pour le tout ; il a fait les raisonnements les plus bizarres et les inductions les plus téméraires. N'ayant dans sa main que des éléments incomplets, toujours hésitant sur la question de savoir quel était le vrai manuscrit, et cependant très-désireux de trancher la question par l'affirmative, il fait des tours de force de critique conjecturale, discute sur le brouillon (*concept*) et la mise au net (*mundum*) comme s'il avait l'un et l'autre sous les yeux, et finit par inventer la théorie parfaitement arbitraire de deux projets ou mémoires, l'un, le plus gros, qui serait destiné à l'électeur de Mayence, l'autre, le plus petit, qui était adressé à Louis XIV. A quoi bon désormais le suivre dans ce labyrinthe d'où il ne pouvait pas sortir ? Toutes ses conclusions, à partir de prémisses trompeuses, sont nécessairement fausses ; toutes ses conjectures se trouvent démenties. Les pièces qu'il a sous les yeux ne sont pas ce qu'il croit, et celles qu'il n'a point connues, et que lui signalait M. Pertz, répondent seules au signalement qu'il a donné. A plus forte raison ne saurait-on se fier aux témoignages partiels et très-inconsistants de ceux qui l'ont suivi, comme MM. Hoffmans et Vallet de Viriville, qui sont tombés nécessairement dans les mêmes erreurs.

Pour rétablir l'ordre dans ce chaos, nous commencerons par classer les pièces de Hanovre en trois séries et par tracer trois zones distinctes dans ce trésor, suivant que ces pièces se rapportent, 1° au traité terminé et seul complet ; 2° ou bien qu'elles ne sont que les matériaux de ce traité ; 3° ou bien enfin des pièces à l'appui, telles que lettres, notes et récépissés.

Nous nous servirons, pour reconstituer dans son intégrité le grand mémoire ou *Consilium Ægyptiacum*, du travail antérieur des précédents bibliothécaires de Hanovre qui ont classé ces pièces dans l'ordre suivant :

I. Consilium Ægyptiacum (le Traité lui-même).

1. A. Une copie faite sous la dictée de Leibniz et corrigée de sa main, 38 feuillets in-folio, commençant ainsi : « *Fecit fides publica*, » et finissant par ces mots : « *Societatis Jesu.* »

2. B. Suite du traité manuscrit, de l'écriture de Leibniz, 8 feuillets in-folio, commençant ainsi : « *Hi sunt inter Europæos status*, » et finissant par ces mots : « *Donec inexhaustum cœli calcetis Olympum.* »

II. *Matériaux de ce Traité.*

II. A. La *Summa*, ou l'abrégé publié par Guhrauer en latin, traduit par Vallet de Viriville en français, et considéré jusqu'ici comme le manuscrit unique et complet du *Consilium Ægyptiacum*.

II. B. *Synopsis meditationis de optimo consilio quod potentissimo regi dari potest inpræsentiarum*, une demi-feuille de la main de Leibniz.

II. C^o1 REGI CHRISTIANISSIMO. « *Fecit opinio publica :* » C'est le fragment incomplet de la lettre à Louis XIV vu et publié par Guhrauer.

C^o2 *Sed ut rectius intelligar enarrabo hic argumentum fabulæ politicæ.* — C'est le premier projet d'une fable politique publiée par moi à la fin du *Consilium*, et comme pièce à l'appui, et dont l'épilogue termine le grand mémoire à Louis XIV : « *Donec inexhaustum cœli calcetis Olympum.* »

II. D^o *Hactenus velut historia Consilii collectis ex antiquitate vestigiis exposita est, ne mea tantum somnia sed sapientissimorum*, etc.

DIVISIONS PRINCIPALES.

1° *Efficacissimam esse ad summam rerum seu id quod Franciæ maxime interest.*

2° *Periculi expertem.*

3° *Facilem esse et maxime Franciæ regi.*

4° *Præsenti consiliorum lineæ parallelam.*

5° *Diutius non differendam.*

6° *Eam suscipi interesse generis humani religionisque christianæ et quod idem est voluntati Divinæ consentaneam; justam, piam esse, felicem fore.*

Suivent des déductions très-scolastiques qui indiquent un premier développement de ce premier point :

« *Basis ergo ejus quod maxime monarchæ interest, sapientia ipsius est.*

« *Sapientia autem* . . . .

« *Cum autem sapientis sit intelligere causas voluptatum et dolorum.* . . . .

« *Ergo sapientis interest summo conatu et quærere quid justum sit et agere quantum in se est.*

« *Summa capita ejus quod interest post sapientiam, sanitas, amari, timeri.*

« *Monarchæ autem duo hominum genera occurrunt : subditi, extranei.*

De subditis hic non locus.

II E. Neuf feuillets in-18 dans un grand désordre, très-curieux pour nous faire pénétrer dans son système de composition. On voit, d'après ces notes, que ce qui était déjà fait, il le mettait de côté pour le retrouver en son temps et le mettre en sa place. Il y discute les forces de la France, sa situation, celle de la Hollande.

1° *Ostensum est quid Francia...*

2° *Bello suscepto, videamus quid Francia metuere aut sperare possit, bello defensivo an offensivo.*

3° *Hollandiam intueamur quæ velut continua quædam urbs atque instar magnarum Venetiarum est in meras quasdam insulas veluti totidem plateas dispersa.*

4° *Diu nimis pugnare videbor in chimæram non frustra tamen ut ratiocinationi sequenti basim sternerem.*

5° *Domi quies, exstinctæ factiones, subditi nisi extremis affligantur quieturi. Extra nullus Rex audax, nova moliens, bellicosus, una voce* ENTREPRENANT, *præter Franciæ Regem, rara temporum felicitate.*

6° *Sed ad absolvendas Regis christianissimi vires redeundum.*

Diximus de Franciæ viribus per se deque Regis christianissimi viribus in Franciam; dicendum est de auxiliis obstaculisque Franciæ extra Franciam.

III. *Pièces à l'appui.*

Ce sont principalement des lettres écrites à différentes époques, et par divers personnages politiques, et toutes relatives à ce projet, à son envoi, aux circonstances diplomatiques dont il fut entouré, et enfin au voyage de Leibniz à Paris, et à l'audience de Louis XIV.

Lettres de Boinebourg à Arnaud de Pomponne et réponses de ce dernier.

1° Brouillon d'une lettre du baron de Boinebourg à Sa Majesté le roi de France (de la main de Leibniz) sans date (probablement du mois de décembre).

« Sire,

« Votre Majesté me permettra que je luy présente ce petit projet dont l'auteur, homme de quelque qualité considérable (1), etc.

« Il a voulu en user de cette sorte, et, ayant expliqué dans le billet ci-joint les effets de cette entreprise, il a cru être plus à propos de découvrir les moyens particuliers sitôt qu'il auroit obtenu une sérieuse réflexion sur ses propositions préliminaires.

(1) Leibniz, dont on reconnaît l'écriture dans ce billet, ajoute ici pour Boinebourg, entre parenthèses (*potest omitti ut lubet*, à passer, si l'on veut).

« Il adjoute qu'il a craigni (1) les accidents tant à la poste qu'à la cour, auxquelles sont exposées les lettres principalement, dont on a fait peu d'estat d'abord ou qui sont trop étendues, comme il seroit nécessaire en s'expliquant entièrement, et que quelques-uns, en ayant la moindre odeur, pourront fermer le chemin en un moment.

« Il suplie donc que tout soit ménagé fort secrètement, s'offrant à une conférence personnelle, comme on l'adressera, dont Votre Majesté aura la bonté de n'être pas mal satisfaite. »

Voir dans ce volume, page 302.

2° La même, telle qu'elle a été envoyée à Louis XIV à la date du 20 janvier 1672, tirée des archives des affaires étrangères; correspondance Mayence. Tome IV. M. l'abbé de Gravel, 1671-1672.

Voir dans ce volume, page 304, avec les deux propositions à l'appui retrouvées par Guhrauer dans les archives du Ministère des affaires étrangères.

3° Lettre d'Arnauld de Pomponne, ministre des affaires étrangères de Louis XIV, au baron de Boinebourg, datée de Saint-Germain le 12 février 1672.

« J'ai eu l'honneur de rendre compte au roi non-

---

(1) C'est du français de Leibniz, à vingt-cinq ans. Plus tard, il l'écrira avec une véritable supériorité, et fera passer le génie de la spéculation allemande dans notre langue philosophique.

seulement de vos lettres, mais des mémoires que vous y avez joints, et qui portent un avis très-grand pour la gloire et l'avantage de Sa Majesté, sans qu'ils fassent voir par quels moyens il peut s'exécuter. Comme l'auteur s'est réservé (ainsi que vous le marquez) de s'en pouvoir déclarer lui-même, Sa Majesté verra volontiers les ouvertures qu'il aura à faire, soit qu'il veuille venir ici pour s'expliquer, soit qu'il le veuille faire par telle autre voie que vous jugerez à propos. »

Voir dans ce volume, p. 312.

4° Lettre du baron de Boinebourg à Arnauld de Pomponne, relative à l'envoi de Leibniz en France, datée de Mayence le 4 février 1672.

Voir dans ce volume, p. 312.

5° Lettre de recommandation donnée par le même à Leibniz partant pour la cour, datée de Mayence le 18 mars 1672.

Voir dans ce volume, p. 313.

6° Lettre du marquis de Feuquières, envoyé extraordinaire de France à la cour de Mayence, à Arnauld de Pomponne, datée de Mayence le 4 juin 1672.

Voir dans ce volume, *Appendice* sous le n° IV.

7° Arnauld de Pomponne répond au marquis de

Feuquières, du camp devant Doesbourg, le 21 juin 1672 :

« Je ne vous dis rien sur les projets d'une guerre sainte, mais vous savez qu'ils ont cessé d'être à la mode depuis saint Louis. »

8° Lettre d'Arnauld de Pomponne à M. de Boinebourg, même date.
Voir à l'*Appendice* sous le n° V.

9° Lettre du baron de Boinebourg à Arnauld de Pomponne, datée de Mayence le 4 novembre 1672, pour lui recommander Leibniz.
Voir à l'*Appendice* sous le n° VI.

10° En 1795, Eberhard, auteur d'une Vie de Leibniz, décrit le manuscrit original du *Consilium Ægyptiacum*, qu'il appelle un manuscrit très-volumineux, fort de 50-60 pages doubles, in-folio, et qui lui avait été communiqué par le bibliothécaire Jung.
Voir le *Pantheon der Deutschen*, II, 1795.

11° En septembre 1798, le comte de Kielmansegge, président de la régence de Hanovre, écrit au bibliothécaire d'avoir à faire la recherche si le mémoire de Leibniz se trouve encore parmi ses manuscrits.

12° Le 3 septembre 1798, autre lettre où il est dit que la lettre à Pomponne est imprimée dans le *Pantheon der Deustchen*, IIe partie, n° 36 (Hempel) (1).

13° Le 10 septembre 1798, M. de Kielmansegge, président de la régence de Hanovre, s'assura au bureau de la guerre (archives) que la réponse de M. de Pomponne était adressée au baron de Boinebourg (Note de Mangourit, *Voyage en Hanovre*).

14° Rescrit du gouvernement de Hanovre ordonnant qu'une copie du manuscrit de Hanovre sera exécutée immédiatement, daté du 10 septembre 1798. Voir Mangourit, *Voyage en Hanovre*.

15° Lettre du bibliothécaire Feder, non datée, mais probablement du mois d'août 1798, adressée au général Mortier.

Monsieur,

J'ai l'honneur de présenter à Votre Excellence, selon ses ordres, le *Manuscript* de Leibniz *sur la conquête d'Égypte, tel qu'il a été copié il y a quelques ans par ordre du gouvernement*.

---

(1) Hempel était bibliothécaire avant Feder. On lit de la main de celui-ci sur la dernière page de l'abrégé du *Consilium Ægyptiacum* envoyé par le général Mortier à Paris, et retrouvé par Guhrauer à la bibliothèque de l'Institut : *Hoc exemplar ab Hempel, bibliothecæ regiæ secretario, scriptum ad manuscriplum Leibnitii, summa diligentia Mathæi examinavit, in sectiones divisit, nec non conspectum fecit.*

J'ai l'honneur d'être avec un profond respect, de Votre Excellence, le très-humble et très-obéissant serviteur.

16° Lettre du général Mortier au premier consul, Napoléon Bonaparte, accompagnant l'envoi de la copie exécutée par ordre du gouvernement de Hanovre, datée du 11 thermidor an XI de la République française.

ARMÉE D'HANOVRE. ARMÉE FRANÇAISE. RÉPUBLIQUE FRANÇAISE.

Au quartier général à Hanovre, le 11 thermidor an XI
de la République française.

ÉDOUARD MORTIER, lieutenant général commandant en chef,

AU PREMIER CONSUL.

Mon Général,

Le célèbre Leibniz avoit proposé à Louis XIV la conquête d'Égypte. Son mémoire manuscrit sur cette partie intéressante du globe, écrit en latin, est déposé à la bibliothèque d'Hanovre ; j'ai cru qu'il ne vous serait pas indifférent de le lire.

Veuillez recevoir, mon Général, l'assurance de mon respectueux dévouement.

ED. MORTIER.

17° Reçu du bibliothécaire de l'Institut, à Paris, le 3 juillet 1815, constatant que ce manuscrit inédit de Leibniz lui a été remis en dépôt pour la bibliothèque de l'Institut, par Monge, à qui le premier Consul l'avait confié.

« Je soussigné, bibliothécaire de l'Institut, reconnais que M. Monge, membre de l'Institut, m'a remis en dépôt pour la bibliothèque un manuscrit inédit de Leibniz. A Paris, le 3 juillet 1815.

« CHARLES. »

18° Dans l'introduction historique de la *Description de l'Égypte*, confiée à Fourier, 1807, et revue sous l'œil du premier Consul, on lit la phrase suivante : « *Le célèbre Leibniz, né pour toutes les grandes vues, s'était longtemps occupé de cet objet, et il avait adressé à Louis XIV un ouvrage étendu, qui est resté inédit, dans lequel il exposait les avantages attachés à cette conquête.* »

19° M. Thiers, dans son *Histoire de la Révolution française, t. X, ch. 1, p. 65*, parle du projet de Leibniz en ces termes : « *Sous Louis XIV, le grand Leibniz, dont l'esprit embrassait toutes choses, adressa au monarque français un mémoire qui est un des plus beaux monuments de raison et d'éloquence politiques.* »

20° Lettre de Leibniz à Ludolf : « *Johannes Philippus, Elector Moguntinus, me hortatu Boineburgii, scriptis rationes complecti jusso, id agitabat, ut Gallis persuaderet, arma expedire in Ægyptum.* »

De tout ce qui précède, il résulte 1° que le manuscrit original du grand mémoire à Louis XIV, *Consilium Ægyptiacum*, contenant 60 feuillets doubles in-folio en latin, que Éberhard avait eu en communication du bibliothécaire Jung, en 1795, que Mangourit avait vu en 1798, que Pertz décrit en 1836, est et a toujours été conservé dans la bibliothèque de Hanovre, soit aux archives, soit, comme aujourd'hui, dans la collection des manuscrits de Leibniz; que si Feder ne l'a pas communiqué au général Mortier, c'est qu'il ne l'a pas voulu, ou qu'il avait reçu des ordres contraires; 2° que la copie faite par ordre du gouvernement de Hanovre en 1798, communiquée par Feder au général Mortier en 1803, et envoyée par ce dernier au premier Consul, n'est pas celle du *Consilium Ægyptiacum*, mais de l'abrégé ou *summa* que Leibniz en avait fait, et qu'Arnauld mentionne dans une de ses lettres, ainsi que l'atteste cette note retrouvée par nous à Hanovre : *Epistola ab Arnaldo scripta indicat illius consilii epitomen ad Galliæ regem perlatam eamque Regi gratam acceptamque fuisse.*

Ainsi tombent toutes les conjectures de Guhrauer, qui, malgré l'évidence, malgré les attestations répétées des bibliothécaires de Hanovre, s'obstine à voir le document complet dans l'abrégé. Ainsi se trouvent établies avec une surabondance de preuves l'origine, la filiation et l'authenticité du *Consilium Ægyptiacum* que nous publions pour la première fois. Ainsi nous sommes enfin mis sur la voie de l'innocente supercherie à laquelle le général Mortier, avant Guhrauer, s'était laissé prendre.

Pour nous en effet il est une conjecture, ou plutôt une induction, qui explique seule cette série de méprises que nous signalons et qui ont tant embrouillé, dans ces derniers temps, la question du *Consilium Ægyptiacum*. En rapprochant les démarches du comte de Kielmansegge, président de la régence de Hanovre pendant l'occupation française, de la lettre d'envoi du bibliothécaire Feder au général Mortier, il est évident que ce dernier a été dupe d'un innocent stratagème, inventé, soit par le comte de Kielmansegge, soit, ce qui est infiniment plus probable, par le bibliothécaire lui-même. Ce fameux manuscrit, tellement important qu'il fallut un rescrit du gouvernement de Hanovre pour en laisser prendre copie, même dans l'intérêt du vainqueur, n'était point le vrai *Consilium Ægyptiacum*, mais un simple abrégé qu'on substitua au manuscrit original et complet. Ce que le général Mortier, à qui il était aisé de faire prendre le change, envoya au premier Consul n'était pas le manuscrit original et complet, mais un abrégé que le Régent fit copier et que Feder lui avait remis (1). Il n'est donc pas étonnant que Guhrauer n'ait retrouvé dans la bibliothèque de l'Institut que l'abrégé ou *summa* qui avait été envoyé par le général Mortier au premier Consul. Il n'est pas très-surprenant non plus que le premier Consul, ne recevant qu'une copie d'un sommaire naturellement aride et écourté, n'y ait pas fait grande attention et l'ait laissé à Monge, qui le remit à la bibliothèque de l'Institut. S'il avait connu le grand et unique projet que nous publions enfin aujourd'hui, il aurait été sans doute plus frappé des grandes pensées, du savoir et de l'érudition dont il est la preuve incontestable.

Ainsi tombe encore la bizarre conjecture imaginée par les Anglais et presque adoptée par Michaud, l'historien des croisades, d'un plagiat de Napoléon, et retombe dans le néant d'où il n'aurait pas dû sortir ce singulier pamphlet qui parut à Londres en 1803 (2), et dont l'auteur cherchait à prouver, piè-

---

(1) On nous a affirmé à Hanovre que le *Consilium Ægyptiacum* avait été caché en ville par le bibliothécaire pendant l'occupation.

(2) A summary account of Leibnitz's memoir addressed to Lewis the fourteenth, recommending to that monarch the conquest of Egypt, as conducive to the establishing a supreme authority of Europe. London, printed for Hatchard, 1803, 8°, 59 pages. L'auteur établit que la décision du gouvernement français, contraire aux stipulations du traité d'Amiens et aux intérêts que ce traité voulait sauvegarder, était de persister dans ses vues sur l'Égypte. Analysant ensuite l'ensemble des principes et le but du projet de Leibniz, il prétend en montrer la parfaite conformité avec le plan du premier consul. Il rappelle la proclamation de Bonaparte à son armée, en date du 22 juin 1798 :

« Soldats ! vous êtes une des ailes de l'armée d'Angleterre. Vous avez

ces en main, que Bonaparte n'avait fait que copier Leibniz à la succession duquel il avait dérobé par un heureux larcin ce projet jusque-là enfoui dans la bibliothèque de Hanovre, et rejeté par Louis XIV. Les dates s'y opposent formellement, et quand bien même l'évidence des faits ne réduirait pas à néant cette fable absurde, l'ordre des temps ne permet plus d'en tenir aucun compte. C'est au retour de l'expédition d'Égypte que le vainqueur a connu, non pas toute la pensée de Leibniz, mais ce que les bibliothécaires de Hanovre ont bien voulu lui en communiquer. Il a pu être frappé de cette coïncidence curieuse à bien des égards, et qui prouve une fois de plus que les grands génies se rencontrent, mais quant à lui il n'a tiré que du sien, si libre et si spontané, cette

fait la guerre de montagnes, de plaines, de siéges ; il vous reste à faire la guerre maritime.

« Le génie de la liberté qui a rendu, dès sa naissance, la République l'arbitre de l'Europe, veut qu'elle le soit des mers et des nations les plus lointaines. »

L'auteur affirme que le premier consul a appris de Leibniz : 1° l'importance de Malte comme station principale sur la route de l'Égypte; 2° et qu'il lui a pris l'idée stratégique d'une marche en Syrie : deux points qu'on trouve développés dans le *Consilium Ægyptiacum* avec une singulière énergie, page 65, pour Malte, et page 95 et 144, pour la Syrie.

On trouve à chaque page, dans la correspondance de Napoléon, la trace de ses préoccupations commerciales. Il suffira de citer les lettres suivantes :

27 juillet. Ordre pour la libre circulation du Nil. — 20 août. Commerce à protéger avec la Syrie ; lettres à écrire aux pachas de Syrie. — 23 août. Questions posées par Bonaparte dans la première séance de l'Institut d'Égypte. — 28 août. Assurance d'amitié pour les Cypriotes. — 29 août. Ordres donnés pour un canal. — 8 septembre. Au Directoire : avantages de la possession de l'Égypte. — 24 septembre. Notes sur les provinces de la haute Égypte. — 24 novembre. Chameaux à fournir pour transmettre à Rosette un matériel d'imprimerie.

conception grandiose qui a eu le mérite de l'opportunité, tandis que celle de Leibniz, plus étonnante peut-être, a eu le tort de venir un siècle trop tôt. Il serait facile de prouver que deux ordres de considérations parfaitement originales et diverses, et presque contradictoires, présidèrent à ces deux conceptions : d'une part, l'astre de Louis XIV qui commmençait à se lever sur le monde et les terreurs inspirées au génie philosophique par l'approche d'une nouvelle monarchie universelle; de l'autre, l'astre nouveau de ce jeune conquérant sorti des entrailles de la révolution, porté par elle, et qui, d'après l'antique tradition des conquérants, allait chercher à ressaisir en Orient le prestige qui lui manquait pour accabler sa patrie et aspirer à la domination universelle. Ainsi Leibniz montrait du doigt l'Orient à Louis XIV pour détourner le flot envahisseur de sa puissance et en faire le libérateur et le civilisateur de ces contrées barbares. Bonaparte regardait l'Orient pour y trouver un nouvel appui pour ses rêves de conquêtes trop tôt réalisés, et ses aspirations à dominer l'Europe. Le conquérant réalisait le rêve du philosophe, mais, par une fatalité de la conquête, il faisait sortir la servitude d'où l'autre attendait la liberté.

II.

PARTIE POLITIQUE.

L'importance historique de la découverte du *Consilium Ægyptiacum* et la valeur de la conception politique de Leibniz ont été fort controversées. M. Guhrauer, qui s'était fait le champion du *Consilium Ægyptiacum*, rencontra de sérieux contradicteurs à l'Académie des sciences morales et politiques, lorsqu'il citait ce passage un peu hasardeux de la politique de Leibniz (1) :

« Supposons que l'Empereur, la Pologne et la Suède s'avancent en lignes parallèles sur les Barbares, et cherchent à étendre la banlieue (*pomœria*) de la chrétienté; que l'Empereur et la Pologne serrent vivement les Turcs, Moscou les Tartares.... comme alors la bénédiction de Dieu se manifesterait vite en faveur de la cause juste ! D'un autre côté,

---

(1) Ce passage est tiré du Traité de Leibniz, intitulé : *Securitas publica*, 1670, et par conséquent antérieur au *Consilium Ægyptiacum*.

l'Angleterre et le Danemark se trouveraient en face de l'Amérique septentrionale, l'Espagne de la méridionale, la Hollande des Indes occidentales. La France est fatalement réservée par la Providence divine pour être le guide des armes chrétiennes dans le Levant, pour donner à la chrétienté des Godefroy, des Baudouin, et avant tout des saint Louis, pour envahir l'Afrique, posée vis-à-vis d'elle, pour détruire ces nids de corsaires et même pour attaquer l'Égypte, un des pays du monde les plus heureusement situés. Nous omettons l'établissement des colonies dans les Indes occidentales et orientales, projet dont on sait qu'on s'occupe actuellement en France. »

M. Mignet, dont on connaît l'esprit sagace, lui répondit que le mérite de la conception politique de Leibniz était au moins contestable, au point de vue historique. Mais nous croyons que ces réserves du savant Secrétaire perpétuel tiennent surtout à l'audace présomptueuse et vraiment un peu naïve, avec laquelle un savant allemand apportait à l'Académie un abrégé, ou sommaire fort incomplet, pour le véritable *Consilium Ægyptiacum* tant et si vainement cherché ! Tant qu'on n'avait pas le document lui-même, il était bien impossible, en effet, de rendre un jugement sans appel sur la valeur de ce manuscrit.

Si donc M. Guhrauer se fût contenté d'indiquer les fondements solides sur lesquels reposait son opinion, il eût trouvé sans doute M. le Secrétaire perpétuel moins prompt à lui contester sa thèse. M. Mignet se prononce contre le plan de Leibniz : 1° parce que les Turcs étaient les alliés naturels de la France contre la maison d'Autriche, et seuls capables, comme ils le montrèrent plus tard, de faire une diversion puissante en sa faveur ; 2° parce que l'idée d'aller combattre les Hollandais en Égypte, lorsqu'on pouvait les atteindre sûrement chez eux en quelques jours de marche, était vraiment par trop naïve (1).

Ces considérations peuvent être justes, mais elles ont contre elles d'être démenties par les faits. La diplomatie de Louis XIV en Orient, l'histoire de ses rapports et de sa rupture avec la Porte (2), le rappel de son ambassadeur le sire de la Haye, en 1670, l'envoi du sire de Nointel, chargé des conditions de la France et du renouvellement des capitulations, les paroles, enfin, par lesquelles se termine l'audience que lui accorda le sultan, tout prouve que les rapports entre la France et la Turquie étaient alors très-tendus, et qu'il ne fallut pas moins que le désir de

---

(1) Michaud, en quelques phrases pompeuses, à son ordinaire, blâme le projet de Leibniz, qu'il trouve romanesque et plutôt fait pour une tête romantique et pleine d'idées superstitieuses, comme celle du premier consul Bonaparte, que pour le cerveau d'un roi politique comme Louis XIV.

(2) Nous nous sommes servi, pour rétablir les faits, du *Journal du voyage du chevalier Chardin en Perse et aux Indes orientales, par la mer Noire et la Colchide*, Lyon, 1697, 2 vol. in-8, et des *Mémoires du sieur de la Croix*, ci-devant secrétaire d'ambassade de Constantinople, contenant diverses relations très-curieuses de l'empire ottoman. Paris, 1684, 2 vol. in-12.

déclarer la guerre aux Hollandais, pour empêcher Louis XIV de la faire aux Turcs. Sur ce point, donc, Leibniz pouvait et devait se croire fortement établi sur le terrain des faits, et son projet, discuté avec un politique comme Boinebourg et un électeur comme celui de Mayence, n'avait rien que de très-politique.

Leibniz, d'ailleurs, n'était pas seul dans ce projet. La participation de Boinebourg est démontrée (1). Or le baron de Boinebourg était un vrai politique, ministre éclairé de l'électeur de Mayence, pensionné par Louis XIV pour les services qu'il pouvait rendre, l'ami de Conring, qui avait fait dans le temps un projet analogue (2), l'ami et le protecteur de Leibniz, qui le caractérisait en deux mots : *Magni ingenii et eruditionis stupendæ*. Par Boinebourg, Leibniz avait gagné l'électeur, prince éclairé sans lequel rien ne pouvait être traité officiellement avec la cour de France, et qui encourageait l'affaire. Enfin, le marquis de Feuquières, notre ministre à Mayence, non-seulement était dans le secret, mais se montrait favorable au projet. Jean-Philippe était un grand prince. Boinebourg joignait à la largeur des vues

---

(1) Guhrauer en a rempli ses deux volumes de *Kurmainz*, et croit même que l'un des deux projets est l'œuvre de Boinebourg. Ce qui est plus vrai, c'est que Leibniz le met toujours en avant, à cause du rang et de l'étiquette.

(2) *De Bello contra Turcas feliciter gerendo;* dédié à Gravel, 1664. Boinebourg nourrissait depuis dix ans l'idée d'une croisade ou plutôt d'une coalition générale de toute l'Europe contre la Turquie. Il allait, en cela, plus loin que Leibniz. (Voir *Kurmainz*, tome I, p. 63.)

une expérience consommée. Gravel et Feuquières étaient des diplomates distingués. De telles autorités ne sauraient être écartées. Que Boinebourg et l'électeur de Mayence ne fussent pas tenus fort au courant des intentions de Louis XIV, on peut le supposer, mais comment admettre que le marquis de Feuquières, son ministre, eût été laissé dans la même ignorance et se fût engagé à la légère dans une telle entreprise? Quelle apparence de croire qu'un projet, longtemps médité entre Leibniz et Boinebourg, mûri par l'expérience d'un politique consommé, patronné par l'électeur de Mayence, et favorisé par Feuquières, ministre de France à Mayence, fût sans aucune chance de réussite et condamné avant même d'être né?

On cherche volontiers des ancêtres aux grands projets comme aux grands hommes. Je pourrais donc, après Guhrauer, faire ici l'interminable généalogie de ce projet, qui était dans l'air depuis plus d'un demi-siècle, qui a pour ancêtres légitimes le grand chancelier d'Angleterre, Bacon (1), et le célèbre confesseur de Richelieu, le Père Joseph, que Mazarin lui-même encouragea par un legs de 800,000 livres, qu'Alexandre VII, promoteur de la ligue contre les infidèles, approuva, et auxquels il faut joindre encore, d'après Leibniz lui-même, dans son traité,

---

(1) *De Bello sacro.*

Emmanuel de Portugal et le grand ministre Ximénès. Mais ces autorités du passé, quelque imposantes qu'elles soient, toucheraient moins le lecteur que celles qui furent, pour ainsi dire, contemporaines du projet lui-même. Parmi ces dernières, nous citerons Bossuet dans son *Histoire universelle* (1), La Croix, notre secrétaire à Constantinople, qui ne cessa d'y inciter Louis XIV, le célèbre publiciste Conring, auteur du *De bello contra Turcas prudenter gerendo*, dédié à notre ambassadeur Robert Gravel, et d'un autre mémoire plus curieux encore : *De maris Mediterranei dominio et commerciis regi christianissimo vindicandis*, 1670 (2), l'orientaliste Ludolf, le savant et profond historien de l'Abyssinie qui fondait sur cette nation les plus belles espérances pour la chrétienté, et dans le présent enfin, le grand Heeren, auteur d'un mémoire sur la colonisation de l'Égypte (3).

(1) Dans une admirable page de son *Histoire universelle*, où il parle de l'Egypte en grand artiste : « Maintenant que le nom du roi pénètre aux parties du monde les plus inconnues et que ce prince étend aussi loin les recherches qu'il faut faire des plus beaux ouvrages de la nature et de l'art, ne serait-ce pas un digne objet de cette noble curiosité de découvrir les beautés que la Thébaïde renferme dans ses déserts et d'enrichir notre architecture des inventions de l'Égypte ? Quelle puissance et quel art a pu faire d'un tel pays la merveille de l'univers ? Et quelles beautés ne trouverait-on pas, si on pouvait aborder la ville royale, puisque, si loin d'elle, on découvre des choses si merveilleuses ? »

(2) En part. publ. par Guhrauer dans son *Kurmainz, aux pièces* II, p. 274.

(3) Heeren, qui a l'avantage du temps, 1803, corrige Conring et Leibniz sur plus d'un point. Ainsi il ne partage pas du tout leurs idées sur le commerce de l'ancien monde; il ne croit pas à une vocation spéciale de la France sur l'Égypte; il pense même que cette colonisation profiterait davantage aux peuples de l'Europe orientale qu'à ceux de l'occident. Enfin, sans

Quant à l'idée fondamentale de ce plan : « ruiner les Hollandais dans l'Inde en les atteignant dans leur commerce, c'est-à-dire dans les sources mêmes de leurs richesses, » c'est toujours une grosse question de savoir s'il vaut mieux attaquer la métropole dans ses colonies que sur son propre territoire, et quels seraient au juste les résultats d'une colonisation de l'Égypte. Heeren partage sur ce point les doutes de M. Mignet, puisqu'il ne croit pas aux avantages directs de la colonisation de l'Égypte comme route de l'Inde, qu'il faudrait d'abord avoir l'empire de la mer avant de rien tenter sur ces contrées, et que le premier consul lui-même, s'il a eu l'idée d'y conduire une expédition, y a renoncé (1). Mais, outre qu'il ne s'agit pas ici d'une expédition dans l'Inde, mais d'une concurrence commerciale, il est certes difficile de soutenir plus fortement cette dernière opinion que

écarter complétement l'idée que l'Égypte serait pour le vainqueur la route de l'Inde, s'il était d'ailleurs fortement établi dans cette contrée, il s'attache à prouver que la colonisation de l'Égypte aurait bien plus d'importance en elle-même, et par rapport à l'Afrique même, au sud de l'Asie et à l'Arabie. En quoi il ne se sépare pas autant qu'on pourrait le croire de Leibniz, qui n'a pas négligé ce côté de la question dans son mémoire. La vérité nous paraît donc être dans Leibniz corrigé par Heeren.

(1) Heeren remarque que les Hollandais n'ont rien tenté par cette route pendant leur domination dans l'Inde, et que les Anglais, bien qu'ils l'aient essayé, ne paraissent pas y avoir attaché grand prix. Mais la question me parait tout autre. Il s'agit de savoir si les maîtres de l'Inde n'auraient pas à redouter la concurrence des autres peuples de l'Europe et surtout des peuples méditerranéens, une fois maîtres de l'Égypte. Malgré le dédain affecté par le *Times* pour l'entreprise du canal de Suez, on peut conclure du mauvais vouloir persistant de l'Angleterre, qu'elle est, au fond, de l'avis de Leibniz.

ne l'a fait Leibniz dans la seconde partie de son projet. Je ne vois pas, pour ma part, ce qu'on peut répondre à la logique serrée avec laquelle il tire cette conclusion : « XII, p. 216 : Concluons donc avec évidence qu'il n'y a pas de moyen plus sûr, plus efficace de troubler les Hollandais dans le commerce des Indes, que de s'emparer de l'Égypte. Telle est la voie sûre, rapide, mais que personne n'a encore essayée et qui conduit, pour ainsi dire, à la position maîtresse des affaires. Les Français vont chercher à Madagascar le siége des affaires de l'Inde; mais l'Égypte aussi en est voisine, elle est plus près de nous, d'un accès facile, sur la ligne même du commerce, aussi riche par sa population que par les produits du sol et depuis longtemps florissante. L'invasion de ce pays donnerait le coup mortel aux Turcs, et toute la chrétienté y applaudirait, pourvu que le contre-coup ruinât seulement la Hollande. » Leibniz voit, et cela dès 1672, ce qui manque à la France pour devenir l'arbitre du monde. C'est l'insuffisance de sa marine et de son commerce maritime. Une fois en possession de cette idée, il fait rouler toute l'économie de son projet sur cette base unique. Pour lui, la fortune de la France est dans l'extension de sa puissance navale et de ses échanges au dehors. C'est pour s'emparer du commerce maritime qu'il ose conseiller à son Roi de supplanter la Hollande en Orient ; c'est pour supplanter la Hollande qu'il lui recommande de retenir à tout prix l'Angleterre dans son alliance. Faire de la France une puissance maritime de premier ordre, pour cela ruiner le commerce de la Hollande dans les Indes orientales, telle est toute l'économie de ce projet. On peut trouver cette base trop étroite et ce raisonnement trop exclusif. C'est le tort des esprits philosophiques de pousser la logique à outrance. Louis XIV avait d'autres intérêts plus directs et plus pressants peut-être, à rester sur le continent. Ici nous ne pouvons que déférer aux savantes observations de l'illustre Secrétaire perpétuel de l'Académie des sciences morales et politiques.

Mais, lors même que la conception fondamentale de Leibniz n'aurait pas pour elle l'histoire et l'expérience des hommes d'État, et qu'elle serait en désaccord avec la politique traditionnelle de la France, qui est de s'allier à la Turquie, elle pourrait encore concilier à son auteur l'estime de tous les patriotes. Il est en effet une troisième manière d'envisager son projet, qui me paraît avoir complétement échappé à ses juges un peu prévenus. C'était celle-ci : « Détourner la puissance de Louis XIV du continent européen, et pour cela lui trouver un autre cours en Orient. » Qu'on veuille bien réfléchir que Leibniz n'est pas Français, mais Allemand, qu'il n'a jamais passé pour une créature de la France, que même, deux années plus tôt, il sonnait le tocsin d'alarme contre elle parmi les princes allemands réunis à Schwalbach, et que, dans ce nouveau mémoire, il vient offrir à Louis XIV l'empire du monde ! Comment celui qui en 1670 rédigeait sous le titre de *Securitas publica* une sorte de manifeste de la triple alliance où il dénonçait à l'Europe le danger de la monarchie universelle, serait-il deux ans plus tard passé dans le camp français avec son *Consilium Ægyptiacum?* Comment enfin l'auteur du *Mars Christianissimus*, c'est-à-dire du pamphlet le plus violent contre la suprématie universelle de la France en Europe, serait-il venu lui offrir cette souveraineté de ses propres mains? Évidemment il y a là un sous-entendu qui seul peut expliquer ce mystère, et ce sous-entendu perpétuel qui souligne et justifie le mémoire à Louis XIV, c'est l'idée allemande qui, nulle part indiquée, était partout présente dans ce projet. Leibniz, très-préoccupé des progrès de la puissance française, veut essayer, sinon de contenir le fleuve qui déborde, du moins de lui trouver un autre lit. C'était déjà la pensée qui lui inspira le *Securitas publica*. De là aussi le projet de conquête de l'Égypte (1). L'idée d'une suprématie de la France en Orient avait, il le croyait du moins,

(1) Si l'on en doute, qu'on lise ce passage du *Securitas publica*, écrit deux ans plus tôt et où il montrait déjà l'Égypte au jeune roi : « Je crois que, si le roi de France avait Constantinople et le Caire, en Asie, c'en serait fait de l'empire turc. Dieu veuille qu'il cherche une telle voie pour aller à la monarchie universelle ! Mais, là-dessus, nous avons encore bien des craintes à avoir. » P. 20.

de quoi flatter l'ambition de ce jeune conquérant. C'était d'ailleurs une des idées favorites de Leibniz qui croyait lire dans ses destinées et qui avait des vues sur elle.

On comprend très-bien que, moitié par calcul et moitié par enthousiasme, il lui ait adressé ce mémoire original. Lorsqu'on le lit à la lueur de cette idée, il prend une signification toute nouvelle. Le rapport et l'harmonie du *Securitas publica* avec le *Consilium Ægyptiacum* ne laissent plus rien à désirer. Il n'y a pas jusqu'à cette idée d'un arbitrage universel de la chrétienté, *arbitrium rerum*, qu'il n'ait déjà longuement développé dans ce premier traité. « Cette monarchie universelle à laquelle la France aspire et qu'ont eue les Romains, je ne puis, dit-il, mieux la nommer qu'*arbitrium rerum* (1). » Les mots de *monarchie universelle*, de *suprématie* et de *suzeraineté*, de *citadelle imprenable des affaires du monde*, d'*arbitre souverain des choses*, reviennent trop souvent dans son mémoire à Louis XIV, pour qu'on ne soit pas tenté d'y voir un appât qui manque rarement son effet en France, celui de la gloire. Louis XIV, il est vrai, ne s'y est point laissé prendre ; mais c'était une conception hardie autant qu'estimable de ce jeune patriote allemand de chercher à faire le bien de son pays, tout en offrant à la France

---

(1) *Securitas publica*, p. 21.

de magnifiques compensations en Orient, et il serait injuste de ne pas lui tenir compte de cette intention, qui contribue à changer la physionomie de son projet.

Reste maintenant à examiner la valeur intrinsèque du manuscrit en lui-même et le mérite de l'exécution. Cette production est-elle digne de Leibniz? On peut se faire cette question, car ce manuscrit nous est arrivé dans un désordre qui nuit à son effet, malgré tout le soin que nous avons pris pour en recoudre les lambeaux. Nous avons même éprouvé quelques doutes avant de publier la première section de ce traité, qui nous paraissait, malgré de très-belles parties, un peu diffuse et trop remplie de citations. Mais la seconde rachète amplement ce défaut, qu'il serait puéril de dissimuler. J'ajoute que, malgré les taches qu'on y peut découvrir, ce projet est le fruit d'une érudition énorme, et la preuve de connaissances historiques très-variées et surtout très-actuelles. La géographie statistique de l'Égypte est faite d'après les voyageurs les plus récents. Les finances du Grand Turc sont analysées de main de maître. Les causes profondes de la décadence de l'empire ottoman, de la dépopulation des provinces, de la décadence de l'armée, et de la misère générale (1), sont parfaitement indiquées. L'importance

---

(1) P. 125 à 173.

de Malte est signalée, l'avenir de Suez est au moins pressenti. L'idée stratégique d'une marche en Syrie est formellement énoncée (1). Les déductions un peu sèches, presque toujours scolastiques, des avantages de la conquête de l'Égypte, ont ce mérite de nous offrir à nu la trame serrée du raisonnement et de conclure avec l'évidence d'un syllogisme. Mais le morceau le plus complet et le plus fort nous paraît être de beaucoup toute la seconde partie, où il passe en revue les forces comparées des divers États de l'Europe. Entre la première un peu aride, et la troisième trop imaginative, celle-ci nous paraît vraiment achevée. C'est une suite de discussions où il indique en quelques traits le génie des différentes nations, et les intrigues des cabinets, comme si elles lui étaient familières. L'état de la Hollande, l'étendue de ses relations commerciales, les causes de sa puissance, les forces de la France, le génie civilisateur de sa politique, les besoins de sa marine, la nature de ses alliances, le Suédois surtout, « dont le corps tient de l'hiver et l'esprit de l'été, » cette récapitulation des raisons tirées de la sûreté, de l'opportunité, de la justice de l'expédition, l'épilogue même qui prépare la fable politique de la troisième partie, tout contribue à donner à ce morceau une très-grande valeur historique.

(1) Pour Malte, voir p. 65; pour Suez, p. 47; et pour Alep et Damas, p. 144.

Il est remarquable même que Leibniz, qui blâmait les croisades et ne souhaitait point le retour des guerres saintes, ne fut pas compris, précisément parce qu'il était trop en avant de son époque. Son projet tout moderne est surtout basé sur la statistique, l'économie politique et les intérêts commerciaux. Un habile historien a pu y relever quelques erreurs historiques; nous ne craignons pas de le livrer à l'examen des économistes. Les vues qu'il y énonce sont généralement sages (1). L'idée d'acquérir à la France le commerce de la mer Rouge et le commerce de l'Inde par Suez en fait la base. C'est là, suivant lui, le but prochain et facile à atteindre de l'expédition d'Égypte. Certes nous ne prétendons pas que Leibniz ait prévenu ce hardi Français qui veut faire que ces paroles de Leibniz soient une réalité. Leibniz, tout en reconnaissant les avantages de la position de l'Égypte et en indiquant ce naturel trait d'union des deux mers, d'isthme devenu canal, n'a pas suivi dans le détail les possibilités de la jonction des deux mers et a laissé tout à faire aux modernes. Mais ce qu'on ignore, et ce qui nous paraît tout aussi important pour sa gloire, c'est que, si là encore Leibniz était en avant de son temps, toutefois les faits lui donnaient pleinement raison. L'affaire de la mer

---

(1) « Ce qui accroît les richesses d'un pays, dit-il à Louis XIV, c'est la fertilité du sol, l'industrie et le nombre restreint des mariages. » Leibniz est Malthusien, voir p. 271.

Rouge, c'est-à-dire de la liberté du commerce de la mer Rouge par l'Inde, était née de son temps. C'était une de celles que nos envoyés avaient ordre de poursuivre avec une grande fermeté et qui avait failli nous brouiller avec la Porte. Le sire de La Haye avait reçu l'ordre de renouveler les capitulations à cet effet, et d'assurer ainsi *la liberté de négocier aux Indes par la mer Rouge*. Le grand vizir s'y opposait énergiquement. Le rappel du sire de La Haye fut suivi de l'envoi du sire de Nointel, dont le premier acte fut d'exiger le renouvellement des capitulations en quatorze articles. Le deuxième portait que les Français ne payeraient, comme les Anglais, les Hollandais et les Génois, que 3 pour 100 de droit d'entrée au lieu de 5 pour 100 qu'ils avaient payé jusqu'alors. Le troisième stipulait la faculté pour les Français de faire le commerce des Indes en passant par ses États, et notamment par le canal de la mer Rouge, sans acquitter d'autres droits que les droits de douane. Les autres articles concernaient les saints lieux. Les chapelles et la protection des chrétiens ne venaient qu'en seconde ligne, ainsi que la suite de la négociation le fit bien voir. En effet, Chardin, qui nous en a laissé un récit fort piquant, termine ainsi : « L'ambassadeur, sur le point de sortir, fit dire au vizir qu'il avait ordre de l'empereur son maître de lui recommander fortement l'affaire de la mer Rouge ; que Sa Majesté l'avait extrêmement à cœur et désirait fort que la Porte lui donnât contentement là-dessus. — Se peut-il faire, répondit simplement le vizir, qu'un empereur aussi grand que vous dites qu'est le vôtre, ait si fort à cœur *une affaire de marchands ?* Sur quoi l'ambassadeur insistant et adressant plusieurs fois la parole au Grand Seigneur, contre l'usage, sans en avoir obtenu permission, le vizir rompit sèchement l'entretien par ces paroles : Monsieur l'ambassadeur, tenez-vous à ce que vous avez promis ; nous saurons dans six mois si nous sommes amis ou ennemis. » L'affaire fut poussée si loin que d'Oppède, premier président au parlement d'Aix, fut chargé de réunir à Marseille nos principaux marchands du Levant et de les consulter sur la guerre. Les Provençaux, dit Chardin, ne doutaient plus que la rupture ne fût prochaine, et l'effroi s'en répandit jusqu'à Constantinople.

Que l'on rapproche ces faits du projet d'expédition d'Égypte, et ces difficultés avec la Porte à propos de questions commerciales du plan de Leibniz, qui était de ruiner le commerce des Hollandais par l'ouverture de la voie de l'Inde, et l'on comprendra que ce projet, qu'on trouve aujourd'hui, après le résultat connu de la guerre de Hollande, et malgré les raisons contraires si bien exposées par Leibniz, dépourvu d'opportunité, ait attiré d'abord l'attention de Louis XIV, et ait été fort bien accueilli par Pomponne. Ce n'est que plus tard, lorsque la guerre fut non-seulement résolue, mais déclarée, que le ton change, et que Pomponne écrit à Feuquières, qui lui-même soutenait le projet, que *les guerres saintes ne sont plus à la mode*. Mais on se trompe si l'on croit que cette laconique réponse fut la première et sincère expression de la pensée du roi. Le ministre déclara d'abord, au contraire, que cet avis lui paraissait « très-grand pour la gloire et l'avantage de Sa Majesté, » et il conclut que « Sa Majesté verra volontiers les ouvertures » que l'auteur aurait à lui faire de vive voix (1). Il est évident que sans la guerre de Hollande, qui vint se mettre à la traverse, et que Leibniz ne pouvait prévoir, son projet avait les plus grandes chances d'être agréé par Louis XIV.

Le 29 mars 1672, époque de l'arrivée de Leibniz à Paris, l'ambassadeur de France à Constantinople présentait à l'audience du vizir le sieur d'Hervieux, l'un des directeurs de la Compagnie du Levant, qui apportait des lettres de Lionne au vizir, et devait s'entretenir avec lui de l'affaire du commerce de la mer Rouge. Au mois d'avril suivant, la négociation, habilement conduite, paraissait près d'aboutir, et le grand vizir déclarait « qu'il accorderait la réduction demandée sur les droits de douanes et la liberté du commerce par la mer Rouge, à la condition qu'il

---

(1) Voir dans ce volume, page 312.

n'entendrait plus parler des lieux saints (1). » Mais Nointel compromit tout dans la suite en démasquant ses projets, qui étaient de ne laisser debout que le pavillon français sur les mers du Levant et de forcer la Porte à considérer comme ennemis les Hollandais, les Anglais, les Génois et les Vénitiens. On voit que la politique que l'ambassadeur de France avait ordre de faire réussir était précisément celle que Leibniz avait conseillée à Louis XIV.

Mais alors, si les instructions données par Louis XIV à ses ministres, et par eux à ses ambassadeurs en Orient, concordent avec la politique développée par Leibniz dans le *Consilium Ægyptiacum*, si les faits et les relations les plus estimées jusqu'à la guerre de Hollande lui donnent si complétement raison, si les intérêts commerciaux qu'il y fait figurer en première ligne et cette affaire de la mer Rouge et du commerce de l'Inde par Suez, étaient précisément les grands intérêts du moment et de tous les temps que la Haye, que Nointel, que Lionne surtout défendaient en Orient, on ne voit pas pourquoi l'on traiterait légèrement un projet qui n'a contre lui que d'avoir été écarté par les nécessités pressantes d'une guerre improvisée par Louvois. En résumé, il y a dans l'histoire de France, telle que nous la compre-

(1) « On sut, à la fin du mois d'avril, qu'on pouvait abandonner cette affaire, parce qu'on ne voulait point arrêter un grand traité pour se conserver la garde de quelques chapelles. » (Chardin.)

nons, telle surtout que la comprenait Leibniz, et à cette époque décisive de Louvois et de Colbert, deux tendances souvent indiquées et presque contradictoires : il y a le parti de la guerre pour les avantages immédiats et tout matériels qu'elle procure, tels qu'acquisitions de provinces et extension des frontières, et il y a l'école du commerce et de l'économie politique naissante, qui croit moins à la solidité de ces avantages apparents et beaucoup à l'extension des relations commerciales, à la création de nouveaux débouchés, à la balance du commerce enfin, école encore dans l'enfance, nous le savons; mais à laquelle toutefois appartiendront Boisguilbert et Vauban, et, selon nous, très-supérieure à celle de Louvois, que préféra Louis XIV. Sans doute Louvois avait raison de déconseiller les expéditions lointaines et coûteuses, si elles ne devaient rapporter que des dangers et des pertes, mais il eut tort d'allumer et d'attiser la guerre en Europe pour se rendre nécessaire. Enfin, au-dessus du parti de la guerre à tout prix et de celui de l'économie naissante, il y a l'esprit généralisateur qui voit de trop haut et de trop loin pour être de son temps, mais qui prévoit l'avenir. C'est là ce qui dut faire le grand intérêt de l'audience que Leibniz obtint de Louis XIV à Saint-Germain.

Leibniz était précisément dans ce courant de la grande politique et de la plus haute diplomatie : que dis-je? il voulut y entraîner la France. Il faillit devancer Bonaparte et Lesseps et hâter le cours du temps. Mais Leibniz n'avait pas en main la puissance; il n'avait pas même à son service la langue française qu'il maniait assez mal à vingt-cinq ans ; et cette cour de France, qui l'avait d'abord attiré, ne sut que l'éconduire assez froidement, sans paraître se douter du parti qu'elle eût pu tirer d'un tel homme. Leibniz fut vite consolé de cet échec : pour ne point perdre son voyage à Paris, qui ne lui fut pas payé par le roi, il y inventa le calcul infinitésimal.

Je ne crains pas de dire, bien qu'on ne puisse comparer des incomparables, que son projet d'expédition d'Égypte avec ses idées d'avenir commercial, de civilisation européenne à transporter en Orient, et son plan pour faire reculer la barbarie en Europe, n'était pas moins grand dans son genre. Par l'une de ces découvertes, il domptait la matière rebelle et supprimait l'espace et le temps; par l'autre, il étendait le règne de l'esprit, supprimait les ténèbres visibles de la Turquie et tentait de devancer le temps. Lorsque Leibniz nous montrait dans une belle page (1) « la constitution de l'empire turc, cette patrie des ténèbres et de la barbarie, cette prison d'esclaves gouvernée par un fils d'esclave, et cette puissance tout à fait absolue dans un empereur sans

---

(1) Pages 125, 126 et 152 et suiv. 173.

raison, sans vertu et sans mérite, dont les commandements, quelque injustes qu'ils soient, sont des lois, les actions, quoique irrégulières, des exemples, et les jugements, surtout dans les affaires d'État, des résolutions auxquelles on ne peut s'opposer, » lorsqu'il nous dépeignait « de quelle manière les hommes y sont élevés tout d'un coup par la flatterie, par le hasard et par la seule faveur du sultan, aux plus grandes, aux plus importantes, aux plus honorables charges de l'empire, sans avoir ni naissance, ni mérite, ni aucune expérience dans les affaires, » et qu'il ajoutait avec une véritable éloquence : « Il fait nuit dans leurs âmes serviles ; sortis de leurs déserts, ignorant le monde, ils vivent, pour ainsi dire, au jour le jour : on dirait qu'ils jouent un rôle sur un théâtre... Semblables à l'aqueduc qui se détruit en laissant couler ses eaux, la coutume les use et les ronge ; chez eux la propriété n'est pas héréditaire. Nul souci de postérité ou d'immortalité ; ni générosité, ni enthousiasme ; point de commerce, d'industrie, ni de science nautique ; tel est le tableau de l'empire et le secret de sa faiblesse : » on peut se demander si Leibniz n'était pas bien plus au vif des questions et dans le grand courant de l'histoire qui conclut à l'élimination finale de la race turque et à la cessation de ce scandale de la puissance ottomane, que ces poëtes de cour comme Racine, qui, dans la préface de Bajazet, s'extasiait sur les pompes du despotisme oriental, ou ces politiques qui veulent nous faire croire à la durée de l'empire ottoman.

Si plus tard, dans un projet de fable politique (1), il fait apparaître le nom de saint Louis, ce n'est pas qu'il veuille retourner aux Croisades, et le reproche de Pomponne, qui s'adresse surtout à ce pieux souvenir, n'a rien de fondé. Louis IX a précisément aux yeux de Leibniz ce mérite d'avoir compris les avantages de la situation de l'Égypte, et d'avoir abandonné la Palestine pour cette contrée qui était la clef des lieux saints et le point vulnérable de la Turquie. L'espèce de prophétie par laquelle il termine sa fable et son discours n'a rien de déplacé dans une bouche qui a eu le mérite de prédire la révolution française et d'annoncer le rôle civilisateur de la France. Elle prouve seulement l'espèce d'enthousiasme qui saisissait cet homme de l'avenir à la pensée des conséquences merveilleuses qui découlaient de son projet : la France et l'Autriche réconciliées contrairement à la politique traditionnelle de la France, je l'avoue, mais dans un intérêt commun, contre la Turquie, l'Orient délivré, la Chine ouverte. Aussi je comprends, pour ma part, cette noble indignation de saint Louis s'écriant : « Prends pitié du malheu-
« reux Orient, ô mon fils! sois ainsi l'honneur de

---

(1) *La Ludovisie*. Voir la 3ᵉ partie, p. 268 et suivantes.

« ton pays et obéis aux ordres du ciel. Alors ce sol,
« plus heureux pour toi que celui de la Hollande, ce
« sol qui enfanta jadis des merveilles d'art et de gé-
« nie et qui est maintenant barbare, te livrera l'em-
« pire du Levant et de l'immensité des mers. Ni les
« gouffres ni les murailles ne pourront protéger la
« Chine. A tes pieds tu fouleras Gaza et Surate; puis
« ce sera Lukach et Beach. Tu franchiras les pôles
« et tu dresseras ta tente par-delà les plaines où
« parmi les flots gelés court le Samoïède, race vouée
« à d'éternelles ténèbres. Tu iras ensuite jusqu'à
« l'extrême limite du monde, terre mystérieuse et
« condamnée à une éternelle immobilité, et par-
« tout tu porteras l'étendard du Christ. Si la terre
« te manque, ton ardeur te donnera des ailes et
« tu t'élanceras vers d'autres mondes et d'autres
« planètes, jusqu'à ce qu'enfin l'Olympe te re-
« çoive dans son sein que tu n'auras point encore
« exploré. »

Après tout, que serait-il arrivé si Louis XIV avait suivi ces généreux conseils? On peut le prévoir avec quelque probabilité. Il aurait très-certainement contribué à dénouer une question que personne aujourd'hui n'est assez fort pour oser aborder de front. Il aurait pris l'Égypte et démembré l'empire turc avec le consentement de Charles II, roi d'Angleterre, qu'il avait pour ainsi dire à sa solde. Il n'y aurait plus aujourd'hui en Europe de question d'Orient pour le tourment des diplomates et l'effroi des politiques. Le canal de Suez, ouvert depuis un siècle, aurait rendu la domination anglaise dans l'Inde plus difficile, pour ne pas dire impossible. L'Afrique, depuis longtemps exploitée dans toute son étendue, eût offert à la colonisation d'immenses ressources. Les sources du Nil, explorées depuis longtemps, n'auraient plus de mystères. Les arts évoqués par Bossuet auraient refleuri cent ans plus tôt et la connaissance des langues se serait accrue. Fénelon, qui voulait à vingt-cinq ans partir pour la nouvelle Salente, aurait vu se lever sur les mers ce brillant royaume de Grèce, éclos sous la protection du Grand Roi.

Ce sont là, je le sais, pour beaucoup d'esprits, de brillantes chimères telles que pouvait en produire le cerveau d'un Leibniz ou d'un Fénelon. Qu'on songe cependant aux colères de l'Angleterre contre le vainqueur de l'Égypte qu'elle appela, dans sa rage, un plagiaire de Leibniz ; qu'on rapproche le pamphlet de 1803 avec son épigraphe caractéristique :

Ægyptum certe Latiis tueamur ab armis

(Lucain)

des récentes manifestations de l'opinion publique en Angleterre contre le canal de Suez, et l'on sera du moins forcé d'accorder à Leibniz cette qualité politique supérieure qui s'appelle prescience, divination, sagacité, génie, peu importe le nom, pourvu qu'on lui reconnaisse d'avoir prévu l'avenir, dévoilé une des plaies de la civilisation européenne et tenté de réaliser, dans la mesure du possible, le mot de la Bible : *Aperire terram gentibus*.

FIN DE L'INTRODUCTION.

HISTOIRE ET POLITIQUE.

PROJET
DE
CONQUÊTE DE L'ÉGYPTE

PRÉSENTÉ PAR LEIBNIZ A LOUIS XIV.

SOMMAIRE*.

I.

Ce projet est le plus grand qui puisse être entrepris, le plus facile de ceux qui sont grands ; exempt de péril quand même il échouerait ; tellement conforme à la portée des destinées actuelles qu'on le dirait prémédité par elles ; il mettra le comble à l'admiration des gens qui appellent le *miracle du secret* (sic) cette sagesse profonde des vues politiques qui s'enchaînent parfaitement entre elles.

Il doit procurer infailliblement la souveraineté de la mer et du commerce, et ne demande d'autres ressources que le superflu des

---

* C'est ce sommaire du projet de Leibniz que Guhrauer a pris pour le projet lui-même. Il est très-certainement de Leibniz, mais le titre seul, *Summa*, devait indiquer que ce n'était qu'un abrégé d'un écrit plus complet et une sorte de table de chapitres. Il a été traduit du latin. (V. *Guhrauer Kurmainz*, t. II; *Beilage*, V, p. 153.)

préparatifs déjà faits; il doit procurer au roi l'affection universelle en dissipant les méfiances et les animosités.

Il lui donnera l'arbitrage souverain des affaires et la prééminence (*generalatum*) de la chrétienté.

Il ouvrira la route à la postérité, que dis-je ? au roi lui-même pour des exploits dignes d'Alexandre. Il ne peut souffrir de retard si l'on ne craint d'en manquer l'occasion.

II.

HISTORIQUE DU PROJET.

Ce projet, anéanti, je ne sais comment, par la prescription des temps, fut cependant goûté jadis des grands hommes et des plus sages comme le seul moyen de rétablir en Orient les intérêts de la chrétienté.

La première idée en vint d'un captif. Lorsque les rois Philippe de France et Richard d'Angleterre eurent accompli leur descente en terre sainte et pris Saint-Jean d'Acre, un prisonnier arabe que les historiens qualifient de *devin*, et que je considère, moi, comme un sage, nommé Caracux, vint trouver Philippe. Le roi lui ayant demandé ce qu'il pensait de la guerre, il lui prédit que toutes les expéditions des chrétiens en Palestine resteraient vaines, tant que le royaume d'Égypte ne serait pas anéanti. Cet avis sourit tellement à Philippe qu'il voulut tourner immédiatement ses armes de ce côté. Mais Richard, qui déjà avait dévoré en rêve le royaume de Jérusalem, s'y opposa. Philippe, irrité, retourna dans ses États. Richard, après avoir vu échouer ses efforts, revint ensuite avec le dessein de s'emparer de l'Égypte; mais il mourut sans l'exécuter. Le projet fut repris ensuite au concile de Latran, convoqué par Innocent III. Après de beaux commencements, les chrétiens, qui n'écoutaient pas qu'une seule voix et une seule volonté, et qui n'obéissaient pas assez au cardinal Pélage, leur chef, furent battus. Saint Louis, avec des forces modiques si on les compare aux ressources actuelles de la France, résolut d'exécuter le conseil que son aïeul avait reçu du captif, et prit Damiette après un siége heureux. Mais, comme lui-même le mandait à ses barons qu'il avait laissés en France, s'étant trop avancés dans l'intérieur des terres avant que de s'assurer la possession de la mer et du fleuve, les Français furent enveloppés, vaincus et faits prisonniers. S'ils se fussent contentés de l'occupation du littoral, et qu'ils eussent fait venir de nouvelles forces, la conquête du reste du territoire ne leur eût pas échappé. Les guerres de rivalités entre la France et l'Angleterre firent oublier aux chrétiens ces préoccupations, malgré les sollicitations que leur adressèrent, pour envahir l'Égypte, le roi d'Arménie Léon ainsi que le Tartare Cassan, et malgré l'exemple de Pierre, roi de Chypre, qui, à l'aide d'une flotte équipée avec le secours de la France et de Venise, prit Alexandrie d'un coup de main ; mais, étant seul, il fut impuissant à conserver une telle proie.

Depuis, je ne vois notre illustre projet se relever qu'une fois, c'est par le cardinal Francisco Ximénès, évêque de Tolède et ministre d'Espagne. Il avait fait signer à trois souverains les plus éclairés, à savoir Ferdinand de Castille, Emmanuel de Portugal et Henri VI d'Angleterre, un traité d'alliance pour l'invasion de l'Égypte. Mais la mort de Ferdinand, qui fit passer l'Espagne dans la maison d'Autriche, troubla ce concert, et la rivalité qui s'ensuivit fit surgir entre ces deux grandes puissances de tout autres idées. L'avis de pareils juges prouve du moins que de tels desseins ne sont ni impraticables ni chimériques ; témoin ces propres paroles écrites par Emmanuel : « Je vois dans ce projet la volonté « de Dieu marquée d'une manière spéciale, et la promesse certaine qu'il nous fait de la victoire. Sur toutes choses plaçons en « lui nos espérances ; car cette entreprise est si grande, qu'il est « impossible sous le ciel d'acquérir une gloire supérieure à celle de « vivre et de mourir pour la faire triompher. »

Je ne sais si les mêmes vérités ne subsistent point davantage, ou si elles n'ont pas encore acquis plus de justesse, aujourd'hui que cette même Égypte n'est plus fortifiée ni gardée comme elle l'était alors ; qu'elle n'est plus le siége, mais une province de l'empire ; et si le roi n'accomplira pas mieux à lui seul cette conquête que ces trois rois ensemble, surtout avec la présence des Portugais dans la mer Rouge.

III.

L'ÉGYPTE JOUA TOUJOURS UN GRAND RÔLE DANS LES INTÉRÊTS DU GENRE HUMAIN.

L'Égypte est une colonie de la Chine, ou la Chine une colonie égyptienne. C'est la mère des sciences, des fruits de la terre, des merveilles de la nature et de l'art. C'est là qu'Alexandre voulut établir son empire, et il désigna comme le lieu de sa sépulture Alexandrie qu'il avait fait bâtir. Pompée vaincu essaya d'y rallier ses forces. Lorsque Auguste, vainqueur d'Antoine, l'eut soumise à ses armes, il entendit en faire *sa province,* et non celle du sénat ; et il défendit aux sénateurs et aux chevaliers romains de s'y rendre à son insu. Néron, désespérant de sa fortune, et voyant l'empire près de lui échapper, demanda au sénat le gouvernement de l'Égypte. Elle fut le grenier de Rome, et lui resta fidèle et florissante jusqu'à ce qu'elle tombât aux mains du calife des Sarrasins Omar.

Depuis ce temps les Sarrasins, maîtres de ce point, s'avancèrent par mer à travers l'Asie et l'Afrique jusqu'en Europe ; et là ils étendirent leur puissance en Italie, en Espagne, en Grèce, jusqu'à ce que les exploits des Français et des Normands en Europe, en Orient les croisades, et enfin leurs dissensions intestines, vinssent mettre un terme à leurs envahissements. Cependant ils conservèrent toujours comme un nid cette retraite de l'Égypte. Il est certain que c'est l'omission de l'Égypte qui causa seule la nouvelle perte que firent les chrétiens de la terre sainte, et que seule elle fut le salut du mahométisme qui la possédait et qui devait disparaître du globe.

IV.

L'ÉGYPTE FUT TOUJOURS FACILE A CONQUÉRIR.

Cambyse, Alexandre et César, puis Auguste, aussi bien que les Sarrasins, la prirent sans aucune peine. Amaury, roi de Jérusalem, à la tête de forces médiocres, tenait déjà le Caire assiégé ; il était sur le point de prendre toute l'Égypte, lorsque ce prince avare leva le siège de cette ville qui devait lui être un jour funeste ainsi qu'à ses successeurs. Il s'en fallut aussi de bien peu qu'elle ne tombât au pouvoir du cardinal Pélage et de saint Louis. Cela ne tint qu'à des obstacles que nous lèverons sans peine aujourd'hui, c'est-à-dire la dissension, qui n'est plus possible avec un seul conquérant, et l'imprudence de s'avancer dans les terres sans occuper le littoral et le mettre en état de défense. Emmanuel, roi de Portugal, se fit fort d'effectuer cette conquête à lui seul, comme le prouvent ses lettres à Ximénès. Et cela, dans un temps où l'Égypte était bien plus énergique et bien plus puissante, où elle était la capitale des Mameloucks, qui, à ce titre, l'auraient défendue à toute extrémité; tandis qu'aujourd'hui les Turcs, détestés des indigènes, tournent ailleurs, dans des vues d'ambition, les forces de cette province. De notre temps Osman, sultan des Turcs, voulait transporter de Constantinople au Caire le siége de l'empire; mais les janissaires ne le voulurent pas, et l'étranglèrent. La Providence le permit ainsi, afin que ce canal restât ouvert aux chrétiens pour arriver à l'anéantissement de l'empire turc.

V.

FOND DU PROJET.

L'expédition d'Égypte est un moyen de dominer les intérêts généraux.

Le plus haut intérêt qui puisse préoccuper le roi, c'est précisément en Égypte qu'il peut le placer. La conquête de l'Égypte revient en effet de droit à la France. Car ce n'est pas là cette chimère de monarchie universelle qu'il serait non-seulement impie, mais absurde de poursuivre en Europe au prix de la violence et du carnage; mais là est pour la France l'arbitrage des destinées, la direction universelle, la domination de la chrétienté, et le moyen de recouvrer le rôle de protecteur de l'Église avec le titre de son fils aîné ; ce qui lui conquerra l'amour universel et la reconnaissance du pape lui-même. La France, unissant la gloire au génie, deviendra dès lors l'école militaire de l'Europe, le marché de l'Océan et de la Méditerranée, et la maîtresse du commerce de l'Orient. Je ne parle pas du titre et des droits d'empereur d'Orient, qui plus d'une fois furent son apanage, et qu'elle doit ainsi ressaisir.

VI.

UNE GUERRE EUROPÉENNE SERAIT INCONSIDÉRÉE.

En Europe, pour un mince appât, vous compromettez de larges espérances. Qu'est-ce, en effet, de prendre quelques villes de Belgique ou du Rhin, pour, dans l'intervalle, vous créer des barrières, et vous dicter à vous-même un humiliant *nec plus ultrà*, au milieu du continent en armes, au milieu des ombrages, des craintes, de la désaffection que vous aurez suscités? Au bout d'un pareil système, voyez l'inquiétude perpétuelle, et, bien plus, la ruine inévitable du commerce français. Car toutes les autres nations se coaliseront pour le paralyser. De là, la misère et l'affaiblissement des ressources publiques. Tandis qu'au contraire, le repos de l'Europe assuré, la prospérité de la France va toujours croissant, à ne considérer cette prospérité que sous le rapport de son commerce qui, d'année en année, reçoit toujours plus qu'il ne donne.

VII.

L'ÉGYPTE, DANS LE MOMENT ACTUEL, OFFRE UNE CONQUÊTE PRÉFÉRABLE A CELLE DE TOUT AUTRE PAYS DU MONDE.

C'est le premier isthme du monde, unissant les deux mers les plus importantes du globe. C'est le chemin qu'il faut prendre nécessairement, à moins que de faire le tour entier de l'Afrique ; c'est le lien de l'Occident et de l'Orient, le rendez-vous commercial, l'entrepôt obligé, par la nécessité de décharger les navires, du commerce de l'Inde et de l'Europe ; c'est la vigie des régions environnantes ; seule épanouissant au milieu des déserts sa nombreuse population et son admirable fertilité. Ce fut autrefois le grenier de Rome, et c'est aujourd'hui celui de la Turquie, qui vient y puiser le lin et le chanvre, les provisions de mer, le café, le riz, le sorbet, et tant d'autres produits qu'elle fournit presque exclusivement. Aussi bien, si le numéraire turc sort d'Europe par le commerce, il est certain que c'est par le canal de l'Égypte seule. C'est pour cela qu'autrefois le droit canonique prohibait toute exportation d'or et d'argent aux mahométans d'Égypte, parce qu'il était constant que cette spoliation devait finir par ruiner l'Europe. Bref, l'Égypte est la Hollande de l'Orient, comme la France est la Chine de l'Occident ; mais l'Égypte l'emporte d'autant par ses richesses naturelles sur la Hollande que la France l'emporte sur la Chine. Car l'Égypte est un pays qui vit de lui-même, et prospère pour ainsi dire depuis le commencement du monde ; tandis que la Hollande doit son accroissement à des alluvions de peuples et au zèle religieux, et ne subsiste que par la sottise et les discordes d'autrui.

Les revenus de l'Égypte s'élèvent aujourd'hui à 6 millions par an, malgré la décadence où est son commerce, grâce à l'ignorance et à l'incurie musulmanes. Son gouvernement n'est que triennal ; le pacha du Caire le paye de 3 à 400,000 ducats, et néanmoins ce court espace de temps lui suffit pour faire une fortune exorbitante, quoiqu'il soit obligé de partager le produit avec le sultan. C'est à cause de l'immensité de ce produit que la durée de ce gouvernement est bornée à trois ans pour le seul pacha du Caire. Mais les ressources que le grand seigneur tire aujourd'hui de l'Égypte ne sont rien auprès de ce que doit faire produire à une telle contrée l'administration française, en s'associant seulement aux Portugais, et en devenant ainsi la maîtresse du négoce de l'Orient, qui est le plus productif de la terre. Qui, en effet, s'aviserait de lui faire concurrence par le cap de Bonne-Espérance, lorsque tout arrivera plus frais et plus rapidement par l'Égypte? Avant la découverte du nouveau monde, c'était la grande route de la marine; c'est par cette voie que Venise, Gênes, et, de concert avec elles, les villes libres d'Allemagne, ont acquis leur prospérité. La tyrannie des Turcs força de chercher d'autres communications, non pas meilleures, mais indispensables. Si la France, dont les manufactures sont déjà ou seront bientôt les premières de l'Europe, joint à cela le monopole des épices de l'Orient, quelle nation lui disputera le haut bout dans les marchés du monde, le sceptre de la richesse et de la puissance? Mais c'est peu que tout cela. Il est prouvé que, pour soumettre à leur empire l'Inde orientale tout entière, il n'a manqué aux Portugais que d'avoir des armées à y conduire. Avec la clef de l'Égypte, pour mille soldats que pourrait envoyer en Orient le Portugal, la France peut en envoyer dix mille, et personne ne comparera le soldat portugais à celui de la France. Ainsi par ce chemin voilà un vaste champ ouvert à des agrandissements sans bornes, la carrière tracée pour des exploits à la taille d'Alexandre; voilà l'Évangile porté aux régions les plus lointaines, et la félicité répandue sur toute la terre. La conquête de l'Égypte est plus facile que la conquête de la Hollande, celle de l'Orient tout entier plus facile que celle de la seule Allemagne. Les maisons de France et d'Autriche se partageront le monde. A l'une écherra l'Orient, à l'autre l'Occident. L'Italie et l'Allemagne seront délivrées de la crainte des Turcs, et les Maures n'inquiéteront plus la Péninsule. Ainsi se trouvera cimentée à jamais cette alliance indissoluble, qui assurera à chacune de ces deux grandes dynasties, selon leurs convenances respectives, la suprématie du monde; projet qui, dans un récent congrès tenu au pied des Pyrénées, a préoccupé la sollicitude des sages ministres de ces puissances,

VIII.

FACILITÉ POUR LA FRANCE D'UNE DESCENTE EN ÉGYPTE.

Que l'on mette sur pied une bonne division ; que tout soit préparé de telle sorte que, ce que le roi arrête aujourd'hui, ce soir même, dès demain de grand matin, on l'exécute ; que rien ne transpire des desseins convenus, et que personne ne se doute du but véritable de ces dispositions : 30,000 hommes suffisent pour l'entreprise. Un roi prudent, Emmanuel de Portugal, n'en destinait pas tant au même résultat. On y consacrera seulement le superflu des forces de l'État ; une partie seulement, et non pas tout à la fois, *rien que pour attaquer,* si je puis m'exprimer ainsi. La nature a mis l'Égypte et la Hollande dans des conditions semblables. Le Nil, ici, joue le même rôle que le Rhin. Mais il n'y a nul rapport quant aux fortifications, le littoral de l'Égypte étant ouvert et d'un accès facile à nos maîtres de la mer. Une fois les navires et les bâtiments réunis, la gloire d'une telle entreprise, heureusement commencée, ferait affluer de tous les pays des nuées de volontaires. Le transport par mer des combattants a cet avantage, que la discipline, l'ordre, l'esprit militaire, ne peuvent s'y altérer étroitement, et que les maladies de mer ne sont pas à craindre, le trajet étant si court. Presque tous les transports par terre ont été malheureux.

La traversée rapide. On va de Marseille en Égypte en six semaines, quelquefois en un mois. C'est un jeu maintenant pour la marine française, que de parcourir la Méditerranée ; rarement on entend parler de sinistre de quelque importance. Si vous abordez à Candie, vous êtes aux deux tiers de la route. Malte, si obligée envers la France, vous offre une station sûre ; une autre vous attend à Lampedouse.

IX.

LA SALUBRITÉ DU PAYS.

Le pays est très-sain, plus encore pour les chrétiens que pour les musulmans ; car la plupart du temps la peste turque épargne les premiers. C'est ce qui résulte de beaucoup de relations de voyageurs, qui disent s'être très-bien trouvés du séjour de l'Égypte.

L'eau du Nil, en particulier, est la plus saine des eaux potables ; c'est un breuvage innocent, même pris dans l'ardeur de la fièvre. Le Nil est le médecin naturel de cette contrée. L'homme qui, se conformant à la règle mahométane, veut s'abstenir de vin, ne dépensera pas plus de 3 sous blancs. Au mois de juin, quand le Nil commence à déborder, si la peste sévit (par le fait de l'incurie musulmane, car autrefois ce fléau y était inconnu), elle disparaît : l'inondation dure jusqu'en novembre. En décembre, janvier, février, la terre se raffermit ; et c'est le temps des travaux de la campagne, malgré les pluies fines qui tombent à cette époque. En avril et mai viennent les grands vents ; de la fin de mai au milieu de juin, les grandes chaleurs. C'est immédiatement après qu'il faut saisir le moment d'agir pour envahir et fortifier le littoral avec plus de facilité ; il vaudrait peut-être mieux choisir l'époque de l'inondation et des vents, à moins qu'on ne préfère exécuter d'un seul coup toutes les opérations.

X.

VOICI DE QUOI SE COMPOSE LA MILICE ÉGYPTIENNE.

Spahis ou cavalerie légère, 9,000 ; lanciers ou *Mustaferakas*, quelques mille ; janissaires réels, car il y en a un grand nombre de titulaires, 5,000 ; plus 4,000 Asappes, qui sont une répétition des janissaires. Au total, en comptant toutes les forces nominales et effectives soldées, c'est une armée de 36,000 hommes. Si l'on y ajoute la milice des beys, des Zaïmes, des Timariotes et des Arabes nomades, qu'on peut assimiler à notre arrière-ban de la noblesse, ce total peut s'élever à 100,000 hommes. Mais il faut savoir que les janissaires, quoique très-peu nombreux, dominent avec mépris tous les autres corps, et peuvent à eux seuls se révolter impunément, témoignage assez manifeste de la faiblesse générale des ressources militaires. Les janissaires et les spahis sont toujours prêts à la révolte. Massacrer les principaux beys, s'emparer des pachas eux-mêmes, sont pour eux choses habituelles. En somme toute cette milice est dépourvue d'énergie. L'Égypte, en effet, depuis deux siècles n'a pas vu un ennemi. Cette confiance des Turcs ressortira également de ce que nous dirons bientôt au sujet de leurs fortifications, qui tombent en ruine. De fait, il n'y a pas, malgré leur pompe guerrière, de plus faibles soldats que les Orientaux, et que les Égyptiens surtout. Les beys, Zaïmes, Timariotes et le reste des auxiliaires, aussi bien que les Arabes et les Maures du pays, ennemis constants des Turcs, forment une ligue perpétuelle contre ceux-ci, qui n'osent même pas les châtier, comme nous le prouvent une foule d'exemples et de témoins oculaires. L'Arabie limitrophe, prête à toutes sortes de séditions, est disposée à secouer le joug quand elle le pourra : c'est ce que prouvent des tentatives encore récentes. Mais nous reviendrons à la fin sur ce sujet en parlant des séditions intestines de la Turquie, de l'indiscipline de son armée et de ses janissaires, qui, eux-mêmes, de soldats passent à l'état de marchands.

XI.

FORTIFICATIONS.

Elles sont maritimes ou continentales; les ouvrages maritimes, sur la Méditerranée ou la mer Rouge. Les plus importants parmi les premiers sont Alexandrie, Rosette et Damiette. Alexandrie a deux châteaux, mais situés en rase campagne, sans fossés ni ouvrages avancés, et incapables d'une résistance sérieuse, n'ayant pas d'eau douce dans l'intérieur. Rosette, à l'embouchure du Nil, n'a pas plus d'importance, et manque également d'ouvrages avancés et de fossés. Damiette, qui coûta tant de peine aux croisés, est aujourd'hui misérable et démantelée. En haut de la ville, il y a une ancienne citadelle, mais qui n'a de défense qu'une vieille tour. Bogâz, à l'embouchure du Nil aussi, proche Damiette, est un ouvrage carré flanqué de quatre tours, mais démolies, accessible de plain pied et sans porte. Voilà toutes les défenses du littoral égyptien abordable à la France. De l'autre côté la défense de la mer Rouge est également négligée. L'Égypte y a deux ports, Suez et Qoseïr. Suez (qui est par la grâce de Dieu l'arsenal de la mer Rouge!), Suez a pour toute fortification une méchante tour ronde, où se gardent 22 canons. Qoseïr, dont le port est célèbre, n'est à présent qu'un pauvre village. Le reste, Zibbith, Suaquem, Mossava, avec leurs quelques centaines d'hommes de garnison, offriront une capture facile, si l'on s'unit avec la flotte portugaise qui viendra opérer sa jonction par la mer Rouge. Un seul point dans l'intérieur des terres mérite une attaque, et promet quelque résistance : c'est le Caire. Mais il n'a d'autre défense que son étendue et sa population ; l'incendie, la famine (éloigné qu'il est de toute communication prompte et facile avec la métropole turque), enfin un blocus étroit, le réduiront bientôt à se rendre, et cette victoire finale est encore assurée. Or, une fois les côtes prises et le commerce confisqué, le Caire est mort; car, bien qu'il se fasse en Égypte beaucoup de poudre, il y a peu d'artillerie, et le château du Caire même n'entendit jamais la décharge de plus de 30 canons.

Nous avons étudié aussi l'état de défense de la Syrie tout entière, surtout du littoral : Daphné, Larisse, Cathela, Ennon; à l'entrée de la Palestine, Gaza, Ascalon, Jaffa, le château de Caiffa, en Phénicie, Saint-Jean d'Acre, Tyr, Sidon, Beyrouth, Djaebbehl (*Biblos*), Tripoli. Partout nous trouvons les fortifications misérables, tombant de vétusté, mal entretenues, mal gardées, ou manquant tout à fait.

En Syrie, par exemple, vous avez, sous le rapport maritime, Alexandrette qui mérite quelque attention; mais elle n'est pas fortifiée; les maisons de pierre s'y comptent. Il y a seulement près de là Bogâz, un fort en maçonnerie, mais qui n'a plus de défense, bien que situé à l'extrême point de la mer. Voilà donc toute la côte méditerranéenne sous notre main. Chypre est à peu de distance; les Vénitiens y avaient élevé de beaux ouvrages militaires à Nicosie et à Famagouste; la négligence des Turcs les a laissés s'écrouler. Restent maintenant dans tout l'intérieur de la Syrie deux villes considérables : Alep et Damas; mais elles doivent ou suivre le sort du littoral, ou s'anéantir par la ruine de leur commerce.

XII.

LA TURQUIE, SI ELLE VIENT AU SECOURS DE L'ÉGYPTE, NE PEUT LE FAIRE QUE TARDIVEMENT ET AVEC BEAUCOUP DE PEINE.

D'abord, elle n'aura nul soupçon de notre véritable dessein sur l'Égypte, à moins que nous ne le trahissions nous-mêmes. En voyant notre flotte en mer, elle craindra plutôt pour Candie, ou même pour les Dardanelles et Constantinople. En second lieu, dès que les Français auront opéré leur descente, les côtes une fois occupées, tout remède devient impossible. Désormais leur pouvoir est assuré, et la clef de la position est dans leurs mains. Quant au Caire et à l'intérieur du pays, le secours ne peut arriver que très-tardivement et avec la plus grande difficulté; car c'est par terre, et non par mer, qu'il s'agit de le faire parvenir. Or, au milieu des sables de l'Arabie, par des défilés où 20,000 hommes pourront fermer la marche à 100,000, cette voie est impraticable. Rien de plus périlleux qu'une pareille traversée, à cause du vent qui vous aveugle de sable. Il n'y a dans l'année qu'une saison où l'on puisse l'entreprendre; ce temps passé, elle devient impossible jusqu'à son retour. Je ne parle pas d'une autre considération : c'est que l'armée chrétienne peut, en s'emparant des passages voisins de la Syrie, près d'Alexandrette, intercepter toute communication de la Syrie et de la Palestine avec l'Asie Mineure. Elle abandonnerait, dans cette supposition, les plus longs et plus difficiles circuits, qui seraient facilement défendus par la Perse; car l'armée turque, pour éviter les déserts et les montagnes, serait forcée de raser son territoire. Que si, pendant cet intervalle, la fleur de la milice turque est occupée en Europe, soit dans la Hongrie, soit avec la Pologne, la France a le temps de s'emparer de l'Égypte. Rien n'est plus lent, en effet, que la marche des Turcs, surtout dans des régions désertes, comme le sont la plupart de leurs États, avec les embarras des ravitaillements d'un côté, et du transport maritime de l'autre. Mais les forces turques, dispersées dans les provinces orientales, la Mésopotamie, la Syrie, la Cappadoce, ont si peu de puissance qu'elles ont beaucoup de peine à les défendre contre les Scythes, les Perses et les Géorgiens. Elles ne résisteraient pas à une garnison accourue pour protéger l'Égypte. Peut-être même la Turquie en souffrirait-elle double dommage, d'une part en échouant à l'égard de l'Égypte, et de l'autre en perdant ses provinces dégarnies de défenseurs. Un exemple enfin prouvera qu'il est facile de fermer l'entrée de l'Égypte par terre à l'ennemi le plus puissant. Lorsque Tamerlan, après avoir pris le sultan des Turcs, et soumis l'Asie presque tout entière, se présenta devant cette porte de l'Égypte avec 1,200,000 hommes, 30,000 Mameloucks suffirent pour le repousser honteusement.

XIII.

LA DÉCADENCE DE L'EMPIRE OTTOMAN.

Elle est plus prononcée que vulgairement on ne le pense. Cet empire a surtout besoin de force maritime : elle lui fait défaut. De jour en jour il se dépeuple, et son commerce s'anéantit. Le corps a beau s'accroître en dimension : un vice secret ronge ses entrailles, et, d'un jour à l'autre, une catastrophe le menace, pour peu surtout qu'une cause venue du dehors vienne s'y ajouter. Tout le secret des Turcs, c'est que, sans cesse agresseurs, ils n'ont jamais à se défendre. De là leur puissance, leur sécurité, leurs succès. Rien ne les empêche de porter sur un même point les ressources infinies dont ils disposent pour attaquer à l'improviste, habitués qu'ils sont depuis tant de siècles à croire qu'aucun ennemi ne peut menacer ni leurs flancs ni leur dos; puisse la destinée leur prouver bientôt le néant de cette illusion profonde! Mais si une fois, sur deux points simultanément, on leur suscite quelque embarras sérieux, leur ruine est certaine. Le grand seigneur est une basse intelligence, un homme cupide, débauché, abandonnant à autrui les rênes de l'empire. Il est odieux aux spahis aussi bien qu'aux janissaires. L'habitant est pauvre (on sait, en effet, que là, le sort de Naboth est réservé à quiconque est riche); et il ne se soucie pas de postérité qui lui serait à charge. De là ces mœurs abominables et l'abandon des femmes en pleine polygamie. Le commerce, l'industrie, les manufactures, les bestiaux, tout est entre les mains des juifs. Les Turcs ne se réservent qu'une prétention d'aristocratie guerrière, qui sert de prétexte, comme chez les Espagnols, à une lâche oisiveté. La plus claire partie de ses richesses, le sultan les tire d'Europe et par le canal de l'Égypte; les revenus, de l'avis de gens éclairés, sont hors de comparaison, même avec ceux de la France. La justice y est notoirement vénale : jugez quel peut être l'amour des sujets pour les juges; or c'est un des meilleurs moyens de faire fortune. Le sultan actuel, Ibrahim, obéissant aux muftis et à son visir, a vendu des ornements du sérail pour payer ses troupes. Ses trésors, que l'on garde comme sacrés dans des chambres séparées, sous le cachet du collecteur des impôts, consistent en objets précieux, comme pierreries, vêtements, tapisseries, bien plus qu'en monnaie; toutes valeurs qui, dans les cas pressants, sont difficiles à réaliser.

XIV.

LA MARINE TURQUE EST INSIGNIFIANTE.

Je ne sais quelle négligence a fait abandonner les fameuses prescriptions de Soliman, qui, en effet, si elles avaient été suivies de ses successeurs, avec toutes leurs ressources navales maritimes, leur auraient acquis une puissance formidable pour le globe entier. Aujourd'hui nous les avons vus, chassés par les Vénitiens dans les Dardanelles, se replier tremblants sous les murs de Constantinople. Ils n'ont pour ainsi dire point de voiles, et naviguent à la rame. Tout bois leur est bon pour les constructions navales, et les grands bâtiments leur manquent absolument. Quelques beys de l'Archipel sont tenus par redevance à équiper un certain nombre de bateaux, qui s'élève, dit-on, à 14. C'est là une marine bien mince et bien peu redoutable, surtout avec leurs habitudes de piraterie, qui leur font aimer mieux courir le butin que de tenir la mer avec les deux vaisseaux qui sont toutes leurs richesses.

XV.

L'ARMÉE DE TERRE EST GÉNÉRALEMENT ABATARDIE.

Autrefois la puissance militaire de l'empire se trouvait concentrée à Constantinople, qui possédait de beaux arsenaux. Aujourd'hui tout est mis en œuvre pour les besoins de chaque jour; aujourd'hui les pachas traitent leurs provinces en pays conquis, et les indigènes se voient arracher leurs enfants, que l'on traîne à Constantinople comme des esclaves polonais. Grâce à la corruption des chefs, il s'est formé une milice titulaire qui jouit des priviléges du combattant. Les janissaires étaient autrefois célibataires; presque tous aujourd'hui sont mariés, et se mêlent de commerce et d'industrie pour nourrir leurs femmes et leurs enfants. Aussi, dernièrement, le bruit de la guerre de Hongrie les mit en émoi, et faillit causer une sédition. Il en est de même notamment des spahis, hommes de race asiatique, réduits à une condition misérable par le sultan actuel, qui voit en eux les assassins de son père. Riches autrefois, ils sont forcés maintenant de s'associer pour tenir une campagne. Leur perte est décidée depuis la dernière révolte d'Hassan, pacha d'Alep, qui fut d'abord soutenu des spahis. Le nombre total des vrais spahis (à part la milice d'Égypte qui a son organisation propre) est de 9,000 pour tout l'empire ; celui des janissaires est de 20,000. On fait aujourd'hui des chrétiens janissaires, ce qui ne s'était jamais vu précédemment.

Autrefois il fallait un noviciat de six ou sept années; aujourd'hui, au bout d'un an d'exercice, on passe tout à coup janissaire. Autrefois les commandements militaires étaient accordés au mérite;

ils sont aujourd'hui dévolus à des fils de famille élevés militairement à Constantinople. Le bruit a couru à Constantinople que la guerre de Hongrie n'avait été entreprise que pour consommer la destruction des janissaires et des spahis. Et de fait, en 1664, plus de 12,000 hommes, l'élite de l'armée turque, périrent au Saint-Gothard : c'était l'œuvre du visir, qui ne recula point devant l'idée de compromettre la sûreté de l'empire pour anéantir cette milice, dans l'espoir d'en instituer une autre plus docile, et soumise à une nouvelle organisation.

Les Timariotes sont un corps que j'appellerai féodal. Il se compose de seigneurs terriens qui doivent fournir avec eux un certain nombre de servants. Les Timariotes d'Europe s'élèvent à 100,000 hommes. Le Beglerbeylick d'Anatolie en donne 6,000 ; la Caramanie, la Syrie, Chypre et les alentours 30,000 ; le reste de la Cappadoce, de l'Arménie, de la Mésopotamie et autres contrées limitrophes de la Perse, 36,000. On voit par là que, ni les forces européennes, ni celles qui avoisinent la Perse, ne pourraient porter secours à l'Égypte ; car il ne leur resterait que 50,000 hommes, quand même le Turc mettrait en jeu toutes ses ressources. Et cependant nous avons montré combien leur marche serait difficile et embarrassée, combien il serait aisé de leur fermer l'entrée de l'Égypte et de les anéantir dans le désert. Or, une fois défaits et taillés en pièces, nul espoir pour eux de refaire une armée et de se remettre sur pied. Un militaire distingué, Jarnovius Potocki, disait déjà, du temps de Soliman, que les Turcs, en rassemblant toutes leurs forces, composeraient à grand'peine 60,000 hommes de troupes d'élite.

XVI.

DIVISIONS INTESTINES DES TURCS.

Parlons maintenant de ces symptômes d'une décadence prochaine. En songeant à ce gouvernement, le plus tyrannique et le plus brutal qui se puisse imaginer ; à la vue de ce pouvoir absolu exercé par un seul homme, et par un homme stupide ; à la vue de cette justice vénale, de ces malheureux sujets opprimés jusqu'au désespoir, de tous ces peuples mécontents et mourant de faim, de ces misérables se réfugiant dans les déserts pour se soustraire à la tyrannie de leurs maîtres ; au spectacle du crime impuni et des services, même militaires, restant sans récompense ; en voyant ces gouverneurs ineptes, qui la plupart du temps doivent leur élévation au hasard, et parfois à des préférences infâmes, en les voyant, pendant qu'ils tiennent le pouvoir, dont ils savent, par l'exemple de leurs prédécesseurs, l'éphémère durée, s'appliquer uniquement à s'enrichir de rapines aussi promptement que possible, avec cette conviction cependant que ni eux ni leurs enfants ne conserveront le fruit de ces spoliations, au jour prochain où le maître pressera l'éponge et leur fera rendre gorge, et les ruinera eux-mêmes ; à l'aspect de pareilles choses, dis-je, des esprits éclairés ont pensé que, si Dieu laissait vivant cet empire, ennemi de la chrétienté, c'était par un dessein secret. Mais peut-être enfin la mesure est-elle comble! peut-être Dieu va-t-il visiter son peuple!

Eh bien, si nous le voulons, l'heure a sonné. Le sultan a perdu aux yeux de ses séides le prestige de son inviolabilité sacramentelle. On l'a vu deux fois par les exemples d'Osman et d'Ibrahim. Tous ses ministres vivent comme en songe, ou comme les acteurs d'une comédie, semblables à ces végétations fongueuses de la terre, venues on ne sait d'où, et ne sachant à quoi ils servent. Car ces hommes sans cœur ignorent le noble souci de l'avenir, et du lendemain, et de l'immortalité. On en a vu déjà secouer cette léthargie fatale, et tenter quelques généreux efforts pour se débarrasser du joug, certains qu'il ne pourrait rien leur arriver de pire que la mort, dont la menace est toujours suspendue sur leur front ; mais le reste, comme un bétail stupide, a presque toujours courbé la tête, préférant à d'honorables périls la servitude, avec son poids et son ignominie.

Ainsi c'est tout au plus s'il arriva jamais que dans l'empire turc deux pachas conspirassent ensemble de bonne foi ; l'un des deux trahit l'autre. Si deux conjurés s'étaient entendus, c'en était fait de l'empire. Mais ce qui était au-dessus du pouvoir des pachas, les janissaires l'ont fait. Osman ayant voulu les mettre à l'ordre, ils tuèrent Ibrahim, qui avait osé parler de mort : quand le sultan actuel était encore enfant, ils ont attenté à sa vie. Le visir Coprogli s'était insinué dans les bonnes grâces de la mère du sultan aujourd'hui régnant, et de son fils lui-même ; et, pour se rendre nécessaire, il fit résoudre la destruction des janissaires. C'est pour cela que, sous prétexte de surveiller la flotte vénitienne, il fit transporter de Constantinople à Andrinople le siége de l'empire ; c'est pour cela qu'il dispersa cette milice, qui agissait précédemment en masse, en lui assignant diverses résidences ; c'est pour cela, enfin, que, sous couleur d'autres motifs, il envoya les plus turbulents se faire tuer à la guerre. *Mais il a porté l'Estat à la ruine ; les janissaires estant la force de l'empire.* Chose inouïe dans ce pays-là, Coprogli a laissé dans le visir actuel, son fils, un héritier de cette politique, et est parvenu à faire considérer au sultan son salut comme attaché dans cette question à celui de son ministre. C'est à l'ombre du même dessein que celui-ci a obtenu la garde du corps ; et il l'a composée d'Albanais, hommes barbares dont il est le compatriote. Tout cela peut tourner à la perte du grand seigneur lui-même, et la débâcle éclater à l'occasion de la déroute des Turcs en Égypte. On a beaucoup parlé des démêlés du sultan avec sa mère et son frère ; mais pour moi je n'ai rien à en dire. Rien n'est plus fréquent que les révoltes de pachas ; voyez celles de Gazel, de Zelib, de Calender et de Morabut en Afrique. Nous avons eu de notre temps la fameuse révolte d'Ali, pacha d'Alep, qui le premier arma les Segbans et les Sergiens pour les opposer aux spahis et aux janissaires. Inchi-Pacha, Felicia-Pacha, et à notre souvenir Hassan-Pacha, ont depuis marché sur ses traces. Il faut noter aussi la révolte du pacha de Babylone ; il vient de livrer la ville aux Perses, et un autre, Tauris. Le Géorgien Nebi avait soulevé tous les spahis d'Asie Mineure ; il a eu pour imitateur Hassan-Pacha, puis Mortaza, pacha de Babylone. Si Hassan s'y était bien pris, le sultan était perdu, car il était désarmé et ses troupes avaient sur les bras la dernière guerre de Hongrie. Ç'a été jusqu'à ce jour un bien grand bonheur pour la Turquie, que deux pachas ne se soient jamais révoltés ensemble ! La raison de cela, c'est qu'ils n'oseraient se communiquer ce qu'ils pensent, et que d'ailleurs aucune amitié véritable ne saurait naître entre des âmes serviles et d'une même trempe. Mais qu'un prince étranger entame avec plusieurs pachas à la fois des intelligences, c'est le seul moyen d'allumer l'incendie en même temps sur plusieurs points ; ce qui doit nécessairement avoir lieu lors de l'expédition que j'expose. En effet, aujourd'hui, je ne sais comment, les pachas, dans beaucoup d'endroits, se sont émancipés. Le pacha de Bassora règne presque en souverain. La Porte a été obligée d'introduire un tiers entre les pachas d'Alep et de Diarbequir. Celui de Cochaba s'est retiré dans les montagnes. Ils commencent à désapprendre cette superstition antique et traditionnelle qui portait de pauvres fanatiques à regarder comme un don de béatitude le cordon que le sultan leur envoyait pour s'étrangler. Le pouvoir des pachas est absolu presque partout, et la seule force qui les maintienne est la désolation et la misère des peuples ; car le soldat, quand on en lève, n'y peut point subsister. Mais du moment où l'incendie éclatera sur plusieurs points à la fois, du moment où la Porte sera occupée par plusieurs grandes guerres extérieures et simultanées, la révolte des pachas éloignés est sûre et infaillible. Il ne serait même pas impossible à notre armée, une fois entrée, de persuader à celui d'Égypte de livrer cette province, en lui laissant sa fortune. En effet, il n'existe chez eux aucun amour du prince, et le maître ne les tient que par le lien d'une crainte servile. Or, comme il entrevoit pour dénoûment d'une déroute le cordon qui l'attend à Constantinople, il n'est pas douteux qu'après mûr examen, il ne traite avec les Européens pour aviser à sa conservation et à celle de ses richesses ; d'autant mieux que de ce côté il a la perspective d'une vie douce, tranquille, prospère et honorée parmi nous. Car il ne faut pas croire que ces gens-là nourrissent contre les chrétiens une haine si implacable ; la plupart d'entre eux n'ont aucune espèce de religion.

XVII.

CONCOURS DES CHRÉTIENS DE TURQUIE.

Ils doivent avoir une grande part à cette entreprise imposante. Constantinople, le Caire, Jérusalem, Smyrne, renferment un grand nombre d'Européens. Opprimés et impuissants par eux-mêmes, ils accueilleront avec sympathie des chefs libérateurs. On sait qu'ils ne se composent pas seulement d'artisans et de marchands ; mais il y a aussi des paysans chrétiens répartis dans toute l'étendue de l'empire. Les paysans chrétiens se tiennent dans les bois, les montagnes et les lieux retirés, comme en Arménie, en Cappadoce, en Syrie, à l'exemple des Maronites et des Kurdes d'Europe. Les habitants du Péloponèse ou Morée, les Albanais, les Bulgares, sont des peuples indisciplinés ; il ne leur manque que des chefs et l'occasion pour sortir de leurs retraites et proclamer leur indépendance. Je ne parle pas des îles : Chypre, Lesbos, Lemnos, Candie, Chio. La Mésopotamie, la Médie, l'Arménie, regorgent de Kurdes. Les Cophtes sont des chrétiens originaires d'Égypte. On a vu plus d'une fois des nations, opprimées par un dur esclavage, s'élancer à la conquête de vastes empires, ayant à leur tête de simples bergers ; ainsi ont fait les Arabes, les Tartares, les Turcs eux-mêmes. Gergevil, qui se fraya une retraite du fond des déserts de l'Anatolie, de la Caramanie, nous a bien fait connaître leur état et leur puissance ;

depuis, rien n'est changé, si ce n'est que leurs mœurs sont devenues plus sauvages; les gouverneurs s'opposent eux-mêmes à ce qu'ils deviennent Turcs, comme le proposaient quelques-uns, de peur de voir diminuer les revenus. A la bataille d'Agra, la nouvelle s'étant répandue que les Turcs avaient été battus, aussitôt les Albanais, Épirotes et Illyriens crièrent : Aux armes! La Transylvanie, la Valachie, la Moldavie et la Géorgie ont pour chefs des chrétiens. Les sangiaks, ou gouverneurs, du Kurdistan, sont chrétiens. Qu'on se rappelle ce que le roi de Portugal écrivait à Ximénès, des chrétiens soumis au soudan d'Égypte, qui étaient prêts à tout dès qu'ils verraient briller nos armes dans leurs parages. On sait que les Maronites se sont débarrassés par la force de la domination musulmane; leurs voisins les Druses sont les débris que les chrétiens d'Europe ont laissés de leurs expéditions en Palestine; c'est de leur sang que descendent les émirs de Tyr et de Sidon, aujourd'hui encore tout disposés à une régénération en faveur de la chrétienté. Et l'un d'eux, l'émir Fécardinn, est venu dans ce dessein jusqu'en Italie, demander aux princes chrétiens lequel serait assez brave pour descendre en Égypte. Naguère encore un émir des Arabes, peu éloigné, voyant qu'aucun champion ne relevait cette offre, envoya secrètement des présents au roi d'Espagne, ayant bien certainement dans le cœur le projet de se soulever. Plus récemment, un parent et successeur de ce Fécardinn a témoigné aux frères mineurs de Jérusalem les dispositions les plus favorables; nous en avons des preuves dignes de foi. Nous savons enfin qu'il s'est introduit jusque dans le sérail, entre les janissaires et les spahis, une secte semi-chrétienne, qui, aux yeux des gens prévoyants, doit avec le temps produire d'heureux résultats pour l'humanité, puisque le vrai Dieu commence à régner au milieu de ses ennemis.

XVIII.

DISSENSIONS DES TURCS EN ÉGYPTE MÊME.

Avant d'abandonner ce chapitre des divisions, il faut que je dise un mot de ces discordes. Le gouvernement de l'Égypte est partagé entre douze sangiaks ou beys. Comme il n'était pas facile de l'arracher à d'antiques familles, il est devenu héréditaire. Les beys sont les suzerains des Timariotes : quand ces derniers se sentent forts, ils leur suscitent mille petites querelles. Ils n'ont pas craint de dépouiller le pacha de son autorité, de le mettre en prison, et d'en demander un autre au sultan. Le Turc est presque forcé de fermer les yeux sur des méfaits qu'il ne saurait punir à moins que de compromettre la possession même de la province. Les troubles sont très-fréquents en Égypte; témoin la révolte d'Achmet, pacha de l'Égypte supérieure, en 1660. Il est bon de noter que, lors du tremblement de terre (chose rare en Égypte), et plus tard lors de l'apparition de la comète de 1664, on vit dans ces phénomènes l'augure d'une grande révolte en Égypte. Pendant le même temps, en effet, avaient lieu la conspiration des Arabes d'Égypte qui fournissent des Timariotes, et celle de leurs voisins. C'est une milice qui nuit aux Turcs eux-mêmes, impatiente de tout frein, ne se battant que pour voler, à la mode des Tartares, et disposée à s'unir aux ennemis du dehors s'il y a un butin à partager, bien plutôt qu'à ceux qui défendent leur bien et qui n'offrent aucun lucre à leur convoitise. Quant aux janissaires et au reste de l'armée égyptienne, son insubordination n'a d'égale que son impéritie militaire. L'Égypte n'a pas eu depuis cent cinquante ans un ennemi; si ce n'est ces ennemis perpétuels de son repos qui se vantent souvent de compter pour rien tout le reste de l'armée, bien que leur nombre ne s'élève pas à 10,000 hommes. Et de fait ils sont tellement les maîtres qu'ils ont osé mettre le pacha dans les fers, égorger les beys, et faire trembler les forces que le sultan avait envoyées pour les punir. Qui doute qu'à la nouvelle d'une invasion, l'insurrection n'éclate, universelle; le gouvernement égyptien ne pouvant attendre aucun secours du Turc, surtout si on l'occupe ailleurs?

XIX.

DES VOISINS DE L'ÉGYPTE NON SOUMIS A LA TURQUIE.

Voyons un peu, de ce côté, ce que nous avons à espérer ou à craindre. Au midi de l'empire turc, nous trouvons les Arabes, les Abyssins, les Dungalites, les Numides, et les autres peuples d'Afrique; à l'ouest, la Géorgie et la Perse. Déjà, on le sait, les Arabes, depuis longtemps maltraités par les Turcs, aspirent à s'affranchir. . . . .
. . . .
A Laxa sur le golfe Persique, et à Bassora sur le golfe d'Arabie, il n'est pas tenu compte de la Porte. Le roi des Arabes nomades eux-

mêmes traite les Turcs en ennemis; c'est pour cela qu'il se répand dans le désert en se déplaçant chaque jour; et les Arabes cachent leurs fontaines de peur que les Turcs qui les harcèlent ne viennent à les découvrir. La Syrie, l'Arabie, la Palestine, l'Égypte, sont en fermentation. J'ai déjà dit les intelligences qu'avaient entretenues un prince arabe avec le roi d'Espagne et un autre émir avec des princes italiens. L'occasion nous attend si nous savons en profiter. Les Nubiens ou Dungalites, voisins de l'Égypte, étaient d'abord chrétiens; s'ils ont perdu la foi, c'est bien plutôt faute de pasteurs que par zèle pour Mahomet; ils seraient faciles à gagner en cas de mouvement. Par-delà Dungal et Sennaar nous avons les Abyssins, peuple qui fait bon marché de la chair humaine, et qui la troque pour des bagatelles de l'industrie européenne. Nous aurons ainsi une armée supplémentaire à opposer au premier choc de l'ennemi. L'Abyssinie, dans cette circonstance, peut nous aider. Il est facile aux Portugais de nous amener par mer les secours de ces auxiliaires. Les Abyssins portent aux Cophtes un attachement fraternel et de coreligionnaires. Joignez à cela leur piété envers la terre sainte, qu'ils honorent de fréquents pèlerinages et qu'ils ne voient qu'avec indignation sous le sceptre de la Turquie. Toute l'Afrique vous fournira des hommes, si vous avez soin de vous munir d'une cargaison de corail, de perles artificielles, de couteaux, de ciseaux, et autres objets semblables. Il n'est pas douteux que les Abyssins ne nous en cèdent plusieurs milliers pour notre service, puisque souvent en un jour ils en envoient des centaines sur le marché du Caire. Ces esclaves, bien que non exercés au métier des armes, supportent toutefois le soleil et le climat; ils serviront toujours à essuyer le premier choc de l'ennemi. De sorte que, si l'armée chrétienne approche de 50,000 hommes, on peut facilement élever ce nombre à 100,000, tant à l'aide de ces esclaves que par les renforts arabes et numides que nous amènera l'espoir du butin; car c'est une absurdité de croire que de telles gens se laissent guider par la religion.

Que ne feront pas, en pleine guerre, contre les Turcs les Géorgiens, qui les poursuivent déjà pendant la paix? Mais les Perses leur causeront encore plus de dommages en Orient. Bien que, du temps de Sha-Abbas, ils se soient contentés de les battre en plusieurs rencontres et de leur prendre Babylone, ils couvent contre la Turquie une haine implacable, et n'attendent que le signal de nos armes.

XX.

DES VOISINS DE LA FRANCE.

Nous avons parlé des voisins de l'Égypte; un mot maintenant des voisins de la France. Que devons-nous en redouter ou en attendre? Voyons d'abord l'empereur et les États de l'empire. L'empereur est un prince éclairé, mesuré, mais positif, qui aime mieux tenir que courir; les desseins qu'il médite ne craignent nulle part la publicité. Tout en prouvant qu'il ne veut rien enlever à la liberté des États, il a retrempé et non perdu (comme le craignaient ses prédécesseurs), il a retrempé son autorité dans les assemblées générales, et il a prouvé aux États que, sans son concours, leurs volontés n'étaient qu'un sable sans ciment. C'est ainsi qu'il a reporté sa jalousie de sa propre famille à sa rivale. Du reste, ce qu'il a une fois entrepris, il l'a exécuté fermement. Il a loyalement secouru ses alliés opprimés, il a repoussé avec succès les Turcs et les Suédois. Il s'étudie enfin principalement à faire jouir l'empire, à faire jouir ses possessions d'une sécurité complète vis-à-vis de l'Asie et de l'Europe. Or, comme l'expédition d'Égypte, une fois triomphante, lui enlève désormais la crainte de tout ennemi, soit européen, soit asiatique, il est certain qu'il ne s'y opposera pas. Car qui doute qu'il ne désire une collision entre le Turc et la France, qui, chacun de son côté, lui sont redoutables? Mais, demandera-t-on, c'est peu qu'il ne s'oppose pas aux projets de la France; les servira-t-il contre le Turc? Et d'abord, le Turc peut l'envahir s'il aide aux soulèvements. Si cela arrive, aussitôt il unit ses armes à la France. Supposons toutefois que cela n'ait pas lieu; j'avoue qu'on l'amènera difficilement à mettre le pied en Turquie, à moins qu'il n'y soit forcé pour la conservation de la Pologne. Certainement il voudra de la France une garantie : mais il n'en est pas de plus sûre que l'invasion même de l'Égypte par les Français. Si pendant ce temps la France fournit à l'empereur quelque secours, même d'argent, pour augmenter ses troupes en Hongrie dans le but affiché de l'aider à réduire les rebelles, le Turc, tenu en échec par ce surcroît des forces impériales, sera obligé de s'y porter et de vider l'Asie.

Du côté de la Pologne, nul danger. Elle est menacée par la Turquie. Les Cosaques, ses amis, l'ont abandonnée, eux qui jadis ont mêmes traite les Turcs en ennemis; c'est pour cela qu'il se répand dans le désert en se déplaçant chaque jour; et les Arabes cachent leurs fontaines de peur que les Turcs qui les harcèlent ne viennent à les découvrir. La Syrie, l'Arabie, la Palestine, l'Égypte, sont en fermentation. J'ai déjà dit les intelligences qu'avaient entretenues un prince arabe avec le roi d'Espagne et un autre émir avec des princes italiens. L'occasion nous attend si nous savons en profiter. Les Nubiens ou Dungalites, voisins de l'Égypte, étaient d'abord chrétiens; s'ils ont perdu la foi, c'est bien plutôt faute de pasteurs que par zèle pour Mahomet; ils seraient faciles à gagner en cas de mouvement. Par-delà Dungal et Sennaar nous avons les Abyssins, peuple qui fait bon marché de la chair humaine, et qui la troque pour des bagatelles de l'industrie européenne. Nous aurons ainsi une armée supplémentaire à opposer au premier choc de l'ennemi. L'Abyssinie, dans cette circonstance, peut nous aider. Il est facile aux Portugais de nous amener par mer les secours de ces auxiliaires. Les Abyssins portent aux Cophtes un attachement fraternel et de coreligionnaires. Joignez à cela leur piété envers la terre sainte, qu'ils honorent de fréquents pèlerinages et qu'ils ne voient qu'avec indignation sous le sceptre de la Turquie. Toute l'Afrique vous fournira des hommes, si vous avez soin de vous munir d'une cargaison de corail, de perles artificielles, de couteaux, de ciseaux, et autres objets semblables. Il n'est pas douteux que les Abyssins ne nous en cèdent plusieurs milliers pour notre service, puisque souvent en un jour ils en envoient des centaines sur le marché du Caire. Ces esclaves, bien que non exercés au métier des armes, supportent toutefois le soleil et le climat; ils serviront toujours à essuyer le premier choc de l'ennemi. De sorte que, si l'armée chrétienne approche de 50,000 hommes, on peut facilement élever ce nombre à 100,000, tant à l'aide de ces esclaves que par les renforts arabes et numides que nous amènera l'espoir du butin; car c'est une absurdité de croire que de telles gens se laissent guider par la religion.

Que ne feront pas, en pleine guerre, contre les Turcs les Géorgiens, qui les poursuivent déjà pendant la paix? Mais les Perses leur causeront encore plus de dommages en Orient. Bien que, du temps de Sha-Abbas, ils se soient contentés de les battre en plusieurs rencontres et de leur prendre Babylone, ils couvent contre la Turquie une haine implacable, et n'attendent que le signal de nos armes.

XX.

DES VOISINS DE LA FRANCE.

Nous avons parlé des voisins de l'Égypte ; un mot maintenant des voisins de la France. Que devons-nous en redouter ou en attendre ? Voyons d'abord l'empereur et les États de l'empire. L'empereur est un prince éclairé, mesuré, mais positif, qui aime mieux tenir que courir ; les desseins qu'il médite ne craignent nulle part la publicité. Tout en prouvant qu'il ne veut rien enlever à la liberté des États, il a retrempé et non perdu (comme le craignaient ses prédécesseurs), il a retrempé son autorité dans les assemblées générales, et il a prouvé aux États que, sans son concours, leurs volontés n'étaient qu'un sable sans ciment. C'est ainsi qu'il a reporté sa jalousie de sa propre famille à sa rivale. Du reste, ce qu'il a une fois entrepris, il l'a exécuté fermement. Il a loyalement secouru ses alliés opprimés, il a repoussé avec succès les Turcs et les Suédois. Il s'étudie enfin principalement à faire jouir l'empire, à faire jouir ses possessions d'une sécurité complète vis-à-vis de l'Asie et de l'Europe. Or, comme l'expédition d'Égypte, une fois triomphante, lui enlève désormais la crainte de tout ennemi, soit européen, soit asiatique, il est certain qu'il ne s'y opposera pas. Car qui doute qu'il ne désire une collision entre le Turc et la France, qui, chacun de son côté, lui sont redoutables ? Mais, demandera-t-on, c'est peu qu'il ne s'oppose pas aux projets de la France ; les servira-t-il contre le Turc ? Et d'abord, le Turc peut l'envahir s'il aide aux soulèvements. Si cela arrive, aussitôt il unit ses armes à la France. Supposons toutefois que cela n'ait pas lieu ; j'avoue qu'on l'amènera difficilement à mettre le pied en Turquie, à moins qu'il n'y soit forcé pour la conservation de la Pologne. Certainement il voudra de la France une garantie : mais il n'en est pas de plus sûre que l'invasion même de l'Égypte par les Français. Si pendant ce temps la France fournit à l'empereur quelque secours, même d'argent, pour augmenter ses troupes en Hongrie dans le but affiché de l'aider à réduire les rebelles, le Turc, tenu en échec par ce surcroît des forces impériales, sera obligé de s'y porter et de vider l'Asie.

Du côté de la Pologne, nul danger. Elle est menacée par la Turquie. Les Cosaques, ses amis, l'ont abandonnée, eux qui jadis ont si bien repoussé les musulmans dans la guerre de Chotim. Les Polonais ont perdu dans la guerre de Suède leur réputation de bravoure et de fidélité. Les Cosaques sont devenus irréconciliables sous ce roi Piast qu'ils détestaient par-dessus tout. Restent les factions. En vain nous flattons-nous que les Tartares et les Cosaques eux-mêmes ne permettront pas la ruine de la Pologne, de peur que le Turc ne devienne leur voisin de trop près. Ces peuples-là ne consultent que leur intérêt du moment. S'il ne s'y oppose pas, le Turc peut subjuguer et ravager toute la Pologne jusqu'à la Vistule. Ainsi donc nous n'avons rien à craindre de la Pologne, et nous pouvons espérer d'elle que, si la France le veut, elle résistera vivement à la Turquie. Pour tout ce qui regarde la France, ce sera un moyen de se réconcilier avec le roi. Elle se joindra à la Moscovie et à l'empire. La Turquie aura de quoi absorber toutes ses forces, tandis qu'on la prendra par derrière. Peu d'argent suffira pour enflammer activement la Pologne; il y sera bien mieux placé qu'entre les mains de l'Angleterre, qui d'un jour à l'autre sera votre ennemie. Il est de l'intérêt de l'empereur d'assister la Pologne, s'il peut compter sur la persévérance et sur la sincérité de la France.

La Moscovie, il y a lieu de le croire, aidera l'action de la Pologne, ou verra pour le moins avec peine le Turc pénétrer en Hongrie.

Il est peut-être à craindre que l'Angleterre et la Hollande ne s'opposent à l'expédition d'Égypte. Premièrement les Hollandais, à la rigueur, pourraient s'unir aux Turcs pour établir leur marine dans la Méditerranée. Ceci est d'autant plus grave que les Turcs n'ont pas, comme on sait, de puissance ou plutôt d'industrie maritime. La nécessité sera leur excuse, comme autrefois pour François Ier. Et puis le socinianisme, qui s'introduit parmi eux, est moins antipathique aux Turcs que le catholicisme. La force de la Hollande est dans son négoce, surtout avec l'Orient. Il sera difficile à la France, dans l'état actuel des choses, de lui enlever son commerce de l'Inde même, si ce n'est par le moyen de l'Angleterre et du Portugal; mais le bénéfice de cette conquête sera pour ces deux nations, et non pour elle. Tandis que, si la France possède l'Égypte, elle peut de là (bien mieux que de la stérile Madagascar, encore plus éloignée de l'Inde que l'Égypte), bien mieux que de Surate, où elle ne possède qu'un établissement précaire et insignifiant, étendre sa domination dans l'Inde orientale. Mais, quand même elle n'y ferait aucune acquisition, il lui suffirait d'avoir l'Égypte, qui épargne aux navires la circumnavigation de l'Afrique, pour attirer à elle tout le transit de l'Inde. C'est le seul moyen de détrôner le commerce de la Hollande. Par force, elle n'y parviendrait pas, à moins d'employer le Portugal et l'Angleterre. Dans ce cas, à eux serait le bénéfice, et nous en serions pour les frais. Par concurrence? Les autres nations sont incapables de rivaliser avec cette lésineuse parcimonie des Hollandais, qui y gagnent à peine, comme de véritables juifs, de quoi défrayer leur pauvre vie. Il ne reste donc qu'un moyen pour aller droit au but, un moyen dont nous avons la possession exclusive ; c'est l'occupation de l'Égypte par la France. Il est du reste évident que non-seulement ils ne veulent, mais encore qu'ils ne peuvent vouloir sérieusement s'opposer à cette expédition. D'abord ils ne le sauront que lorsqu'il sera trop tard. Ensuite lorsque l'Europe, c'est-à-dire lorsque les maisons de France et d'Autriche se réuniront contre l'empire ottoman, nulle autre puissance en Europe n'osera y contredire. Joignez à cela l'exiguïté des forces maritimes hollandaises de la Méditerranée, vu la difficulté d'y tenir de grandes flottes. Quant à l'invasion, ce ne leur serait pas chose aisée, manquant de troupes et d'officiers propres aux combats de terre qu'ils auraient à soutenir contre la France en l'attaquant témérairement, et sans espoir d'être appuyés au milieu du désaveu de l'Europe.

En somme, ni de l'Angleterre, ni de la Hollande, ni de quelque puissance européenne que ce soit, aucun empêchement n'est vraisemblablement à craindre. Les Portugais, dans la mer Rouge, aideront à la descente. L'Espagne s'y prêtera certainement. Car, après la pensée de leur asservissement, quel objet peuvent-elles toutes avoir plus à cœur que de voir l'empereur délivré de la crainte du Turc, et les autres, de celle de la France ? Ainsi peuvent se jeter, pour le salut du genre humain et le bien de la chrétienté, les fondements d'une union solide et à jamais durable entre les deux plus grandes puissances ; union solide, je le répète, car elle repose sur l'harmonie des intérêts.

Le Danemark ne songe qu'à sa sûreté, et par conséquent à celle de l'Allemagne.

La Suède doit se mettre aux gages du prince chrétien qui cherche à innover, à s'étendre, c'est-à-dire de la France. La nécessité la forcera de rechercher toujours le parti de la France. Quant à jouer désormais un grand rôle en Allemagne, il ne reste guère à le supposer de sa part ; car tous ses voisins s'arment et se tournent contre elle. Si donc les Polonais combattent la Turquie sous les ordres et l'autorité du roi très-chrétien, la Pologne y trouvera son salut, la Suède son avantage, la France le succès et la Turquie sa perte.

XXI.

LA SÉCURITÉ PARFAITE DE L'EXPÉDITION RÉSULTE DE CE QUE NOUS VENONS DE DIRE.

Car personne n'est à craindre en Europe, en présence des maisons de France et d'Autriche agissant de concert. Le pape et le clergé feront leur devoir : l'Italie tout entière ne peut rien souhaiter de plus heureux. Mais mettons les choses au pire : pendant que la France envahit les barbares, elle est entamée par l'Europe ou l'Autriche. Qui empêche la France de lâcher prise quand il lui plaira ? La Turquie ne la poursuivra pas. Il n'en sera ni plus ni moins qu'après le coup de main sur Djigelly et le ravitaillement de Candie. La France aura toujours gagné son procès devant Dieu et devant les hommes. Elle aura témoigné d'une manière éclatante sa bonne volonté. Elle aura le droit de protester contre les opposants, et il ne lui sera pas difficile de recouvrer les bonnes grâces de la Porte ; car c'est l'intérêt de toutes deux. Le retour est assuré, la mer est ouverte. Mais, à tout mettre au pire, c'est la perte d'une flotte, d'une armée !.. La France n'est-elle pas trop grande pour qu'un pareil revers puisse l'affecter ? Sans se départir des calculs de la prudence, on peut dire que la chance de posséder une telle conquête vaut bien le risque d'une armée. Mais, comme personne ne restera en mer, cette crainte n'est pas raisonnable. Nous n'avons pas à redouter non plus ce qui est arrivé à ce cardinal Pélage ou à saint Louis. Nous savons le prix de l'ordre et de la discipline, et de la prudence des conseils ; sous ce rapport la France a fait vingt fois ses preuves. Mais il est facile de montrer quel rapport il y a entre ces temps et les nôtres. Saint Louis n'avait que des forces restreintes ; la mer et le Nil étaient au pouvoir des ennemis ; une fois engagé dans l'intérieur, il n'était plus maître de ses derrières, c'est-à-dire du littoral ; et point de véhicule pour la retraite. Les projectiles enflammés (qu'on nommait alors *feu grégeois*) étaient le secret des Sarrasins, et non le nôtre. Alors les Sarrasins, dont la plupart étaient issus de ces Circassiens si redoutables, s'exerçaient en Égypte dans des guerres continuelles. Les côtes de l'Égypte étaient très-solidement fortifiées pour le temps. Aujourd'hui c'est le contraire qui est vrai.

Non-seulement la raison d'État, mais l'honneur même, resteraient saufs, si le roi était obligé de renoncer à une entreprise malheureuse. La réputation du roi n'a souffert en rien de ce qu'il ait renoncé à Djigelly et à Candie. Il faut donc essayer. Que l'on tente un troisième effort sur l'Égypte, et cette fois, j'en ai la persuasion, vous serez plus heureux. Je finis en peu de mots.

XXII.

L'EXPÉDITION D'ÉGYPTE EST AUJOURD'HUI PARFAITEMENT OPPORTUNE, ET PEUT-ÊTRE L'OCCASION UNE FOIS MANQUÉE SERAIT-ELLE PERDUE.

La France vise à la suprématie, à la possession du commerce surtout, à la ruine de la Hollande; son roi aspire à la gloire d'un grand prince. En Égypte, tout cela lui est offert, et par surcroît la dignité de l'empire d'Orient; ce qui n'est pas à omettre à cause de ses grandes conséquences. C'est une guerre sainte par son but, et plus que nulle autre féconde en biens terrestres, ce qui lui vaudrait le suffrage de Machiavel lui-même. Toute la chrétienté lui sera redevable; en première ligne, il s'attachera l'Italie et l'Allemagne, pays où la France a besoin de crédit et d'affection.

Le prince qui méditera d'aussi grands desseins attirera vers lui tout ce que l'Europe possède d'hommes supérieurs et d'esprits distingués. La France devient le théâtre de la vraie gloire; elle ne sera plus l'objet des calomnies et des soupçons de l'Europe. Mais que dis-je? pour suivre les développements d'une pareille conception, il faudrait un coup d'œil immense, et qui s'étendît à l'infini.

XXIII.

J'AJOUTERAI TOUTEFOIS QU'ELLE DOIT ÊTRE MURIE.

Tout est prêt pour l'expédition navale, et même la région maritime offre plus de ressources qu'il n'en faut. Si nous jouissons de la paix pour le bien de l'Europe, quelle occupation meilleure à donner à la valeur guerrière, pour la préserver de la rouille de l'oisiveté? Le roi est aujourd'hui arbitre de la paix et de la guerre; le temps peut venir où il ne le sera plus, par exemple, si l'Angleterre et la Hollande s'unissent étroitement à l'Autriche; alors la crainte intérieure empêchera la France de se livrer à ces spéculations grandioses. Mais admettez que de ce côté la face des choses ne change pas; l'Égypte et la Turquie changeront. Il est certain que les Turcs et tout d'abord le grand visir s'appliquent de toutes leurs forces à opérer une réforme générale. Déjà ils ont appris notre art militaire; ils apprendront notre science maritime; la nature vient à leur aide, et les apostats affluent. Arrivés à ce point, l'univers chrétien devra trembler; alors il sera trop tard, et ce sera peine perdue que de songer activement à ces projets que l'on accueille aujourd'hui avec indifférence! Qu'y a-t-il à cela d'étonnant? pour porter des turbans, les Turcs n'ont-ils pas des têtes semblables aux nôtres? S'il leur vient une fois à l'esprit de fortifier l'Égypte, ce qui demande un an de temps, adieu l'espoir de la chrétienté, que je vois seule, abandonnée!

XXIV.

APRÈS CES EXPLICATIONS AI-JE BESOIN DE PARLER DU BON DROIT DE L'EXPÉDITION?

Quoi de plus juste qu'une guerre sacrée, entreprise pour le bien de l'humanité, le profit du christianisme, la délivrance de malheureux qui implorent notre assistance, pour le sépulcre de Dieu, pour venger les hauteurs et les injures que la France elle-même a essuyées de la part des barbares? Je ne pense pas d'ailleurs que des traités particuliers lient la France vis-à-vis de la Porte. Si l'expédition de Candie et de Djigelly était juste, celle d'Égypte ne l'est pas moins. Dans la balance où sa sagesse pèsera ce projet, le roi doit placer le salut de milliers d'âmes. Le ciel lui-même attend sa décision. C'est là que doivent se montrer la gloire, les exploits, la valeur et la foi; là est l'expiation des méfaits. Là enfin est le salut.

XXV.

CONCLUSION.

Jamais l'honneur de Dieu et le nôtre ne fut plus étroitement engagé. Jamais, que je sache, dessein plus juste ni plus saint n'est entré dans la pensée humaine. L'expression manque pour aller plus loin, et les conséquences immenses qui se pressent à l'esprit défient tout ordre de langage. Ce complément d'intelligence appartient donc aux grandes âmes qui éclairent et gouvernent toutes les affaires humaines; il appartient à ceux dont la pensée embrasse d'un seul coup d'œil plus de choses qu'il n'y en a d'énoncées dans des volumes.

Il ne nous reste plus qu'à prier Dieu de rendre leur esprit attentif à cet examen; pour eux et pour nous, le Seigneur ne pourrait leur accorder une grâce plus précieuse.

PROJET

DE

CONQUÊTE DE L'ÉGYPTE

PRÉSENTÉ PAR LEIBNIZ A LOUIS XIV.

AU ROI TRÈS-CHRÉTIEN.

1. La confiance publique témoigne tellement de la sagesse de Votre Majesté que j'ose lui présenter un projet déjà connu des anciens, mais en quelque sorte effacé par l'oubli. C'est le plus grand de tous ceux qui puissent s'entreprendre, et, j'ose le dire, le plus saint, le plus juste, celui qui offre le moins de dangers, dût-il échouer, et de tout point si conforme à l'état présent des choses que, devant paraître à tous le fruit de longues méditations, il accroîtra l'admiration de ceux qui appellent les profonds desseins de Votre Majesté le *miracle du secret*, aujourd'hui que tout pouvoir de s'y opposer, d'en éviter le dommage direct ou indirect, est enlevé aux Hollandais, et qu'il pourra leur nuire plus que ne le ferait le succès de la guerre la plus ouverte; un projet enfin le plus efficace possible pour porter celui qui l'exécutera à la souveraineté de la mer et du commerce, et qui sera loin d'être inutile aux préparatifs actuels; qui enfin, calmant les haines excitées par sa puissance, élèvera Votre Majesté, aux applaudissements publics, à l'arbitrage et au généralat de la chrétienté, qui est à

bon droit le plus grand de tous ceux que l'on puisse ambitionner, en même temps qu'il lui assurera une gloire immortelle une fois qu'elle aura osé se frayer pour elle ou ses descendants une voie vers les hauts faits d'Alexandre. — Une telle entreprise serait opportune, et l'on pourrait craindre de manquer l'occasion en la différant plus longtemps. Tout autre rirait de mon projet peut-être, mais Votre Majesté agite toutes choses avec un génie plus haut, Elle ne se laisse point toucher par l'apparence, Elle ne considère pas celui qui propose, mais la chose proposée; Elle sait que les plus grandes entreprises ont eu de faibles commencements, et qu'il ne faut pas toujours dédaigner les propositions des particuliers, fussent-elles d'abord au premier aspect suspectes de présomption.

II. François Bacon, chancelier d'Angleterre, ce grand homme à qui nous devons en grande partie le mouvement de notre siècle vers les expériences philosophiques, s'exprime ainsi, dans un fragment du *de Bello sacro* : « Qui sait, en effet, s'il ne se lèvera pas un vengeur, *exoriare aliquis?* » Les grandes choses, surtout celles qui se rapportent à la religion, surgissent parfois des commencements les plus exigus, la première assise une fois posée et alors que l'édifice lui-même y invite.

Au concile de Clermont, Pierre l'Ermite entraîna l'Europe à la guerre sacrée, qui fut cependant entreprise avec imprudence. En leur aveugle impétuosité, les chrétiens se rendirent à Jérusalem laissant l'Égypte maîtresse de la mer et du commerce; ce qui de nouveau porta le trouble parmi eux.

C'est aux conseils de l'Italien Jérôme Vianelli que les

Espagnols doivent Oran et Mers-el-Kébir et la fondation de leurs établissements en Afrique. Je ne parlerai pas de ces agrandisseurs du monde, Colomb, Vespuce, Magellan, ou des voyages de Marco Polo, dont la lecture encouragea Jean II, roi de Portugal, à décider une expédition dans les Indes orientales, ou de la topographie d'Herrera, qui fournit aux ennemis des Espagnols un motif d'exploration des rives américaines, ni de François Hotman et de Guillaume Usselinx, lesquels, après avoir vécu parmi les Portugais, jetèrent ensuite, par les propositions qu'ils firent agréer aux négociants d'Amsterdam, le premier, les fondements de la compagnie des Indes orientales, l'autre celle des Indes occidentales, ni enfin de Walter Rawleigh, chevalier anglais, dans le sang duquel les machinations de l'ambassadeur d'Espagne, Gondomar, sous le roi Jacques, purent bien étouffer sa pensée relative à l'Amérique, mais que Cromwell sut parfaitement reprendre. Quant à la proposition que je viens faire aujourd'hui, célèbre dans les siècles passés et effacée, je ne sais comment, de l'esprit des hommes, je dirai son origine première et la plus ancienne. Il y a bien quatre ans qu'elle m'est venue dans l'esprit, un jour que ma pensée se portait avec une curiosité innocente sur l'état des choses dans ce monde, et sur ce qui, dans les affaires présentes, devait périr ou être applicable un jour; je compris enfin qu'il n'y avait pas aujourd'hui dans le monde de prince plus puissant que le roi de France, et que, s'il était aussi sage qu'il est puissant, il n'y en aurait pas non plus de plus apte aux grandes choses. Je ne connais pas de prince qui gouverne une nation aussi florissante, aussi belliqueuse, que son génie excite et qui le lui rend en amour et en soumission. Et je ne connais pas non plus de contrée dans le monde plus digne d'être occupée, et dont l'occupation doive amener de plus grands résultats que celle de l'Égypte, que j'ai coutume d'appeler la *Hollande de l'Orient*, de même que, par contre, j'appelle la France la *Chine de l'Occident*. Je ne connais pas de région qui embrasse en même temps deux parties de l'univers (l'Asie et l'Afrique), et qui soit si bien située entre les deux grandes mers, l'Océan et la Méditerranée, que l'on ne saurait faire un voyage de circumnavigation dans l'une des parties sans toucher à toutes les deux ; ajoutez la fécondité du sol accessible à une nombreuse population, les ressources par lesquelles cette contrée l'emporte autant sur les autres qu'elle leur est supérieure par la situation géographique. Ce prince, cette terre, c'est-à-dire le roi de France et l'Égypte, j'ai pensé qu'un mariage entre eux était de l'intérêt du genre humain et de la religion chrétienne.

Je me rappelais l'expédition de saint Louis en Égypte et j'en scrutai soigneusement les causes. Sans doute il était constant que, lorsqu'une maladie subite le priva de ses sens et lui fit exhaler l'âme, il l'avait entreprise pour accomplir un vœu ; mais pourquoi se dirigea-t-il vers l'Égypte plutôt que vers Jérusalem, comme ses devanciers ? J'ai trouvé enfin à cette conduite une raison digne d'être connue. Lorsque, après avoir entrepris, par la voie de terre, une expédition en Orient, l'empereur Frédéric Barberousse fut arrêté dans le cours de ses victoires par un accident fatal aux affaires de la chrétienté, Philippe de France, surnommé Auguste, et Richard d'Angleterre, abordèrent à Saint-Jean d'Acre (l'ancienne Ptolémaïs), que les chrétiens tenaient rigoureusement et opiniâtrément assiégée. La ville une fois prise, le sultan Saladin, qui venait de reprendre aux chrétiens Jérusalem, qu'ils avaient longtemps occupée, stipula la restitution des prisonniers, et réciproquement il promit de rétablir la sainte croix ; mais il ne tint pas sa parole : alors Richard ordonna le massacre des prisonniers qu'il avait faits de son côté, au nombre de plus de dix mille. Mû par un sentiment plus humain, Philippe accorda l'échange des prisonniers. Parmi eux se trouvait l'Arabe Caracus, ainsi que l'appellent les chrétiens ; c'était un devin, mais, à mon sens, un homme sage et renommé parmi les siens. Il s'entretint longuement avec Philippe, surtout au sujet de la guerre, et lui apprit que Jérusalem et un royaume chrétien ne pouvaient se maintenir en Orient si l'on ne détruisait l'empire d'Égypte, et que, pour que ce but fût atteint, la possession de Damiette était nécessaire. Il ne pouvait parler que de Damiette, puisque, parmi les villes d'Égypte, c'était alors la plus voisine de la Palestine. Il est certain que les paroles de cet homme se gravèrent profondément dans l'esprit de Philippe. Bientôt la discorde régna entre les Anglais et les Français ; en effet, Philippe conseillait d'envahir l'Égypte, et Richard insistait pour que l'on marchât sur Jérusalem. Richard l'emporta chez les hommes qui s'arrêtaient plutôt aux raisons spécieuses, sous les apparences de la sainteté, qu'aux choses utiles et solides.

Philippe, indigné, retourna en France. Quant à Richard, à bout de ses desseins, après avoir couru sur terre et sur mer de nombreux dangers, et à la suite de sa captivité en Autriche, il parvint à grand'peine à effectuer son retour. Se voyant tombé, il fit vœu de faire une tentative sur l'Égypte, après la fin de la guerre avec la France, qui venait de se rallumer. Les chrétiens parurent avoir reconnu enfin leurs erreurs, eux qui s'étaient contentés jadis de l'occupation du littoral de la Méditerranée et de la prise de Jérusalem, et avaient abandonné aux mahométans cette souveraine de la mer et du commerce et le siège d'une guerre toujours nouvelle.

A son tour, Innocent III, ce sage pontife, ayant convoqué le concile de Latran, décréta une expédition d'Égypte qui, heureuse au début, eut une issue désastreuse, lorsque le cardinal Pélage, chargé du commandement des troupes et plus versé, je crois, dans le *Maître des sentences* que dans la nature des choses, ayant établi son camp dans une position défavorable, ignorant aussi les localités, exposa son armée à l'ennemi et aux cataractes du Nil. Ainsi bloqués, et après avoir restitué tout ce dont ils s'étaient emparés, ils sauvèrent à peine leur vie et leur liberté. Il en est pourtant qui rapportent que ce désastre fut dû moins à l'imprudence du cardinal qu'à la discorde des chrétiens, qui portaient la perturbation dans leurs conseils. Bonne partie d'entre eux étaient revenus vers les leurs avant la déroute.

Vint ensuite l'expédition de saint Louis, qui, résolu de suivre le conseil donné à son aïeul par le prisonnier sarrasin, se dirigea en droiture vers Damiette, dont il se serait sans doute emparé sans difficulté s'il avait d'abord soumis toute la partie maritime de la province et s'il eût réduit en son pouvoir avec ses vaisseaux le Nil; mais, son armée se trouvant engagée dans les branches de ce fleuve à l'intérieur, et celui-ci restant par derrière aux mains de l'ennemi, par suite d'un manque de navires, privé de vivres qu'il ne pouvait acheter, la tentative échoua. Ces causes d'insuccès ressortent des lettres mêmes adressées par le saint roi à ses barons restés en France. Revenu dans sa patrie, déjà avancé en âge, après un long et heureux règne, le monarque entreprit enfin l'expédition d'Égypte ; les chrétiens tentèrent d'arrêter le Turc ; mais alors mourut le saint roi, et les autres revinrent sans avoir rien opéré.

Plus tard, durant les guerres entre la France et l'Angleterre, puis entre la France et la maison d'Autriche, l'idée d'une tentative quelconque sur l'Égypte se perdit dans l'esprit des chrétiens, quoique Léon, roi d'Arménie, exhortât les Européens à la guerre d'Égypte, tant par ses ambassadeurs que par le Vénitien Marc Santo, et que le Tartare et chrétien Cassien, ayant expulsé les Sarrasins de toute la Syrie, les eût repoussés dans l'intérieur de l'Égypte ; mais, je le répète, à cause de la pénurie des navires, il n'avait rien pu faire, les mahométans étant à même, du fond de l'Égypte, leur asile, de tout recouvrer ; quoique, enfin, le roi de Chypre, aidé par les Français et les Vénitiens, se fût emparé avec une flotte bien équipée d'Alexandrie, en Égypte ; mais, inhabile à garder cette place, il perdit de nouveau une précieuse occasion. A partir de cette époque, je ne trouve un grand dessein que chez le cardinal Ximénès, archevêque de Tolède et ministre d'Espagne, personnage de tout point distingué. Mais, comme à la même époque les deux Indes s'ouvraient aux navigateurs portugais et castillans, que ceux-ci, unis aux Aragonais, chassèrent les Sarrasins de l'Espagne, Ximénès chercha à nouer une alliance entre les sages rois de ce temps-là, à savoir, Ferdinand de Castille, Emmanuel de Portugal et Henri VII d'Angleterre : et l'on peut dire de ces souverains ce que l'on peut dire aujourd'hui de Louis de France, qu'ils fondèrent la puissance et le commerce de leurs peuples. A cette époque, la France agitait d'autres desseins; c'est pourquoi elle se tenait loin des expéditions maritimes.

La proposition de Ximénès, tendante à se diriger sur l'Égypte et surtout vers le beau port d'Alexandrie, fut soumise à de nombreux avis et discussions; enfin il persuada les rois. C'est ce que m'ont appris les lettres d'Emmanuel à Ximénès, que je trouvai par hasard dans la *Vie* de ce dernier. Après avoir loué dans ces lettres les sentiments de Ximénès au sujet de la nécessité de faire la guerre, Emmanuel ajoute les paroles qui suivent : « En ce qui concerne la
« guerre que l'on dit que tu te disposes à faire, tout
« est si habilement, si convenablement, si vaillam-
« ment et si courageusement disposé par toi qu'il
« paraît que les Vénitiens veulent traiter autre-
« ment. » Puis celles-ci : « En ce qui touche
« l'expédition d'Alexandrie, dont tu parles si pru-
« demment, il nous a paru que ce serait chose ex-
« cellente et devant produire de grands avantages;

« en effet, elle doit amener les biens que tu énumè-
« res, et, à mon sens, elle ne sera pas difficilement
« atteinte, et, une fois atteinte, il ne sera pas difficile
« de la maintenir, bien plus, Rhodes ayant été sur-
« prise par les premiers croisés, de quoi nous avons
« été autrefois assez informé pour que nous eussions
« immédiatement ordonné de l'entreprendre, n'était
« que nous étions tout entier à notre expédition ac-
« tuelle; mais nous n'y ferons pas défaut en temps op-
« portun. Cela nous a souri de savoir ce que tu écris
« au sujet des chrétiens retenus au pouvoir du Sultan.
« Il semble, en effet, que Dieu veuille et tienne à
« manifester en ce temps-ci que telle soit sa volonté.

« Qu'il nous promette la victoire en ce jour et que
« nous puissions l'espérer, puisqu'aussi bien une ex-
« pédition de ce genre est telle que nous ne saurions
« acquérir ici-bas une plus grande gloire que celle
« de vivre et mourir pour elle. »

Voilà donc les paroles si dignes d'être lues qu'écrivait ce généreux roi. Je ne sais s'il n'avait pas dit un peu auparavant, ce qui s'accorde mieux avec notre époque, qu'on pouvait déboucher sur l'Égypte par la mer Rouge avec une flotte de l'Inde. Mais rien de tout cela n'a eu lieu, par suite de la mort du roi Ferdinand, qui a fait passer sa couronne d'Espagne dans la maison d'Autriche, et un ordre de préoccupations bien différentes naquit par suite de la rivalité des deux familles les plus puissantes de l'Europe. Toutefois Ximénès, pour qu'il ne fût pas dit qu'il ne ferait rien, suivit les conseils de Vianelli, et, employant à cet effet les revenus de son archevêché, il s'empara d'Oran, qui fait face à l'Afrique.

III. Au surplus, de tout temps l'Égypte fut d'un grand prix. Que les Chinois soient issus de l'Égypte ou celle-ci des premiers, c'est ce que je n'oserai affirmer. Mais qu'il existe entre ces nations une parenté, c'est ce dont témoignent la similitude des institutions, celle des caractères hiéroglyphiques destinés à l'écriture, et leurs manières de philosopher l'une et l'autre sont parentes par les sciences et les arts.

C'est des Égyptiens que les Phéniciens et les Grecs ont reçu les caractères de l'alphabet. Les rois d'Égypte ont eu un grand renom de puissance. Osiris et Sésostris eurent une haute domination. Cambyse joignit par lui-même l'Égypte à ses possessions. Après avoir poursuivi Darius, Alexandre le Grand fit un détour pour ne pas laisser sur ses derrières l'Égypte, car il voyait qu'elle pouvait ruiner tous ses desseins. Il la tenait en une si haute estime qu'il donna son nom (Alexandrie) à la ville qu'il fit construire dans ces parages, et qu'il voulut y être enterré.

Le grand Pompée, vaincu à Pharsale par Jules César, se rendit en Égypte, pensant qu'il y recouvrerait plus facilement ses forces, mais le perfide Ptolémée le fit périr à son tour. Antoine, une fois associé au pouvoir d'Auguste, choisit l'Égypte pour le siége de sa puissance. Auguste, l'ayant vaincu lui-même, fit de ce pays une province; mais, ayant observé l'importance qu'elle avait, il voulut qu'elle n'appartînt pas seulement au sénat et au peuple romain, mais qu'elle fût sienne; il ne la plaça point sous l'autorité d'un proconsul ou d'un président, comme il fit des autres provinces, mais il l'érigea en préfecture augustale ; il porta même une loi en vertu de laquelle il était interdit aux Romains sans distinction de se rendre en Égypte sans permission.

Quand la situation fut désespérée pour Néron et après sa chute du trône, il sollicita du sénat la préfecture d'Égypte. Depuis ce temps-là l'Égypte resta au pouvoir des Romains, elle fut regardée comme le grenier de l'empire, jusqu'à ce que le troisième calife des Sarrasins (en comptant Mahomet), Omar, comprit l'Égypte dans sa conquête de tout l'Orient.

Une fois établis en Égypte, les Sarrasins enhardis commencèrent à courir les mers, poussèrent jusqu'à l'Inde, et, après avoir subjugué les îles de la Méditerranée, vinrent mettre le siége devant Constantinople, avec une flotte de trois mille vaisseaux, comme on en avait à cette époque ; ils ravagèrent l'Italie elle-même, et, après avoir soumis l'Afrique jusqu'à l'océan Atlantique, ils détruisirent les Goths et ajoutèrent l'Espagne à leur domination ; enfin ils menaçaient l'Allemagne et la France, quand Charles Martel leur fit subir, près de Tours, sur la Loire, une défaite inouïe dans l'histoire. C'est très-certainement à cette journée glorieuse qu'est due la conservation de la religion chrétienne dans ce monde.

C'est de ce jour que date le déclin de la puissance des Sarrasins ; mais, après avoir perdu ailleurs toutes ses provinces, elle se maintint pourtant en Égypte. Et c'est parce que les chrétiens ont envahi la Syrie de préférence à l'Égypte, ou ont attaqué celle-ci trop tard, que les croisades n'ont pas réussi. Enfin Soliman, empereur des Turcs, ayant, après la mort de Campson, sultan d'Égypte, qu'il venait de vaincre, poursuivi le cours de ses succès, pénétra en Égypte par la voie difficile des déserts d'Arabie, s'avança à la tête de cent cinquante mille hommes, et, après s'être rendu maître du Caire et avoir fait tomber l'empire des mamelucks, il éleva la puissance turque au faîte où elle s'est maintenue jusqu'à ce jour.

IV. Ces développements m'ont paru nécessaires pour mettre en lumière le rôle et l'importance véritables de l'Égypte dans l'histoire du monde, et faire comprendre en même temps qu'elle ne présenta jamais d'obstacles sérieux à ceux qui vinrent l'attaquer. Alexandre, César, Auguste, l'occupèrent sans difficulté. Amaury, roi de Jérusalem, prince dont la puissance était loin d'égaler la sagesse, pénétra dans l'Égypte jusqu'au Caire et l'assiégea. Cette place allait tomber en son pouvoir quand, suivant les conseils d'un certain Milon des Planches, il accepta les offres d'argent qu'on lui faisait et leva le siége. Si l'on en croit Guillaume, archevêque de Tyr, son ami, le roi fit avancer ses troupes avec une lenteur calculée, dans l'espoir d'arracher de l'argent au Sultan qui lui avait offert une somme considérable : « Il craignait que le roi n'envahît subitement le pa« chalick du Caire, et, le trouvant désarmé, n'en « profitât pour tomber sur lui à l'improviste ; ce « qui serait inévitablement arrivé si, comme le rap« portent ceux de Constantinople qui s'y trouvèrent, « après avoir fouillé les chemins et pris Péluse, « et au milieu de la consternation universelle cau« sée par un tel désastre, l'armée eût poussé jus« que-là.. »

Le cardinal Pélage, et après lui saint Louis, ne furent pas loin de subjuger l'Égypte. Et pourtant on est forcé de reconnaître qu'à cette époque l'Égypte était plus fortifiée (la suite le montrera d'ailleurs avec plus d'évidence) et les forces des rois de France étaient bien moins considérables, n'ayant pas sur leurs peuples le pouvoir qu'ils ont aujourd'hui, n'étant pas vraiment maîtres chez eux : ajoutez qu'ils étaient retenus par les Anglais. Enfin, comme on l'a raconté un peu plus haut, le roi Emmanuel de Portugal, prince en tout si sage, se flattait de soumettre l'Égypte, à la seule condition de posséder la ville d'Alexandrie, et de s'établir, d'un autre côté, sur le littoral de la mer Rouge. Mais qu'est-ce que le Portugal en comparaison de la France? Qu'il soit forcé, même sur la mer Rouge, de reconnaître la supériorité de son pavillon, cela est trop évident. Et que l'on ne croie pas que s'emparer de l'Égypte soit chose difficile parce qu'elle est aux mains du Turc : elle n'en est, au contraire, que plus facile à prendre, non-seulement parce qu'il est difficile qu'elle soit secourue par lui et qu'elle est portée à la révolte, mais encore parce qu'elle a cessé d'être siége d'empire, capitale. Or une ville est toujours, dans ce cas, défendue avec une opiniâtreté invincible. Rome n'eût jamais été prise par les barbares, si Constantin n'avait perdu de vue la capitale; les Sarrasins, après s'être emparés facilement de l'Égypte, s'arrêtèrent devant Constantinople. L'empereur des Turcs, Osman, jeune homme d'un remarquable esprit, à la suite de la campagne malheureuse de Chotim, en Pologne, revers dont les janissaires avaient été cause, décida, pour les mieux punir, de transférer de Constantinople au Caire le siége de l'empire : il devait prétexter, à cet effet, d'un pèlerinage à la Mecque ; mais, son projet ayant été éventé, il fut étranglé par les siens ; ainsi le voulait la Providence. Et l'Égypte, par une sorte de fatalité, continua d'être une mine destinée, quand les chrétiens le voudront, à faire crouler la puissance ottomane.

V. Je n'ai fait, jusqu'ici, que retracer ce que je pourrais appeler l'*histoire de mon projet*, en remontant aux sources les plus anciennes. Ce sont mes rêves, si vous voulez ; mais j'ai voulu reproduire les délibérations et les jugements des hommes les plus sages au sujet d'une expédition d'Égypte. Jusqu'ici peu observées, ces choses m'ont d'autant plus donné à réfléchir et m'ont frappé d'autant plus profondément, quand je les ai lues, que cette question me préoccupait alors plus vivement. Maintenant il s'agit de revenir au corps même de la proposition, à l'occasion de laquelle je crois pouvoir montrer qu'une expédition d'Égypte est : 1° le moyen le plus infaillible de s'assurer la prépondérance ; 2° qu'elle est facile, eu égard à la grandeur de la chose, et surtout au roi très-chrétien ; 3° qu'elle n'offre aucun danger ; 4° qu'elle répond à la direction présente des choses ; 5° qu'elle ne doit plus être différée ; qu'elle doit enfin être entreprise dans l'intérêt du genre humain, de la religion chrétienne, et, ce qui est la même chose, qu'elle est conforme à la volonté divine, qu'elle est juste, pieuse, et, partant, qu'elle sera heureuse.

VI. La prépondérance, en d'autres termes, ce qui intéresse le plus la France, c'est une puissance comme elle peut raisonnablement en souhaiter une, qu'il lui soit permis d'espérer et qui ne soit pas une chimère.

Ce ne sera pas, je le répète, une monarchie universelle, aujourd'hui moins que jamais possible parmi les chrétiens, mais une direction générale ou une sorte d'arbitrage des choses. Vouloir soumettre par les armes les nations civilisées, mais en même temps belliqueuses et passionnées pour la liberté, telles que le sont aujourd'hui presque toutes les nations européennes, ce serait une entreprise non moins ridicule que sacrilége. Tout le monde sait que nombre d'empereurs germains se consumèrent en stériles efforts pour arriver à dominer dans la seule Italie, qui, pourtant, n'est pas une contrée immense. Combien rapidement encore les fruits de la victoire s'évanouirent entre les mains de Charles VIII et de Louis XII ! En parlant de l'Allemagne, le grand Oxenstiern avait coutume de dire dans l'intimité, à propos de la liberté de ce pays, que l'Autriche se vantait alors d'opprimer, que c'était une prétention tout à fait folle, quand l'Italie avait tant de cités fortifiées, tant de montagnes, tant de fleuves, tant de familles illustres, et qu'à la fin tout s'écroulerait sous les pas des envahisseurs. En effet, on s'impose l'obligation d'avoir à la fois plusieurs armées sur pied; quand la tranquillité semble rétablie sur un point, on voit la guerre se rallumer sur un autre; on accourt là où le danger se fait sentir, et au même instant une agitation semblable se produit ailleurs. Charles-Gustave a pu faire en Pologne et en Danemark l'expérience de cette vérité, qu'au sein de l'Europe chrétienne la conquête d'un royaume est presque impossible, ou, si elle est possible, n'est pas durable, tous ayant intérêt à s'unir pour empêcher un fait dont les conséquences sont si funestes à la paix générale. Le traité, dit de la Haie, entre la France, l'Angleterre et les États confédérés, conclu au moment où le Danemark était aux abois, est un exemple de cette vérité pour les vainqueurs. Les conquêtes qui peuvent résulter de la guerre entre les États chrétiens se bornent nécessairement à des fractions de territoire sans importance; ceux qui forment les projets les plus hardis, et en poursuivent la réalisation avec le plus de persévérance, peuvent à peine en retirer quelque fruit sensible : car c'est une vérité d'expérience élémentaire que toute puissance qui s'agrandit éveille les soupçons des autres et les réunit toutes contre elle-même. D'où il suit qu'un roi tendant aux grandes choses, tel que l'est le roi très-chrétien, doit — en sa sagesse — éviter autant que possible une telle manière d'accroître sa puissance. Marcher par cette route à la domination, c'est s'assigner à soi-même des limites, se marquer d'avance un inflexible *nec plus ultrà*, et jouer contre un mince résultat les espérances les plus hautes et les plus solidement fondées. Les acquisitions qui se font avec le plus de facilité et de douceur, dont la possession est la plus tranquille et la plus assurée, sont celles qui viennent des élections, des héritages et des mariages qui les préparent. Ainsi s'est accrue la maison d'Autriche, ainsi s'accroîtra la maison de Bourbon, si elle ne s'écarte point de la ligne de conduite qu'elle a suivie jusqu'à ce jour. Mais, comme cette manière de profiter dépend du sort des autres familles, baser ses calculs sur ces éventualités, c'est vouloir s'attirer des haines et courir des chances. Donc, puisque les divers moyens de s'agrandir sont : la guerre, l'héritage, l'élection, une administration intérieure prudente du royaume, le commerce, les manufactures, les exercices militaires, l'amélioration des lois et le règne de la justice, tout ce qui rend heureux les sujets, enfin l'autorité, c'est-à-dire l'amour, puis la crainte que l'on inspire aux étrangers par l'opinion que l'on donne de sa sagesse et de sa puissance par les alliances, les arbitrages, les protectorats, il est évident que successions et élections dépendent du hasard ; mais c'est grâce aux réformes intérieures que la sécurité du monarque et le bonheur public s'affermiront. Les États chrétiens cultiveront à l'envi les arts de la paix ; les traités de commerce, l'industrie, le commerce maritime, c'est le seul genre de rivalité qui leur convienne. Que la France, j'y consens, s'élève au-dessus des autres nations, mais qu'elle tourne ses armes contre les barbares seulement. Terminez cette guerre d'un seul coup, comme cela est dans le caractère de la nation française, si bien qu'une expédition de ce genre semble lui être naturelle ; renversez et fondez des empires là où l'insuccès lui-même ne causera ni crainte, ni déshonneur ; là où il y aura une incroyable gloire à gagner, et où l'on pourra jeter les fondements d'une grande puissance ; là où l'applaudissement de tous doit vous suivre, et où les envieux n'oseront ni ne pourront porter obstacle, et le roi très-chrétien sera proclamé chef ou général des chrétiens, la France sera proclamée l'école de l'Europe, l'académie des esprits illustres, le marché de l'Océan et de la Méditerranée. Et si nous cherchons un honneur, une prérogative indisputable, les titres et droits d'empereur d'Orient, usurpés par les Turcs, retourneront (ils les avaient déjà sous Baudouin lors de l'empire de Constantinople), retourneront, disons-nous, aux Français, ainsi que l'universel arbitrage des choses plus désirables aux yeux des gens sages que la monarchie. Tant que l'Europe est en paix, la prospérité de la France augmente; qu'elle commence mal à propos une guerre, aussitôt nous la voyons descendre. Pour ce qui concerne le commerce, les rivaux mêmes de la France reconnaissent que tous les ans, de compte fait, ses profits dépassent les leurs de plusieurs millions, et elle ne perdra pas la faveur pour ses travaux de manufactures, si, par une avidité malencontreuse, elle ne force pas les autres à conspirer contre elle, non-seulement par des alliances, mais par des règlements de commerce.

Au contraire, une guerre intempestive en Europe, entreprise en particulier contre les nations maritimes, pourrait amener la ruine du commerce de la France et de compagnies fondées à tant de frais, naissantes, n'ayant pas eu le temps de prendre racine, et par là même faciles à ébranler; un si grand malheur jetterait dans les esprits un découragement immense, et plusieurs siècles suffiraient à peine à le réparer. D'ailleurs une guerre navale est particulièrement soumise aux caprices du hasard, et les plus clairvoyants ne s'y peuvent promettre aucun résultat bien certain. Mais, une fois la guerre déclarée aux barbares, c'est à l'Égypte qu'il faut s'attaquer. Quant à tenter quelque chose de grand en Amérique, non-seulement les Espagnols, sous la tutelle desquels elle est placée, mais les Hollandais et les Anglais, ne le souffriraient point, puisqu'il est de l'intérêt d'eux tous que les choses y restent dans l'état où elles sont. On en peut dire presque autant des autres entreprises. On aurait beau faire un appel aux chrétiens, on n'aurait que peu d'alliés. Au contraire, nul n'osera s'opposer à une guerre contre le Turc, ainsi que je le démontrerai tout à l'heure : il y a plus, beaucoup, je le prouverai, y concourront. Si l'on envahit l'Égypte, cette guerre, qui aura le caractère, les résultats, les conséquences d'une guerre sacrée, qui sera applaudie comme telle, sera plus utile encore que toute autre, entreprise dans un but purement humain ; et ce ne sera pas seulement la Palestine, cette contrée déserte, qui n'est plus peuplée que de ses ruines, que nous aurons conquise, mais encore l'Égypte, l'ornement de la terre, la mère des fruits, le centre du commerce.

VII. Entre toutes les régions du monde connu, et après la Chine, c'est l'Égypte qui est en première ligne : elle est comblée d'une si grande abondance de biens qu'à peine pourrait-elle en renfermer davantage. Il y a d'abord l'isthme principal du monde qui sépare les plus grandes mers, l'Océan et la Méditerranée, qu'on ne saurait éviter sans faire le tour des sinuosités de toute l'Afrique. C'est le lien, la barrière, la clef, la seule entrée possible de deux parties du monde, l'Asie et l'Afrique (1). C'est le point de contact, le

(1) Leibniz connaissait donc l'importance capitale de l'isthme de Suez, mais il ne pouvait prévoir encore que, grâce à l'invincible énergie d'un digne

marché commun de l'Inde d'une part, de l'Europe de l'autre. Je conviens que l'isthme de Panama, en Amérique, pourrait rivaliser avec lui, si cette partie du monde était aussi fertile et si les autres richesses lui étaient prodiguées avec la même abondance. L'Égypte est donc l'ornement des contrées qui l'environnent; par la nombreuse population qu'elle nourrit, par sa fertilité merveilleuse, seule elle fleurit au milieu des déserts. L'histoire nous apprend qu'elle fut jadis le grenier de l'empire romain, comme elle l'est aujourd'hui de l'empire ottoman; que l'Égypte a été la mère des sciences, qui, de chez elle, passèrent en Grèce; qu'elle a été comme la matière des merveilles de la nature et de l'art qui, aujourd'hui encore, après le cours de tant de siècles, sont un sujet d'admiration, comme si elles venaient de se produire, comme si elles venaient d'éclore.

On peut évaluer la population, puisqu'on a dit qu'il y a vécu tant de centaines de mille de Juifs que j'ose à peine en reproduire le nombre, qui paraît fabuleux; on dit que plus de six cent mille hommes y furent emportés par la peste en une seule année, et, au Caire, en un jour, vingt mille hommes. Il ne faut pas mettre un pareil malheur sur le compte du climat, puisque dans l'antiquité on n'a rien vu de semblable: ne l'imputons qu'à la stupidité musulmane. Nous ajouterons plus loin d'autres causes. Quant au Nil, il n'est pas seulement une source de fécondité, mais encore de salubrité; il est un remède contre tous les maux et maladies du pays. Agréable à boire

---

continuateur de ses projets, elle deviendrait le trait d'union de ces deux mers qu'elle sépare.

et si tempéré que son eau n'a jamais nui à personne, même dans les ardeurs de la fièvre, une fois que le Nil a commencé de purger la terre, la plus noire, la plus cruelle peste s'arrête. Engraissées par lui dans le sol, les plantes y poussent comme sous l'action de la culture; aussi, du fond des déserts les plus sauvages de l'Arabie et de la Numidie, il s'est précipité de tout temps, sur l'Égypte, de telles multitudes, qu'il ne doit point paraître surprenant qu'au temps du roi Amasis, et dans une si étroite région, on y ait compté vingt mille cités, et même aujourd'hui, dans sa meilleure partie, qui est le Delta, et que traversent les branches du Nil, pays dont l'étendue ne dépasse pas de beaucoup celle des Provinces-Unies, on compte autant de milliers de bourgs, pour ne rien dire de plus. Aussi, si je ne me trompe, pourrait-on appeler l'Égypte la Hollande de l'Orient, bien que l'Égypte ait des avantages sur celle-là, puisqu'elle se suffit par la fécondité du sol, par la douceur du climat et sa situation admirable. On la trouve florissante, à quelque époque que l'on remonte dans son histoire, tandis qu'il n'y a pas encore un siècle que nous avons vu la Hollande sortir de terre comme par enchantement, grâce à l'énergie de l'homme, à l'effervescence des passions religieuses et à la sotte insouciance des nations voisines. Or j'appelle accidentelles toutes les républiques qui s'élèvent ainsi.

On a des relations diverses au sujet des revenus de l'Égypte. Nous allons en comparer entre elles quelques-unes : la plus récente que j'aie vue s'exprime ainsi au sujet des revenus : « Diverses per-

« sonnes m'ont renseigné diversement. On dit deux
« millions de ducats et peut-être au delà. Un certain
« ami que j'ai au Caire, et très-versé dans les affai-
« res du bassa, m'a dit que ceux du Grand Seigneur
« montent à douze cent mille ducats argent comp-
« tant, que la moitié ou le tiers de cette somme
« se paye en grains, riz, sucre, sorbets, café, pois,
« lentilles et autres légumes semblables, ce qui
« fait que cela se monte à un million de ducats
« qui viennent d'Égypte ; 2° pour le payement des
« soldats, qui coûtent annuellement 766,666 du-
« cats d'Espagne. 3° On dépense ensuite chaque
« année pour la Mecque 160,000 ducats. 4° Puis il
« y a le bassa et sa cour qui absorbent 1,149,792
« ducats. »

Un autre voyageur récent s'exprime ainsi :

« Je m'entretiens avec monsieur Hubert du revenu
« que le Grand Seigneur tire de l'Égypte, tant des
« villages que des douanes, qui consiste en cinq ca-
« senas (ce qui ailleurs signifie 1,200,000 écus ou
« six millions d'or), chacune de 1,200,000 écus
« piastres ou 1,584 bourses 756 piastres et 98 mé-
« dains (la bourse est de 756 piastres et 19 médains)
« qui se distribuent ainsi : Une luy est envoyée en
« soixante caisses d'or ou d'argent par trente mu-
« lets. On envoye encore par mer d'Alexandrie pres-
« que la valeur d'une autre casena en toutes sortes
« d'espiceries, de vin, de sucre, de sorbets et de
« café pour toute la provision du sérail : une autre
« casena s'envoie à la Mecque, et les deux autres
« sont tant pour l'entretien et paye des Janissaires
« et autres gens de guerre que pour celle du bacha

« des Sangines. Un sac (une bourse) a la capacité de
« vingt-cinq mille médains; trente desquels font un
« abu kelb, qui équivaut lui-même à un talaro hol-
« lais, à l'empreinte du lion, dont huit cent trente-
« trois et un tiers font un sac, qui fait environ
« 618 écus romains, bien que, suivant d'autres cal-
« culs, la bourse est de 500 écus; mais à Constan-
« tinople, où elle est de moindre valeur, trente-sept
« médains font une piastre de 8, et cinquante mé-
« dains font un sequin. »

Ce qui précède fera comprendre que, la casena étant de 1,584 bourses ou sacs, et le sac de 618 écus romains, la casena sera de 978,912 écus romains, et que cinq casenas ou la somme des revenus de l'Égypte est de cinq millions d'écus romains. Le calcul peut encore se faire de la manière qui suit : La casena est de 1,584 bourses, la bourse de 25,000 médains, 37 médains (pour quelques-uns trente) représentent un ducat espagnol, la bourse sera donc de 675 et la casena de 1,069,200, c'est-à-dire de plus d'un million de ducats d'Espagne. Donc cinq casenas représentent au moins environ cinq millions de ducats. J'avoue que ce calcul ne s'accorde pas avec la première relation italienne, qui avait évalué tout le revenu à deux millions de ducats; mais il s'accorde avec le dernier calcul, qui établit que le sultan retire du Caire chaque année un million d'or. Aussi un homme, à qui toutes ces questions sont familières, dit que les sultans déposent dans le trésor privé ou hasnad les revenus du Caire, dépassant un million d'or. Il est donc nécessaire que la casena lui soit envoyée en écus. Quant à la quantité des

revenus du bassa du Caire (d'où l'on peut inférer le revenu du sultan), un homme très-habile en parle ainsi qu'il suit d'après les registres mêmes des revenus de la Porte-Ottomane : « Les gouvernements de
« beylerbeys, qui ont plusieurs sanguines sous eux,
« sont de deux sortes : les premiers s'appellent hasile
« beylerbeys, ceux-là ont un certain revenu assigné
« sur les villes, sur les bourgs et sur les villages qui
« relèvent de leur gouvernement. Les autres, saliane
« beylerbeys, tirent leurs appointements des deniers
« qui sont levés dans les provinces de leur gouver-
« vernement par les officiers du Grand Seigneur.
« Ceux qui sont avec saliane sont seulement : le ba-
« cha du grand Caire, le bacha de Bagdad, le ba-
« cha de Aden, de l'Arabie heureuse, le bacha The-
« belen, sur la frontière des Abyssins, le bacha de
« Bassora et le bacha de Lapra, près d'Ormus, en
« Perse; mais les derniers se font remarquer par
« leur extrême pauvreté, les premiers par leur ex-
« trême richesse. » Le bacha du Caire a de revenu 600,000 scheriffs ou sequins par an (d'autres ne comptent qu'environ trente mille ducats que l'on paye au bassa du Caire; mais je pense que cela doit s'entendre du revenu ordinaire ou d'une sorte d'appointement; de même que le premier vizir a un salaire ordinaire, comme on le dira ci-dessous), « qu'il peut
« légitimement lever, tant le tribut que le Grand
« Seigneur tire de ce lieu-là est grand. Il y a une
« autre somme de six cent mille sequins par an
« qui est employée tous les ans au payement des
« troupes que le Grand Seigneur entretient en Égypte,
« sans compter les sommes que le bacha exige de

« ceux du pays avec une tyrannie et une avarice
« insupportables pendant les trois années de son gou-
« vernement, ce qui fait qu'il devient prodigieuse-
« ment riche en peu de temps, et capable, à son re-
« tour, de faire couler une source abondante de
« biens dans les coffres du Grand Seigneur. » Ce
calcul s'accorde avec le calcul précédent, qui avait
compté cinq casenas, en supposant la casena de
600,000 sequins. On disait, en effet, que les deux
casenas restant (en déduisant les tributs que l'on ex-
pédie à la Mecque et à Constantinople) sont réservées
au bassa et affectées à la milice égyptienne. Ce qui
est encore confirmé par ce qui suit : « Le bacha du
« grand Caire paye comptant trois ou quatre cent
« mille écus en recevant la commission de son gou-
« vernement. » Et, toutefois, on lui assigne un terme
limité de gouvernement, comme on peut l'apprendre
par ce qui suit : « Parmy les Turcs, il n'y a point de
« temps limité pour les bachas, et ils ne demeurent
« dans leurs gouvernemens qu'autant qu'il plaist au
« Grand Seigneur, qui les rappelle, qui les continue
« ou qui les envoie dans une autre province, selon
« qu'il le juge à propos. Il n'y a que celui du Grand-
« Caire, en Égypte, qui est fixé à trois ans, parce
« que, ce gouvernement étant un poste de consé-
« quence et où les gouvernemens amassent en peu
« de temps des biens immenses, il n'y auroit pas de
« prudence à les y laisser plus longtemps. Mais le
« Grand Seigneur ne se contente pas de les rappeler
« quelquefois avant le temps, il partage le butin
« avec eux quand ils sont de retour et en prend tou-
« jours la meilleure part. Les Romains avoient une

« si grande opinion des richesses et de la puissance
« d'Égypte, qu'Auguste fist une ordonnance qu'il
« mettoit au nombre des secrets de gouvernement,
« par laquelle il estoit très-expressément défendu
« aux sénateurs et aux gentilshommes romains d'y
« aller sans une permission particulière du prince
« ou pour autre chose que pour les affaires de
« l'Estat; de peur, dit Tacite, que si quelqu'un se
« rendoit maître de cette province il n'affamât ai-
« sément l'Italie. »

La fertile Égypte pouvait seule alimenter l'Italie, telle qu'elle était au moment où Rome regorgeait de cette multitude innombrable d'hommes qui affluaient dans son sein de tous les points du monde. Après s'être emparé de l'Égypte, Sélim se vantait de posséder une région capable de nourrir les troupes où se formaient et se disciplinaient ses janissaires. Un auteur, Sandis, fait le compte suivant : « Les revenus annuels d'une province d'ailleurs peu considérable atteignent trois millions de couronnes. 400,000 couronnes sont transportées par mer en même temps que les aromates à Constantinople. Crainte des pirates chrétiens, le reste du million est transporté par la voie de terre, par six cents soldats. Un dernier tiers est dépensé pour la caravane de la Mecque. »

Pierre du Val nous raconte que six cent mille scherifs, dont chacun de la valeur de plus d'un sequin de Venise, sont expédiés à Constantinople. Ajoutez 300,000 autres qui viennent de l'Yémen ou de l'Arabie Heureuse (toutefois nous ferons remarquer dans la suite que depuis lors les choses changèrent beaucoup dans ces contrées). Il s'y dépense au-delà de 150,000. 600,000 autres sont dépensés pour la caravane de la Mecque, autant pour la milice égyptienne, autant pour le pacha et ses officiers. Ce calcul ne diffère point des cinq casenas que je mets en ligne de compte avant tout le reste. S'il est exact, le revenu de l'Égypte peut bien monter à cinq millions de thalers impériaux, mais prenons une moyenne de trois, quoique cela puisse atteindre à cent tonnes d'or, si les Turcs savaient tirer parti de la mer et du commerce ; mais ils ne veulent pas s'enrichir par l'art et l'industrie, mais par la violence et le pillage ; ce qui nuit souverainement à leurs intérêts, puisqu'ils ne jouissent ainsi que des biens particuliers à leur climat que la nature leur offre d'elle-même, sans en rechercher d'autres.

Supposons donc l'Égypte occupée par l'armée du roi très-chrétien uniquement dans le but de faire voir de quelle importance un tel fait serait dans l'avenir pour l'ensemble des choses. Il est évident que, par les efforts réunis des Allemands et des Polonais (bien qu'à n'en pas douter la Perse et le Moscovite profiteront de l'occasion), l'empire turc sera renversé, ajoutez qu'au même moment éclatera l'incendie des révoltes qui couvent partout chez eux. La meilleure partie de la nation cédera à la France. Souveraine de la mer Méditerranée, la France ressuscitera l'empire d'Orient. De l'Égypte elle étendra les limites de sa puissance ; elle régnera sans difficulté sur la mer Rouge, s'emparera des îles voisines de Madagascar dès lors très-fréquentées et pleines de chrétiens non encore soumis et hostiles à l'Asie Mineure ; elle aura aussitôt en son pouvoir la mer d'Éthiopie, le golfe d'Arabie et l'île d'Ormus, qui domine le golfe Persique. Il y a une grande différence entre les colonies des Français et celles des Portugais ou des Espagnols. Car telle est la population de la France, qu'elle peut envoyer à l'étranger presque autant d'armées qu'eux de milliers d'hommes. Et pourtant personne ne doute que, s'ils avaient pu explorer les terres avec un plus grand nombre d'hommes, les Portugais auraient pu soumettre à leur puissance l'Inde entière, c'est-à-dire une contrée deux fois plus considérable que l'empire turc. Personne d'ailleurs n'ignore que les Portugais ne sont pas les meilleurs guerriers de l'Europe; que les Anglais et les Hollandais les mirent souvent en fuite. Aussi bien le Grand Mogol disait-il, en manière de plaisanterie, « qu'un Portugais peut faire fuir trois Indiens et un Anglais trois Portugais. » Que, comme armée de terre, les Français soient préférables aux Anglais, c'est une vérité aujourd'hui incontestable. Les plus habiles, les plus riches voyageurs qui furent dans les Indes, ne trouvent pas d'expressions pour rendre la mollesse des populations de cette contrée. Les Chinois, fiers de leur pompe, de leur million de soldats, gardent en vain leur grande muraille, désormais inutile; vaincus par soixante mille ennemis, ils ont subi récemment le joug des Tartares. Tamerlan a transmis à sa postérité l'empire, dit aujourd'hui du Mogol, après s'en être emparé sans peine. Seule, la France peut avoir accès dans ces régions et y asseoir solidement sa puissance, après avoir tenté de si grandes entreprises. Et seul le roi très-chrétien peut y aspirer, après avoir osé s'avancer jusqu'à Alexandrie. D'autres pourront y faire des affaires, ou, attirés par la vile passion du lucre, ils pourront y dissimuler même leur religion ou perdre chaque année des milliers d'hommes dans les mines d'Amérique et du Potose. Que la France ajoute des peuples à son empire, qu'elle propage la civilisation et les idées d'humanité au sein des pays les plus barbares; qu'elle porte jusqu'aux dernières limites du monde la religion chrétienne. Quiconque sent combien ces résultats sont faciles à atteindre fera peu de cas des victoires européennes. Il est plus facile de s'emparer de l'Égypte que de la Belgique espagnole, et de tout l'Orient que de la seule Allemagne. Or, ces deux points, je me fais fort de les établir par les raisons les plus claires et contre toutes les objections. Même en Europe, l'occupation de l'Égypte sera suivie d'un merveilleux changement ; et d'abord le roi de France pourra prendre à bon droit le titre et la prérogative d'empereur d'Orient, et sans nul doute il aura à cet effet l'approbation du pape; ce titre d'ailleurs n'est pas nécessairement attaché à la ville de Constantinople (comme on le voit par les empereurs de Trébizonde); par cela même, donc, le roi de France pourra se poser en vengeur de l'Église catholique, et il joindra le titre de *duc de l'Église* à celui de *fils aîné* qu'il possède déjà; il aura sur les papes, attendu la grandeur du bienfait, un plus grand ascendant qu'en leur accordant une grande vénération. Il délivrera de la crainte du Maure et du Turc l'Italie, la Germanie et l'Espagne ; il partagera l'empire du monde avec la maison d'Autriche. Les familles les plus puissantes, satisfaites dans leurs prétentions, se réconcilieront. L'Orient reviendra naturellement à la France, et l'Occident à l'Espagne, si toutefois elles comprennent qu'il est de leur intérêt de rester indissolublement unies. Alors seront réalisés les nobles rêves dont les plus sages ministres poursuivirent l'accomplissement dans le congrès des Pyrénées : une suprématie morale exercée sur le reste de l'Europe, le bonheur de l'espèce humaine, qui, dans sa reconnaissance, bénirait éternellement le roi très-chrétien, à qui elle en serait redevable. En partant de l'Égypte, on dépossédera facilement les Hollandais du commerce des Indes, fondement actuel de leur puissance, moyen de les perdre plus infailliblement que la guerre ouverte la plus heureuse. En même temps la religion chrétienne refleurira dans toute l'Asie et l'Afrique, l'univers recevra ses lois, le genre humain sera amené au bonheur. Je ne sais, mais il me semble que cette pierre philosophale n'aura plus rien de fabuleux ou de chimérique, si quelque grand prince écoute mes conseils. En supposant qu'il l'agrée en la modifiant, je ne pense pas qu'il puisse se présenter à l'esprit une proposition d'un si grand poids. Plusieurs ne verront dans ceci, je le crains, que des vœux stériles et des chimères, car c'est le caractère des esprits prudents d'être rebelles à toute grande innovation; mais, moi, j'espère pouvoir démontrer que, de toutes les grandes choses que la France puisse entreprendre, aucune n'est plus facile, plus assurée du succès, n'aurait plus d'à-propos dans les circonstances actuelles, qu'une expédition d'Égypte. Ceci posé, je passe aux autres parties de ma proposition. Je dis que la facilité d'occuper l'Égypte est aussi grande qu'elle peut l'être dans une expédition de quelque importance ; pour le prouver, il faudra prouver séparément plusieurs points, parler des forces de la France qui doivent être dirigées de ce côté, de l'itinéraire à suivre, du climat, de la température, des remparts et des armées de l'Égypte, de la manière de faire la guerre dans ce pays, de sa population intérieure, savoir ce que nous aurions à craindre ou à espérer des nations voisines, quels seront les alliés de l'ennemi et les nôtres. Mais je le ferai brièvement, ayant à cœur de montrer que ce que j'avance n'a rien d'absurde, et ne me proposant pas de traiter la chose à fond.

VIII. Pour ce qui concerne les forces de la France qu'il faudra tourner sur l'Égypte (je ne me donnerai pas la peine d'en parler ici, puisque ceux à qui j'écris les connaissent aussi bien que moi), celles qu'elle a actuellement sous la main lui suffisent et au delà. Circonstance qui ne permet pas seulement d'entreprendre de grandes choses, mais encore de les mener vigoureusement et avec avantage, tandis qu'il suffit de quelques préparatifs extraordinaires pour éveiller les soupçons, mettre en péril ou faire languir les entreprises les plus hardies. Sans doute, par un dessein providentiel, tel est l'état de la France qu'il lui est possible d'agir dès l'été prochain ou celui qui suivra, comme on espère vous en convaincre ici et sans aucun éclat, et sans révéler votre résolution inébranlable. Le duc d'Urbin (François-Marie) avait coutume de ne demander que cinquante mille soldats pour faire tomber la tyrannie turque ; moi, pour prendre l'Égypte, ce qui amènera infailliblement la ruine de la Turquie, je ne demande que trente mille guerriers d'élite. Emmanuel de Portugal, ce roi si sage, n'en demandait pas un si grand nombre pour réussir. Et bientôt on verra qu'après les premiers succès, et par le concours des Arabes et des Numides attirés par l'espérance du butin, les chances de triomphe s'accroîtront dans des proportions immenses, les Turcs n'ayant d'ailleurs dans ce pays qu'une puissance mal affermie. Mais supposons qu'il faille embarquer une armée de cinquante mille hommes, on ne l'emploiera cependant pas tout entière (les forces de la France suffiront et le pays restera en bon état de défense). J'avoue que vingt mille hommes suffisent largement à s'emparer des points maritimes de l'Égypte, mais il vaudra mieux, puisqu'on a sous la main tout ce qu'on peut désirer, frapper d'abord un grand coup. De la sorte, par l'impétuosité d'une seule expédition, une fois les ennemis frappés, et en l'absence de tout secours, pour peu que nous soyons avisés, en parlant d'après les prévisions humaines, l'Égypte entière sera soumise. Que soldat, matelot, flotte, vivres et ce qu'il faut enfin pour porter la guerre par mer et par terre, à la fois, dans une telle contrée (car, sous beaucoup de rapports, la Hollande et l'Égypte se ressemblent), que tout enfin soit si bien disposé qu'il semble que les préparatifs de cette entreprise aient été faits depuis longtemps ; et, sur un signe du roi, au bruit d'un projet si vaste, surtout si l'on a recours aux arts pour exciter l'enthousiasme, aux assemblées sacrées et profanes ; si l'on a soin de récompenser le courage par des faveurs et des distinctions, de nourrir les pauvres ; si le roi lui-même fait éclater son ardeur, si cette entreprise est hautement vantée, si l'on en fait ressortir habilement les avantages pour l'avenir, si l'on montre que les difficultés qu'elle présente sont moindres qu'on ne le pense, et l'on y réussira au moyen de discours prononcés en public, de petits livres distribués dans toutes les mains, et en faisant connaître ce qu'en pensent les gens habiles ; si, dis-je, rien de tout cela n'est mis en oubli, on provoquera un concours de volontés si unanime qu'il ne restera plus que l'embarras de choisir et d'organiser.

VIII *a*. Quant à l'Itinéraire, il est des gens qui approuvent peu le transport de grandes armées par des vaisseaux; mais de plus prudents pensent le contraire, et, si ce mode de transport offre de grands inconvénients, ils sont avantageusement compensés par de plus grands avantages. En premier lieu, les maladies auxquelles sont sujets les gens de mer ne sont point mortelles et ne traînent point en longueur, mais elles tiennent lieu de purgation et fortifient la santé. Les maladies scorbutiques peuvent être contractées par l'intempérance (que l'on peut prévenir par la discipline) ou par un extrême changement de climat, surtout s'il s'agit de passer la ligne. Rien de pareil n'est à craindre dans la Méditerranée. Au contraire, les avantages du transport par mer sont incalculables et tout à fait sérieux. Le premier de tous, c'est qu'on pourra sans peine y maintenir la discipline la plus sévère. En effet, les soldats sont séparés et placés suivant le bon plaisir des chefs, ils ne peuvent conspirer ou communiquer entre eux sans leur consentement, et s'appartiennent bien moins à eux-mêmes, en réalité, qu'aux marins et à ceux qui ont l'expérience de la navigation ; ils ne peuvent pas aller où ils veulent, mais bien plutôt où va le navire; point de vagabondage ni de désertion possibles; il ne faut point penser non plus ni à la chasse, ni au maraudage, ni au pillage des provinces ; l'ennemi ne peut les accabler seuls et dispersés. Les excès de table et la débauche ne les affaibliront point. Ils n'auront que la ration fixée par les règlements du vaisseau. Les crimes ne peuvent rester cachés ; on ne saurait se soustraire au châtiment par la fuite; les soldats ne peuvent ni fuir, ni passer à l'ennemi ; l'armée compte toujours le même nombre d'hommes, et elle se trouve transportée en entier sur ces mers immenses, si bien que, posant le pied sur le territoire ennemi, il semble qu'on vienne de quitter sa maison.

C'est ainsi que les Romains allèrent à Carthage; c'est le chemin qu'Annibal traçait à Antiochus pour marcher contre les Romains ; c'est par mer que les Vandales allèrent à la conquête de l'Afrique, et de là tombèrent sur Rome ; c'est par mer que Bélisaire et Narsès transportèrent leurs armées en Afrique et en Italie ; c'est ainsi que les Sarrasins ont subjugué une grande partie du monde, et, dans l'Europe même, ont conquis l'Espagne et menacé l'Italie.

Un historien militaire de l'Arabie raconte, dans la vie du célèbre Almanzor, que, quand il s'agissait de transporter des troupes par mer, il répartissait ainsi le commandement : l'armée tout entière obéissait à l'amiral pendant toute la durée du trajet; et, le débarquement effectué, toute la flotte, avec son amiral lui-même, était soumise aux ordres du général.

C'est ainsi qu'avec des armées entières, d'abord les Saxons, puis les Danois, ensuite les Normands, envahirent la Grande-Bretagne ; c'est ainsi encore que les Normands envahirent la Normandie et tout le littoral de l'océan Atlantique, puis enfin l'Italie elle-même, et cette route était de beaucoup plus sûre que celle que les Cimbres, peuple de la même famille, avaient prise, en franchissant les Alpes pour marcher contre les Romains; c'est ainsi que les Anglais passèrent en France. Et aujourd'hui, que font les Portugais, les Espagnols et les autres peuples puissants sur mer, que font-ils dans les mers les plus éloignées? ils achèvent sans peine ce dont certains hommes pusillanimes, et que les entreprises les moins dangereuses font trembler, repoussent jusqu'à la pensée. Enfin l'expérience nous apprend que les croisades ont été faites sans danger par mer, tandis que les expéditions par terre, à l'exception d'une seule, échouèrent toujours à cause de la difficulté des passages. Français, Anglais, Vénitiens, Génois, allaient et revenaient presque sans efforts quand ils se servaient de flottes; mais l'immense multitude de croisés, partis par les voies de terre, périt par la peste, les embûches, l'absence de toute discipline, le désordre, la difficulté des lieux et la famine.

Il faut particulièrement veiller, sur les vaisseaux, à ce que les hommes, trop pressés, ne contractent des maladies et ne les propagent facilement, par suite de cette situation. On peut prévenir ces désastres grâce à des mesures prudentes, en les isolant à propos, et en mettant à leur service des médecins et des chirurgiens habiles. Il ne faut pas non plus nous laisser effrayer par la durée du voyage. Les vaisseaux qui partent du port de Marseille pour le Levant achèvent ordinairement ce chemin (*Smyrnam versus*) en trois semaines, au lieu qu'il en faut six pour retourner. Déjà, depuis quelques années, c'est un jeu pour les navires français de parcourir la mer Méditerranée ; pourvu qu'on observe avec attention le temps de l'année, on a rarement de grands naufrages à déplorer.

De notre temps, où la science nautique a fait tant de progrès, on ne voit plus la mer engloutir des flottes entières, même dans la plus courte traversée ; rien de pareil à ces naufrages dont l'antiquité nous a transmis le souvenir. Tous les jours, nous portons impunément l'épouvante jusque sur les rivages de Tripoli, d'Alger et de Tunis, et des autres repaires des pirates africains. De Tripoli jusqu'en Égypte la traversée est courte; c'est en Crète, ou île de Candie, que vont et viennent les navires français ou vénitiens.

Mais une expédition d'Égypte n'a rien de plus difficile qu'un voyage à l'île de Candie. En effet, pour aller de l'île de Candie jusqu'en Égypte, située vis-à-vis d'elle, le trajet est aussi facile, aussi direct que de Provence en Italie. Arrivé à Candie, on a déjà fait les deux tiers du voyage de Marseille en Égypte.

On le comprend donc : l'expédition en elle-même ne présente rien de particulièrement difficile, puisque sur mer, ce qui est un avantage inappréciable, on n'a pas à craindre de rencontrer l'ennemi pendant la traversée, et que sur une flotte il n'est pas aussi nécessaire d'être sous les armes, qu'au moment de débarquer les troupes sur le territoire ennemi. Ajoutez que Malte est la station de tous les navires (qu'elle se rattache à la France par toutes sortes de liens); en effet, la plus grande partie des chevaliers et le grand-maître sont de cette nation, de plus les Français occupent l'île de Campadosa, située dans le voisinage. Le port d'Alexandrie, que l'on pourra sans nul doute prendre dès la première attaque, est un port sûr à l'intérieur; puis les places maritimes de la Syrie, Chypre et Candie elle-même (car je présume que les Turcs ne voudront pas risquer une bataille navale), tomberont sans nul doute au pouvoir des chrétiens; ce que je démontrerai avec évidence.

IX. S'agit-il maintenant du CLIMAT ? Aucun pays ne réunit plus d'agrément et d'avantages que l'Égypte, ce que confirme d'ailleurs son incroyable population. De même que dans tout le reste de la Turquie, la peste y sévit à la grande stupeur d'une secte qui ne sait pas se soustraire à ce qu'elle appelle la fatalité; elle y sévit même en quelque sorte habituellement, quoique inégalement, à certaines époques. Mais vienne l'inondation du Nil, la peste s'évanouit. Il n'est pas dans le monde d'eau plus agréable ni plus salutaire que celle du Nil, même pour les Européens. Voici comme s'exprime là-dessus un voyageur récent : « La vertu de l'eau du Nil, dont parlent d'au« tres relations, ne saurait être niée ; il n'y en a pas

« qui soit plus agréable, ni plus douce, ni plus saine ;
« elle ne fait de mal dans aucun cas, même dans la
« chaleur de la fièvre ; en tenant continuellement un
« vase à la bouche, elle ne cause néanmoins aucun
« dommage. Ajoutez que le Nil est le médecin natu-
« rel de toutes les maladies du pays : en effet, il ar-
« rête la peste et guérit les yeux malades de l'inflam-
« mation produite par les vents qui soufflent en Égypte
« à l'époque la plus brûlante de l'année, et remplis de
« la poussière des déserts qu'ils ont traversés. Pour
« cela on mêle à l'eau de la poussière provenant de
« l'herbe appelée kohl, apportée de Damas, combinai-
« son qui fait un collyre très-efficace. Les eaux du
« Nil soulagent la poitrine fatiguée de cet air suffo-
« cant : elles font cuire les aliments les plus durs. En
« un mot, c'est grâce au Nil seul qu'un Européen peut
« y vivre aussi agréablement que chez lui. » Un
voyageur récent, venu en Égypte au mois de janvier, ayant quitté ce pays en octobre, après y avoir
supporté la saison la plus incommode de l'année,
écrivait du Caire, au mois de juillet, dans les
termes qui suivent : « Je ne trouve point les cha-
« leurs si excessives qu'on me disoit qu'il faisoit en
« Égypte ; je ne sçay combien il couste à vivre, car
« je n'ay point encore payé ma despense, pourtant
« les plus grosses pensions ne montent qu'à dix
« écus le mois, mais c'est à cause du vin dont le
« litre de nostre païs vaut six sols, et qui voudroit
« vivre à la moresque ne despenseroit pas trois sols
« par jour. » Si j'ajoute ces détails, c'est pour
montrer qu'aucune disette n'est à craindre dans ce
pays.

« On peut avoir en Égypte, pour une pièce d'argent, huit cent quatre-vingt-huit œufs. »

Il y a dans la contrée des endroits où le blé peut être recueilli dans les villages mêmes. Pour ce qui concerne les saisons de l'année, il pleut quelque peu en janvier et février : c'est leur hiver. A la fin de mars, tout le mois d'avril et au commencement de mai, le sable fin, apporté par les vents d'orient à travers les déserts d'Arabie, se mêle à l'air et rend la respiration très-difficile. Depuis la fin de mai jusqu'au milieu de juin, règne une forte chaleur d'été.

La crue du Nil arrive, et ses eaux se répandent sur la terre aride, remontent en vapeur à travers les crevasses du sol, comme si elles étaient tombées sur des pierres incandescentes, et produisent des exhalaisons. Cette vapeur finit par se condenser et se résoudre en gouttes de rosée si abondantes que plusieurs savants les regardèrent comme l'origine des débordements du Nil. La peste cesse aussitôt de se faire sentir et un bien-être universel succède au malaise qu'on éprouve pendant le reste de l'année. Quelques auteurs prétendent que tous les sept ans la peste redouble ses ravages ; mais je remets cette question à une étude plus attentive.

Il est remarquable, à propos de la peste, que ce fléau, qui emporte les Turcs, est rarement contagieux pour les Francs ou Européens.

« La peste, dit un voyageur moderne, est com-
« mune à Smyrne, comme elle l'est presque par tout
« le Levant. Elle y est par la mauvaise nourriture des
« Turcs et le croupissement des eaux des fleuves, que
« les infidèles négligent de faire écouler dans la mer,

« laquelle repousse leur cours par le roulement de
« ses flots vers ses bords et par l'amas du sable
« qu'elle y jette. (On verra ci-dessous que l'in-
« souciance des Turcs a produit en Égypte un
« résultat semblable.) De sorte que l'air estant
« corrompu par les vapeurs putrides qui sortent de
« ces marais, il communique sa corruption à des
« corps déjà disposez à la recevoir et pleins des mes-
« chantes humeurs causées par les mauvais aliments
« dont ils sont nourris. Cela se découvre dans les
« maladies des Turcs et celles des Francs. Les pre-
« miers meurent presque tous de la peste sans que
« ceux-cy en reçoivent que très-rarement quelques
« atteintes, et les derniers meurent d'une fièvre ar-
« dente sans venin ny aucun autre accident de con-
« tagion que d'une chaleur qui s'enflamme à tel
« point dans les entrailles du malade, lequel en est
« attaqué, qu'elle l'emporte en fort peu de temps. La
« cause de ces maux différents s'attaquant aux mesmes
« hommes dans les mesmes pays, vient de ce que les
« uns ne sçavent pas bien se nourrir et que les au-
« tres sçavent trop bien boire et s'accoustument à
« un vin trop violent. (Le vin que l'on boit à l'excès
« à Smyrne, c'est celui de Malvoisie, de Crète et
« de Grèce de diverses sortes.) » Mais je crois que
l'armée française sera forcée d'oublier le vin en
Égypte. La nécessité dira aux soldats ce que disait
jadis Pescennius Niger aux siens : « Vous demandez
du vin, vous qui avez sous vos pieds la meilleure
eau du monde, celle du Nil ! » Or le Nil croît depuis le
milieu de juin jusqu'à la mi-septembre, puis il dé-
croît jusqu'en décembre ; c'est alors le temps le plus

agréable de l'année, la plaine se trouvant abandonnée par les eaux et toute verdoyante; d'ailleurs la température y est très-douce. Voici la description du fleuve :

« Avant son accroissement, son cours n'est guère « plus rapide que celuy de la Saône, et lors en « beaucoup d'endroits un homme y trouve pied. Sa « largeur devant Boulack (au Cairé) est pareille à « celle du Rhosne, vis-à-vis des Feuillans, à Lyon; « son eau est toute la boisson de l'Égypte, et quand « il est crû, l'on en fait grande provision pour toute « l'année dans des cisternes publiques et particuliè-« res. Ses bords sont hauts en des endroits et bas « en d'autres, comme la rivière de la Loire. » J'ai fait toutes ces citations dans le dessein d'en tirer les conséquences relativement au moment le plus favorable de l'année pour entreprendre l'expédition.

X. C'est une des nécessités de mon sujet de parler des fortifications et de l'armée de l'Égypte. Quant à l'armée de l'Égypte, il importe d'en examiner le nombre et les forces. Pour ce qui concerne le nombre, voici ce que nous en fait connaître la relation la plus récente.

Toute l'armée de l'Égypte est de sept classes, dont chacune a à sa tête un aga. Ce sont les suivantes :

La première classe est celle des spahis ; la deuxième celle des janissaires ; la troisième celle des asapes ; la quatrième celle des chiaï ; la cinquième celle des mustaferaks ; la sixième celle des ciebecini, et la septième celle des tobeins. Les spahis, qui sont de la cavalerie légère, sont distribués en trois compagnies, à l'étendard vert, rouge ou jaune, et dont chacune a pour chef un aga. Leurs armes sont une pique courte et un cimeterre. Ils se distinguent des autres soldats par une bandelette particulière qu'ils ont autour de leur bonnet, et leurs grandes culottes de drap rouge, qui descendent jusqu'au cou-de-pied. Leur nombre, pour toute l'Égypte, monte à neuf mille. Les janissaires sont des fantassins connus par la bandelette blanche qui garnit le tour de leur barette qu'ils portent d'une manière différente de celle des autres soldats, et par leur col de pourpre de Damas. Il y en a, pour l'Égypte, environ cinq mille inscrits sur les rôles, mais avec leur suite ils peuvent bien s'élever jusqu'au nombre exact de dix mille. Les asapes sont des fantassins, compagnons assermentés des janissaires. C'est un ordre militaire beaucoup plus ancien. Mais, quant au costume et à l'époque, ils n'en diffèrent pas d'une manière saillante. Ils ne descendent pas des chrétiens, et ne sont pas non plus astreints à la même discipline que les janissaires. Seulement, ils portent une robe de taffetas turc, et leur nombre s'élève à quatre mille environ. Les mustaferaks sont des soldats utiles et en grande partie marchands ; ils s'engagent personnellement au service, et, si l'occasion s'en présente, ils servent comme cavaliers. Leur arme est une épée, et ils s'élèvent à environ huit mille hommes. Les soldats de cet ordre ont habituellement pour chef un aga. Les chiaïs sont des cavaliers au service du bassa, dont ils portent les commandements, et ils sont à sa disposition pour toutes choses, quelles qu'elles soient.

Cet emploi est utile et en grand renom à cause des services que ces hommes ont occasion de rendre. Tel d'entre eux possède la connaissance des deux langues, le turc et l'arabe, et sait particulièrement lire la langue turque. Ils sont divisés en caporalats, et chaque jour un de ces caporalats monte la garde dans le château fort de la résidence du bassa, où l'on vient leur porter leurs provisions. La bandelette extérieure de leur barette est attachée de manière à les distinguer des autres soldats. Ils portent de grandes culottes comme les spahis, et leur nombre ne monte pas à plus de quinze cents. Les autres classes de soldats ne sont pas bien considérables en nombre. Les tobeins ou bombardiers sont de trois à quatre cents, et les ciebecini, qui sont ceux qui manient la poudre, s'élèvent à peu près au même nombre.

Tous ces soldats sont des hommes robustes, de haute stature, à l'aspect imposant et bien armés. Ils sont continuellement exercés ; si bien qu'on peut dire qu'ils sont moins des soldats que des *magistri militiæ*, comme le dit Justin des Macédoniens d'Alexandre le Grand.

La milice entière que toute l'Égypte peut mettre sur pied peut monter à trente-six mille hommes, sans compter les Arabes épars et qui vivent dans les champs, et dont le nombre est d'environ cent mille. Voici, pour que nous ne l'ignorions pas, ce que nous trouvons, dans la même relation, au sujet des instruments de guerre : « Dans le fort du Caire, par la grande abondance de sel de nitre, il se fait en Égypte environ cinq cent mille livres de poudre dont la majeure partie est transportée à Constantinople. Il ne me souvient pas d'avoir vu de meilleurs mousquets qu'en Égypte. Le fer est de la plus parfaite qualité ; à le voir on dirait de l'argent. Ce fer est importé de Damas. Le bois de ces mousquets est également des meilleurs. D'ordinaire, le mousquet est couvert d'une lame d'argent d'une valeur de trente-trois pièces d'argent. Une balle pèse vingt-cinq drachmes, et, nonobstant ce poids, j'ai vu, dans un voyage que j'ai fait sur le Nil, mon janissaire frapper, du haut de la barque où il se tenait et sans s'appuyer sur le mousquet, un crocodile, et, une autre fois, une oie vivante à la distance de cinq cents pas. Quand les asapes et janissaires sont employés dans une expédition, ils portent un surtout en peau de tigre. » Ici il y a plusieurs observations à faire. Et d'abord, quant au nombre, nous le concilierons avec cette autre relation que l'auteur, qui connaît à fond la Turquie, s'est procurée d'après les registres de la Porte, communiqués par des renégats. Et à ces trente-six mille sujets du bassa, et soldés par la Porte aussi bien que par le bassa lui-même, nous ajouterons d'abord vingt mille cavaliers que les beys de la haute et de la basse Égypte entretiennent. (Peut-être faut-il compter dans le nombre les spahis ; en effet, Villemont en mentionne vingt mille.) Ces cavaliers ont à leur suite chacun cinq cents hommes qui leur reviennent dans la répartition. Nous ajouterons ensuite les timariotes, au nombre de dix-huit mille, lesquels ont chacun un serviteur et plusieurs enrôlés, prêts pour la guerre. Cette milice des beys et des timariotes est précisément celle qui est répandue dans les plaines, par toute la contrée, et que la relation précédente a placée chez les Arabes (en effet, seuls parmi les Mahométans ils habitent l'Égypte), et dont elle fait monter le nombre jusqu'à cent mille hommes, car d'ordinaire toutes les évaluations orales se font en chiffres ronds.

En effet, Sandis et Pourchas, auteurs anglais, comptent en Égypte cent mille timariotes, y compris les sangiaques et les zaïmites, timariotes principaux, desquels il sera question plus bas, et dont chacun emmène avec lui un serviteur armé ou plusieurs, et en tenant compte du contingent que présentent les timariotes eu égard à leur ensemble, Sandis dit que chacun d'eux est placé sous seize sangiaques; mais le nombre des sangiaques est plus considérable, à moins qu'il ne soit question de la seule Basse Égypte.

Les timariotes sont ce que l'on appelle arrière-ban en France, pospolitia, russenia en Pologne, en un mot c'est le nom de tous les vassaux.

A ces relations sur l'Égypte, j'en ajouterai une autre, bien qu'elle soit plus ancienne et qu'à ce titre elle mérite moins de créance.

Il en résulte que le nombre des mustaferaks, ou armés de lances, ou chiaïs, et autres cavaliers de même sorte (en exceptant les spahis), est en général de dix mille sept cents, et celui des fantassins, tirés des janissaires, asapes et d'autres corps, de quatre mille quatre cents. Ils sont chargés de protéger le pays contre les incursions et les brigandages des Arabes et des Africains; les autres deux mille deux cent trente-six sont chargés de la garde des citadelles et des forts du pays. Au rapport de Radzivil, six mille spahis chevauchaient jadis autour du Caire et autres localités du pays pour empêcher le brigandage. Baro Beccarius en porte le nombre à cinq mille, et ajoute deux mille mustaferaks, deux mille chiaïs, quinze mille janissaires, parmi lesquels il comprend, je crois, les asapes. On dit que huit cents janissaires sont commis à la garde du côté le plus élevé de la citadelle du Caire, et que tout aussi bien deux cents asapes défendent la porte de la citadelle de Roumélie. Quoi qu'il en soit, aucune des relations que j'ai vues n'élève le nombre de ces troupes au-dessus de la première évaluation de la relation italienne la plus récente. Du reste, parmi les autres détails qui s'y trouvent, il en est bien peu qui mériteraient d'être cités.

Quant à ce que l'on disait que l'armée d'Égypte était une armée d'élite, et que tous y étant illustres semblent être eux-mêmes des chefs, cela ne doit ni nous tromper ni nous effrayer, on l'a dit et on le répétera toujours.

D'abord si les janissaires (au nombre de cinq mille ou tout au plus de dix mille hommes) proclament, et avec raison, car c'est un fait et la relation nous le prouve, qu'ils méprisent le reste de l'Égypte, qui n'en conclurait que la domination de l'Égypte nous est nécessairement assurée ?

L'éloge s'adresse donc aux seuls janissaires, dont le nombre n'est cependant pas assez grand pour nous arrêter sérieusement; d'ailleurs les janissaires ont dégénéré, ils s'adonnent au commerce et aux affaires (si en effet ils peuvent faire du profit quelque part, c'est surtout en Égypte). Le sultan et ses gouverneurs sont d'ailleurs complices du fait, afin d'adoucir leur fierté, au risque même de désarmer l'empire, ainsi que je le prouverai ci-dessous.

On a remarqué de tout temps que les peuples orientaux présentent dans leur extérieur, leur visage et leur attitude, je ne sais quoi de grand; mais tout cela dissimule mal la pauvreté du fond. L'exercice des armes étant abandonné depuis plusieurs années, on comprend, d'après cette relation, que les janissaires se soient transformés en marchands. « L'ex-
« périence des Arméniens, des Grecs, et des Juifs,
« leur ayant appris que le gain qui se fait dans la
« marchandise est plus doux, plus grand et plus
« facile que n'est le maniement d'une épée, ils sont
« tous devenus marchands, et s'ils joignent le titre
« de soldat à celui de trafiquant, ce n'est que pour
« jouir du crédit et du privilége de janissaire. A dire
« le vray, je ne trouve rien de plus gueux ni de plus
« poltron, que de voir un grand nombre d'eux dans
« les marchez, chargez de babioles, de hardes, de
« guenilles, de même que nos revendeuses dans la
« friperie, ou traîner après eux quelque quantité
« d'esclaves, criant continuellement, comme en un
« encan, à tant cette arme, à tant cette robe, une
« fois, deux fois, trois fois, dépêchez-vous de la
« voir! la donner pour tel prix; et mille autres actions basses qu'on a peine de pardonner aux
« crieuses de vieux chapeaux en France. »

Accordons-leur, au surplus, la bonne qualité des armes d'artillerie, des autres moins importantes, les escopettes, les lames de Damas ou du Caire ; mais du moins, quand bien même nous reconnaîtrions que l'emploi de ces armes à feu, à peu près pareil au nôtre, peut être accordé à ceux des janissaires qui combattirent dans l'île de Candie et en Hongrie, il s'en faudrait de beaucoup qu'on doive l'accorder aux Égyptiens éloignés du théâtre de la guerre. On ne saurait nier que la poudre à canon soit abondante en Égypte, mais c'est pour le commerce et l'exportation plus que pour l'usage. En effet, la poudre peut bien être abondante, mais les machines de guerre manquent. Où seraient-elles en effet, ne se trouvant point dans la citadelle du Caire, comme on le verra plus tard encore d'après la même relation ? Les forteresses y sont peu nombreuses, et parmi elles il en est peu qui soient munies de machines de guerre, et les Turcs eux-mêmes sans les renégats, en petit nombre en Égypte, sont de très-pauvres artilleurs.

Je prouverai maintenant que le soldat égyptien manque de vigueur ; c'est ce qu'on peut conclure d'ailleurs facilement du climat de l'Égypte et du défaut d'exercice.

J'ai souvent abordé la question de la mollesse asiatique, et je pourrais citer de nombreux exemples et apporter des preuves, si la brièveté que je me suis imposée me le permettait. Il ne faut plus juger ces hommes d'après ceux qui s'étaient distingués dans les guerres de Candie et de Hongrie, et la Turquie, le voulût-elle, ne pourrait plus conduire de tels guerriers au secours de l'Égypte une fois envahie. Les spahis d'Asie sont bien mieux montés que ceux d'Europe, mais les derniers sont plus adroits et plus vaillants à cause des guerres qu'ils ont continuellement avec les chrétiens. Là, les janissaires ont secoué toute discipline et obéissance. C'est à peine si les bassas sont en sûreté vis-à-vis d'eux. La plupart, comme je l'ai dit, se livrent au commerce plutôt qu'au métier des armes, et ils ne gardent le titre de janissaires que pour en réclamer les priviléges, à l'exception d'un petit nombre resté fidèle à l'austérité primitive. Les autres, entraînés par le désir d'un vil lucre, de janissaires n'ayant le plus souvent gardé que le nom, et jouissant d'une liberté achetée, remplissent de noms inutiles les cadres de l'armée. De là l'erreur des chrétiens auxquels la splendeur asiatique, et cette pompe tournée en ridicule même par les anciens, inspirent une sorte de respect pour les plus lâches des hommes. Cette illusion est particulière à ceux qui, ayant pris à leur service pour leur garde et sécurité tel janissaire choisi parmi les meilleurs, jugent par lui de tous les autres. Pierre du Val a fort bien observé qu'il n'en avait rencontré, en son voyage à travers la Turquie, aucun qui ressemblât à celui qu'il avait eu pour compagnon de route. Sa relation fait assez connaître le caractère des Égyptiens. « Ils passent leur temps dans l'oisiveté et les commérages, se tenant tout le jour sur la place, enveloppés dans le vêtement que portent certains habitants des villes, ou ils vont dans les boutiques à café, ou s'assoient par troupes dans la plaine, sur les rives du Nil, boivent du café, mâchent du tabac, fument, dorment, prennent en tout des habitudes de nonchalance au lieu de contracter des habitudes d'industrie et de travail. » Enfin, personne n'ignore que c'est par l'exercice que se conserve la puissance militaire, et que l'Égypte l'a abandonné depuis cent cinquante ans. Les forces de l'Égypte sont, quant à l'état de guerre, ce qu'elles étaient il y a cent cinquante ans, car depuis qu'elle est tombée aux mains de Sélim, en 1518, c'est à peine si l'on y a entendu donner des ordres de guerre, si ce n'est peut-être quand les Turcs menacèrent d'envoyer une flotte de la mer Rouge jusqu'en Portugal, ce qu'ils n'auraient jamais osé faire; ou bien encore, quand les janissaires accompagnent la caravane qui se rend annuellement à la Mecque, soit pour donner plus d'éclat aux pompes de la religion, soit pour repousser loin de l'Égypte les brigands arabes et numides, dont le nombre diminue chaque jour, et qui d'ailleurs manquent d'armes. Or ces troupes-là sont peu nombreuses, peu aguerries, et je suis persuadé qu'une bonne armée de Français endurcis dans les guerres d'Allemagne, de Flandre, de Hongrie et d'Espagne, en aurait bon marché. Il faut avouer que ce n'est pas un ennemi méprisable, mais ce serait, selon moi, une très-grande faute que de laisser échapper, par une pusillanimité imprudente, une occasion si belle et peut-être unique.

Nous donnerons des détails sur l'état désespéré tant de l'armée stipendiée de la Turquie, que des Numides et des Arabes, lorsque nous ferons connaître leurs troubles et leurs embarras intérieurs.

XI. Nous avons à parler maintenant des fortifications de l'Égypte. Les fortifications de l'Égypte sont ou naturelles, comme les déserts, les mers, le Nil, ou artificielles, tels que châteaux, villes fortes. L'Égypte est environnée par les déserts d'Arabie, de Numidie, de Nubie, d'Éthiopie, et par les mers de la Méditerranée et de l'Océan. Elle est partagée par le Nil. Mais nous qui voulons l'attaquer par mer, la mer sera pour nous bien plutôt un moyen qu'un obstacle. Pour ce qui concerne le Nil, la largeur de son lit, la profondeur de ses eaux, et ses rives, nous en avons parlé; mais les déserts interceptent presque toute communication entre l'Égypte et la Turquie, si bien que toute la puissance ottomane ne réussirait qu'avec d'immenses difficultés à défendre l'Égypte, et serait tout à fait impuissante à le faire, si on lui opposait la moindre résistance; c'est une question que je me propose d'examiner. Quant à ses places fortes, elles sont situées, les unes sur le rivage de la mer, les autres dans l'intérieur des terres.

Les places maritimes se trouvent sur la Méditerranée ou la mer Rouge. Alexandrie, Rosette, Damiette, gardent les rivages de la Méditerranée; à le bien prendre, Alexandrie n'est plus qu'un monceau de ruines; mais, de cette ville, s'avance dans la mer une langue de terre (que l'on croit avoir été l'île de Pharos, autrefois séparée du continent); resserrée au point où elle se relie au continent, s'élargissant ensuite et s'avançant de chaque côté en lignes courbes, elle forme deux arcs dont la partie convexe est opposée, l'une à l'orient, l'autre à l'occident. La mer, qui se trouve enfermée entre les sommets de ces arcs et les continents, forme deux ports, dont le nouveau est à l'orient.

Depuis quelques années, on a commencé d'habiter entre les deux ports dans cette péninsule. Le port ancien n'est pas fortifié et il n'est pas encore très-fréquenté ; le nouveau est défendu par deux forts. Le plus grand est plus fortifié, pour ceux qui entrent à droite dans le port, et il est placé dans la péninsule, de même que le plus petit est dans le continent.

Le plus grand conserve le nom de phare, bien qu'il soit corrompu, et qu'on l'appelle aujourd'hui phariser. C'est de là qu'un feu nocturne, suspendu au haut des tours, guide encore aujourd'hui les voyageurs. Le plus petit de ces deux forts a reçu des Italiens le nom de Castelletto, et l'on s'en occupe assez peu; mais le plus grand a été construit par le sultan, pour la défense du port, après que Pierre, roi de Chypre, aidé par les Français et les Vénitiens, ayant assiégé Alexandrie avec une flotte bien armée, se fut emparé de cette ville, qu'il ne sut toutefois point conserver, faute de soldats. On dit que cette place renferme une artillerie considérable.

Mais, comme, suivant l'ancienne manière de faire la guerre, il n'y a là ni fossés, ni remparts, ni aqueducs pour introduire les chameaux ; que les chrétiens, une fois maîtres du vieux port, quel que soit le lieu où ils s'arrêtent, pourront recevoir nos soldats; que, protégés par les édifices, ils arriveront sans peine, par terre, jusqu'au pied de la citadelle, il leur sera facile, à l'aide de pétards, de mines et d'autres engins peu connus, de rendre l'artillerie inutile, en ruinant les murs qui la portent.

Si, partant d'Alexandrie, vous remontez le rivage de la mer du côté de l'orient, vous rencontrez Rosette, située auprès de la plus considérable des bouches du Nil, et de celle qui occupe le milieu de l'embouchure du fleuve. Cette ville, qui se trouve à l'extrémité d'une perpendiculaire qu'on abaisserait, en droite ligne du Caire, du sommet à la base dans le triangle même du Delta, est florissante par son élégance et par le grand concours des marchands. La relation du savant voyageur que nous avons cité apprend comment cette partie de l'Égypte est fortifiée. « A la portée du canon de ladite bouche (du Nil), est un petit chasteau de pierre, le tout sans deffence ny fossé, qui néantmoins est pour garder l'entrée. » Telles sont toujours les fortifications de l'Égypte, construites à la manière antique, et n'ayant d'autre force que leur situation même et leurs murs. On sait, par expérience, combien de tels obstacles sont faibles en présence des armes dont on fait usage aujourd'hui.

La relation toute récente qu'on vient de citer suffira pour nous faire connaître quel est l'état présent de Damiette, située près de la bouche orientale du Nil (bien qu'elle soit à une distance de deux milles de la mer, ou, selon quelques-uns, même de trois milles). On sait combien d'exercice cette place donna autrefois aux armées chrétiennes. « La ville est assez longue et fort estroite ; il n'y a rien de beau à voir. Le Nil y aborde en ligne droite, puis il se replie presque à angle droit, et passe ainsi tout du long de la ville, qui n'a pourtant pas de murailles. » A quelques lieues de la mer un mur s'adosse au Nil, qui vient battre dans sa longueur l'une des parties de la ville, au moyen des fossés qu'on a ouverts, en même temps qu'il la fortifie dans sa largeur ; quant à l'autre côté longitudinal, il n'est défendu par aucun mur, mais par une ligne de maisons pour lesquelles la situation même de la ville, qui est plane, est une défense naturelle. « Au bout de la ville estoit un chasteau dont il reste une grosse tour ronde ; elle a septante pieds de diamètre et quarante de haut, toute de pierres de taille d'une même hauteur, qui font quarante tours jusqu'au cordon des créneaux. Bogas (à l'embouchure du Nil, près de Damiette) est un petit lieu quarré (*sic*), fermé de bonnes murailles, et flanqué de quatre tours rondes, basses, de la hauteur seulement des murailles, et qui n'a point de portes qui ferment ; mais, comme ce lieu est propre à être fortifié, estant à l'embouchure du Nil, et que les barques et vaisseaux sont forcés d'aller attendre la commodité du passage, c'est un lieu fort important ; et pour ce sujet on a fait bastir une autre tour vis-à-vis. » Voilà où en est réduite cette forte Damiette, qui tant de fois fatigua les chrétiens. Mais voici qui est plus étonnant. Toutes ces places fortes de l'Égypte, situées sur le littoral de la Méditerrannée (sauf quelques-unes sans importance, dont je parlerai tout à l'heure, et qui ne peuvent arrêter plus d'une semaine sans honte ceux qui les attaquent), sont autant de témoins manifestes de la rigueur extrême que les Turcs, à l'abri d'une longue paix, exercent dans cette contrée.

Ainsi que l'ont remarqué les voyageurs, cette forteresse si renommée de Famagouste, dans l'île de Chypre, jadis construite par les Vénitiens, tombe en ruine, grâce à la négligence des Turcs, bien que la conservation de l'île en dépende ; car Chypre, située vis-à-vis de l'Égypte, n'en tombera pas moins aisément en notre pouvoir.

Du côté opposé, le littoral de la mer Rouge est plus négligé encore. Une flotte portugaise des mers de l'Inde, s'unissant aux vaisseaux français de Madagascar, qui n'est pas éloigné de là, suffirait pour en faire la conquête. Nous pouvons juger de l'état des lieux par la relation d'un religieux portugais, qui, voyageant entre l'Abyssinie et l'Égypte, fut surpris par les Turcs, et resta quelque temps captif entre leurs mains à Arquico. Je ne doute pas que nous ne trouvions aussi un grand nombre de renseignements utiles au but que nous nous proposons, dans la relation d'Hubert Hugues, accusé par les Hollandais d'avoir exercé dans la mer Rouge le métier de pirate, et qu'on interrogea avec curiosité en 1663, au port du Havre où il était détenu.

Madagascar ou Saint-Laurent, que l'on appelle aussi Dauphine, île considérable où la France s'est établie la première, s'étend depuis le cap de Bonne-Espérance jusque vers le golfe Arabique, à la hauteur de l'Abyssinie. A l'entrée du golfe Arabique, se trouve Zocotora ou Dioscuria, fertile en aloès et autres produits du climat, en face du promontoire de Sartach (ainsi nommé d'un royaume dans l'Arabie Heureuse), et dont le fils aîné du roi a la possession, à titre d'apanage, du vivant de son père. L'île tout entière, quoique occupée par les mahométans, est pleine de chrétiens, restes des temps anciens, qui, retirés dans les montagnes, portant le joug avec impatience, et réfractaires à la religion nouvelle, n'ont aucune communication avec les

Arabes. Des traités ne réussissent pas toujours à mettre la paix. Cette île fut découverte par des Anglais qui, venus en ces parages pour y puiser de l'eau, et voyant les ruines d'anciennes églises, demandèrent aux Arabes ce que ce pouvait être. Ceux-ci, tout en s'avançant, ne voulurent cependant pas répondre catégoriquement; ils craignaient en effet que les Européens ne fussent tentés de s'établir en un endroit si favorable à l'exploitation des îles. Tout cela étant rapporté dans la relation anglaise, ce n'est pas sans raison que j'affirme ce qui suit. Comme cette île est fort importante pour assurer l'empire de la mer Rouge ou pour consolider la colonie française dans Madagascar (se trouvant à égale distance de l'Égypte et de Madagascar), sa possession est d'un avantage incomparable pour le commerce des Indes.

A l'intérieur, à l'entrée même de la mer Rouge, là où la mer, perdant le nom de golfe Arabique et se rétrécissant, forme un détroit de quatre milles de largeur; où l'espace se rétrécit encore par l'île de Nahum ou de *Babel-Mandeb* (qui n'est en réalité qu'une roche de deux mille pas de longueur et quatre mille carrés de largeur), l'Océan, ayant franchi ce détroit, s'étend quelque peu, puis, ayant pris le nom de mer Rouge ou Suf, de l'herbe suf, qui croît en abondance sur ses rives et dont les habitants se servent, même de nos jours, pour teindre leurs vêtements en rouge, il se prolonge jusqu'en Égypte, à trois cent quatre-vingt milles dans les terres.

Sur la côte d'Arabie, baignée par la mer Rouge, se trouvent des lieux célèbres par leur commerce.

Mocca, à douze milles du détroit, est fréquenté par les marchands européens et orientaux. En avançant, on trouve du même côté Gidda, fameuse par le commerce arabe, à vingt-cinq journées de Suez, au haut de la mer Rouge. Jadis l'entrée de Gidda était interdite aux chrétiens et aux Hébreux, que les mahométans regardent comme impurs. En effet, le pays est considéré par eux comme une terre sainte; car la Mecque, ce lieu si célèbre, n'en est éloigné que de quarante milles. Aujourd'hui l'on permet à ceux qui se font connaître de passer trois jours dans les environs de la ville. Et récemment Ibraïm, bassa d'Égypte, s'est efforcé d'y attirer les Hollandais, en leur offrant d'immenses avantages, mais, au fond, pour son profit personnel, cela n'est pas douteux.

Ces villes sont aujourd'hui presque en entier démantelées, ce pays n'ayant été depuis longtems le théâtre d'aucune guerre, depuis qu'Albuquerque, ce vaillant chef portugais, fut sur le point de dépouiller la Mecque et Médine, à la grande confusion des mahométans, et de jeter au vent les ossements du faux prophète. Mais, reconnu au moment où il ne s'y attendait point, il fut forcé d'abandonner cette entreprise, dont le but avait l'inconvénient d'être trop loin dans l'intérieur des terres, et que d'ailleurs le petit nombre de ses troupes rendait téméraire, mais qui aurait infailliblement réussi sans la moindre difficulté, s'il avait eu à ses ordres une armée chrétienne qu'il eût fait passer en Égypte.

A la pointe même de la mer Rouge se trouve Suez,

une cité de héros, comme disaient les anciens (1). Aujourd'hui, ce n'est plus qu'un village de pêcheurs. Voici ce qu'en dit un voyageur moderne : « La mer n'a plus qu'un quart de lieue de large en cet endroit, et nous n'y vismes rien de remarquable qu'une vieille tour ronde fort grosse, et vingt-deux pièces de canons. » Voilà donc où en est maintenant cette cité de héros, cette forteresse imprenable, cet arsenal de la mer Rouge, presque la seule entrée qui soit ouverte à la Turquie sur l'Océan. En partant de là, depuis le côté égyptien et éthiopien de la mer Rouge, on trouve Alcossir ou Cossir, ou, comme quelques-uns l'appellent par corruption, Alocere, à six journées de Girgi, une des villes continentales de la haute Égypte. C'est un autre port d'Égypte dans la mer Rouge, plus commode que Suez, plus accessible aussi et plus facile, puisqu'il n'est pas semé des rochers dont le premier est rempli. Jadis c'était une ville florissante, aujourd'hui ce n'est plus qu'un misérable village. Avance-t-on maintenant du même côté vers l'Éthiopie, on trouve Zibil, où réside un bassa dont la domination s'étend dans le voisinage de cette dernière contrée, mais, comme je le dirai en passant dans la suite, c'est aujourd'hui une place à laquelle les Turcs eux-mêmes n'ajoutent qu'une mince importance; vient ensuite l'île de Suaguem, de forme circulaire, petite, mais peuplée. Le même religieux portugais qui s'y trouva quelque temps prisonnier des Turcs, rapporte qu'elle a pour gouver-

(1) De grandes destinées sont de nouveau promises à Suez, depuis qu'un Français, M. de Lesseps, a entrepris d'en faire un lieu de transit pour le commerce à travers l'isthme de ce nom.

neur un Turc, que l'on appelle bassa. Il est receveur et directeur de la gare où les navires sont tenus de décharger leurs cargaisons ; de là on se peut rendre au Caire, en traversant le désert appelé, pour cette raison, désert de Sus. Ce port n'est protégé par aucune fortification, et n'a pour ainsi dire point de garnison ; il est défendu par quelques écueils et des bas-fonds très-redoutés, bien que peu dangereux, puisque chaque jour des bâtiments de bas bord y viennent mouiller. Cette place si importante n'est gardée que par cent Turcs ; voilà ce qu'affirme le témoin oculaire que je viens de nommer. Ceux-ci ont abandonné l'île à un roi voisin, puissant et belliqueux de l'intérieur de l'Éthiopie, qui, n'ayant d'ailleurs aucune prétention à devenir puissance maritime, l'a négligée. On lui donne le nom de royaume de Balleri, autrefois Negrum. Pour l'apaiser, ils lui ont cédé la moitié des revenus du port. Aujourd'hui il n'en est guère plus favorable aux Turcs ; il est du reste riche en hommes et en chevaux, et dicte nécessairement les conditions du traité.

A cent milles de là se trouve l'île de Mussuba ou de Mesauva, assez petite d'ailleurs. Un bassa suppléant y réside, il est gardien du péage du port ; elle a pour toute garnison soixante Turcs. De là, à deux lieues dans l'intérieur de l'Éthiopie, se trouve Arquico ou Erkiko : c'est un fort mal défendu, manquant des choses nécessaires, selon le moine portugais qui l'a visité. Néanmoins c'est le seul port éthiopien de la mer Rouge qui soit fréquenté ; c'est le seul chemin qu'on prenne pour se rendre d'Arabie et d'Égypte en Éthiopie.

L'île manque d'eau douce ; on l'apporte d'Arquiko, où on la puise dans les marais nommés Cacimbas. C'est aujourd'hui toute la défense de la mer Rouge.

Les villes de l'intérieur de l'Égypte sont presque toutes dépourvues de remparts, de murs, d'armes ; elles tomberont nécessairement aux mains de celui qui dominera sur le Nil avec des navires, après avoir réduit le Caire, et peut-être Girge ; l'une est la ville principale de la basse, et l'autre de la haute Égypte. Girge (ou Georgio), cité principale de toute l'Égypte supérieure, peut, à raison de sa grandeur aussi bien que pour le trafic et l'affluence des nations étrangères, être appelée un autre Caire.

Mais nous n'avons pas à nous occuper de l'Égypte supérieure, qui, stérile, sablonneuse, se trouve loin de la mer, du commerce, et ne saurait offrir aucun genre d'avantages. Jamais elle n'a su résister à ceux qui se sont emparés d'abord de la basse Égypte. D'où l'on est obligé de conclure que, le Caire une fois réduit, il n'y a rien en Égypte qui ne puisse être pris dès la première attaque.

Le Caire est la tête de l'Égypte ; cette ville rivaliserait avec toutes les cités du monde pour sa population et son étendue. Dans le vieux Caire, la Babylone égyptienne des anciens, on ne voit que des ruines. Quelques Grecs, des Arméniens épars çà et là, habitent cette sorte de village. Mais le nouveau Caire (faubourg et citadelle) renferme une forte population. Dans les faubourgs on rencontre Bulac (qui est comme le port du Caire) ; c'est une annexe du Nil. Le nouveau Caire lui-même, situé sur la rive orientale du Nil, est éloigné de Bulac de deux milles environ, quoiqu'il se trouve dans l'espace intermédiaire, et s'étend presque tout entier parallèlement au Nil. Villemont compte environ quatre mille maisons construites sur le rivage même.

Caraffa, ou Caraffay, ou Massur, est un autre faubourg. Jadis, du temps des sultans, il faisait partie de la ville principale : il est en effet plus près de la citadelle que le nouveau Caire, et se trouve entre les deux. Il renferme environ deux mille maisons, et je serais assez porté à croire qu'il y en a un plus grand nombre; on dit en effet qu'il avait sept lieues de tour. Mais, du jour où l'Égypte tomba au pouvoir des Turcs, le nouveau Caire l'emporta en richesse et en population. Ces deux faubourgs sont ce que généralement on appelle le nouveau Caire, qui s'étend et se prolonge ainsi hors des murs; mais les deux faubourgs sont parfaitement distincts. En somme, et au rapport de tous, il y a trois faubourgs : Bezwailla ou Bibzuila, Gemehtaillon, Bebelloch. Bezwailla a en face une porte du même nom; il s'y trouve douze mille maisons, sur une longueur de six milles, du couchant au midi; ce faubourg vient jusqu'au milieu de Bebelloch. Celui-ci a une citadelle adossée au mont Mochtan. Elle est entourée d'un mur, et ne fait peut-être qu'un seul et même édifice avec la citadelle principale. Gemehtaillon est un faubourg assez vaste, confinant au premier, et qui, à l'ouest de l'ancien Caire, va les rejoindre. On y voit des boutiques d'artisans et de marchands venant de la Barbarie. Bebelloch, séparé du Caire par une distance d'environ un mille, est de médiocre grandeur, et contient environ mille maisons. L'île de Miquias ou d'Elmiquias (dont le nom équivaut à une mesure, car elle renferme le *niloscope*), s'étend depuis le vieux Caire jusqu'au milieu du fleuve. Elle a quinze cents maisons. Dans la partie la plus élevée de l'île, est un palais construit par un sultan ; on l'appelle parfois le château. La ville de Geza sépare cette île du vieux Caire. Il s'y trouve des palais élevés jadis sur les rives du Nil pour servir aux plaisirs du sultan. A trois milles environ au-dessus du vieux Caire, il y a, sur le littoral du Nil, une petite ville, appelée Muhallacca. De l'autre côté du Caire, vers l'Asie, il y a deux autres villes éloignées du Caire de six milles (italiens), le tout bordé de tant de maisons de plaisance, de villas, de jardins, que, vues de haut, elles semblent ne faire qu'une seule ville. A six milles, se trouve sur le chemin de ceux qui se rendent à la terre sainte, une autre ville où se trouve le jardin aux baumiers ; une autre encore est sur le chemin de ceux qui se dirigent vers Suez ou vers la Mecque ; on l'appelle Cancha ; c'est une ville assez grande. Ces deux villes, de même que les autres localités que nous venons d'énumérer, peuvent être considérées comme faisant partie du Caire, car d'année en année les édifices qui les séparent se pressent tellement que, dans peu d'années, elles se confondront. C'est ce qui fait que les relations qui décrivent la grandeur du Caire, et donnent le nombre des habitants, des places, des temples, présentent néanmoins de l'incertitude. Ainsi le nouveau Caire aurait, s'il en faut croire Villemont, vingt-deux milles de circuit, et dix heures suffiraient à peine à un cavalier pour en faire le tour. On y compte trente mille maisons appartenant à des particuliers. Ajoutez-y les bâtiments des faubourgs du vieux Caire, de Bulac, et d'autres en grand nombre et de moindre importance, cela fera monter le tout à deux cent mille. La ville, si merveilleusement grande, comprend seize mille, et, au rapport du baron Beauvais, appuyé en cela par Pierre du Val, dix-huit mille rues.

Les temples principaux sont au nombre de six mille huit cents, mais si l'on compare les relations des voyageurs entre elles, on aura un chiffre de vingt-quatre mille que confirme Beauvais; mais Villemont le réduit à vingt-deux mille huit cent quarante, et y comprend encore tous les oratoires. Dans un faubourg, situé à l'est de la ville, il y a douze cents temples, et dans un autre, qui est au midi, il y en a sept cents. Cependant ce que dit Bellon est utile à connaître :

« On s'est occupé, dans notre escorte, de la question de savoir s'il y avait au Caire plus de mosquées (j'entends parler des mosquées du premier rang) comparables aux principaux temples de Paris, et l'on a observé qu'il y avait peu de différence. Le Caire, en y comprenant le vieux Caire, Bulge et Charafat, a trente et un milles de longueur et vingt de largeur. » Pour moi, je pense que Villemont fait entrer dans cette étendue les villes qui viennent d'être mentionnées. Mais que dirons-nous de la relation de Manconisius ? Voici ses termes, auxquels nous ne changerons rien :

« Je fus faire tout le tour des murailles du Caire, par dehors, sur des asnes qui alloient continuellement si bien l'amble qu'un cheval n'auroit pu suivre au petit trot, et l'homme qui nous accompagnoit trottoit toujours et couroit le plus souvent avec cette diligence. Nous demeurâmes une heure et cinquante minutes à faire tout le tour, et un peu plus de deux heures depuis estre sortis du logis, jusqu'à ce que nous y fussions de retour. » Mais il n'est ici question, selon moi, que du nouveau Caire proprement dit, de son enceinte enfermée de murailles, du nouveau Caire tel qu'il a été construit par son architecte Schorr (c'est le nom que lui donne Guillaume de Tyr), et, si l'on me permet cette expression, de l'ancien nouveau Caire, à l'exclusion non-seulement du vieux Caire et de Bulac, mais encore de tous les faubourgs et de la citadelle, enfin de tout ce qui a dépassé l'enceinte primitive du nouveau Caire et a rempli, en s'y ajoutant, tout l'intervalle qui le séparait de l'ancienne ville et des anciens faubourgs. Les murs qui les entourent sont masqués aux yeux des voyageurs par les édifices qui s'élèvent de tous côtés, à l'entour. Car les faubourgs ne sont pas moins garnis d'édifices que l'intérieur. Villemont donne à la ville une physionomie que reproduit Bellon, en l'appréciant comme il suit : « La ville du Caire a plus de longueur que de largeur ; elle est de forme triangulaire ; en effet, la citadelle, placée sur la colline, au point culminant de la ville, en forme le premier angle. Si, descendant de la citadelle, vous vous dirigez au midi en côtoyant les murs, vous arriverez au second angle ; si de ce point, vous marchez vers le nord, vous rencontrez un autre angle qui est le troisième ; et si enfin vous remontez à la citadelle, vous trouvez que l'enceinte de la ville affecte la forme d'un Δ. »

Pour bien comprendre tout cela, il faudrait une carte de la ville, comme j'en ai trouvé une dans l'atlas anglais d'Ogilbey, et que Doppet a transportée dans son Afrique. Quant au chiffre des habitants, on s'en peut faire une idée par ce détail rapporté plus haut, qu'en vingt-quatre heures il périt un jour vingt mille hommes. Léon l'Africain restreint ce nombre à douze mille. Voici dans quels termes est conçue la relation la plus récente que nous ayons sur l'Égypte :

« Au Caire, c'est à peine si l'on peut faire quelques pas sans être heurté, à cause de la multitude de chameaux, d'ânes, de fardeaux. » Je pense qu'il veut parler du centre de la ville, l'étroitesse des rues contribue beaucoup à empêcher la circulation. Cependant le plus souvent les hommes seuls sortent; ce qui inspire cette réflexion à Bellon : « Au Caire, les hommes (il veut dire les maris), comme en général les Turcs, font les achats au marché; les femmes, les filles, les enfants, paraissent rarement en public, et nous pensons que si la populace avait l'habitude de parcourir la ville, et que les femmes fissent des achats et des ventes comme chez nous, la ville paraîtrait beaucoup plus peuplée, et cependant elle ne l'est pas autant qu'on le dit. » Villemont ajoute que les rues y sont très-étroites, et les maisons hautes de deux et trois étages, pour préserver des ardeurs du soleil les passants qui ont déjà beaucoup de peine à fendre la foule. Le Caire est si habité que, si vaste que soit cette ville, on s'y trouve la plupart du temps à l'étroit. Pierre du Val dit que la chaux qu'ils emploient est de mauvaise qualité (la plus fragile de la terre), et que la construction des maisons n'est pas solide. Aussi bien quelques auteurs disent-ils qu'à l'intérieur les maisons sont décorées d'or et de tapisseries, mais sans aucune élégance à l'extérieur. En effet la plupart sont construites avec des matériaux fort grossiers, et les murs sont bâtis avec du limon, à l'exception toutefois des maisons bâties sur le Nil, dont les murailles sont construites en pierre jusqu'à hauteur d'hommes. Il en est même beaucoup qui ne sont bâties qu'en roseaux. C'est un point qu'on ne doit point oublier, pour comprendre que ces constructions peuvent être facilement détruites par le feu et l'action des machines, et qu'on peut pénétrer par force dans l'enceinte de la ville. La forme horizontale des toits permet d'aller ainsi de maison en maison (puisque toutes se touchent) comme sur les places publiques.

Il faut encore signaler les principales places de la ville, les marchés, les châteaux, les temples; qui s'en est emparé est aussitôt le maître de la ville. Trois places publiques méritent d'être mentionnées. La première, celle des Circassiens, est presque entièrement remplie de palais. Une autre est entièrement décorée de temples et de mosquées, au nombre de cent. Quant aux marchés, il y en a deux favorisés par le sultan de priviléges spéciaux.

D'abord, c'est le bazar Spahi, que d'autres appellent Basestan. C'est un lieu entouré de murs, en quelque sorte la Bourse du Caire, où se vendent des objets d'or et d'argent, des tissus de soie, ainsi que des aromates étrangers et rares, et où chaque jour afflue une foule considérable. L'autre marché ne

s'ouvre que le lundi et le jeudi ; il s'appelle Canca-
lil Castella, et il en a été parlé dans les parties du
Caire que l'on avait à décrire. La grande mosquée
de cette ville, dite Giama d'Alsar, a été élevée par
un esclave noir (de Nigritie) ou, suivant d'autres,
par le sultan Hassan. Les revenus de la mosquée
sont affectés à l'entretien de huit cents hommes préposés à sa garde. Il y a d'autres grandes mosquées,
celles, par exemple, que l'on voit dans le quartier de
Loumélie (et où se trouve aussi ce qu'on nomme le
château). Mais, avant l'exécution du projet, il importe d'avoir une chorographie exacte de l'Égypte
en général, et une topographie du Caire en particulier, afin de pouvoir juger de tout en connaissance de
cause. Il faudrait lire aussi la prise du Caire, ac-
complie en trois jours par Sélim, et que plusieurs
historiens, et en particulier Lovius, ont racontée.
J'y ajouterai certains détails qui semblent s'y ratta-
cher. Sélim ayant accablé, en Syrie, Sampso, sultan
d'Égypte, et occupé Gaza, après avoir envoyé en
avant Sinan-Bassa, de manière à se préparer ainsi un
accès en Égypte, traversa heureusement le désert : rien
ne lui fit obstacle, ni le vent, ni les Arabes, ni les
Égyptiens, tant il fut favorisé par une prospérité rare
et pour ainsi dire fatale. En effet, une seule de ces
causes eût suffi pour l'arrêter. Cependant, Tomura-
Bey, que les Circassiens ou mamelouks avaient choisi
pour sultan, laissant de côté les autres places, con-
centra ses forces en vue de l'unique défense du Caire,
dans la pensée que le salut de l'empire était attaché
à la conservation de cette ville. Il commença donc
par donner à chaque place des chefs particuliers ; il

sillonna les villages de retranchements et de poutres immenses, il masqua de pieux des fossés dans lesquels l'ennemi devait tomber par surprise. Et comme la ville restait exposée en maint endroit, surtout à l'entrée de cette large rue qui aboutit directement de la porte orientale à la citadelle et au milieu de la ville, tandis que les autres entrées se trouvaient couronnées de collines et de gros villages sur lesquels on ne pouvait porter les machines de guerre que difficilement et sans avantage, Tomura-Bey avait dirigé de ce côté des forces suffisantes ; il supposait, en effet, qu'à cause de la largeur des routes, l'ennemi déboucherait nécessairement par là, et dès lors il garnissait de faibles troupes les autres parties. L'intérieur, où était la citadelle, était défendu par un vigoureux corps de troupes, afin que l'on se trouvât prêt à courir partout où les ennemis s'élanceraient, et où leur voix se ferait entendre. Jadis cette grande cité ne pouvait être défendue par des forces médiocres. Elle a six milles de longueur, parallèlement au Nil, dont elle est éloignée de mille pas environ. La largeur ne dépasse pas dix stades [voilà qui n'est point d'accord avec les précédentes relations (1)]. Au milieu de la ville (non, mais dans un coin de la ville qui est en forme de triangle), s'élève, sur un tertre de terre molle, la citadelle, dont les murs sont flanqués de tours, de remparts, et couronnés de retranchements construits avec beaucoup d'art (mais, nous le tenons de témoins oculaires, les murs en sont peu solides, et, comparée dans son ensemble

---

(1) Ce sont des réflexions de Leibniz, qui interrompt par ses parenthèses la relation qu'il cite.

à nos moyens actuels de défense, la citadelle est impuissante à leur résister). C'est par la porte Besvilla (ouverte sur le faubourg du même nom, dont nous avons parlé ci-dessus), que Sélim entra dans la ville. (Or cette porte donne sur le côté oriental de l'Égypte, quoi qu'en disent ceux qui prétendent qu'elle est tournée du côté du Nil et du vieux Caire; c'est par là que nous pourrons entrer, après nous être emparés du littoral et par conséquent de Suez et de Damiette.) Sélim, entré par cette porte, envoya sa cavalerie dans des avenues étroites, et fit passer ses prétoriens (les janissaires) dans la rue la plus large (il est plus croyable néanmoins que ses cavaliers entrèrent, ainsi que les janissaires et l'artillerie, par la même rue, tandis que son infanterie et le ramas d'hommes qui suivaient l'armée se frayèrent un chemin par les collines voisines), sous les feux des mamelouks, dont l'artillerie était d'abord peu considérable. (Or les Turcs n'ont presque pas d'artillerie au Caire. Nous en avons beaucoup plus que Sélim, et, je le demande, combien une flotte entière n'en pourra-t-elle pas transporter?) Les assiégés ne pouvaient tenir dans les endroits découverts. Dans les rues étroites, les femmes jetaient des tuiles du haut des toits; les Turcs tiraient leurs escopettes sur les spectateurs, et brisaient les portes; l'air était obscurci par la poussière et la fumée. D'ailleurs la sécheresse de l'été couvre le Caire de poussière. Mais les indigènes, les Cophtes, les Maures, les Arabes, et en particulier les nombreux marchands, artisans et laboureurs, délaissèrent les mamelouks, qui furent obligés de se retirer de plus en plus dans l'intérieur. On combattit avec désespoir pendant deux jours; le troisième, les assiégés reprirent l'offensive avec tant de vigueur, que Sélim songeait à incendier et à abandonner la ville, lorsqu'on apprit que les ennemis, pressés sur divers points par Mustapha, avaient été chassés de leurs positions. Mustapha, suivant les indications que des Égyptiens lui donnèrent, était arrivé, par des collines, dans une immense place où les mamelouks avaient mis leurs chevaux sellés et bridés, afin que, si quelque désastre survenait, ils pussent trouver cette dernière retraite, et, montant sur-le-champ à cheval, se retirer dans les lieux voisins. Mais, parvenu à cet endroit, Mustapha met la main sur eux après avoir dissipé une troupe assez faible. Les mamelouks, frappés de terreur, prennent la fuite. Tomura-Bey, ayant traversé le Nil pour rassembler les siens, est vaincu, pris et tué, et en un moment l'Égypte tout entière suit le Caire. Telle fut l'expédition de Sélim.

Voici maintenant l'avantage que nous aurons sur les Turcs et sur Sélim. Avant tout, nous aurons plus de génie et d'art, nous aurons de meilleurs soldats, notre artillerie sera plus considérable : car nous l'aurons amenée sur nos vaisseaux ; les chrétiens qui forment la moitié de la population seront nos auxiliaires naturels, et tout le littoral ainsi que le Nil seront en notre pouvoir. Dans le cas où les ennemis réussiraient à prolonger le siége, on ne serait pas forcé de se retirer, comme voulait le faire Sélim, quand son entreprise lui parut désespérée, puisque nous pourrions nous fortifier dans la ville, couper les vivres aux assiégés éloignés de tout secours, porter nos forces sur certains points et les réduire enfin à la capitulation. Sélim avait de bien autres considérations à faire, il pouvait craindre qu'on n'interceptât ses convois, car le littoral et le Nil étaient aux mains de l'ennemi ; il savait que la flotte envoyée contre les Portugais allait revenir à Suez ; tout cela le jeta dans une telle frayeur, qu'au rapport de ses historiens, il songeait à abandonner la ville.

Aujourd'hui, il est incontestable que la garnison n'opposerait pas une résistance aussi désespérée, car il ne s'agirait plus de sauver l'empire ou d'en défendre la capitale. Le bassa, le bey, les janissaires, souvent en rébellion ouverte avec leur maître, sont disposés à se vendre au premier étranger ; nous en parlerons dans la suite. Une foule considérable de chrétiens, d'esclaves affranchis, d'Arabes attirés par l'espoir du butin, seront nos auxiliaires dans ce siége. Puis le Nil nous appartiendra. Si le siége traîne en longueur, nous pourrons intercepter les convois (or, dans une ville si populeuse, si mal approvisionnée, grâce à la négligence des Turcs, la famine ne se ferait pas attendre un mois), forcer le Nil, par des levées, à inonder la ville, dans laquelle il entre déjà avec peine, incendier la ville, en même temps nous emparer de l'île du Nil, placée en face du vieux Caire, où se trouve un château fort, et le Niloscope, puis Bulac, et la porte du Caire, enfin nous rendre maîtres de la citadelle placée à l'extrémité orientale de la ville.

Ajoutez que les Turcs, tels qu'ils sont en Égypte, sont inférieurs aux mamelouks. Autre chose est la puissance de tout l'empire turc, autre celle de l'armée égyptienne. Les mamelouks subordonnaient tout à l'Égypte ; les Turcs subordonnent l'Égypte à ux-mêmes ; sous les mamelouks, l'Égypte était le siége de l'empire ; sous les Turcs, c'est une province ; les mamelouks combattaient avec le courage du désespoir pour leur conservation ; les Turcs défendent l'Égypte comme des mercenaires (sauf quelques exceptions) ; les mamelouks étaient incorruptibles ; qui est-ce qui pouvait, en effet, valoir à leurs yeux la domination ou la surpasser? On pourrait au contraire gagner sans peine les Turcs en garnison dans l'Égypte. Les mamelouks s'étaient aguerris dans les combats les plus rudes ; les Turcs d'Égypte, depuis plus d'un siècle, n'ont pas vu l'ennemi. Enfin les mamelouks avaient concentré les forces de leur empire, alors égal à celui des Turcs, sur l'Égypte seule, ou plutôt sur une seule ville ; et maintenant les Turcs, forcés de disséminer leurs forces sur une multitude de points, à cause de l'étendue et de la distance de leurs provinces, en sont venus à épuiser annuellement l'Égypte, pour satisfaire leur luxe et leur ambition propres. Enfin, Sélim n'ayant pu arriver par les déserts qu'avec beaucoup de peines et de danger, ne risquait pas moins en retournant sans avoir atteint son but ; nous, au contraire, une fois victorieux, maîtres du Nil et de la mer, tous les chemins nous seront ouverts, et nous partirons sans inquiétude.

Pour résumer ce qui a été dit au sujet du Caire (car on parlera bientôt en particulier du château), si vous tenez compte des ruines des anciennes villes, et des faubourgs construits de chaque côté, la ville du Caire est très-grande de circonférence ;

mais le nouveau Caire est le plus peuplé. A partir de la rive orientale du Nil, et annexé à cette ville, se trouve le faubourg de Bulac, qui en est distant de mille pas. Il est enfermé de murailles; mais les maisons les cachent tellement que c'est à peine si on les aperçoit. Ce qui défendrait cette place, ce sont moins ses murs, les fossés (qui lui manquent d'ailleurs) et les remparts, que sa grandeur et sa population. En effet, il semble que ce soit un labyrinthe de rues étroites ainsi construites pour défendre des ardeurs du soleil, et des places les plus longues, et dont le nombre s'élève au-delà de dix-huit mille (j'y comprends les faubourgs); chacune d'elles a des portes fermées la nuit, et est aussi fortifiée que le sont quelques petites villes. Presque toutes les maisons sont hautes et en pierres ou en limon; les fenêtres et les portes sont étroites, les toits sont de forme horizontale, et se suivent de manière que l'on puisse y marcher comme sur des places (1).

La citadelle du Caire, autrefois résidence du Sultan, aujourd'hui du bassa, est située dans un endroit élevé d'où le regard se promène avec charme sur toute la basse Égypte. Elle est devenue presque une ruine, surtout depuis Sélim, suivant l'habitude des Turcs. Quelques auteurs en comparent la grandeur à celle de Nuremberg; pour moi, je ne pense pas qu'il en soit ainsi, mais je la crois considérable, et si on la tient assiégée assez longtemps, il sera aussi aisé de s'en emparer que difficile de la défendre. Voici dans quels termes en parle un homme qui

(1) Leibniz résume ici en quelques mots les diverses relations un peu confuses qu'il a citées précédemment.

l'a vue : « La citadelle est construite sur un roc solide où l'on a pratiqué des degrés pour en rendre l'ascension plus facile, et comme on l'a fait dans la citadelle arabe. Car, nous l'avons dit, elle est située sur une hauteur, et presque de forme circulaire ; elle possède aussi de nombreuses clefs rondes et d'un travail antique, et des tours qui ne la protégent pas beaucoup ; mais, comme elle est très-élevée du côté des jardins, sur le plateau élevé où elle repose, un escalier du genre de celui du palais de Saint-Pierre, à Rome, y conduit, et peut servir aux chevaux, aux chameaux, et aux ânes chargés. L'aire de la citadelle est grande et spacieuse ; c'est une habitation agréable et saine. Des fenêtres qui s'y trouvent pratiquées, et aussi loin que porte le regard, on découvre presque toute la région de l'Égypte, ainsi que du sommet d'une pyramide. Cette citadelle, comparée à d'autres fortifications (aux nôtres, par exemple), doit paraître singulièrement faible. Ajoutez que la citadelle n'a pas assez d'eau pour un si grand nombre d'hommes. En effet, ainsi que l'atteste Pierre du Val, les employés, les artisans, les soldats appartenant à la cour, y habitent. Le puits, nommé le puits de Joseph, parce qu'il fut, dit-on, creusé sous Pharaon, par Joseph, son premier ministre, est insuffisant. C'est pourquoi on a construit un aqueduc immense, de plus de trois cents arches, pour faire monter l'eau du Nil jusqu'à la citadelle. Des machines, mises en mouvement par des bœufs, font passer l'eau dans l'aqueduc. »

Il sera toujours possible à l'armée chrétienne d'intercepter l'eau de cet aqueduc. Ajoutez que, suivant la relation d'un voyageur très-récent, la citadelle n'a presque pas de canons : « Je ne crois pas, dit-il, que la citadelle ait une nombreuse artillerie, car presque toutes les fois que j'ai entendu tirer, le nombre n'en dépassait pas vingt et un coups. »

C'est vainement que le Nil abonde en fer (et il y en a beaucoup en Égypte), s'il est dépourvu de canons. Il y a plus, notre armée pourra sans peine se mettre à couvert des feux de l'artillerie, grâce aux édifices environnants.

Enfin, comme la citadelle est située à l'extrémité de la ville, nos soldats, divisés en camps placés d'espace en espace, pourront attaquer séparément certains points et les emporter d'assaut, même quand nous ne nous serions pas engagés encore dans le labyrinthe de cette ville immense. La citadelle se trouvant prise à l'Orient, et le Nil nous appartenant à l'Occident, la ville, dégarnie de toutes parts, ne pourra plus se défendre, et sera forcée d'abandonner toutes ses positions l'une après l'autre.

Que les habitants soient disposés à se rendre, cela n'est pas douteux, et on pourra les y décider tout à fait par les menaces et les promesses. C'est donc en vain que le soldat turc, naturellement très-incertain, se trouvant dispersé dans cette ville immense, menacé d'un côté par les habitants, de l'autre par les ennemis, voudra résister, la partie la plus considérable du fort étant tombée en notre pouvoir, enlevée à la ville et séparée d'elle. Et, ce qu'il y a de plus essentiel, le Turc ne pourra secourir la ville assiégée, ainsi que nous le montrerons ci-après, en abordant la question du temps et du mode de l'expédition.

Enfin, comme, dans l'état de choses actuel, le Caire seul s'oppose à ce que la puissance française ne s'élève à un point que, ni dans le passé, ni dans le présent, aucune puissance n'a pu atteindre, ne devrait-on pas songer à l'impossibilité, pour une si courageuse nation à laquelle les plus grands efforts ne coûtent rien, de la voir s'arrêter devant cet obstacle unique? car il ne s'agit pas ici d'emporter les camps espagnols d'Arles, de Gravelines ou de Dunkerque, ou de l'enlèvement de quelque autre place située sur le cours de la Meuse, mais bien de l'empire de la mer, de la souveraineté de l'Orient, de la ruine des Ottomans, et de l'arbitrage de l'univers, toutes choses attachées, on l'a montré, à la possession de l'Égypte.

Quant aux autres fortifications de ce pays, qui méritent quelque considération, nous lisons ce qui suit dans la plus récente relation : « Il y a une très-forte citadelle (construite en pierre, à la manière antique, mais que l'art, ni des forces d'un autre genre, n'ont fortifiée pour la guerre telle qu'on la fait aujourd'hui) dans Bicchier (située vers la mer, au-dessus d'Alexandrie, au-dessous de Rosette; il en est qui l'appellent Bocchir; mais je ne trouve pas que cette place, ainsi que la citadelle, soit remarquablement fortifiée). Rosette a deux autres forts sur les bouches du Nil, en face l'un de l'autre. » (J'ai déjà parlé du peu d'importance des remparts de Rosette.) Il y a un autre fort à Suez (le même écrivain ne le mentionne qu'en passant et seulement par ouï-dire). Il s'exprime plus exactement à ce sujet dans la partie d'où nous avons extrait nos premières considérations, et n'a pas seulement vu, mais presque tout mesuré. Sur la route de la Mecque (en Arabie, au-delà de la mer Rouge), à trois journées environ (de ce côté sont toutes les sources d'eau douce), il n'y a aucun poste de soldats; des villes, de l'importance de Suaquem ou d'Arquiko, au sujet desquelles on peut consulter ce qui a été déjà dit, ne sont gardées que par de faibles garnisons; c'est de ces lieux que les provisions du Caire sont envoyées par Suez en Égypte. Il y a un fort dans l'île d'Elmicquias (dont nous avons déjà parlé), comme cela résulte de la relation du savant voyageur, qui se trouvait en Égypte au moment ou le Nil débordait et commençait à couvrir la terre.

« Devant du Caire vieil est l'isle jadis dite de
« Memphis (aujourd'hui Elmiquias), au commence-
« ment de laquelle est le chasteau où dans une mos-
« quée est la colonne de laquelle on juge de l'ac-
« croissement du Nil. Le bacha (alors) y est dit
« logé : depuis son logis jusqu'à l'autre bout de
« l'isle, qui ne dure guère moins de deux milles, et
« de l'autre costé tout le long du Caire vieil, le Nil
« estoit bordé de ses grands bateaux et d'un millier
« d'autres qui, de toutes parts, y arrivoient à voiles
« pour voir cette feste. »

C'est à peine d'ailleurs si l'on trouve en Égypte quelques villes, je ne dis pas fortifiées, mais même entourées de murs. Il ne sera pas inutile de nous occuper de toutes les fortifications voisines de l'Égypte, construites sur le rivage de la Méditerranée. D'ailleurs nous ne trouverons aucune place forte considérable sur les bords de la mer Rouge, soit en Égypte, soit en Arabie, à l'exception toutefois de Gidda et de Mocca. Ceux qui, sortis de Damiette, se dirigent vers la Syrie, en côtoyant la Méditerranée, rencontrent d'abord Tanis ou Taphnis. Il y a là un lac ou, si l'on veut, un golfe dans lequel un petit ruisseau, dérivé de la plus grande des bouches orientales du Nil, vient perdre ses eaux. Ce lac est très-dangereux à cause de certains écueils, les uns visibles à fleur d'eau, les autres cachés, et de bancs de sable dont l'aspect n'annonce pas s'il y a ou non danger pour les navigateurs. On ne saurait dire s'ils sont guéables ou non.

Ce lac, appelé Bayrence, sépare presque entièrement aujourd'hui l'Égypte de la Syrie; il mesure une longueur de deux cents stades, enfermé des deux côtés de collines sablonneuses ou de dunes (comme on dit en Belgique) dont les sables, poussés par le vent, se mêlent à ses eaux, et les épaississent tellement que la vue ne suffit pas pour les distinguer de la terre, et qu'il faut les toucher; aussi l'on dit que des armées entières y furent submergées; le sable formait une croûte légère à la surface du lac, qui, cédant tout à coup, se brisait comme la glace, et l'abîme engloutissait tout. Ce n'est plus maintenant qu'un golfe qui se lie à la mer par une bouche étroite que les sables auront bientôt comblée tout à fait.

Viennent ensuite Osteaki, Saramida ou Phatmia, puis un fort appelé Calie, mais qui est privé d'eau; il ne lui en vient que par la voie de Tina (Tenez, je suppose), à douze milles de distance; ajoutez qu'il n'y a qu'une garnison de soixante hommes. Puis Avissa ou Arissa, qui est sans importance, et entourée de quelques maisons. Le château est défendu par cent soldats seulement; il est à deux lieues de la mer, et a de l'eau douce en abondance. Le dernier port de l'Égypte, celui d'Hanion, n'est ni plus considérable, ni mieux gardé. Entre Gaza et Larissa, coule la rivière Sihor, que l'Écriture sainte appelle le torrent de l'Égypte, laquelle sépare cette contrée de la Syrie.

Sur les antiques et augustes ruines de Gaza, s'élèvent aujourd'hui quelques habitations misérables. Sandis, qui les a vues, dit que ce ne sont que des cabanes sans importance. La mer est à trente stades de la ville, et il y a un port qui, presque entièrement et depuis longtemps négligé par les Turcs, n'a plus aucune utilité pour les habitants. Dans Gaza se trouve Sanghiacur. A quelques pas de là est Ascalon, situé près de la mer, maintenant sans importance, si ce n'est qu'il y a une faible garnison. Quant à Joppe ou Jaffa, qui vient ensuite, le passage suivant nous le fera connaître.

« Il n'y a plus qu'un méchant chasteau sur le haut d'un petit rocher qui s'avance jusques à la mer, basti sur les ruines d'un autre vieil, dont le reste des angles des bastions montrent qu'il estoit bien fort. Le port est tout ruiné : il n'y a autres maisons que quelques cabanes de natte, appuyées contre le roc où l'on a creusé quelques grottes à fin de se mettre à couvert. » Un autre ajoute ce qui suit : « Il y a un port, mais il n'offre aucune sécurité; en effet, quoique couvert au midi et au couchant par les rochers qui s'avancent dans la mer, il n'est pas à l'abri du vent du nord, qui précipite les flots sur les rochers avec une telle violence, que la pleine mer serait moins dangereuse. Il fut cependant une époque où ce port était très-renommé. Aujourd'hui, une partie s'en trouve comblée par les sables qui s'y accumulent, et la seconde partie est séparée de la première par les alluvions que la mer y dépose chaque jour. Deux petites forteresses sont encore debout, destinées à défendre, d'une manière telle quelle, le port dont nous parlons. Un château est aussi placé sur le mont Carmel là où il descend vers la mer qu'il domine. Le tout est placé sous la domination d'un émir, tel que celui de Tharbéi, dont il sera question plus loin. Le littoral phénicien de la Méditerranée est voisin de la Palestine. Ce sont les habitants de ce pays qui enseignèrent les premiers au monde l'art de la navigation; nul ne le peut méconnaître. »

Voici l'ordre dans lequel les villes y sont groupées : Accon, Tyr, Sidon, Bérithe, le Tripoli de la Bible. Accon (c'est l'ancienne Ptolémaïs), que les chrétiens perdirent en dernier lieu, est dans une plaine de forme triangulaire; deux de ses angles sont battus par les flots de la mer; le troisième donne sur la plaine. Les restes, le cadavre, pour ainsi dire, de cette ville, nous font juger quelle était sa force au temps de sa splendeur. Une double muraille l'entourait, avec des forts et des remparts. Elle avait des retranchements et un fossé environné de rochers. A considérer ses ruines, on croirait que la ville se composait de châteaux plutôt que d'édifices particuliers; car chaque nation européenne avait là des intérêts séparés; aujourd'hui les murailles les plus solides, et les voûtes pratiquées sous le rocher, tout cela a disparu sous les coups du vainqueur furieux qui s'efforçait de faire disparaître jusqu'aux vestiges d'une ville qu'il détestait. Du côté du midi, le port, qui n'est qu'un golfe, est ouvert et exposé du côté de l'occident; le fond en est fermé de rochers, et l'ancre n'y peut pas être jetée commodément. Actuellement, la ville est soumise au sanguinaire In Saphet, et lui-même, avec toute la province, relève de l'émir de Saïd. Il y a de deux à trois cents habitants. L'île de Tyr, autrefois unie au continent par Alexandre le Grand, fut prise après sept mois de siége. On y trouve beaucoup de rochers. La ville n'est aujourd'hui qu'un amas de ruines. Elle a deux ports : le premier, celui du septentrion, passe pour le meilleur de l'Asie, dans la Méditerranée; l'autre a été en quelque sorte comblé par les ruines de la ville. L'émir de Saïd possède aussi Tyr. Saïd, jadis Sidon, ne vaut guère la peine d'une description ; c'est une petite ville, dont les remparts ne sont ni beaux ni solides. Le port est en ruines ; c'est à peine si les galères y peuvent trouver un abri dans l'endroit où il est le mieux conservé. Le château est complétement délabré; on dit qu'il s'y trouve quelques canons.

Quant à l'émir Facardin, et à ses successeurs chrétiens, il sera question d'eux ci-dessous. Un voyageur récent trace l'itinéraire que voici : « Ce prince le fit combler lorsqu'il estoit maistre du païs, pour empêcher que les galères du Grand-Seigneur ne prennent la coustume de s'y retirer, et pour se délivrer de la peur trop bien fondée qu'elles lui donnoient ; il n'y a plus que des batteaux qui y mouillent l'ancre. Les navires prennent fond plus loin et se couvrent d'un rocher qui forme une isle près de la ville. Ce fort est défendu à son ouverture par un vieux chasteau élevé sur un roc que la mer entoure, et qui est joint à la ville par un pont assez long, mais si estroit que deux personnes, en beaucoup d'endroits, n'y peuvent pas passer de front. Mais c'est une foible défense, car ses mourailles ne sont pas à l'épreuve de nos canons. Il y a environ trente ans qu'un corsaire en a, par ses canons, ruiné une partie. »

Le même auteur s'exprime ainsi qu'il suit, au sujet de Tyr : « Tyr est désolée, et à vrai dire anéantie, à la réserve d'un faible chasteau qui commande le port, et de deux ou trois maisons abandonnées. La situation est admirable, elle est sur une langue de terre assez grande, qui va bien avant dans le mur, dont la figure est presque ronde. Son port est commode, et elle en a un pour les galères où elles sont dans une seureté parfaite. La langue de terre d'Alexandrie, bien que de forme différente, offre avec celle-là une certaine analogie. Elle fut autrefois, comme Tyr, une île que l'on appelait Pharos. Elle possède encore aujourd'hui deux ports; mais ni l'un ni l'autre n'est comparable à celui de Tyr. »

Un autre écrivain parle ainsi de cette dernière ville : « La ville n'est plus que de quelque quinze ou vingt maisons de pierre sèche, sans murs, toute remplie du sable que la mer y jette, qui l'a fait joindre à la terre, par une langue de sable, de laquelle jadis elle estoit séparée. De même de Saïda:

c'est une petite ville à présent bâtie sur une langue de terre, qui avance en mer dans le milieu du golfe ; il y a au commencement, du costé du midy, un petit chasteau, un peu plus éminent que le reste de la ville, devant laquelle il y avoit un assez grand port, taillé du rocher, à loger plusieurs galères : mais l'émir Fekardin l'a fait ruiner. Il y a un petit rocher au devant de la ville, du costé du ponant, qui fait seulement le port : aussi n'est-il bon qu'en esté. » Quant au mont Carmel, nous lisons dans la même description citée de la Galilée : « On nomme à présent Carmain le mont Carmel, il y commande Ayx (je crois qu'il voulait dire Sanghiac), pour l'émir, c'est-à-dire pour le prince des Arabes, qui demeure en ce pays-là, et qui en est comme le maistre, moyennant une certaine somme, qu'il paye tous les ans au Grand-Seigneur, ou plutôt au bacha de Damas, dont le gouvernement s'estend jusques-là. » Bérithe et Biblis, quoique visitées par les marchands, ne se recommandent ni par leurs fortifications, ni par leur port. Il me reste à parler de Tripoli de Syrie (pour la distinguer de Tripoli de Barbarie, l'une des villes des pirates d'Afrique). Tripoli, dis-je, est protégée par un château meilleur que les autres, et qui a une garnison de deux cents janissaires. Elle est environnée de bancs de sable qui, s'approchant, deviennent de jour en jour plus considérables et sont extrêmement dangereux. Vers l'Occident, à une distance de deux milles, se trouve le port, creusé en forme circulaire, et communiquant avec la mer par une sorte de bouche ouverte du côté du nord ; de chaque côté, cent janissaires sont préposés à la garde du fort, qui d'ailleurs est protégé par une artillerie assez considérable.

Le rivage de la mer n'offre plus rien de remarquable depuis Tripoli jusqu'à Alexandrette (dont le nom en diminutif sert à la distinguer d'Alexandrie, en Égypte). Elle fut aussi fondée par Alexandre le Grand; il venait de franchir sans obstacle les défilés de la Cilicie, et avait vaincu ensuite Darius, qu'il avait attiré dans la plaine. Nous dirons plus loin un mot de ces défilés. En effet, celui qui les occupe peut faire qu'une armée se dirigeant de l'Asie Mineure vers la Syrie et la Palestine, et trouvant là le passage barré ou très-difficile à travers des endroits montagneux ou à demi déserts et manquant d'eau, soit obligée de faire le tour de la Cappadoce, de l'Arménie et de la Mésopotamie.

Alexandrette est pour Alep ce qu'est Tripoli pour Damas. Ce sont des ports éloignés d'ailleurs de trois journées de distance des principales villes de Syrie. Il y a l'ancienne Damas; Alep s'est agrandie sur les ruines de l'ancienne Antioche; on pense qu'elle fut appelée autrefois Boerea. Après Constantinople et le Caire, Alep est mise au rang des villes les plus considérables de l'empire turc. On dit qu'elle a trois cents temples, dont les plus remarquables, au nombre de sept, sont couverts de plomb, et vingt-six mille maisons, la plupart en pierres, ce qui est rare en Turquie. L'enceinte de la ville a six milles (d'Italie) de circonférence; elle a douze portes, trois faubourgs, la plupart habités par les chrétiens. Son fort, très-remarquable, est placé sur une montagne. Un autre voyageur parle d'Alep en ces termes :

« Le chasteau est situé au milieu de la ville, sur une montaigne de terre faite en parfait cône, très-agréable à voir, revestu des pierres quarrées qui sont tombées en plusieurs endroits. Il est fossoyé tout autour de trente-cinq à quarante pieds de profond, avec l'eau tout autour. La ville est plus petite qu'on pense, car les faubourgs sont aussi grands qu'elle ou peu s'en faut, et toutes les maisons sont peu de chose. Les chrestiens y peuvent estre au nombre d'onze ou douze mille. » Il me reste à parler rapidement de Damas. Le même témoin oculaire en parle comme il suit : « Damas est situé proche de la montaigne qui luy est au couchant (ce n'est donc point une ville forte puisqu'elle est dominée par la montagne) ; les maisons ne sont que de terre ou briques crues, excepté les mosquées ; elle a une porte bouchée, à présent murée, et le lieu par où saint Paul fut descendu de ce costé. Les mourailles sont doubles et de pierres de taille avec quelques tours quarrées ; à costé d'une autre porte, on voit des fleurs de lys gravées (sans doute pour nous avertir que nous sommes attendus), et pourtant il est certain que, depuis que les Sarrasins la prirent sur les Grecs, jamais les chrétiens ne l'ont possédée.

« Le faubourg par où passe la caravane pour la Mecque consiste en une seule rue extrêmement large, et qui a une bonne demi-lieue de long ; c'est une des plus belles choses de la ville. Le chasteau est un grand bastiment en quarré long, de pierres taillées, entablées de ciment, au long duquel sont cinq grosses tours quarrées, et quatre à la largeur. C'est la ville qui a la garde de ce lieu, qui est fossoyé tout autour, et où le bacha n'entre point qu'avec permission de celui qui y commande. Ce chasteau est fort grand dedans, et tout rempli de rues et maisons dont les fondements servent à terrasses pour ledit chasteau dont les mourailles n'ont une autre épaisseur que de la pierre de taille dont elles sont faites. Quelques tours ont quarante pas de long. Les janissaires de Damas ne sont en tout que mille cinq cents, dont cinq cents sont destinés pour la garde du païs, et ne sortent jamais. Cinq cents vont conduire la caravane de la Mecque toutes les années, et les cinq cents autres sont pour aller à la guerre de Bagdad, quand le Grand-Seigneur y va. Tous lesdits janissaires ont ce privilége, privativement à tous les autres de tout l'état du Grand-Seigneur, qu'ils peuvent aller à la guerre à cheval; leur moindre paye est cinq aspres. » Tout cela nous montre qu'après le Caire il n'y aura aucune ville en Orient, si ce n'est Alep et Damas, qui puisse arrêter quelque temps nos armées. Bien que Damas ne touche point à la mer, il est néanmoins rationnel de s'en emparer. C'est ainsi que tout ce qui est en deçà du mont Aman nous appartiendra, les Turcs se trouvant séparés de la Turquie et de l'Égypte par les défilés du mont Aman. Je reviens à Alexandrette. C'est une ville misérable, dont l'air est infecté par suite de la négligence des Turcs, qui ne curent point les bouches des fleuves, presque obstruées par les sables de la mer, et croupissant faute de cours. Ce qui la recommande surtout, et ce qui y attire les marchands, c'est son admirable situation à l'extrémité la plus saillante de la Méditerranée. Elle n'a d'ailleurs point de fortifications. Quelques maisons faciles à compter, celles du consul français et d'autres Européens, par exemple, sont en pierres. Les autres sont couvertes de branchages de jonc et de roseaux. Tout proche d'Alexandrette, se trouve Pagat, à l'extrémité de la Méditerranée, « où est un chasteau de pierre de taille, sans fortification. »

Telle est la courte description du littoral où nous aurons à guerroyer. Quant à l'île de Chypre, qui fait face à l'Égypte et à la Syrie, et dont la pleine possession nous sera nécessaire, on verra ci-dessous que ses places fortes, construites par les Vénitiens, sont au nombre de deux : Nicosie, sur la Méditerranée, et Famagouste, qui est également située sur la mer ; l'une et l'autre ont été négligées par les Turcs, et, depuis longtemps, elles tombent en ruines. Jamais l'île de Chypre ne résista longtemps à l'invasion.

L'île de Candie nous est trop connue pour qu'il soit nécessaire d'insister de nouveau. Quant aux autres villes maritimes, voisines de Constantinople, nous pourrons actuellement nous en passer. Mais l'Égypte, une fois occupée, entraînera tout le reste avec elle comme toujours.

XI. Nous venons de parler des forces de la France pour l'attaque, et de l'Égypte pour la défense. Nous allons parler maintenant des secours que peuvent espérer les deux pays. Les ennemis des Turcs, leurs voisins ou les Orientaux, les voisins de la France ou Européens, seront les alliés de la France. L'Égypte trouvera des auxiliaires dans le reste de l'empire turc ou parmi les voisins des Turcs eux-mêmes, ou enfin parmi les Européens, qui ne voient pas d'un œil favorable les progrès de la France. Examinons donc ce que nous avons à craindre ou à espérer de la Turquie, des États voisins et de l'Europe en général. D'abord la Turquie doit nous inspirer à la fois des craintes et des espérances. Des craintes, puisque nous avons à redouter que la Turquie n'accoure au secours de l'Égypte ; des espérances, puisqu'on peut compter sur un soulèvement général des sujets de l'empire turc. Considérons de quelle manière la Turquie pourrait venir en aide à l'Égypte, soit avant que nous l'ayons conquise, soit après. Si c'est avant la conquête, ce ne peut être qu'avant ou pendant notre expédition. Ce sera avant l'expédition si elle est négligée, si on la diffère, si nous en faisons naître le soupçon aux Turcs. Car il est certain que, si le Turc évente la chose, il pourra, dans l'intervalle de quelques mois, si bien fortifier ses places maritimes (comme on l'a fait pour l'Algérie), qu'elles seront inexpugnables surtout dans une contrée aussi marécageuse. Supposez que le fort (château) le plus considérable, celui qui garde Alexandrie, soit fortifié à notre façon, nous aurons dès lors perdu une grande espérance de victoire, puisque le seul port qui, sur le littoral méditerranéen de l'Égypte, soit accessible, nous sera fermé. Pour prévenir ce malheur, il reste à notre disposition deux moyens infaillibles : le premier, que l'expédition d'Égypte soit tenue dans le plus grand secret; l'autre, qu'elle soit hâtée.

Pendant l'expédition, au moment même où nous l'entreprendrons, le Turc ne pourra pas venir au secours de l'Égypte. Une flotte chrétienne sortant de

Candie, ou paraissant trop puissante, leur inspirera, pour les Dardanelles et le siége même de l'empire, une terreur profonde avant qu'ils aient songé à l'Égypte. (Concluons donc qu'il importe, au moment même de l'expédition, de répandre le bruit que c'est à Constantinople que l'on se rend, ce que beaucoup de gens trouveront vraisemblable ; si bien ensuite que le Turc portera sur ce point toutes ses forces et dégarnira le reste de l'empire.) Outre, disons-nous, qu'il n'a pas de flotte en état de risquer un combat sur mer, il faut de plus observer que des armées de terre assez considérables, disséminées d'ailleurs dans cette vaste région de l'Asie, où les provinces sont si éloignées les unes des autres, ne peuvent être facilement rassemblées, et qu'un événement aussi extraordinaire ne manquerait pas de déconcerter l'empire turc. On n'y a pas l'habitude de laisser, dans les provinces reculées de l'Orient, un soldat inutile que l'on pourrait envoyer ailleurs. Ce serait donner accès peut-être aux Perses, aux Géorgiens, aux Arabes, aux Scythes et à d'autres peuples, établis sur les bords du Pont-Euxin et de la mer Caspienne, qui tombèrent toujours comme des tempêtes sur l'Asie, et sont presque indomptés. Mais les spahis et les Timariotes de l'Asie Mineure et des autres lieux qu'aucun ennemi n'inquiète, ignorant presque l'art militaire, ne s'arrachent que bien péniblement à leur paisible existence domestique, et ne vont à la guerre qu'accompagnés de leur famille et de tout ce qui leur appartient, et si lentement, qu'il est presque nécessaire de les signaler à un observateur, absolument comme en France l'arrière-ban, et en Pologne les Pospolites Lussinta. Ce secours est donc trop éloigné contre une invasion inattendue. On peut tenir pour certain que si une armée française tombe à l'improviste sur l'Égypte, il faudrait au moins six mois pour faire venir les renforts des Turcs, et cela leur sera plus difficile encore s'ils se trouvent en même temps embarrassés dans une guerre de Pologne ou de Hongrie. Vienne alors le succès d'une expédition d'Égypte : alors la Perse, qui d'ailleurs se fie peu aux simples promesses des nôtres, finira par s'émouvoir. Enfin, si cette expédition a lieu à l'époque de l'année qui, à mon avis, que je soumets d'ailleurs aux hommes du métier, est la plus convenable, les Turcs ne pourront même pas envoyer des secours à l'Égypte, eussent-ils des centaines de mille hommes sous les armes, parce qu'alors l'Égypte sera couverte par les eaux du Nil, qui ne seront pas un obstacle pour nous, puisque nous serons sur nos vaisseaux ; or le débordement a lieu dans l'intervalle de juin à septembre ; les eaux commencent à se retirer depuis ce dernier mois jusqu'en décembre ; nous aurons donc cinq mois pour nous rendre maîtres de l'Égypte.

En même temps on pourra agir dans l'empire turc lui-même ; voulut-il d'ailleurs faire quelque démonstration, on pourra, appuyés sur la mer et le Nil, facilement l'arrêter et arrêter l'ennemi retranché dans ses défilés. (Je n'ai pas à parler de ces défilés, derrière lesquels, avec une faible armée, on en peut arrêter une grande.) Et puis, dans cette situation, il sera nécessaire qu'une armée vienne par terre, précisément dans les mois de décembre, janvier, février, ou au commencement de mars. Ce qui ne pourra se faire qu'avec bien des difficultés, puisqu'alors on sera en hiver (bien qu'en Égypte cette saison soit supportable); les chemins sont alors difficiles, et les fourrages nécessaires aux chevaux manquent bientôt aux cavaliers. Si, au contraire, cette armée se fait attendre et n'arrive qu'à la fin de mars, en avril et au commencement de mai, les vents les plus violents se font sentir, et, soulevant des nuages de poussière, rendent impraticable le désert qui sépare l'Arabie, la Syrie et l'Égypte. A la fin de mai et au commencement de juin, la chaleur est insupportable. Au milieu de juin, recommence le débordement périodique du Nil.

Il ressort pour moi avec évidence, de toutes ces considérations, que l'Égypte sera depuis longtemps en notre pouvoir, quand arrivera le secours envoyé par la Turquie.

Je suppose maintenant que l'Égypte nous appartienne : sans m'embarrasser encore de la question d'occupation ou de non-occupation, je m'occuperai seulement de rechercher les moyens d'arrêter l'armée turque dans le cas où elle viendrait. Supposons donc (bien que cela ne soit pas vraisemblable) qu'en cet état de choses les Turcs soient en paix avec leurs voisins ou contractent des alliances avec eux, qu'ils n'aient à craindre aucuns troubles intérieurs, qu'ils se présentent avec une armée d'une centaine de mille hommes des plus courageux, les meilleurs soldats imaginables, tandis que nous n'aurions à leur opposer qu'une trentaine de mille hommes, et que vingt autres seraient laissés à l'intérieur pour garder l'Égypte ou à maintenir sous notre obéissance ce que nous aurions déjà, ou enfin à tenir en respect, à cerner ce que nous n'aurions pas encore (c'est-à-dire seulement le Caire, et cela se fera sans difficulté, une fois que le Nil et la forteresse seront à nous; un rempart construit autour de la forteresse suffira).

Tout cela posé, dis-je, je soutiens que ces trente mille hommes repousseront avec avantage l'armée entière des Turcs. Je ne mets pas en ligne de compte les renforts considérables qui nous arriveront d'Europe pour consolider la conquête si bien commencée; personne ne pourra les empêcher de débarquer. Les chrétiens sujets des Turcs, les Éthiopiens du voisinage, les Numides et les Arabes ennemis des Turcs se joindront à nous, si bien que l'on peut dire que nous pourrons faire marcher cinquante mille hommes contre l'ennemi. Avec de telles forces, on pourra doublement résister aux Turcs quand ils se présenteront, soit en les attendant dans la plaine même de l'Égypte, entre Suez et le Caire, soit en allant à leur rencontre dans les défilés de l'Arabie Pétrée, entre Gaza et les montagnes, ou bien dans ceux de la Syrie, entre Alexandrette ou l'Aman. Les défilés de l'Arabie Pétrée sont au nombre de trois, autant que de bourgs principaux ou de caravanes en Égypte et en Asie. Le voyageur qui se dirige d'Égypte vers la Mecque et Médine, laisse le premier à sa droite, sur le rivage de la mer Rouge; l'autre se trouve à gauche, sur le rivage syrien de la mer Méditerranée, en face la Palestine et la Syrie; le troisième est au milieu des deux autres, et s'ouvre du côté du mont Horeb ou Sinaï, et du monastère de Sainte-Catherine. Celui qui se trouve à droite, et celui du milieu, conduisent l'un et l'autre dans l'Arabie intérieure, qui est presque impraticable pour une armée. Reste donc seulement la route qui va de Palestine en Égypte, en passant par l'Idumée; mais elle est tellement resserrée, d'un côté, par la mer Méditerranée, près de Gaza et d'Ascalon, de l'autre par le pied des montagnes de l'Arabie Pétrée, que jadis le Sultan arrêta les armées que Sélim précipitait sur l'Égypte, soit en fermant le chemin qui va de Cilicie en Syrie, et passe entre la mer, Alexandrette et le mont Aman (on lui donne quelquefois le nom de Portella d'Aman ou portes de Syrie : c'est là que Darius fut vaincu pour ne s'y être pas opposé au passage d'Alexandre, et que celui-ci s'écria qu'il reconnaissait bien sa fortune, car c'est à peine si trois hommes y peuvent passer de front); soit, disons-nous, qu'il eût arrêté Sélim à un autre passage du Taurus, ou que, ayant laissé de côté la Syrie méditerranéenne, d'ailleurs facile à recouvrer, et s'étant assuré des places maritimes, il se fût porté à cette entrée de l'Égypte qui se trouve près de Gaza ou près de Sihor, appelé, par la sainte Écriture, le torrent de l'Égypte, et qui peut être considéré comme un fossé descendant à la mer, et qu'il eût attendu l'ennemi dans ce lieu.

Il est certain que sur ce point où sont en quelque sorte les portes des montagnes, en un lieu favorable, trente mille hommes peuvent en arrêter cent mille. Nous apprenons, par l'itinéraire de Sélim, que les Arabes eussent pu anéantir Juleb, le sangiaque d'Achaïe, envoyé en avant après avoir occupé les gorges, près de Carabaran, et repousser, avec un grand carnage, Sélim qui s'avançait. Mais quelques coups de canons suffirent à disperser ces peuplades incapables de construire un camp, et qui n'avaient point d'artillerie. Si l'ennemi parvenait à occuper la Palestine, le littoral de la Syrie, jusqu'à Alep et Alexandrette, on pourra l'arrêter au passage d'Aman ou même à celui de l'Euphrate, dans le cas où il essayerait ce long et difficile détour. Mais supposons que l'ennemi fasse irruption tant par l'Aman, près d'Alexandrette, que par les défilés de Gaza, il ne lui sera pas moins difficile de reconquérir l'Égypte. En effet, nous serons appuyés sur le Nil et un pays très-fertile, et lui n'aura derrière lui que les déserts de l'Arabie. Si l'on parvient à éviter une bataille, ce qui sera facile grâce à l'étendue du désert, et à la configuration du pays coupé partout de fossés profonds, il est trop clair que l'armée turque se détruira pour ainsi dire elle-même, surtout si l'on considère, comme cela a été démontré, que pour mener l'entreprise à bonne fin, un intervalle de quelques mois aura dû suffire, puisqu'une fois écoulés, il serait impossible d'y subsister. L'ennemi perdra de nouveau la Syrie, tandis que nous, nous recouvrerons aisément tout ce que nous aurons perdu. Ajoutez qu'on ne saurait dire que les Turcs puissent subsister pendant une seule expédition, car les Timariotes, cavaliers feudataires, vivent à leurs frais; ils emmènent avec eux leur famille, leur mobilier, et toutes les choses nécessaires à la vie. Quand ils ont tout consommé, il faut qu'ils reviennent ou meurent de faim. De là cette coutume des Turcs, quand la saison est venue, qu'ils trouvent moisson et fourrage, de se mettre en marche, et de revenir vers le milieu de l'automne.

Ce que j'ai dit des moyens d'interdire l'accès de l'Égypte à l'ennemi et de la situation des lieux, l'expédition de Tamerlan le confirme. Lorsqu'il fut vaincu et fait prisonnier, le Turc Bajazet, voulant aussi détrôner le sultan d'Égypte, il envahit, dit-on, avec douze cent mille hommes venus de la Perse, la Syrie, la Mésopotamie. Il prit aussi Alep et Édessa, enfin Damas. Mais quand il voulut de là tomber sur l'Égypte, le désert, les eaux du Nil débordé, et trente mille mamelouks, qui formaient la garnison de Larisse ou Larissa l'arrêtèrent. Ce ravageur du monde, voyant son armée considérablement affaiblie, couvert de confusion, retourna en Syrie et dans l'intérieur de l'Orient, et c'est ainsi que finirent ses expéditions en Occident.

Mais pour faire bien comprendre que les Turcs ne sont plus en état aujourd'hui de mettre sur pied autant et de si florissantes armées que par le passé, nous ne sortirons pas de notre sujet en considérant l'abaissement actuel de la Turquie. La prodigalité des princes, le grand nombre des contrées, l'excessive richesse et la puissance militaire sont les principales causes de la décadence. La sagesse et la vertu du prince sont le fondement de toute puissance, tandis que la mollesse et l'ignorance, la cruauté et la barbarie, sont les avant-coureurs de sa chute.

Le sultan actuel a été élevé parmi les femmes; jamais il n'a pris part à aucune expédition, avare, ignorant, vivant loin des siens qui mettent tout leur espoir en son frère Soliman. Tout cela ressort avec évidence de ce que nous avons dit ou de ce que nous dirons. En effet, il suffira de citer ces paroles d'un homme très-expérimenté (R 27) : « *Cette basse flatterie, la richesse des chaînes...* »

L'état de l'empire est inconnu aux ministres eux-mêmes ; les plus simples notions d'histoire et de géographie leur sont tout à fait étrangères, et l'ignorance et la barbarie règnent de toutes parts. Vous ne trouveriez pas dans les bâtiments turcs une seule carte marine à laquelle un pilote habile osât se fier. Ce pays est en quelque sorte la patrie des ténèbres et de la barbarie ; et le Sultan, plongé lui-même dans l'ignorance, traîne sur le trône, parmi des troupeaux de femmes et d'eunuques, sa robe de Sardanapale.

Que l'on aurait peine à retrouver dans les déserts d'aujourd'hui l'ancienne population de l'Asie et de la Grèce, c'est un point sur lequel il y aurait du pédantisme à insister. Je ne crains pas d'avancer que la France et l'Allemagne, en y comprenant la Belgique, renferment une population plus considérable que tout l'empire turc, en exceptant l'Égypte. Les arts y sont sans honneur ; les habitants ne cherchent en aucune façon à améliorer la culture du sol ; ils ne s'occupent pas non plus de construire des édifices durables. Il est rare qu'une maison particulière dure quinze ou vingt ans.

Dans un pays qui pourrait fournir à ses habitants toutes les douceurs de la vie, c'est à peine si l'on aperçoit un verger, des fleurs, une maison de campagne. Personne n'ose environner son existence de ces plaisirs qui sont le signe de la richesse.

Tous en effet ont à redouter le destin de Naboth. On ne travaille point pour ses enfants puisqu'on n'est jamais sûr de leur laisser ce qu'on possède. Cette circonstance leur ôte le désir de se livrer à d'autres travaux ; car s'ils ont quelque chose, ils sentent clairement que c'est comme s'ils n'avaient rien. Ils ne peuvent donc espérer de se survivre à eux-mêmes que dans la construction ou l'embellissement des mosquées, des bains, des hôpitaux ou d'autres édifices publics que la religion protége contre l'avidité du Sultan. Voilà pourquoi là où il y avait jadis des villes très-populeuses, on ne voit plus que de misérables bourgs. On ne reconnaîtrait plus Antioche ; et des villages que nous ne daignerions même pas nommer, passent chez eux pour de jolies villes. Dans un voyage de quelques jours, on ne rencontre quelquefois pas ce qui s'appelle une habitation. La majorité des habitants se sont retirés dans les montagnes pour y être à l'abri des vexations des gouverneurs.

Enfin les Turcs seraient depuis longtemps dans l'impossibilité absolue d'organiser une armée faute d'hommes, si les Tartares n'amenaient chaque jour de la mer Noire des captifs chrétiens. « Autant que l'on le peut connoistre par les registres de la douane de Constantinople seulement, on en amène tous les ans plus de vingt mille (on dit que dans la seule année 1663, les Tartares amenèrent prisonniers plus de cent cinquante mille captifs). Plusieurs personnes, qui font réflexion, croient que sans le grand secours d'hommes qui leur vient de la mer Noire, le Turc n'aurait pas sujet de se glorifier du grand nombre de ses sujets, et elles pensent même que pour commencer à ruiner cet empire il faudroit empescher qu'ils ne fissent tant de captifs. »

La diminution graduelle de la population en Turquie est due à plusieurs causes : une peste annuelle, produite par la négligence des Turcs, qui laissent le lit des fleuves se combler de sables et d'ordures ; des marais dont les eaux sont sans écoulement et qui, se trouvant desséchés par les ardeurs de l'été, répandent dans l'air des miasmes infects. Or cette peste se propage d'autant plus loin que les Turcs ne prennent aucune précaution contre un mal qu'ils considèrent comme inévitable, et auquel les prédispose une alimentation malsaine. La rareté des aliments les oblige à se nourrir de melons, de concombres et de fruits. Ensuite, la paresse naturelle à cette nation lui faisant négliger la culture de la terre, la réduit à vivre au jour le jour. La politique n'est pas étrangère à ce déplorable état de choses : le gouvernement n'a ni assez de génie ni assez de puissance pour retenir dans le devoir d'aussi vastes contrées, si elles étaient florissantes. Aussi la cupidité et la cruauté des bachas et autres gouverneurs s'appesantissent sur les misérables provinces, et forcent leurs habitants à se retirer, pour la plupart, dans les montagnes.

Il y a ensuite le vice infâme de la sodomie ; les femmes, presque emprisonnées au milieu de la polygamie, enfin l'horreur qu'ils ont pour le trop grand nombre d'enfants, qui sont à charge à leurs parents. Rien de plus fréquent que les avortements volontaires, et les femmes craignent de déplaire à leurs maris par leur fécondité, et de leur donner ainsi la tentation du divorce. Ajoutez le fréquent usage de l'opium qui est, dit-on, une cause de stérilité, et tout cela va si loin que, si l'on en croit plusieurs personnes, sans la polygamie, la plupart des Turcs n'auraient pas d'enfants. C'est un fait incontestable que la richesse turque diminue de plus en plus, car ils ne comprennent pas assez l'art de l'acquérir. « Le « grand trésorier de l'Égypte est toujours un juif. « Les Turcs n'ont pas assez d'intelligence pour rem- « plir par eux-mêmes un emploi qui exige quelque « génie et de la sagacité. Le commerce, l'industrie, « la science maritime, leur sont presque totalement « étrangers. Tout se fait par les Arméniens, les Grecs « et les juifs. Quant à eux, ils ne savent s'enrichir « que par la violence et le vol, qui est plutôt un « moyen de perdre que de s'enrichir. »

En ce qui concerne l'état présent de leur marine du côté de l'Égypte, on n'en saurait disconvenir, elle n'est pas des plus considérables ; ce sont des Maltais et des Vénitiens, qui le plus souvent vivent de contrebande, et y portent leur butin. Les douaniers maltraitent fort les navires étrangers, en prélevant partout, et par la violence, des sommes sous forme de contribution, ce qui leur procure de grands avantages. Les consuls font des efforts pour faire cesser cet état de choses. Voilà pourquoi les consuls de France doivent avoir où il leur plaît, dans l'année, vingt-sept vaisseaux ; en 1665, il n'y en eut cependant pas autant. Les autres consuls font des efforts pour en laisser voir au moins deux, et encore, à cet égard, Rosette et Alexandrie n'ont-elles pas à se louer. Si cet état de choses se prolongeait seulement quelques années encore, cela causerait un grand préjudice à ce pays. Si les choses se passent ainsi en Égypte, la contrée la plus importante de tout l'empire turc, on peut juger du reste. Il est certain que presque tout l'argent de la Turquie est importé d'Europe, et qu'il n'y a peut-être pas dans ce pays de commerce plus considérable et plus avantageux pour nous.

L'Égypte est donc l'unique canal où coule ce torrent, et qui alimente de ses richesses et de son commerce tout l'empire ottoman. Qu'il vienne à s'arrêter en sa course, ce torrent, et toutes ces richesses tariront en un instant. On dit beaucoup de choses du trésor du Sultan. Voici les détails que j'ai rassemblés à ce sujet. Il y a deux trésors ou hasnad, comme on les appelle, l'un public, l'autre plus sacré et privé. Le premier est confié au testerdar, gouverneur du revenu, l'autre est gardé dans le sérail. On dit que dix millions d'or sont versés chaque année dans le trésor. Mais il en reste peu à la fin de l'année, attendu que la paye des soldats, de la flotte et des garnisons en est tirée. Souvent même, quand il y a eu nécessité, on a anticipé sur les revenus de plusieurs années, et, comme je le ferai connaître, il a fallu vendre les meubles précieux du sérail et diminuer de beaucoup les largesses que l'on fait aux janissaires : les revenus du Sultan ne peuvent donc être comparés à ceux du roi très-chrétien. Nous pouvons en conclure aussi combien la population de l'empire est faible relativement à son étendue.

« Les tailles qui se lèvent dans la Turquie sont de
« cinq cens par teste de chaque chrestien en estat et

« en âge de pouvoir trafiquer. » Jadis tout enfant chrétien devait payer un sultan, qui équivaut à un sequin de Venise. Les Turcs payent, à titre de don gratuit, vingt-cinq aspres; les autres sont les esclaves de l'empereur. « Le reste des biens du prince est
« dans les douanes qui ne sont pas considérables,
« la plupart n'estant que marchandises qui viennent
« des Indes et de Perse, et quelques étoffes qui en-
« trent dans le pays (hormis le revenu de l'Égypte,
« dont on parle le plus), ou dans le louage de quel-
« ques kans, qui sont ces grands marchés où tous
« les marchands ont quelques boutiques qu'ils
« tiennent du fisc, lesquels, joints ensemble, ne
« sont pas des sommes si immenses que la complai-
« sance que le grand-seigneur a à faire des présents
« à ses femmes, et ceux que les janissaires, jusques
« aujourd'hui, ont exigés de force, et quantité d'au-
« tres frais ou dans les armées ou dans sa maison,
« n'en ayent consommé encore davantage, estant
« certain que sans les avanies qu'il fait (qui est une
« querelle, ou juste ou injuste, pour s'acquérir le
« bien de ceux qui en ont beaucoup), il auroit peine
« à résister aux dépenses qu'il luy faut faire. »

L'argument qu'on tire des richesses du visir ne conclut rien en faveur de celles du grand-seigneur. Nombre de diamants, d'épées, de harnachements garnis d'or et de pierreries, passent successivement des mains des uns dans celles des autres. Les appointements de la charge du premier visir sont de vingt mille écus par an.

« Mais il ne laisse pas de prendre des sommes
« d'argent très-considérables de toutes sortes de

« personnes, proportionnées au mérite des choses
« que l'on veut obtenir de luy. Ce qui ne se fait
« pas en cachette, mais publiquement, et on y mar-
« chande la justice et la faueur, comme nous mar-
« chandons dans les boutiques les denrées dont nous
« auons besoin, dont chacun tire le meilleur mar-
« ché qu'il peut; de sorte que, si le premier visir
« est auare, son reuenu est inestimable, et peut
« égaler surtout celuy du grand-seigneur. Mais le
« prince a trouué plusieurs moyens pour desseicher
« cette inondation. D'abord on luy fait payer une
« grosse somme d'argent, quand il entre dans sa
« charge; après cela le grand-seigneur, sous pré-
« texte d'amitié et de faueur, luy rend de fréquentes
« visites, d'où il ne reuient jamais qu'il ne luy ait
« fait de grands présens : assez souuent il luy enuoye
« demander un présent de cent mille écus. Le sul-
« tan, Mahomet quatrième, qui règne aujourd'huy,
« a ajouté un nouuel expédient à tous les autres.
« Car il oblige souuent le visir à luy payer son dî-
« ner, enuoyant quérir vingt plats de viande dans
« sa cuisine, qui est ce qu'on a accoustumé de ser-
« uir sur sa table. D'autres fois il l'engage et le prie
« luy-même à luy donner à manger : ce qui, arri-
« uant fort souuent, fait croire à tout le monde
« qu'il le fait par bassesse et pour épargner ce que
« luy cousteroit un dîner, parce qu'il est estimé
« auare et d'un naturel qui n'approche pas celuy
« de Soliman le Magnifique. » Même Aura, dont
nous avons raconté l'assassinat, avait entrepris de le
renverser et de faire régner à sa place Soliman,
frère de ce prince. « Elle disoit que Solyman estoit

« bien fait, qu'il estoit puissant pour son age et
« plein de majesté ; que sultan Mahomet, au con-
« traire estoit foible, malsain, et en un mot mal-
« propre à porter une couronne. Les trois fils du
« sultan Ibraïm, frères de l'Empereur qui règne à
« présent, sont : Solyman (sur lequel les Turcs fon-
« dent aujourd'hui leurs principales espérances),
« Bajazet et Orzain. »

Ces lignes suffiront, pour le dire en passant, à nous montrer que, même au jugement de ceux qui l'environnent, ce ne sont ni la générosité, ni la libéralité, ni les autres vertus d'un prince, qui caractérisent le sultan. Mais revenons à l'évaluation des revenus du sultan. D'après le calcul le plus scrupuleux et le plus exact, il est certain que le revenu total de tous les pachas ou gouverneurs de provinces de l'empire, ne dépassait point 20 millions d'aspres Or, un aspre valant à peu près six deniers, cette somme représente à peine un million de livres de France. Je n'ai point compris dans cette évaluation générale le pacha du Caire, dont les richesses égalent presque celles du grand-visir. D'où l'on peut conclure que les revenus ordinaires du sultan ne peuvent guère s'élever à des sommes considérables.

Il nous reste à parler des trésors du sérail. Écoutons Haznadar-Bachi, préposé à la garde de ce trésor :

« Je n'entends pas le thrésor d'où on tire les
« fonds, tant pour la paye ordinaire des soldats, que
« pour soubvenir aux affaires publiques de l'État,
« car il est entre les mains du tesserdar qui reçoit
« le revenu du grand-seigneur, qui paye les soldats

« et qui fournit aux autres dépenses publiques.
« J'entends parler du trésor où sont entassées les
« unes sur les autres, et en différentes chambres
« du serrail, les richesses qui ont esté amassées et
« augmentées de temps en temps par le bon ménage
« et par la frugalité des sultans, dont ils retiennent
« encore le nom. Car le thrésorier du serrail n'a soin
« que des dépenses de la cour, et de recevoir les
« profits cachés et les présents que l'on fait au grand
« seigneur, qui sont si considérables, qu'il n'y a
« quasi point de sultan qui n'amasse un trésor parti-
« culier, que l'on met après sa mort dans une cham-
« bre séparée avec cette inscription en lettres
« d'or au-dessus de la porte : C'est ici le tré-
« sor d'un tel sultan. Ce bien-là est considéré parmi
« les Turcs comme une chose sacrée, et qui ne doit
« jamais être employée que dans la dernière extré-
« mité et quand il y va de la ruine de l'Empire. »

Dans ce trésor sont versés les revenus du Caire, le produit des propriétés et des héritages confisqués, et les présents faits au sultan. Au reste, bien que, vraisemblablement, de grandes richesses y soient renfermées, il est croyable que des bruits semés par une politique adroite en ont exagéré l'importance ; que le numéraire est dépensé en achat de choses précieuses, de femmes, de divers objets de luxe, et, en général, pour l'embellissement du sérail ; que ce qu'on y conserve consiste, pour la plus grande partie, en pierres précieuses, en vêtements parsemés de pierreries, en tapis, en vases et autres richesses de pure ostentation, comme celles de Saint-Marc à Venise, de Saint-Laurent à Florence, et qui sont aussi inutiles que brillantes, puisque, dans les besoins pressants, elles ne trouvent d'ordinaire point d'acquéreurs. Ainsi, après le meurtre d'Ibrahim, on se trouva dans la nécessité de vendre certains objets appartenant au sérail pour payer les créanciers ; mais nous reviendrons là-dessus.

Admettons que les trésors de l'empereur des Turcs soient immenses ; possédât-il même un milliard en or monnayé, il n'en est pas plus à craindre pour nous. On a remarqué que le sultan actuel, Mahomet, est d'une avarice à reculer devant les dépenses les plus nécessaires. Il est certain, d'ailleurs, qu'ils ne trouveront sous leur main ni une armée, ni une flotte, ni aucune des choses dont ils auront besoin quand il s'agira de porter secours à l'Égypte ; ils ont si peu d'hommes, et surtout d'hommes propres à porter les armes, leur flotte est si délabrée, les sujets de l'Empire sont tellement disposés à se révolter, qu'il serait trop tard pour faire usage de ces richesses. C'est ce qui est arrivé autrefois au calife de Bagdad, puis à celui du Caire, et, de nos jours, à l'empereur des Chinois : ils succombèrent au milieu de richesses immenses qui ne leur servirent à rien, si ce n'est à causer leur perte et à enrichir un vainqueur qui manquait de tout. Confirmation éclatante du principe de Machiavel, qui prétend avec raison que les armes et non l'argent sont le nerf de la guerre. Enfin :

« Encore bien que le grand seigneur entretienne ses
« armées de terre sans qu'il lui en coûte rien, car
« les spahis et les janissaires sont payés également
« en temps de paix et en temps de guerre ; les zaïms

« et les timariotes s'entretiennent de leurs terres » (au reste, il est trop clair qu'ils ne sont pas dans une dépendance assez étroite du prince, puisqu'ils sont obligés de s'entretenir eux-mêmes); « ce grand avantage, « cependant, n'a pas empêché que la dépense des ar- « mées navales, des équipages de mer et des autres « choses semblables » (telle que serait l'expédition qu'il leur faudrait organiser pour la défense de l'É- gypte), « à quoi les premiers fondateurs de cette « monarchie n'avaient pas pourvu, n'ait mis le re- « venu de l'Empire en un tel désordre qu'il y en ait « eu trois années d'engagées et dissipées par avance « par la corruption et par le mauvais ménage des « officiers. »

Enfin le fameux visir Kupriuli a entrepris de guérir les maux de l'Empire et a légué sa dignité et ses desseins à son fils qui, après avoir terminé la guerre de Candie, s'occupe uniquement de réformer les abus. Or il importe à la chrétienté qu'on le prévienne; mais nous en parlerons plus amplement.

L'empire turc a ses armées de terre et de mer. Il y a un siècle, les Turcs étaient puissants sur mer, et s'ils avaient persévéré dans la voie qu'ils s'étaient alors tracée, ils seraient aujourd'hui redoutables à tout l'univers; mais il est certain qu'ils ont renoncé aujourd'hui à des desseins si vastes : ainsi, tant que dura la dernière guerre, la flotte turque n'a pas osé risquer un engagement avec la flotte vénitienne, et on n'a pu l'y forcer une seule fois qu'elle ne perdît le combat. Or les Vénitiens qui attaquaient Candie se trouvaient en pleine mer, à une grande distance de leur pays; et les Turcs qui avaient leur armée dans cette île, ne lui faisaient passer des renforts qu'à grand'peine et comme à la dérobée ; et parfois la terreur fut si grande, jusqu'aux Dardanelles même, que le sultan crut pouvoir alléguer cette crainte pour justifier son départ de Constantinople qu'il avait, depuis longtemps dessein de quitter, malgré l'opposition des janissaires. Un homme qui connaît à fond l'empire de Turquie s'exprime ainsi à ce sujet :

« La puissance des Turcs sur mer est fort dimi-
« nuée depuis la guerre qu'ils ont eue en Candie, et
« ils ont tellement perdu l'espérance d'y pouvoir bien
« réussir, qu'ils ont abandonné l'usage des vaisseaux
« et des galéasses qu'ils appellent *mahames* (aliis
« *maono*), soit parce qu'ils manquent de pilotes et de
« matelots pour les bien conduire, ou qu'ils ne se sen-
« tent pas capables de combattre les Vénitiens par
« mer avec succès. Depuis qu'ils ne se servent plus
« de ces grands vaisseaux, ils ne bâtissent que des
« galères légères, ce qui fait voir qu'ils se fient
« plus à leurs rames qu'à leurs bras. En l'année
« mil six cent soixante et un ils perdirent, dans la
« mer Noire, par la tempête, vingt-huit galères bien
« équipées avec tous leurs hommes. Le visir Kupriuli,
« pour réparer cette perte, en fit bâtir aussitôt trente
« autres ; mais le bois en était si vert et si mal-
« propre pour ces sortes de bâtiments, que la plu-
« part ne put servir dès le premier voyage, parce
« qu'ils faisaient trop d'eau. Le reste, au retour de
« la flotte qui fut au mois d'octobre, fut mis au nom-
« bre des vieux vaisseaux. »

Un autre voyageur vénitien confirme le récit qu'on vient de lire : « Les Turcs, dit-il, sont, pour la construction des vaisseaux, d'une négligence telle que, pour abattre le bois qu'ils y destinent, ils ne consultent ni les saisons, ni les différentes phases de la lune; et tout se fait chez eux avec autant de négligence que de promptitude. »

Depuis quelques années, les pirates d'Alger ne les aident plus. Il en est de même de Tunis et de Tripoli. On sait les révolutions dont ces contrées furent récemment le théâtre; elles sont réduites maintenant à songer à leur propre défense, depuis que les Français, l'Angleterre et la Hollande visitent leurs rivages.

« Les beys de l'Archipel sont quatorze en tout, dont
« chacun commande et entretient une galère, moyen-
« nant le revenu de certaines îles de cette mer que le
« grand seigneur leur abandonne. Ces galères sont
« mieux fournies d'hommes et de toutes choses que
« celles de Constantinople : mais ils ne les exposent
« pas volontiers au hasard d'un combat, parce qu'ils le
« considèrent comme la meilleure partie de leur bien.
« Ces beys sont fort adonnés à leurs plaisirs, et se
« mettent plus en peine de satisfaire à leurs passions
« que d'acquérir de la réputation par les armes. Les
« canonniers qui servent sur la flotte des Turcs sont
« fort ignorants. »

Enfin les Turcs n'ont plus aujourd'hui d'amiraux ou généraux de marine courageux et renommés, tels que dans le passé, Harindek, Tchezli et autres chefs de pirates, Caradeti, Amula-Bey, Mahomet-Bey, Sala-Bey, Gigals-Ogli, que les malheurs de la chrétienté ont rendus célèbres.

« Ceux-là, dit-il, se tromperaient fort, qui vou-

« draient juger du gouvernement et de la puissance
« moderne des Turcs, sur ce qu'ils ont lu dans les
« histoires de leur ancienne sévérité et de l'exactitude
« de leur discipline, de la valeur de leurs gens de
« guerre et des grandes actions qui se sont faites du
« temps de sultan Sélim et de Soliman le Magni-
« fique ; car cette grandeur d'âme et cette haute ma-
« jesté des premiers empereurs turcs a beaucoup
« perdu de son éclat et de sa beauté. Depuis quel-
« que temps, leurs forces de terre sont diminuées,
« celles de mer ont été réduites en un pitoyable état
« par le mauvais succès et par l'ignorance des gens
« de mer; les provinces sont dépeuplées et le revenu
« des sultans fort diminué. Il ne reste plus rien de la
« grande quantité des munitions de guerre qu'ils
« avaient autrefois : l'ancienne discipline a été né-
« gligée pendant la paix aussi bien que l'observation
« de leurs lois et de leur religion. On ne considère
« plus aujourd'hui les gens de guerre, que le temps
« a rendus mous et efféminés. La cour ottomane ne
« récompense plus comme elle faisait autrefois les
« services et les grandes actions, et ne considère plus
« le corps des janissaires, ce qui les rend méprisa-
« bles. En un mot, c'est un gouvernement où il n'y a
« plus rien d'honnête, de juste, ni de louable ; et où
« on ne trouve ni obéissance, ni union, ni fidélité : les
« bachas, dans les voyages qu'ils font pour aller se
« mettre en possession de leurs gouvernements, trai-
« tent les pauvres habitants comme un pays conquis ;
« les soldats se débandent et font des courses, et, après
« avoir vécu à discrétion chez les paysans, leur font
« donner par force de l'argent et des habits, et emmè-

« nent leurs enfants, principalement ceux qui, ne sa-
« chant pas la langue turque, sont vendus pour les
« Hongrois ou Russiens A l'égard des charges mi-
« litaires et de la milice, ceux qui les possèdent y
« ont introduit tant d'abus et tant de licence, que
« tout ce qui se pratique aujourd'hui n'a rien de
« l'ancienne discipline. Les officiers, pour le moin-
« dre sujet, font des ossorckes, c'est-à-dire, des gens
« qui ont la paye et les priviléges des soldats, et qui
« sont cependant dispensés d'aller à la guerre. Cela
« s'obtient facilement pour un peu d'argent ou pour
« quelque petite plaie qu'ils auront reçue autrefois,
« ce qui est pourtant tout contraire à leur première
« institution, qui avait destiné ces sortes de grâces
« pour les soldats estropiés et hors d'état de servir.
« On voit par là qu'il y a maintenant parmi les Turcs
« un nombre prodigieux de soldats sains et vigou-
« reux sous le nom de morts payés, qui ne servent
« qu'à épuiser les finances du grand seigneur et à
« diminuer ses forces. Les janissaires se marient
« avec toute sorte de liberté, ils se dispensent du de-
« voir de leur charge pour s'appliquer à des mé-
« tiers qui puissent leur fournir de quoi faire sub-
« sister leurs familles, qu'ils ne peuvent nourrir du
« peu d'aspres qu'on leur donne, ce qui les amollit et
« leur fait perdre les pensées de la guerre. J'ai vu
« (dit-il), de mon temps, qu'ils l'avaient tellement en
« horreur, que plusieurs offraient des présents con-
« sidérables pour se dispenser d'aller servir en Can-
« die et en Hongrie. Ces désordres sont cause qu'ils
« ont une telle aversion pour la guerre, que le bruit
« de celles dont nous venons de parler cause un mé-

« contentement si général à Constantinople, que si
« on n'y eût remédié de bonne heure, il aurait causé
« un soulèvement parmi les gens de guerre. L'avarice
« des officiers a encore introduit parmi eux une au-
« tre sorte de corruption fort dangereuse, qui est
« de recevoir au nombre des spahis et des janis-
« saires, plusieurs personnes qui ne sont point en-
« rôlées sur les registres des autres soldats. Ce qui fait
« qu'une infinité de vagabonds et de scélérats sont
« protégés comme s'ils étaient actuellement dans le
« service, et que l'honneur militaire que l'on ren-
« dait autrefois aux véritables soldats est entièrement
« prostitué. »

Voilà pour l'armée turque, en général.

Pour ce qui concerne, en particulier, l'armée sol-
dée ou armée impériale, elle se compose surtout de
la cavalerie des spahis et de l'infanterie des janissaires. Les spahis, proprement dits, montent à
douze mille dans tout l'empire, en exceptant, toutefois, l'armée d'Égypte. Leurs armes sont la lance et
le cimeterre ; mais ils ne se servent ni de carabines
ni de pistolets d'arçon.

« Ils font tous leurs efforts pour rompre les rangs
« des ennemis : mais, s'ils ne réussissent pas après
« les avoir chargés trois fois, ils se retirent. Les
« spahis d'Asie sont bien mieux montés que ceux
« d'Europe ; mais les derniers sont plus adroits et
« plus vaillants, à cause des guerres qu'ils ont conti-
« nuellement avec les chrétiens. Les spahis d'Asie
« étaient autrefois plus puissants qu'ils ne sont à
« présent, ils ne venaient jamais à l'armée qu'ils ne
« fussent suivis de trente ou quarante hommes cha-

« cun, sans leurs chevaux de main, leurs tentes et
« leurs bagages qui étaient proportionnés à leur
« train. Mais cet équipage ne plut pas au vizir Ku-
« priuli, qui le trouvait trop superbe pour de sim-
« ples cavaliers. Et comme il savait qu'ils avaient
« l'esprit porté à la rébellion et à la faction qui ré-
« gnait en ce temps-là parmi la plupart des grands
« de l'Empire, il fit périr leurs chefs l'un après
« l'autre, et n'a point eu de cesse qu'il ne les ait en-
« tièrement ruinés : de sorte que ceux qui restent
« aujourd'hui sont si pauvres et si misérables, qu'ils
« sont réduits à se mettre dix ou douze ensemble
« pour entretenir une méchante tente, deux ou trois
« chevaux et une mule qui sert à porter leurs ba-
« gages et leurs provisions. Ils sont fort souples et
« tellement réduits, qu'ils souffrent qu'on les batte
« sous la plante des pieds comme on fait les janis-
« saires sur les fesses ; ce qui se fait ainsi, afin que
« les fantassins ne soient point incommodés par la
« partie qui leur sert à marcher, et les autres, par
« celle qui leur sert à se tenir à cheval. L'armée de
« spahis durant la guerre n'est autre chose qu'une
« multitude confuse d'hommes sans conduite ; ils ne
« sont distribués ni en compagnies, ni en régi-
« ments ; ils marchent par pelotons, et combattent
« sans aucun ordre ; ils ne se mettent guère en peine
« d'être ou de n'être pas au camp. On les estimait fort
« autrefois dans tout l'Empire à cause de leur savoir
« et de ce qu'ils étaient élevés à leur cour de l'Empe-
« reur. Quand l'Empereur marchait en campagne, ils
« composaient toujours le corps de réserve comme s'ils
« eussent été les gardes du sultan ; mais, ne sachant se

« conduire dans leur bonne fortune, ils devinrent inso-
« lents et ambitieux. Ils voulurent avoir part au gou-
« vernement, ils se liguèrent avec les janissaires, et
« conspirèrent contre la vie de leur légitime souve-
« rain, sultan Osman, ce qui leur fit perdre avec jus-
« tice la faveur du sultan Murat et du sultan Ibraïm.
« Sultan Mahomet, qui règne à présent, se ressouve-
« nant de la peur qu'ils lui avaient faite quand ils en-
« treprirent contre sa vie et contre celle de sa mère, les
« abaisse autant qu'il peut : et comme il les méprise,
« on n'en fait presque point d'état. D'autres révoltes
« ont achevé de les perdre de réputation : mais, en-
« tre autres, la dernière, de Hassan, bacha d'Alep, le-
« quel ayant eu la tête tranchée par la tromperie de
« Morlaza-Aga, l'armée des spahis se débanda aus-
« sitôt, à la réserve de trois cents que le grand sei-
« gneur fit exécuter : depuis ce temps-là, l'orgueil
« et la fierté des spahis d'Asie a fort diminué, et les
« peuples les ont si fort en horreur, qu'au moindre
« mot ils les assommeraient à coups de pierre, de
« sorte qu'il ne leur reste quasi plus rien de leur
« première réputation : *Janizari, pedestris Turcarum*
« *militiæ robur*. Aujourd'hui il y a en vingt mille effec-
« tifs. Ce n'est pas qu'on n'en trouve plus de cent
« mille, si on y veut comprendre ceux qui prennent
« la qualité et qui jouissent de leur privilége sans en
« recevoir la paye, car on en fait passer ordinaire-
« ment six ou sept sous le nom d'un seul. Cette mi-
« lice n'était composée autrefois que des enfants des
« chrétiens, mais depuis quelque temps cela ne se
« fait plus, ce qui vient de la corruption des officiers
« et du relâchement de leur discipline. Les armes

« ordinaires des janissaires sont le cimeterre et le
« mousquet ; ils combattent confusément et sans
« ordre comme les spahis, à la réserve qu'ils for-
« ment quelquefois des bataillons faits en triangle,
« à la manière de ceux que les Romains appelaient
« *cunei ;* Russan-Bassa, premier vizir, disait à Bus-
« bec qu'il n'y avait rien que Soliman craignît tant,
« au milieu de sa grande puissance, que l'insolence
« et la perfidie des janissaires : ils ont souvent attenté
« à la personne des principaux ministres d'État, et
« quelquefois à celle de leur prince légitime. Et pour
« cela, les ministres des sultans se sont appliqués
« uniquement à diminuer la puissance de cette milice
« en faisant périr les vieux soldats, et en les per-
« dant de réputation dans le monde. On les emploie
« dans toutes sortes de services bas et serviles, ce
« qui leur ôte le cœur, on les expose dans toutes
« les occasions les plus hasardeuses, afin de les y
« faire périr. Ils étaient autrefois obligés de faire un
« noviciat de six ou sept années, maintenant ils sont
« quittes pour un d'un an ou d'un an et demi, parce
« qu'autrement on ne pourrait pas fournir à ce
« qu'il en faut à la guerre. J'en ai connu que l'on
« avait faits tout d'un coup janissaires pour envoyer
« en Candie, que j'avais vus un peu auparavant por-
« te-faix et fendeurs de bois dans l'arsenal, sans
« avoir appris à manier un mousquet. On ne prend
« pas, comme auparavant, les enfants de tribus tous
« les trois ans ; au lieu de cela, on prend aujourd'hui
« des vagabonds d'Asie et d'ailleurs qui se produi-
« sent eux-mêmes. Les princes ont fait mourir, ou
« pour leurs crimes ou pour la jalousie qu'ils

« en avaient, les anciens officiers de ce corps-là,
« qui étaient parvenus, petit à petit, de simples
« soldats aux charges les plus considérables, et
« ont rempli leurs places d'enfants de Constanti-
« nople, élevés dans la mollesse et dans la fainéan-
« tise ; à quoi on peut ajouter qu'ils achètent des
« places qui ne se donnaient qu'au service et à la
« valeur. On n'oblige plus si sévèrement les janis-
« saires à demeurer dans leurs chambres. Au con-
« traire, on les en dispense sous prétexte de la
« pauvreté, et que leur paye ne suffit pas pour en-
« tretenir et faire subsister leurs familles, et on leur
« permet de travailler de toutes sortes de métiers, et
« de faire des bassesses pour peu d'argent, qui leur
« font négliger l'exercice des armes et perdre tout à
« fait les pensées qu'ils peuvent avoir pour la guerre.
« Il n'y en a aucun qui puisse espérer d'être avancé
« s'il ne donne de l'argent à ses officiers, ni qui
« puisse obtenir dispense d'aller à la guerre et de
« jouir de ses gages ordinaires comme osarak ou
« vétéran, quoique couvert de plaies et accablé de
« vieillesse. Les enfants des officiers, au contraire,
« sont assez souvent faits osarak dans le berceau,
« et des soldats jeunes et vigoureux dispensés, pour
« de l'argent ou par faveur, d'aller à la guerre, quoi-
« qu'ils soient payés pour cela. Mais, comme si tout
« cela ne suffisait pas pour faire perdre à ces gens-
« là le courage et la réputation, on croit que le grand
« Kupriuli, avant sa mort, n'entreprit la dernière
« guerre d'Allemagne, qu'il conseilla à son fils de
« continuer, que pour achever de ruiner entièrement
« les anciens spahis et les anciens janissaires, comme

« un des plus grands biens qui pouvait arriver à
« l'Empire : parce que la ruine de ces vieux soldats
« donnerait lieu à une nouvelle milice qui serait plus
« obéissante et plus aisée à gouverner. Ce dessein a
« si bien réussi dans la dernière guerre de Hongrie de
« l'année mil six cent soixante-quatre, qu'il s'y est
« fait une furieuse tuerie des spahis et des janissaires
« que l'on commandait partout d'où on croyait
« qu'ils ne devaient point revenir. Les plus vaillants
« couraient à leur ruine, pensant faire voir leur cou-
« rage ; et une bonne partie des meilleurs officiers
« des troupes frontières périrent avec eux. *Cela di-
« minue assurément beaucoup les forces de l'Empire,*
« mais le premier vizir exécute ce qu'il s'est proposé,
« et ce que son père, à ce qu'on dit, lui a conseillé
« avant de mourir. Quoique la fierté des janissaires
« soit fort mortifiée et qu'ils soient maintenant réduits
« à souffrir qu'on les gouverne, le sultan ne peut pour-
« tant oublier la peur qu'ils lui ont faite dans son pa-
« lais, et, selon toute apparence, il ne se fiera jamais à
« eux, et demeurera le moins qu'il pourra à Cons-
« tantinople, à cause des chambres qu'ils y ont, où
« se sont formées toutes les entreprises et toutes les
« conspirations qui ont été faites contre lui, contre
« son père et contre ses prédécesseurs. »

Mais nous traiterons de ceci plus amplement dans la suite. La milice turque feudataire ou bénéficiaire se compose de zaïms et de timariotes ; les premiers sont des barons, les autres des nobles. Les chefs des zaïms sont des sangiaques : on leur donne aussi parfois les titres de bassa et de bey, qui équivalent à notre titre de comte. Aux sangiaques d'une province commande le beglerbey, ou chef des beys, que l'on pourrait comparer à nos princes s'il avait une puissance héréditaire ou même inhérente à sa personne. Les zaïms et, dans de certaines localités, les timariotes, enfin, en Égypte, les sangiaques transmettent leurs fiefs à leurs enfants, à moins que le sultan ne veuille en disposer, par extraordinaire, d'après son bon plaisir, et exercer le pouvoir qu'il a d'aplanir les montagnes et d'élever les vallées, en un moment. Chacun est obligé de fournir un contingent proportionné à ses revenus.

Le timariote le moins puissant fournit un soldat, et le plus opulent en amène quatre. Le plus pauvre zaïmite en met quatre sur pied, le plus riche dix, mais cela est rare. Il entre dans notre sujet de jeter un coup d'œil sur les provinces, afin de faire connaître la force de la milice turque dans le voisinage de l'Égypte. D'abord, il est difficile d'y faire venir des troupes de la Grèce et de la Roumanie, qui sont, si l'on me permet cette expression, la moelle de l'empire turc. Le beglerbey de Bude et de Temisavari, ainsi que la Bosnie, entretiennent l'armée qui garde la frontière de la Pologne et de l'Allemagne, et que l'on évalue à soixante-dix mille hommes. Le beglerbeyat de la Roumanie ou de la Grèce monte à environ trente mille hommes. Le beglerbeyat compris dans la Chersonnèse taurique était un sangiacat relevant du beglerbey de la Grèce ; il n'en reste plus guère aujourd'hui que le nom : en tout, 100,000 pour l'Europe, mais en Égypte nous n'en avons rien à craindre. Du côté de la Perse, il y a le beglerbeyat de Van ou Siwan, un autre ou central qui compte 2,400 hommes, 1,160 du côté d'Erzeroum ou de la Cappadoce ; 11,000 du côté de Trébizonde ou Trababozan ; Cars ou Carrarum, près d'Erzeroum, en renferme 2,000 ; à Ischilder, aux confins de la Géorgie, il y en a 1,800 ; et 1,200 à Marach, près du cours de l'Euphrate supérieur. Rika, que je ne trouve point, à moins que ce ne soit Racha, située sur le cours inférieur de l'Euphrate, non loin de Bagdad, en fournit 1,600. 1,500 viennent de Dierbeck ou de la Mésopotamie, et 3,000 de Scheherezul ou de l'Assyrie. Musul ou Ninive a un contingent de 2,000 hommes, et Bagdad ou la Babylonie en présente 6,000. Viennent les provinces centrales de l'empire qui, à l'occasion, peuvent secourir celles qui se trouveraient menacées. Le beglerbeyat de l'Anatolie ou Asie Mineure peut mettre 16,000 hommes sur pied. Ef Swas (jadis Sebaste) ou Siwas, Amasie, le rivage du Pont-Euxin en face de l'Anatolie, enfin, une partie de l'Arménie peuvent envoyer 6,500 hommes. La Caramanie, située de l'autre côté de l'Anatolie, que baigne la Méditerranée, en fournirait 6,700. Les beglerbeyats voisins de l'Égypte mettraient sur pied, savoir : Alep, 2,600 hommes, Tripoli de Syrie, 1,400, et Chypre, 2,300. Damas, et avec elle nous comptons la Palestine, présenterait 2,300 hommes. Enfin, le capitan-bacha ou beglerbey de la mer et des îles de la mer Rouge, peut former 2,800 matelots tirés des timariotes. Ce calcul témoigne que, en cas de danger, on peut envoyer à l'Égypte un secours immédiat de dix mille Timariotes tirés du voisinage et de quarante, au plus cinquante mille hommes tirés des contrées paisibles de l'Asie, dans le cas où le danger ne serait point trop pressant. Au surplus, le Turc ne peut guère envahir la Perse, l'Arabie, la Russie, avec sécurité la Tartarie, et l'Allemagne du côté de la Pologne, surtout s'il est impliqué dans une guerre européenne là où se trouve le siége et la force de l'Empire.

Beaucoup d'autres beglerbeyats sont compris dans le dénombrement, mais la plupart n'en portent que le nom sans en avoir la puissance, et, perdus et reconquis tour à tour, sont comptés pour rien par les Turcs eux-mêmes.

Le beglerbeyat de l'Égypte supérieure, qui s'étendait autrefois jusque dans l'Égypte éthiopienne, est devenu un sangiacat et a été réuni au beglerbeyat du Caire par suite de la rébellion du bassa. Le beglerbey de Chebez ou Huslio Zibis, vers le golfe Arabique, et non loin de là, le bassa d'Aden, dans l'Arabie Heureuse, près de Bab-el-Mandeb, à l'entrée de la mer, gardent difficilement leurs positions ou même les ont déjà perdues, car voici ce que je trouve à leur sujet.

Le bassa de Temen (alias Yemen), dans l'Arabie Heureuse, faisait sa résidence ordinaire à Aden, sur la mer Rouge (du côté de l'Arabie); mais cette ville a été reprise sur les Turcs par les Arabes. Le gouvernement de Habelch, sur la frontière de l'Abyssinie et de l'Éthiopie, que les Turcs appellent autrement Hustrebit, ou comme plus haut Huslio Zibis, s'étendait jusque sur les terres du prêtre Jean; mais, étant fort éloigné des secours des Ottomans, il est aujourd'hui tout à fait perdu pour eux.

Le bassa de Bosra, sur les frontières de la Perse, occupe une ville maritime située dans le golfe Persique, tout auprès de Biblis, en Phénicie (erreur manifeste), où il y aurait eu autrefois seize sangiacs; mais le Turc n'y possède rien à présent, et tout l'avantage qu'il en tire est que l'on y fait des prières continuelles pour le sultan.

Bosra est la ville que nous appelons Bassora ; elle est fréquentée par les Portugais et les Hollandais des Indes orientales, et est située entre la Perse et l'Arabie. Le gouvernement de Labsa (alias Saxa), sur les frontières d'Ormy en Perse, a six sangiacs ; mais tous ces pays sont si pauvres, qu'à peine ont-ils place sur les registres du Grand Seigneur. Quelques-uns mentionnent encore un beglerbeyat particulier, celui de Tokat, en Cappadoce; mais on doit le considérer comme faisant partie de celui de Siwas. Les Turcs en ont établi d'autres sur les frontières de la Perse et de la Géorgie ; mais, depuis qu'ils en ont retiré leurs troupes, ils sont perdus ou abandonnés, et certainement sont en proie à la misère et à la stérilité.

Vient le beglerbeyat de Fasta en Mingrélie, près de la mer Noire ; mais il a été aussitôt renversé qu'établi. On peut dire la même chose de Sochum et de Batin Bann, jadis érigés en beglerbeyats, qui, situés sur les frontières de la Perse, ne subsistent plus. Le tableau que je viens de tracer est celui de la puissance turque, si au-dessous, comme on voit, de l'idée qu'on s'en fait généralement, surtout en ce qui touche l'Égypte. Négligée pendant une longue paix, portée à la révolte, elle peut être considérée, à partir du Caire, comme détachée de l'empire turc.

« Ces partages ou divisions (des Timares) furent faits, premièrement, par Soliman le Magnifique, comme un excellent moyen de tenir en ordre les gens de guerre, qui sont les plus puissants soutiens de la monarchie ottomane. Mais la corruption s'introduit avec le temps par l'avarice et par l'ambition des officiers dans les choses les mieux ordonnées ; on a corrompu le véritable usage de ces revenus-là, car les beglerbeys, les pachas, les trésoriers et les autres officiers, au lieu de les partager entre les soldats, selon le mérite de leurs services et de leur valeur, les gardent pour en gratifier leurs domestiques et leurs pages, qu'ils obligent, en cette considération, de leur rendre plusieurs services, par exemple, ceux qui demeurent à Constantinople ou proche de la mer, d'entretenir des bateaux pour porter des provisions dont ils ont besoin pour leurs familles. Ceux qui vivent à la campagne s'accommodent avec les trésoriers des gens de guerre, et, sans avoir égard aux véritables héritiers, ils vendent ces revenus au plus offrant et dernier enchérisseur, de sorte que, quand le pacha, dans le temps de la récolte, envoie ses officiers pour recevoir les droits des pauvres timariotes, cela fait une infinité de querelles et de procès qui se terminent par-devant des juges intéressés : la sentence se donne toujours en faveur de celui qui a le plus de pouvoir et le plus d'argent. Le compte que nous avons fait ci-dessus des zaïms et des timariotes est le plus raisonnable que l'on en puisse donner ; et parce que nous les avons comptés sur la plus basse estimation, ne faisant fonds que pour entretien de quatre-vingt mille hommes, cette sorte de milice peut aller jusqu'à cent mille combattants, qui est, comme je l'ai ouï dire, le plus haut où on la puisse porter. »

Remarquez seulement que les timariotes de la

Bosnie et de la Hongrie ne sont pas compris dans les catalogues de la Porte d'où nous avons tiré ces détails : en supposant que l'on en doive porter le nombre à soixante-dix mille hommes, et même en ajoutant un peu à ce chiffre, on trouvera que les forces totales de l'empire ottoman ne s'élèvent pas présentement à plus de deux cent mille combattants. Supposez-les perdus par suite de quelque désastre, on ne saurait les remplacer en louant ou recrutant, comme cela se fait chez nous, des soldats nouveaux, par la raison que les autres sujets ne savent pas manier les armes et que les provinces se trouvent dépeuplées ; d'ailleurs, pour ce qui concerne les accroissements de l'armée, il faut remarquer que ceux qui sont appelés sous les armes, étrangers pour la plupart à l'art militaire, y envoient à leur place leurs esclaves, qui ne font que charger la terre d'un fardeau inutile, et ne suivent l'armée qu'autant que l'espoir du butin les y retient.

Le Polonais Jean Tarnovic, un brave du temps de Charles V et qui avait bien étudié ce peuple barbare, disait avec raison, en parlant des Turcs, qui alors cependant prospéraient sous Soliman : « que leur empereur ne pouvait pas avoir plus de soixante mille hommes d'élite ; l'expérience nous a appris, dit-il, qu'il en était ainsi. » Il ajoute que le sort de ce prince peut dépendre d'une bataille ; il ne lui est pas possible de faire continuellement la guerre ; il est, en effet, indispensable que des peuples disséminés réparent, durant un certain intervalle de repos, les pertes qu'ils ont pu éprouver. Le Turc n'emploie que ses propres troupes ; il n'a pas recours à l'étranger, et, partout où il va, il a avec lui toutes ses forces. Il n'y a pas d'exemple qu'il ait fait deux guerres à la fois. Une fois abattu, vous êtes sûr qu'il ne relèvera plus la tête.

Vienne le moment d'une invasion en Égypte, s'il a en même temps une autre guerre sur les bras, sa ruine sera certaine. Enfin, pour résumer ce que j'ai dit sur les défauts de l'armée des Turcs, on peut ajouter la friponnerie des commissaires que l'Empereur nomme pour faire les montres et les enrôlements, car ils s'entendent aussi bien à en faire de fausses qu'on fait parmi les chrétiens. Peut-être aussi qu'il y a de la politique et qu'on le souffre pour faire paraître les armées plus nombreuses qu'elles ne le sont effectivement. Il y a plus de bruit que d'effet. Ce qui fait paraître ces armées si grandes aux yeux du peuple, c'est la vaste étendue de pays qu'occupent leurs tentes, le grand embarras de leurs bagages et le nombre prodigieux de valets qui suivent l'armée. Ces armées reçoivent encore un notable accroissement et une notable diminution par la prodigieuse quantité de passe-volants dont se servent les zaïms à un jour de montre pour se faire honneur et pour remplir le nombre des hommes qu'ils sont obligés de fournir; ce qui fait que le camp des Turcs diminue tout d'un coup, quand ils se retirent.

La suprême ressource de l'empire turc, c'est l'édit appelé Nesiram, proclamé au nom du sultan et du mufti, en vertu duquel tous les individus mâles de l'empire, ayant passé l'âge de sept ans, sont appelés sous l'étendard du prophète; mais ce moyen désespéré sera vain du moment où les provinces seront soulevées, sans parler de l'impossibilité de rassembler, de diriger, de nourrir une telle armée, dans une longue expédition à travers les déserts.

XVI. Nous avons dit les craintes que doivent nous inspirer les Turcs ; il nous reste à parler des espérances que nous devons tirer, soit des ennemis eux-mêmes, soit des révoltes qui éclateront dans tout l'empire au premier bruit de nos succès. Il en est qui ne demanderont pas mieux que de se soulever ; d'abord la plupart des sujets turcs, en particulier presque tous les bassas des provinces, les gouverneurs, les ministres, les soldats, les chrétiens des provinces, enfin les peuples eux-mêmes. Je ne crains pas d'affirmer que tous les sujets de l'empire sont misérables, mécontents, appellent un changement de tous leurs vœux ; ils ne sont retenus que par le découragement où les a jetés l'inutilité des efforts qu'ils ont tentés jusqu'à ce jour.

« Quand on examine de près la constitution du gouvernement des Turcs, et que je vois une puissance tout à fait absolue dans un empereur sans raison, sans vertu et sans merite, dont les commandemens, quelque injustes qu'ils soient, sont les loix ; les actions, quoyque irregulieres, des exemples, et les jugemens, surtout dans les affaires d'Estat, des resolutions auxquelles on ne se peut opposer ; quand je considere encore qu'il se trouve parmy eux si peu de recompense pour la vertu et tant d'impunité pour les vices dont il revient du profit au prince ; de quelle manière les hommes y sont elevez tout d'un coup par la flatterie, par le hazard et par la seule faveur du sultan, aux plus grandes, aux plus importantes et aux plus honorables charges de l'empire, sans avoir ni naissance ni merite, ni aucune experience des affaires du monde; quand je considere combien ils demeurent peu dans des postes si eminens; que le prince les fait mourir d'un seul clin d'œil; qu'ils s'empressent avec chaleur, plus que tous les autres peuples du monde, à s'enrichir promptement, quoiqu'ils sachent que leurs richesses sont leurs chaisnes et qu'elles doivent enfin estre la cause de leur ruine et de leur perte, quand ils auroient pour luy toute la fidelité et toute l'honnesteté morales, qui sont des choses fort rares en un Turc; quand je considere enfin une infinité de choses semblables, dont je parleray plus amplement dans la suite de ce discours; je ne puis qu'admirer la longue durée de ce grand empire, et j'attribue (*ait vir rerum Turcicarum peritissimus*) cette fermeté inebranlable au dedans et l'heureux succès de ses armes au dehors plus tost à une cause surnaturelle qu'à la sagesse de ceux qui le gouvernent. Comme si Dieu, qui fait toutes choses pour le mieux, avoit suscité, elevé et soutenu cette puissante nation pour le bien de son Église et pour punir les chrestiens de leurs pechez et de leurs vices.

« Il me semble, ajoute cet auteur, que l'heure où Dieu visitera son peuple s'approche; que la fureur des barbares aura bientôt comblé la mesure, et que le souffle d'un siècle meilleur se fait déjà sentir pour la chrétienté. »

On pourrait dire encore bien des choses sur la concordance des prophéties, sur le cours naturel des choses humaines, sur la décadence de l'empire turc, sur les traditions même des Turcs, dont les unes prédisent que l'empire s'écroulera sous un Mahomet ; les autres, que sa ruine sera l'œuvre des Francs ; d'autres enfin, qu'elle commencera par une province baignée de deux mers, que l'on prend ici pour la Grèce, là pour Constantinople, tandis que personne ne songe à l'Égypte. Mais laissons là les mystères de l'avenir, cachés aux hommes, et ne raisonnons que d'après les choses humaines.

Et d'abord, il est évident que le sultan a perdu parmi ses sujets le prestige de son inviolabilité ; c'est un pas de fait vers sa ruine, puisque d'ailleurs tout l'amour est depuis longtemps éteint. C'est un fait incontestable pour qui voit les choses de près : il n'y a plus en Turquie d'affection de l'homme pour l'homme ; on y étrangle les frères ; l'éducation des enfants y est suspecte.

La propriété n'y est point héréditaire ; nul souci de postérité ou d'immortalité ; les fils des plus riches bassas mendient ; les beaux-pères n'ont aucune confiance en leurs gendres ; nul lien de sympathie et d'estime entre les parents. Les sultans eux-mêmes ne se préoccupent ni de leurs filles ni de leurs sœurs. Chaque jour ils sacrifient à leurs passions leurs gendres et petits-enfants. En un mot, la vie, dans ce pays, est aussi désordonnée qu'un rêve, et ne paraît pas plus vraisemblable qu'une comédie. La plupart des habitants, semblables à des champignons spontanément sortis du sol, ne connaissent ni parents ni alliés ; ils vivent au jour le jour, ignorent ce qu'ils cherchent ou veulent. Ils demandent la richesse, la puissance ; mais en vue de quoi ? ils l'ignorent. Si l'on examine les choses à fond, en Turquie, on s'apercevra facilement qu'ils ne tendent qu'à un but : enlever quelque part de quoi donner à l'empereur. Semblables à l'aqueduc qui se détruit lui-même en fonctionnant, la coutume les entraîne; ils ne songent aucunement à conserver leur vie, dont ils attendent la fin comme des victimes, sans rien désirer ou espérer au delà.

N'espérez pas trouver parmi eux ni générosité, ni enthousiasme dans les esprits, ni énergie naturelle : élevés qu'ils sont parmi des esclaves, et servilement élevés eux-mêmes, ils seront abattus en un moment; mais, tant qu'ils sont debout, ils ont l'insolence des tyrans. Toute la cour turque est une prison d'esclaves qui ressemblent assez aux galériens; la seule différence est qu'ils sont logés avec luxe et que leurs chaînes sont d'un métal plus riche. Aussi Georgewitz a-t-il fort bien remarqué que, si ailleurs les hommes combattent pour être libres, ici c'est pour être esclaves. Le sultan lui-même est le premier de ces esclaves, puisqu'il doit le jour à une esclave (la mère du sultan régnant est une Circassienne); il est absolument ignorant, est enseveli dans une profonde barbarie, et sans cesse exposé à la fureur des siens, depuis qu'ils ont appris que l'on pouvait non-seulement déposer, mais massacrer un empereur. Le premier dont ils aient versé le sang, c'est Othman. Après lui Achmet, son frère, fut renversé du trône à son tour. Ibrahim, père du sultan actuel, fut condamné à mort par une sentence que portèrent contre lui, de concert, sa propre mère et le mufti; mais cette reine n'eut pas une destinée moins cruelle. Les plus vils esclaves ne craignirent point de porter les mains sur des personnages revêtus d'une si haute dignité, puisque pour des hommes tout à fait barbares rien n'est sacré, rien n'est inviolable. Le mufti lui-même, s'il plaît au sultan, est envoyé dans cet ossuaire spécialement consacré à cet effet, et dans lequel les ossements, la chair, le sang, se transforment en un liquide. Voilà jusqu'où s'étendent leur respect, leur amour, leur foi. C'est grâce à leur cruauté, ou plutôt grâce à notre timidité, qu'ils subsistent. Cette soumission absolue des sujets a été cause du relâchement de la discipline : le soldat s'indignait d'obéir à des femmes, comme cela arriva à partir d'Ibrahim, puisqu'elles régnèrent sous le nom des sultans. A leur tour, les eunuques noirs commandent aux femmes. Durant la minorité de Mahomet, aujourd'hui régnant, c'est d'eux que tout dépendait ; ils proscrivaient, condamnaient à mort les guerriers les plus recommandables. Aujourd'hui encore, ils ont tout pouvoir sur le sultan. Ajoutez l'influence des jeunes gens dont il est épris sur l'esprit de ce prince. Cependant l'armée reste stationnaire ; elle se ressent du désordre de la tyrannie. Ce foyer d'incendie s'accroît sans cesse, et tout s'enflamme, lorsque les misères publiques causées par une administration déplorable, ou quelques revers extraordinaires, viennent à souffler dessus, pour ainsi dire, comme on l'a vu lors de la malheureuse guerre de Pologne, sous le sultan Osman. Le résultat sera le le même si, un jour, l'Égypte s'agite. Nous avons dit que les spahis et les janissaires étaient réduits à l'extrémité ; il n'est pas difficile de deviner quelles sont leurs dispositions, quand ils se rappellent le passé. Ils savent qu'ils seront sacrifiés aux soupçons du sultan et du visir; ils voient les guerres surgir des guerres, uniquement en vue de les détruire insensiblement; ils savent que la guerre actuelle de Pologne, qui, à cause de cela, peut bien tourner mal pour l'empereur des Turcs, n'a pas été entreprise dans un autre but; qu'on ne veut qu'une seule chose, la faire tourner contre eux. Nous l'avons déjà rappelé : l'incroyable insolence des janissaires était le seul danger qui fît trembler Soliman dans toute sa puissance. Ils ont forcé Amurat à leur livrer, morts ou vivants, les dephterdardes, ou trésoriers, ainsi que Mahomet, bassa d'Arménie, qu'ils accusaient de leur avoir payé leur solde en fausse monnaie. On sait ce qu'ils ont fait contre Achmet, Osman et Amurat. On sait encore qu'aujourd'hui Mahomet évite le plus possible le séjour de Constantinople. De la conduite qu'ils tiennent dans leurs casernes, ou plutôt, pour ainsi dire, dans leurs couvents militaires, on peut inférer celle que tiendraient les janissaires en Égypte. S'ils sont plus vaillants, ils sont aussi plus insolents et plus téméraires que tous les autres. Ils ne respectent personne, pas même leur supérieur, le chiheri, chargé du commandement de cent Turcs. Cette insolence, cet esprit dominateur ont leur cause dans leur union; si bien qu'offenser l'un, fût-il le dernier d'entre eux, c'est offenser le corps tout entier. Ils font alors tout ce qu'ils peuvent pour le sauver, même contre un bassa : c'est ainsi qu'ils étranglèrent le kaïmakam, ou vice-bassa du Caire, en 1664. Mais nous reviendrons là-dessus Les spahis et autres cavaliers élevés dans le sérail sont ennemis des janissaires; c'est parmi eux que l'on choisit les beys. C'est ce dont témoignent les révolutions qui ont éclaté, et dont il sera parlé bientôt.

Cette insolence des janissaires a été cause que, de notre temps, les sultans durent enfin chercher leur salut dans la fidélité des grands-vizirs, qu'ils sacrifiaient jadis à la fureur de cette soldatesque, et avec lesquels, au contraire, ils conspirent maintenant la ruine des janissaires, aux risques de leur propre autorité, enfin avec lesquels ils partagent le souverain pouvoir, au point que Mahomet, aujourd'hui régnant, a été forcé par Kuprioli de lui donner son fils pour successeur.

« Cette soldatesque de janissaires, dit notre auteur, que le Grand Seigneur avoit choisie pour sa garde, s'est tellement fait craindre au prince que, ne la pouvant pas absolument perdre, il a cherché les moyens de l'affoiblir, et n'en a point trouvé de plus avantageux que de ne la plus prendre du nombre des chrestiens, qui n'en perdoient jamais tellement les sentimens qu'il ne leur en restast encore quelques-uns de haine contre le tyran de leurs peres et de leur liberté, et l'objet le plus juste de leurs rébellions (1); de sorte que, se voyant assez affermi dans l'Europe, il a changé le tribut des aisnez en celuy d'une somme d'argent. C'est pourquoy les Grecs seuls, des sujets du Grand Seigneur, sont obligez à un double tribut, l'ordinaire et un autre, au lieu des enfans premiers nez. Ces précautions n'ont pas réprimé l'insolence des autres janissaires qui ont succédé depuis, quoique choisis indifféremment de toutes sortes de personnes : au

---

(1) Bien que j'aie lieu d'en douter. (LEIBNIZ.)

contraire, la foiblesse des derniers empereurs les a rendus encore plus hardis que n'estoient pas les premiers. La raison est que le souverain parmy les Turcs ne s'est maintenu et agrandi jusques à présent que par une soumission sans exemple de ses peuples et par un pouvoir tyrannique qu'il a exercé; de telle sorte que jamais on n'en accusoit que le vizir, sur lequel il s'est tousjours dechargé de toutes les plaintes qui luy ont esté faites, et par sa mort satisfaisoit le peuple, conservoit l'affection des siens, se défaisoit de ceux qui luy pouvoient donner de l'ombrage, et regnoit absolument par la guerre qui duroit toujours entre le vizir et ses sujects. Mais, le temps ayant fait perdre aux visirs quelque chose de ce grand respect qu'ils avoient pour leur prince, et l'experience leur ayant fait connoistre qu'ils se pouvoient appuyer d'alliance et d'amis, ils ont commencé à faire des ligues et des menées contre la puissance du sultan. Mais il n'est presque jamais arrivé que deux bassas se soient entendus pour conspirer ensemble : toujours l'un trahissoit l'autre. S'ils eussent été d'accord, la ruine de l'empire était assurée. » Mais ce que les bassas n'ont pu faire, les janissaires et les spahis en sont venus à bout; ils ont mis à mort Osman, qui cherchait à les faire rentrer dans l'ordre; ils ont assassiné Ibrahim, qui avait menacé de faire périr l'aga des janissaires; ils ont tenté d'assassiner le sultan régnant encore en bas âge. Le vizir Kuprioli s'étant insinué dans les bonnes grâces de la mère du sultan, aujourd'hui régente, a, pour se rendre nécessaire, conseillé la ruine des janissaires; il a fait transférer le siége de l'empire de

Constantinople à Andrinople, en présentant la crainte de la flotte vénitienne, et il a dispersé les janissaires, autrefois réunis et agissant de concert bien que répartis dans diverses garnisons ; les plus séditieux ont été, sous différents prétextes, envoyés à la guerre et exposés à la mort. *Mais il a porté l'Estat à sa ruine, les janissaires étant la force de l'empire.* Le sultan souffre ce partage de son pouvoir, parce qu'aujourd'hui le pouvoir du vizir repose sur des racines trop profondes pour qu'il soit aisé de le renverser. Cela se comprend, pour peu que l'on remonte dans le passé ou que l'on interroge le présent. En effet, ce dont on n'avait jusqu'ici aucun exemple dans l'histoire de la politique ottomane, le sultan Mahomet fut contraint de donner pour successeur au vizir Kuprioli son fils Achmet. Or personne n'avait vu ni espéré jusque-là rien de semblable ; mais Kuprioli avait rendu de si importants services en déjouant les complots des janissaires et des spahis, qui mettaient l'empire en péril, qu'on ne crut pas les payer trop cher en lui permettant de transmettre sa dignité à son fils. Mais ce serait se tromper singulièrement que de faire honneur de ce fait à la reconnaissance du sultan. La reconnaissance est une vertu aussi étrangère aux empereurs de Turquie qu'à tous les tyrans en général ; rien n'attire plus puissamment leurs haines que de leur rendre des services tels qu'il leur soit impossible de s'en acquitter. C'est donc la nécessité qui a donné lieu à ce fait inouï depuis l'origine même de la puissance turque. « Ce fin renard fit un coup de maistre avant que de mourir, en insinuant au sultan et à ceux de son conseil secret que, pour conserver les choses en l'estat où il les avoit mises, il falloit qu'elles fussent conduites par les mêmes maximes dont il s'estoit servi et qu'il n'avoit osé confier qu'à son seul fils ; ce qui fut cause en partie que l'on fit d'une manière irrégulière, tant à l'égard de l'âge qu'à l'égard de la parenté, d'un jeune cadi, ou juge ordinaire, qui n'avoit pas encore trente ans, un premier vizir, c'est-à-dire le premier officier de l'empire. » A cette cause de la puissance du vizir il faut en ajouter une autre. On accorde des gardes du corps au vizir : Kiuproli, étant Albanais ou Bosnien, prit avec lui, pour remplir cet emploi, de hommes de sa nation ; il en eut constamment à sa solde plus de deux mille, tous fiers, robustes, endurcis au métier des armes, et sur la fidélité desquels il pouvait compter. Ils le mirent en état de tenir en respect les janissaires, qui n'osèrent rien entreprendre contre lui. Son fils hérita de sa puissance et de son habileté. Nul doute que le vizir actuellement investi du pouvoir ne soit disposé à quelque entreprise nouvelle ; qu'une fois qu'il aura goûté les douceurs de l'hérédité des fonctions, il ne porte ses visées plus haut ; qu'il ne parvienne, après avoir appris à ses soldats à mépriser l'empereur, à garantir sa vie, sa puissance et celle des siens contre une milice qu'il dirige seul ; qu'un jour, profitant de quelques troubles, il n'agisse comme les chefs militaires au Japon, les sultans en Égypte, les maires du palais en France, qui, laissant s'amollir au fond de leurs palais les empereurs, rois et califes, ont fini par concentrer dans leurs propres mains le souverain pouvoir. Et jamais ces faits ne se produiront avec plus d'éclat que lorsqu'une expédition française en Égypte viendra presser l'empire.

On verra alors non-seulement les barbares s'émanciper, mais le vizir lui-même asservir son maître et conspirer avec nous, après s'être assuré une partie du souverain pouvoir. Les exemples là-dessus ne sont pas rares : c'est par de semblables espérances que Sélim séduisit le cayerbey et lui fit abandonner le sultan d'Égypte ; c'est ainsi que les Tartares gagnèrent le mandarin préposé à la garde de la muraille de la Chine et purent pénétrer dans cet empire. Plusieurs, pour apporter un remède aux maux de l'empire turc, songèrent à forcer le sultan actuel à abdiquer entre les mains de Soliman, son frère, jeune homme dont les talents inspirent de grandes espérances. C'est ainsi que la Porte sera la proie des factions, signes d'une ruine prochaine ; que l'empire sera démembré. Comme dans l'empire romain, sous l'empereur Gallien, on verra surgir partout autant de petits rois qu'il y aura de commandants d'armées dans les provinces.

On voit assez, par là, ce que l'empereur aura à craindre de sa famille, et même du grand vizir, quand la France envahira le cœur et la racine de l'empire. On parle beaucoup des haines qui séparent l'empereur et son frère ou sa mère. Ces bruits publics ont, sans doute, quelque fondement ; mais, il faut l'avouer, je ne sais là-dessus rien de bien précis.

Je m'occupe maintenant des pachas. On désigne à Constantinople sous le nom de pacha un fonctionnaire placé, dans la hiérarchie, immédiatement après le grand vizir, et qui, dans chaque province, est premier gouverneur ou beglerbey. On donne aussi quelquefois ce nom aux ghiaïs ou beys, qui sont subordonnés à un beglerbey ou chef de beys. Nous emploierons donc le nom de pacha, préférablement à celui de beglerbey.

Le passé nous fournit quelques exemples de pachas révoltés; nous examinerons donc les causes de ces rébellions, et nous verrons clairement que les excitations à la révolte seront bien autres au moment d'une expédition en Égypte.

Il n'y avait autrefois que deux beglerbeylicks, l'un pour l'Asie, l'autre pour l'Europe. Lorsque Sélim eut fait tomber le sultan d'Égypte et étendu les limites de son empire jusqu'à la Perse, il augmenta le nombre de ces fonctionnaires. Il divisa l'Égypte en deux gouvernements qu'il confia à des mamelouks qu'il avait emmenés avec lui, un cayerbey et un gazella. Après la mort de Sélim, le gazella méprisa la jeunesse de Soliman, et, s'étant fait un complice du cayerbey, il tenta de relever l'empire des mamelouks; mais, trompé par le cayerbey, il fut accablé. Une révolte plus dangereuse fut celle du calender Zebelis, en Natolie, et dont on ne vint à bout qu'après une longue résistance de sa part. Sous Sélim II, sous Amurat et d'autres sultans, il y eut de nouveaux et nombreux, mais moins dangereux soulèvements. On cite celui du marabout d'Afrique, dont j'ignore l'issue. Une révolte bien autrement mémorable est celle de Hali, bassa d'Alep, que le vizir combattit avec une armée considérable, et dont il mit la tête à prix en 1607. C'est ce même Hali qui, le premier, arma les sergiens et les segbans pour lutter contre les janissaires, et qui fraya le chemin où le suivirent Ipehir, bassa, Hassan, bassa, et les autres. Rappelons aussi la rébellion du pacha de la Babylonie, qui, rappelé par la Porte, invoqua le secours de Schah-Abbas, roi de Perse, qu'il voulut ensuite, obéissant à un regret tardif, repousser loin de lui. Mais le Perse assiégea et prit enfin la ville, grâce à la trahison du propre fils du bacha. Seulement, Amurat, à la tête de quarante mille hommes, ne tarda pas à la reprendre. Le même schah ou roi Abbas put s'emparer de Tauris, par suite de la trahison d'un bacha, et, aujourd'hui encore, cette place appartient aux Perses. On a déjà signalé la rébellion de George Nebo, qui avait attiré dans son parti tous les spahis de l'Asie Mineure.

Une rébellion également mémorable est celle d'Ipehir ou Split, bacha, dont il a été question, et de cet autre bacha qui, entraîné par sa femme, sœur du sultan, et trompé par de menteuses espérances de pardon, finit par se rendre. Il en fut de même de Sidi-Achmet, qu'on ne put prendre que par ruse, en lui promettant la dignité de grand vizir. Mais nul soulèvement ne fut aussi fameux que celui de Hassan, qui eut du retentissement dans toute l'Europe. Plusieurs en augurèrent la chute de l'empire. Lorsque le sultan, ou plutôt le premier vizir, songeait à porter la guerre en Transylvanie et en Hongrie, pour atteindre le but que nous avons indiqué, à savoir : la ruine des janissaires et des spahis, il fit venir d'Asie des troupes (d'autres spahis) destinées à augmenter son armée. Dans le nombre se trouvait le pacha d'Alep et de Surate, l'aga Hassan, homme d'une grande autorité parmi les spahis. Cet homme, qui aspirait à un ordre de choses nouveau, leur dévoila les desseins du grand vizir et leur mit sous les yeux le sort qui les menaçait. Il se trama donc une conspiration dans laquelle entrèrent non-seulement les spahis d'Asie, mais surtout ceux qu'on appelle sergiens. Pour se faire une idée juste de ces derniers, il faut savoir, et il convient de faire connaître, que les beglerbeys ou bachas entretenaient jadis, à titre de gardes du corps, des segbans et des sergiens. Les segbans ou spahis des bachas sont, dans les troupes particulières de ces derniers, ce que les spahis sont dans l'armée publique du sultan. Les sergiens remplissent auprès des pachas l'office des janissaires. Les premiers sont des cavaliers; les autres, des fantassins. Soutenus par ces multitudes, et se flattant de pouvoir les opposer avec succès aux janissaires, Hali, Spehir Hassan et Mortaza, pacha, levèrent l'étendard de la révolte. Hassan, bacha, avait enrôlé en outre un grand nombre de spahis et de timariotes d'Asie. Il tomba donc comme la foudre sur l'Asie Mineure; puis il campa à Scutari, presque en face de Constantinople. De là il envoya à la cour exposer les motifs de son arrivée. Il n'était pas, disait-il, un rebelle, mais un sujet fidèle qui ne pouvait voir plus longtemps les embûches dont des ministres qui abusent de la faiblesse de son âge entourent le prince.

Cependant le vizir s'était rendu en Transylvanie; Constantinople était dans l'agitation. Le sous-vizir, ou caïmakam, chargé de recruter des troupes, put à peine rassembler deux mille misérables Grecs, entraînés violemment, et sur les épaules desquels il fallut jeter par force les armes. Personne ne doutait que, si Hassan eût continué à marcher sur Constantinople, il ne l'eût prise ; mais il se laissa entraîner à des négociations. On lui envoya des présents ; on lui fit concevoir des espérances folles ; on lui promit de destituer le grand vizir, et de lui confier la réforme de l'État. Cependant Hassan perd le temps. En laissant ses soldats mettre les provinces au pillage et y répandre la misère partout, il s'attire la haine publique. L'ardeur de ses troupes s'attiédit ; ses ressources s'épuisent ; solde et pillage font également défaut au soldat. Sur ces entrefaites, Mortaza, bacha de la Babylonie, est appelé, s'avance sur les derrières, occupe Alep sans coup férir. Le bruit qui se répand ensuite que le vizir revient de la Hongrie avec une armée considérable épouvante Hassan. Les sergiens, les plus pervers des hommes, race indisciplinée, habituée seulement aux rapines, fatiguant la Porte de ses plaintes éternelles, se sentant d'une part menacés par la famine, et voyant briller l'étendard du prince, prétextèrent des scrupules religieux et l'obéissance jurée à leur maître. Aussitôt ils se dispersent, fuient en désordre ; on ne peut les ramener. Les sergiens, dis-je, se dispersent, par un effet de cette inconstance qui leur est naturelle et qui a causé la perte de tous les rebelles qui ont compté sur eux. Hassan, qui craignait quelque chose de pire encore, accepte les conditions qui lui sont proposées ; puis il est renvoyé, chargé de promesses, vers Mortaza qui était à Alep, et avec lequel il devait s'entendre sur les points de moindre importance. On lui promettait le beglerbeylick de Babylone, et il devait épouser la sœur du sultan. Attiré dans la tente de Mortaza, il y est aussitôt massacré. Les spahis se dispersèrent, à l'exception de trois cents qui résistèrent. Emmenés prisonniers à Constantinople, ils furent égorgés par l'ordre du sultan et sous ses yeux. Ainsi s'évanouit, comme une fumée, l'espérance du monde chrétien.

Les deux vizirs, le père et le fils, n'en continuèrent pas moins la guerre de Hongrie. En même temps, Raogotzi fut déçu dans la confiance qu'il avait que des troubles de l'Asie jaillirait pour lui une lumière nouvelle. Mais, par un juste jugement de la Providence, Mortaza tomba dans les mêmes piéges. De retour dans son bachalick de Bagdad, il n'y resta pas longtemps sans donner prise aux soupçons de la Porte. On le rappela; mais, tremblant pour ses jours, il hésita d'abord; puis, se voyant pressé, osa invoquer le secours de la Perse. Comme ce secours se faisait attendre, le malheureux se laissa séduire par l'espoir du pardon que lui promettait son gendre, chez qui il pensait trouver un asile; mais il y trouva en même temps la fin de sa vie et de ses complots.

Je parlerai plus loin, à propos des provinces, de la révolte du pacha de la haute Égypte. D'ailleurs, le sultan et le visir suivent la même politique à l'égard des bassas rebelles : ils les accablent et n'ont aucun respect pour la parole donnée; rien ne leur coûte, ni promesses ni parjures. Aussi ces expériences apprennent aux autres à devenir plus circonspects : « Ces parjures ont calmé toutes les tempêtes qui se sont élevées de ce temps ; mais de toutes ces perfidies, il s'est elevé une vapeur qui a offusqué les yeux des chefs et porté le venin dans le cœur des sujets, à tel point que la plupart ne reconnaissent plus les commandements qui leur viennent de la Porte. Les barbares ont presque secoué le joug ; le bassa de Bassora règne absolument dans sa bachalie ; on a été obligé d'interposer un tiers entre les bachas d'Alep et de Dierbequir ; celui d'Ochab s'est retranché dans les montagnes ; et tous ceux, en général, qui sont sur les frontières se servent des avantages que leur donne l'éloignement, et aiment autant perdre la vie en la disputant l'épée à la main que de la remettre dans la corde d'un muet. *Les autres* (les sujets), qui se trouvent en proie à l'avarice des bachas, entre lesquels j'en ai vu (dit un voyageur) beaucoup réduits à ne point avoir d'autre nourriture que des sauterelles, nous appellent tous les jours à leur secours. »

Les causes qui les portent à se révolter sans cesse, et qui en même temps amènent leur chute, ressortent assez de tout ce qui vient d'être raconté. Ajoutez qu'ils se révoltent parce qu'ils le peuvent et le veulent ; enfin ils le peuvent, parce qu'ils sont absolus dans leur province. Les Turcs ignorent cet art particulier aux chrétiens, et que j'ai admiré plus d'une fois, qui consiste à diviser le gouvernement des provinces, de manière qu'un seul homme ne concentre jamais dans sa main les pouvoirs civil et militaire, et ne dispose en même temps des revenus publics. C'est tout le contraire chez les Turcs : ils veulent que dans chaque province se reproduise le despotisme dont le gouvernement de la Porte donne le modèle. C'est ainsi qu'en Allemagne les assemblées des ordres provinciaux sont calquées sur les statuts de l'Empire. C'est ainsi encore que, jadis, les Lacédémoniens introduisaient leur régime aristocratique là où ils dominaient; de même que les Athéniens faisaient régner la démocratie chez les vaincus ou dans les villes alliées.

Les Turcs supposent que les choses n'en iront que mieux, si tout se fait sur un geste du sultan ; ce qui ne saurait arriver qu'en livrant une province au gouvernement d'une volonté unique. On cessera de s'en étonner, si l'on veut considérer que le sultan accorde au grand vizir un pouvoir illimité dans son propre palais et sur tout l'empire. Sans doute, un pareil état de choses a pour effet la prompte expédition des affaires, ou mieux, la précipitation qui est un trait des mœurs barbares. Il n'est pas inutile, non plus, pour maintenir les sujets dans la crainte du devoir; mais, si le pouvoir tombe aux mains d'un de ces hommes qui ont le goût des innovations, alors rien ne saurait s'imaginer de plus dangereux, s'il m'est permis de m'exprimer de la sorte : il en résulterait que la plupart des provinces seraient perdues par les agitations des bachas, à moins que leur extrême misère et la dévastation n'aient enlevé aux rebelles tout moyen de se nourrir et tout refuge. C'est ce qui nous a souvent fait dire que la solitude et la dévastation des provinces protégent les Turcs bien plus que leur prudence et leur habileté, à moins que l'on ne veuille accorder le nom de prudence à cette conviction où ils sont de leur impuissance, et qui les pousse à tout ravager, au lieu de se perfectionner dans l'art du gouvernement. Les pachas, quand ils sont maîtres dans leurs provinces, peuvent à leur gré faire des armements, se fortifier, s'attacher l'esprit des soldats, conspirer avec les voisins, étouffer les plaintes des sujets ou leurs dénonciations. Tous (chacun dans sa province respective) s'enrichissent impunément à force d'exactions ; aussi bien sont-ils en mesure de nourrir le soldat et de se faire des créatures. Rien donc de surprenant à ce que, sous un gouvernement tyrannique, les séditieux ne manquent ni de prétextes ni de secours.

Il est démontré que les pachas peuvent se révolter ; ajoutons qu'ils en ont souvent la volonté. D'abord, ils ont rarement de l'attachement ou de la fidélité pour le prince ; la plupart ne sont contenus que par une sorte de stupeur ou une crainte servile. Quand du sérail, où la volonté du vizir les retenait comme dans une prison, ils reçoivent leur liberté, leur premier empressement est d'en abuser ; d'ailleurs, toute rébellion a pour cause la crainte ou l'ambition. L'ambition se rencontre dans quelques âmes généreuses qui ont le sentiment de leur force et qui gardent un ressentiment de leur ancienne servitude ; celles-là ne se croient inférieures ni au vizir ni même au sultan. La crainte devient une cause de révolte toutes les fois que le pacha a offensé la Porte, et qu'il s'attend, soit à une révocation, soit au poignard des sicaires.

Les mécontentements de la Porte prennent leur source, ou dans les négligences de l'administration du pacha, dans une expédition malheureuse, dans l'esprit soupçonneux du gouvernement, ou dans des calomnies semées par des rivaux avides de recueillir, pour eux ou leurs amis, la succession du pacha, et aux artifices desquels il est impossible d'échapper. Et puis personne n'ignore que, chez les Turcs, on a beaucoup moins égard à la gravité du crime qu'à l'état de celui qui le commet; qu'une même peine est réservée à tous : la mort. Aussi plusieurs aiment mieux tomber les armes à la main que d'être étranglés par un muet. Celui qui en aura bien considéré les causes ne s'étonnera pas de voir qu'aucune révolte n'a réussi jusqu'à présent. Ce qui les a fait échouer, ce sont les troupes rebelles elles-mêmes, les dispositions des provinces, l'état du pays, le mauvais vouloir des princes et des pachas voisins, les forces et les artifices de la Porte elle-même, le grand nombre des traîtres enfin, et les dispositions du pacha lui-même. Son armée est indisciplinée; il n'y a de disciplinés, chez les Turcs, que les janissaires et les spahis, c'est-à-dire l'armée impériale, qui garde quelque chose de la vieille éducation militaire. Les timariotes, que l'on tire de leur sein, ne sont cependant pas exercés, et, pour avoir pris part à quelques expéditions, ils n'en sont pas meilleurs soldats. Dans les armées turques, on ne garde pas même les rangs. Végèce fait observer, avec raison, qu'un soldat indiscipliné n'est encore qu'un conscrit après plusieurs années de service. Ajoutez que les timariotes ne s'entendent pas toujours avec les pachas. Nous avons parlé des sergiens, ou gardes du corps des bachas, à l'occasion de la chute de Hassan : or ce sont des gens qui recherchent le tumulte et le butin ; mais, à la vue du danger, ils tremblent et prennent la fuite. Supposons que sérgiens et timariotes marchent de concert avec le bassa, on comprendra encore, d'après les calculs que nous avons faits, que nulle province ne peut mettre sur pied un certain nombre de bons soldats, puisqu'il est établi que l'empire tout entier peut à peine en fournir soixante mille. Les habitants des provinces abhorrent les pachas, qui, ne possédant la puissance que pour peu de temps, en abusent d'une manière révoltante, et les traitent très-durement ; aussi ils se retirent dans les montagnes, interceptent les convois, et font de la contrée un désert ; au point que, dès les premiers signes de sédition, le rebelle, laissé pour ainsi dire en pleine solitude, manquant de tout, même du nécessaire, et abandonné par les siens, tombe soudainement. Toutes ces contrées sont dépourvues de fortifications, et le révolté lui-même ignore absolument l'art de fortifier. Quant aux princes voisins, nul secours à attendre de leur part. A lui seul, le Persan n'oserait se mettre sur les bras la puissance turque ; les autres princes sont éloignés ; le roi d'Abyssinie n'est guère en mesure de faire la guerre ; d'ailleurs, plusieurs contrées le séparent du théâtre de la guerre, et de longs déserts de tous autres secours. Les Tartares sont placés sur la route de Moscou ; les secours des chrétiens sont bien éloignés ; aux yeux du vulgaire, il ne faudrait même pas les espérer. Dans une telle situation, impossible aux bachas d'entreprendre quelque chose de grand, à moins que plusieurs d'entre eux ne se révoltent en même temps, ce qui est rare et dépend tout à fait des caprices du hasard.

J'avoue que si le pacha d'Égypte et celui de Babylone, et, si l'on veut encore, le pacha de Bude, se révoltaient en même temps, la ruine de l'empire serait certaine ; mais qui oserait se le promettre, ou même pourrait impunément entamer une négociation dans ce but ? Nul ne sait si celui qui lui communique quelques projets ne sera pas en même temps son dénonciateur et son successeur, et s'il ne cherche pas une occasion de faire valoir sa fidélité et de s'en faire récompenser. La Porte, en concentrant sur un même point toutes ses forces, châtie facilement les séditieux. Ajoutez le souvenir de tant d'efforts infructueux, le peu d'espoir que l'on a de réussir, une sorte d'instinct religieux, le découragement et le repentir de ceux qui ont échoué, les conseils des amis, le désir de vivre.

Il fait nuit dans leurs âmes serviles ; sortis de leurs solitudes, ignorant le monde, c'est à peine s'il se présente à eux quelques bons conseils, quelques perspectives généreuses : ils vivent, pour ainsi dire, au jour le jour. On dirait d'eux qu'ils sont appelés à jouer un rôle au théâtre : ce sont des victimes que les malheureux exemples de leurs devanciers n'ont pu instruire.

On manque de solides ressources et d'amis ; nulle connaissance des liens de famille (à peine y connaît-on ses parents) ; point de fortune héréditaire, tout tombe avec celui qui meurt ; à peine se souvient-on de lui, pendant quelques jours, parmi ces hommes insensibles : véritables champignons éclos en une nuit et disparus le lendemain, le même jour les voit naître et les voit aussi mourir. En présence d'un tel état de choses, j'admirerais, je trouverais héroïque le pacha qui soutiendrait la puissance ottomane ; mais, du jour où l'Égypte s'agitera, une secousse terrible ébranlera l'empire tout entier. Pour en sauvegarder la partie la plus noble, on rassemblera toutes les ressources du pays. On peut compter alors, avec certitude, sur la révolte des pachas. Il leur viendra de l'étranger un aide auquel ils pourront se fier ; ils sauront où poser le pied ; ils pourront mettre à profit nos armes, nos arts, nos conseils, nos encouragements, notre argent. Je le dis hardiment : si nous le voulons, la Turquie sera en proie aux séditions ; et si, au moment où nous envahirons l'Égypte, les Turcs se trouvent engagés dans une guerre de Pologne ou de Hongrie, indubitablement l'empire est perdu et paralysé. Et je ne doute pas que les pachas et les beys, même de l'Égypte, au lieu de se payer de mots, ne pèsent les choses dans la balance de la raison, et ne prennent parti pour nous ; car ils savent qu'ils sont esclaves et que nous, nous sommes libres ; ils savent encore que, chez nous, ils auront la vie sauve et en même temps calme et honorée ; et qu'à supposer qu'un désastre les ramène à Constantinople, le bourreau les y attend. S'ils sont hommes, s'ils sont doués de raison, et sans doute ils le sont, ils aimeront mieux céder à nos conseils qu'à nos armes. Qu'on ne dise pas qu'ils sont animés contre nous, au point de rejeter tout commerce avec nous. Quant aux apostats, ils ne regardent pas à la religion ; j'avoue néanmoins qu'ils pourront nous créer des obstacles sérieux, particulièrement si ce n'est pas par contrainte qu'ils se sont fait circoncire, s'ils l'ont fait spontanément, dans l'espoir d'en recueillir honneur et profit. Mais ceux-là sont peu nombreux ; on en voit peu devenir pachas ; les autres sont presque tous ou soldats ou administrateurs ; ils sont, en général, très-indifférents en matière de religion, et leur avis est que la variété des cultes est une chose très-agréable à la divinité, comme le disait un vizir à Busbecq, et ils pensent qu'il faut laisser chacun suivre les usages du pays où il est né.

Peut-être ne sont-ils durs pour les chrétiens que parce que, les voyant poursuivis par la haine publique, ils pensent qu'ils pourront assouvir leur avarice avec plus d'impunité sur eux que sur les musulmans. On sait déjà ce que nous pouvons attendre de l'armée séditieuse des Turcs et de la tendance que leurs chefs ou pachas ont à se soulever ; je vais parler maintenant des chrétiens qui vivent dans l'empire turc, enfin des provinces elles-mêmes. Les chrétiens sont ou latins ou schismatiques, et je comprends dans ce nombre les Grecs, les Arméniens, les Coptes et autres. Mais, comme il y a, dans l'empire turc, quelques Latins qui reconnaissent l'Église romaine, sans être pour cela des Francs, par exemple les Albanais et les Maronites, et qu'au contraire, il y a des Européens qui ne sont pas Latins, par exemple les protestants, nous adopterons, pour la question qui nous occupe, une autre classification.

Dans l'empire turc, les chrétiens sont ou sujets, ou étrangers, ou Francs. Ils sont libres et ne payent pas de tribut ; mais on leur fait donner une contribution annuelle pour avoir le droit de commercer. Les autres, considérés comme des vaincus, sont durement traités. Outre le tribut, les Grecs fournissaient des enfants au sérail : aujourd'hui, pourtant, cela n'est presque plus en usage ; seulement, on leur fait payer un tribut double. Quant aux Francs, nous ne pouvons attendre d'eux qu'une chose : c'est qu'ils soient tels qu'ils sont. Les chrétiens d'Orient étant presque étrangers au maniement des armes, les chefs des séditions s'adressent nécessairement ailleurs ; la plupart passent leur temps soit à Constantinople, soit à Smyrne, soit enfin à Alep ou à Jérusalem.

Nous avons déjà dit qu'il n'y a dans Alep que onze mille chrétiens ; c'est ce petit nombre qui leur permettra d'échapper à la mort, au milieu des ennemis, si jamais il est envahi.

Ils auront le courage du désespoir, se rendront maîtres des navires, des ports, et se fortifieront, ou bien se retireront en lieu sûr. Supposez qu'au premier avis d'une invasion en Égypte, la Porte publie un édit de mort contre tous les chrétiens européens en Orient, un édit dans le genre de celui qu'avait lancé Mithridate dans l'Asie entière contre les Romains, je crois qu'avertis par la rumeur publique, ils entraîneront dans le mouvement les provinces plutôt que de succomber sans résistance et, pour ainsi dire, les mains liées derrière le dos. Je suppose, avec quelque certitude, que Smyrne tombera assez facilement en leur pouvoir, surtout si, à ce moment, quelques-uns de nos navires ou de ceux de Malte se trouvent en vue. Ajoutez que des nations chrétiennes, les Anglais, les Hollandais, les Français, ont dans le voisinage des navires de guerre.

Alep et la Palestine, toute la Syrie maritime, tiennent en quelque sorte à l'Égypte. Quant aux Latins de Constantinople, je citerai ce que dit d'eux le Vénitien Soranzii, homme très-versé dans les affaires turques : « Sous le règne d'Amurat, dit-il, il arriva que les chrétiens habitant alors Constantinople furent sur le point d'être condamnés à mort, parce qu'on les accusait d'avoir mis le feu à certaines places, c'est-à-dire d'avoir commis le crime dont les chrétiens avaient été injustement accusés sous Néron. Amurat donna donc aux janissaires l'ordre de tailler tous les chrétiens en pièces, sans épargner qui que ce fût; mais leur aga représenta tout le danger d'une telle exécution, eu égard au nombre considérable des chrétiens. Il ajouta que ce massacre diminuerait nécessairement les impôts, et qu'enfin ce serait une violation du droit des gens. » Quelques femmes israélites qui avaient donné ce conseil à Amurat furent mises à mort.

XVII. Les chrétiens sujets de l'empire turc sont très-nombreux ; un recensement fait sous Bajazet constate qu'il y en avait alors un million cent douze mille payant le tribut : or, à cette époque, ni l'Égypte ni la Syrie ne faisaient partie de l'empire ; l'extension qu'il reçut dès lors accrut le nombre des chrétiens. En effet, on en comptait treize cent trente mille sous son fils Sélim Ier ; et encore ne comprenait-on pas alors dans le nombre les Transylvaniens, les Moldaves, les Valaques, les Géorgiens, les Curdes, soumis depuis l'expulsion des Perses. Je ne crains pas d'avancer que, même en prenant le minimum (car plusieurs font monter ce nombre plus haut), les chrétiens forment le tiers des sujets de l'empire ;

mais le fanatisme des Turcs est loin d'égaler leur avarice.

C'est un fait que des populations entières qui s'offraient d'elles-mêmes à la circoncision, pour se délivrer des tributs et des extorsions qu'on exerce sur elles, ont vu repousser par la Porte leur offre de conversion, par suite des artifices des pachas ; et ce système ne s'applique pas seulement aux sujets chrétiens, mais aux captifs européens qui voudraient embrasser l'islamisme. La conversion des premiers diminuerait les revenus ; quant aux autres, ils peuvent être d'une grande utilité dans la guerre et dans l'administration ; et l'on n'a confiance que dans les apostats sans espoir qui ont brisé toute espèce de lien avec leur pays et leur famille.

On ne saurait dire, cependant, qu'il ne reste absolument rien dans l'âme d'un grand nombre de ces apostats ou fils des tributaires ; la conscience fait toujours sentir un peu ses aiguillons aux plus pervertis, à ceux mêmes qui font profession d'athéisme ; elle est pour eux une conseillère intérieure, qui leur fait craindre l'avenir et leur inspire certaines inquiétudes sur la mort et ce qui doit la suivre. Le contraste de la vie européenne, pleine de calme et de dignité, et des mœurs barbares de l'Asie ; les souvenirs de la famille et de la patrie, la servitude qu'ils ne subissent qu'en frémissant, le désir du retour, désir qu'ils ne tarderaient pas à satisfaire s'ils en avaient la liberté et les moyens, et si une honte éternelle n'attendait pas toujours chez les chrétiens eux-mêmes celui qui reviendrait dans ces conditions, tout cela les agite et les émeut ; ils sont retenus d'ailleurs par l'âge qui s'avance, l'exemple des autres et l'habitude, et enfin par le torrent même de la vie qui entraîne silencieusement les hommes vers un avenir qui les effraye.

Un Anglais, secrétaire de légation à la cour du sultan, et qui connaissait à fond l'empire ottoman, rapporte dans ses lettres des choses curieuses au sujet d'un mélange d'esprit chrétien qui se manifesterait dans l'intérieur du sérail.

« Il s'est introduit depuis quelques années parmi les Turcs une opinion nouvelle, qui est suivie et appuyée principalement par les plus beaux esprits du serrail, et qui est assez commune à Constantinople. Ceux qui en font profession s'appellent *chapmessahic,* ou les bons disciples du Messie. Ils soutiennent que *Jesus Christus* est Dieu et le véritable Rédempteur du monde. Les jeunes écoliers qui sont à la cour du Grand Seigneur sont tous fort affectionnez à cette opinion ; mais particulierement les plus honnestes, les plus civils, et ceux qui ont les plus belles dispositions naturelles ; de sorte que, lorsqu'ils veulent louer quelqu'un d'entre eux qui a toutes ces qualitez, et le faire par un seul mot, ils l'appellent *chapmessahisen,* qui veut dire : Vous estes un honneste homme, généreux, obligeant et civil, comme doit estre celuy qui fait profession de reconnoistre et de suivre le véritable Messie. Il y a grand nombre de ces gens-là à Constantinople, avec tant de fermeté qu'ils en ont souffert martyre ; ce qui n'empesche pas que presque tous ceux qui portent le turban blanc n'en fassent profession secrètement : de sorte que, si par quelque rencontre favorable cette opinion pouvoit obtenir quelque tolérance ou causer quelque soulèvement, elle feroit plus de progrès que l'on ne pense, et prépareroit un chemin aisé pour planter l'Evangile parmy ceux qui sont de cette opinion.

« Il y a d'autres qui font un étrange mélange du christianisme et du mahométisme : ils sont la plupart soldats, qui demeurent sur les frontières de Hongrie et de Moravie. Ils lisent le Nouveau Testament en langue sclavone, qu'on leur apporte de Moravie et de Raguse. Ils sont curieux d'apprendre des mystères de l'Alcoran et de les lire en arabe, et ils affectent mesme, pour ne paroître pas grossiers et ignorans, de sçavoir le persan, qui est une langue de cour. Ils boivent du vin dans le mois du jeusne, qu'ils appellent *Ramazan*; mais, pour éviter le scandale, ils n'y mettent point de cannelle ni d'autres épices, et l'appellent *harlalis*, après quoy il passe pour une liqueur permise. Ils ne laissent pourtant pas, tout sçavans qu'ils pensent estre, de croire que Mahomet est le Saint-Esprit, qui a esté promis par Jésus-Christ, et que la descente qui s'en fit le jour de la Pentecoste en estoit le type et la figure, interprétant dans toutes sortes de rencontres le mot *Paraclese* de leur prophète, à qui le pigeon blanc a révélé si souvent à l'oreille les moyens infaillibles de gagner le Paradis et de jouir des félicitez qui y sont promises. Les *Potares* de Bosnie sont tous de cette secte ; mais ils payent des taxes, comme les chrétiens. Ils ont en vénération les images, et se servent de l'exemple de Jésus-Christ pour autoriser cette cérémonie, qui a esté longtemps en usage parmy les Cophtes, qui est une secte de l'Église grecque en Égypte ; mais on m'a dit qu'ils ont quitté depuis peu cette coutume.

« La secte de ceux que l'on appelle *eschraki*, ou illuminez, est purement pythagoricienne; ceux qui en font profession s'appliquent principalement à la contemplation de l'idée de Dieu et des nombres qui sont en luy. Car, encore qu'ils soient persuadez de son Unité, ils ne nient pourtant pas la Trinité, qu'ils considèrent comme un nombre qui procède de l'Unité ; et, pour mieux faire entendre leur pensée, ils se servent ordinairement de la comparaison de trois plis dans un mouchoir, qui peut bien souffrir la dénomination du nombre de trois, quoiqu'en effet ce ne soit qu'un seul morceau de toile quand il est déployé. Ces gens-là ne sont pas grands admirateurs de la composition de l'Alcoran, quoiqu'ils se servent des endroits qui s'y trouvent conformes à leurs principes et qui peuvent servir à prouver la vérité de leur doctrine. Ceux qui sont difficiles et que l'on a de la peine à accorder, ils les rejettent et disent qu'ils sont abrogez ; et, parce qu'ils croyent que la véritable félicité et toutes les joyes du Paradis consistent à contempler la perfection, la grandeur et la majesté de Dieu, ils se moquent et méprisent toutes les fictions grossières et le plan ridicule du ciel que Mahomet a inventé pour gagner les esprits terrestres et matériels. Les *schecs*, ou les habiles prédicateurs des mosquées ou des églises royales, sont de cette secte. Ceux qui en font profession sont assidus et constans dans leurs dévotions, sobres dans leur boire et dans leur manger, d'un port agréable et d'un visage ouvert ; ils sont grands amateurs de la musique et assez bons poëtes, et composent des hymnes en vers dont ils entretiennent leur auditoire. Ils sont fort généreux et ont beaucoup de tendresse et de compassion pour la foiblesse humaine. Ils ne sont ni avares, ni sévères, ni présomptueux ; ce qui fait que tout le monde les estime à Constantinople. Ils prennent grand plaisir à trouver dans la jeunesse de la beauté et quelque chose qui marque de l'esprit et de l'ingénuité, prenant occasion de la dépenser à l'excellence infinie de la beauté incréée. Ils ont une grande disposition à aimer charitablement leurs prochains, parce que, disent-ils, ils sont les créatures de Dieu, et que cet amour les conduit à celuy du Créateur. Ils font tout leur possible pour avoir des écoliers bien faits et d'une mine majestueuse et agréable tout ensemble ; ils les instruisent avec soin à l'abstinence, à la modération et aux autres vertus qui ont le plus de rapport avec leur secte. Ces gens-là méritent, plus que tous les autres Turcs, d'estre marquez d'un honneste caractère, et je les plains de n'estre pas nés dans l'Église chrétienne et de n'avoir pas esté instruits dans les mystères de nostre religion. »

On peut juger par là de ce que prépare la Providence dans ses desseins secrets, qui éclateront soudainement un jour, quand toutes les erreurs et les puérilités de l'Alcoran seront tombées sous la main du temps. Au surplus, cette opinion des Turcs à l'égard du Christ ne doit pas nous surprendre ; car Mahomet a appelé le Christ l'esprit de Dieu. On peut consulter, sur la croyance des mahométans relativement au Christ et à quelques autres chefs illustres de la religion chrétienne, un abrégé historique publié en 1647, et dont l'auteur, Lewin, vivait encore il y a quelque temps à Constantinople, où il était chargé d'affaires des Provinces-Unies.

Je reviens aux chrétiens sujets de la Turquie, et dont le nombre considérable vient d'être mentionné. Il y en a dans l'Europe, en Thrace, en Roumélie, en Bulgarie, en Grèce et en Bosnie. Parmi les Bulgares, en particulier, beaucoup pratiquent la religion chrétienne.

« Parmi les Bulgariens, il y a une sorte de gens qui s'appellent paulins, qui avoient autrefois une étrange notion de la religion chrétienne ; sous prétexte de suivre la doctrine de saint Paul, ils se servent de feu dans le baptême, et préfèrent cet apôtre à Jésus-Christ, son maître. Mais quelques prestres de l'Église romaine s'estant rencontrez en ces quartiers-là, et ayant reconnu l'ignorance de ce pauvre peuple qui ne demandoit qu'à estre instruit, ils se servirent de cette occasion pour les engager.. »

La Natolie, surtout la partie maritime de cette province, et les contrées qui dans ces derniers temps sont tombées au pouvoir des Turcs et des Sarrasins, comme Trébizonde, Smyrne, Éphèse, certaines îles de la Méditerranée, telles que Chypre, Candie, Chio, Lesbos, Lemnos, ne sont habitées que par des chrétiens. En Syrie, les Maronites qui habitent le mont Liban, non-seulement sont chrétiens, mais catholiques. Les parties plus orientales de l'empire, telles que la Mésopotamie, ou Diabeguie, l'Assyrie, la Médie, le Kurdistan, ne sont presque remplies que d'Arméniens. Les habitants primitifs de l'Égypte sont presque tous des Coptes; et l'on peut regarder comme certain que tout ce qui se rencontre de mahométans et d'Arabes dans l'empire turc ne sont que des colonies qui inondent en quelque sorte l'Égypte et la Palestine, ou des Turcs primitifs, ou des hordes sorties des steppes, ou enfin des chrétiens qui ont apostasié ou volontairement ou par suite de la captivité, ou enfin des enfants du tribut ou agiomoglans. Le fond des habitants est chrétien. Les timariotes, ou vassaux répandus dans les provinces, sont mahométans (et encore ne le sont-ils pas tous, puisque beaucoup de Curdes et de Druses sont chrétiens); mais ces derniers ne sont ni bien nombreux ni bien guerriers. Tantôt ils sont brouillés avec la Porte, tantôt avec le pacha; et ils seront volontiers des nôtres, si on leur laisse l'espérance de garder leurs fiefs, qui ne leur sont donnés par le sultan qu'à titre précaire, et dont ils sont expropriés tous les jours par les caprices de la cour ou l'avidité d'un pacha. Les chrétiens qui habitent la Turquie ne sont pas tombés dans la mollesse et dans l'abjection qu'on leur attribue. Je l'avoue, ils sont en proie à des maux de tout genre. J'avoue encore que la patience de l'âne et le courage du lion ne se rencontrent pas toujours sous la même peau; mais il faut que l'on sache qu'à la fin la colère longtemps contenue fait explosion et devient de la fureur, et que cette matière inflammable n'attend plus que l'étincelle. C'est ainsi que les Sarrasins d'Arabie, écrasés par la servitude que les Romains faisaient peser sur eux, et les Turcs opprimés par les Sarrasins, dans l'instant même où ils semblaient incapables du moindre mouvement, étrangers au maniement des armes, sans discipline, manquant de toutes les choses indispensables quand on fait la guerre, arrivés au paroxysme de la rage, pensèrent à se donner un chef, conçurent des espérances de liberté, éclatèrent tout à coup, et, quoique sans armes, ébranlèrent les empires les plus solidement établis. Mais, dira-t-on, les chrétiens soumis aux Turcs manquent de vigueur; ils ne savent pas faire la guerre. Qui sont-ils? Voici ce que je répondrai : Ce sont des marchands, des artisans, des laboureurs. Or, j'en conviens, ceux qui vont ou habitent dans les villes sont âpres au gain et semblables à nos juifs; ils se laissent dompter et soumettre, et enfin supportent les plus grandes injustices de bonne grâce. Pourtant n'oublions pas, même en ce qui concerne les juifs, ce qu'ils entreprirent un jour contre les Romains, sous Barcochébas. Nous l'accordons cependant; mais la condition des laboureurs est bien différente. Vous ne ferez pas un Mars de tout bois, ni un Mercure. Le paysan est celui dont vous ferez le plus facilement un excellent guerrier. Le meilleur soldat est celui qui a commencé par être laboureur. L'habitude l'a façonné à porter de lourds fardeaux, l'a endurci contre la fatigue et contre les injures de l'air. Mais songez que les chrétiens de la Bosnie et de l'Albanie, de la Bulgarie et de la Cappadoce, de la Syrie et de la Curdie, et des autres provinces de l'empire, vivent dans une crainte perpétuelle; qu'ils habitent plutôt les montagnes que les villages, pour se dérober aux vexations des gouverneurs. Ne vous semble-t-il pas que ce sont des neiges accumulées sur le sommet des montagnes, qui, aux

premières ardeurs du soleil, descendront en torrent
sur l'empire pour le ravager et l'inonder tout entier?
Barthélemy Géorgioric, comme il se surnommait lui-
même (exemple qui fut suivi par Pierre du Val),
esclave pendant treize ans, vendu sept fois, et qui
parcourut l'intérieur de l'empire, s'étant échappé de
chez son maître, et ayant réussi, à travers des déserts
sans bornes, et guidé par l'étoile polaire, à gagner la
Palestine en passant par la Natolie et la Caramanie ;
Pierre Barthélemy, disons-nous, dans son appel contre les Turcs, écrit qu'en Grèce, en Thrace et dans
les autres provinces où l'immense majorité des habitants adorent le Christ, on désire avec ardeur voir les
armes des chrétiens ; qu'ils saisiront avidement la
première occasion de se soulever, et combattront
leurs maîtres et leurs tyrans ; que les maîtres, parmi les Turcs, trouveront dans chacun de leurs esclaves un meurtrier, un traître au camp, enfin un
déserteur durant le combat. Il est certain, par exemple, que les Albanais et les autres montagnards de la
Servie, de l'Épire et de l'Illyrie, presque aussi sauvages que le pays où ils vivent, et naturellement
farouches, sont ennemis des Turcs. Ils en ont donné
une preuve lors de la bataille d'Agria, dont l'issue
fut d'abord incertaine (et au commencement de laquelle les chrétiens victorieux, s'étant trop tôt livrés
au pillage, furent bientôt mis en fuite) ; mais, au
bruit répandu d'abord que les Turcs étaient vaincus
dans cet engagement auquel le sultan Mahomet III
avait pris part avec l'élite de l'armée ottomane, sai-
sissant alors les armes des Turcs qui avaient pu
tomber en leur pouvoir, et conduits par le waiwode

Gordano, ils recommencèrent le combat, et peut-être fussent-ils allés plus loin, s'ils n'avaient enfin appris la vérité. Satisfaits de leurs exploits, ils rentrèrent dans leurs retraites.

Puis les Thessaliens, entraînés par Athanase, évêque de Lichnidis (aujourd'hui Ochrio), se soulevèrent dans l'espoir que l'empereur, avec lequel Athanase disait être d'accord, leur enverrait du secours, ainsi que l'Espagne. Enfin ils se réconcilièrent avec les Turcs, à leur grand détriment et aux conditions les plus rigoureuses.

Jean Brunig, Albanais de nation, en son Traité du beglerbeylick de la Grèce, rapporte que ces Albanais appartiennent à la religion latine ; qu'ils sont exercés dans le métier militaire ; qu'ils passent pour courageux, et qu'à cause de leurs continuelles agitations les Turcs les craignent beaucoup ; qu'ils saisissent pour se révolter les prétextes les plus frivoles ; que les sangiaques, afin de faire eux-mêmes le pillage, font naître ces prétextes de soulèvement. Mais on se tromperait bien, ajoute le même Brunig, si l'on supposait que ces peuples pussent entreprendre quelque chose de grand sans le secours de l'étranger, ou que le seul bruit répandu d'un secours venant d'Italie ou d'Espagne suffirait à les soulever. On en peut dire autant de presque tous les autres sujets des Turcs : ils ne peuvent rien par eux-mêmes ; mais, quand une fois ils verront les armes des chrétiens briller dans l'empire, alors enfin les liens encore tendus se relâcheront soudain. Ce que l'on peut attendre en particulier des chrétiens compris dans la domination égyptienne, on peut l'apprendre par

les lettres déjà citées d'Emmanuel, roi de Portugal, au cardinal Ximénès, ministre d'Espagne : « Il m'a
« plu de méditer, dit-il, sur ce que tu écris au su-
« jet des chrétiens retenus au pouvoir du Sultan
« (du Sultan d'Égypte que les Turcs n'avaient pas
« encore fait tomber). Il semble, en effet, que Dieu
« veuille et tienne à manifester en ce temps-ci que
« telle soit sa volonté, qu'il nous promette la vic-
« toire en ce jour et que nous puissions l'espérer,
« puisqu'aussi bien une expédition de ce genre est
« telle que nous ne saurions acquérir ici-bas une
« plus grande gloire que celle de vivre et mourir
« pour elle. »

Sultan-Sélim, s'étant rendu maître de la Palestine, reconnut que plusieurs familles possédaient, en vertu d'un droit qu'elles tenaient de leurs ancêtres, certaines provinces de ce pays ; ne pouvant ni les troubler dans cette possession ni la leur ravir, et ne voulant d'ailleurs pas les avoir pour ennemis, il leur en laissa la propriété, à la condition qu'ils lui payeraient tribut. Elles ont cet avantage sur les Curdes, que ceux-ci ont à leur tête des pangiaques, ou lieutenants de bassa, et qu'au contraire elles ne reconnaissent que les ordres du sultan, du vizir ou du caïmakam.

Voici comment Pierre du Val nous fait connaître ce qui s'y passait de son temps : « Gaza a pour gouverneur un émir, comme il y en a un à Saïd (Sidon). Cet émir est venu récemment en Italie (je dirai quel était cet émir) ; il a pour le remplacer son fils ou son frère, et cette succession se fait sans difficulté, s'il parvient, à raison d'une sorte de prescription et du consentement du peuple, à se maintenir au pouvoir. Une fois ce but atteint, ses fonctions deviennent héréditaires, mais sous la suzeraineté du Grand Turc; car c'est de lui, ou de son grand vizir, ou de ses délégués, que dépendent alors les pachas ou ceux qui prennent ce titre. Cet émir de Saïd ou Sidon qui est venu en Italie, ou du moins a entretenu des intelligences secrètes avec les Italiens, s'appelait l'émir Facardin, ou Fécardin, dont le voyageur Eduin Sandis rappelle les actes au temps où ce personnage était au pouvoir. Cet émir Fécardin favorisait les chrétiens. Il se disait issu des Français venus jadis avec Bouillon, ainsi que tout ce peuple que l'on appelle les Druses, et dont nous avons parlé un peu plus haut. Il faisait peu pour la religion mahométane; à peine le vit-on une fois à la Mecque. Il s'était fait un ami de l'aga Morat, bassa de Damas (devenu vizir depuis). Grâce à son secours, et même à sa coopération, il put chasser les émirs voisins de Balbeck et Tripoli. Nommé sangiaque de Sapher par le vizir, il ne voulut plus ensuite quitter ce poste, s'empara des châteaux d'Elkif et de Baniat, enleva à leurs possesseurs ou sheks les hauteurs qu'ils occupaient en Arabie et en Syrie, et il devint si puissant que sa domination s'étendait du fleuve Canis, ou Addou, jusqu'au pied du mont Carmel, et embrassait tout le littoral; c'est-à-dire Gazir, Berit, Sidon, Tyr, Acon ou Ptolémaïs, Saffet (jadis Tibériade), Diar, Camer, Elkif, Baniat, les deux sources du Jourdain, la mer de Tibériade, Nazareth, Canis et le mont Thabor. Il entra même en relations commerciales avec le grand-duc de Toscane, dont il laissait entrer les vaisseaux à Tripoli, alléguant qu'il était difficile de refuser l'entrée d'une place si peu fortifiée. C'est ainsi qu'approvisionnant les navires florentins de vivres et de marchandises, il s'enrichissait par le commerce européen. »

Sandis ajoute que le bruit avait couru qu'il paraissait même certain que, sous prétexte d'échanges, il était question entre eux d'affaires plus graves; qu'il lui semblait que les chrétiens avaient eu alors une belle occasion de bouleverser l'empire ottoman, et même d'en précipiter la ruine. Mais, nous abandonnant à une indolence fatale, elle nous échappa. Quant au parent du vizir, qui d'ailleurs lui succéda (je ne sais si ce fut le successeur immédiat), voici ce que j'ai trouvé à son sujet dans le voyage du R. P. de Castillon, de l'ordre de Saint-François, commissaire général de la terre sainte dans les possessions du roi catholique, et dont j'ai puisé l'extrait dans la lettre de P. Diego Sorrente au général des Franciscains à Jérusalem, et datée de mai 1582. Il dit : « qu'ils furent accueillis avec beaucoup d'égards par l'émir Melen, cousin de l'émir Fécardin, prince de Galilée et seigneur d'une grande partie de Samarie, et si dévoué pour nous qu'on dirait un chrétien; il ne lui manque que la foi, et je crois que votre révérence sait que ledit émir Melen nous aiderait à recouvrer le saint lieu de Nazareth, nos églises et couvents, et concourrait à d'autres bonnes œuvres; que son cousin n'est pas moins dévoué, et qu'il entraînerait avec lui les pays et provinces placés sous sa domination. »

Il résulte de là que les possessions placées sous la domination de l'émir Fécardin furent transmises à ses successeurs, ce qui se pratique encore aujourd'hui. J'ignore si cet émir le fut aussi de Gaza, ou non (quoique Pierre du Val, dans le passage cité ci-dessus, semble parler des émirs de Gaza et de Saïd comme de deux princes différents); quoi qu'il en soit, je trouve à son sujet, dans une relation récente d'un Anglais que j'ai parfois cité, ce qui suit : « A propos de Gaza, dit-il, nous honorerons la mémoire du bassa ou émir qui, il y a quelques années, gouvernait cette province presque à titre héréditaire, et dont le respect pour les mystères de la religion chrétienne fut si remarquable que l'on eût pu croire qu'il n'était pas loin du royaume de Dieu. Nous raconterons aussi la mort de cet homme excellent. Il affectionnait en général les chrétiens, mais il honorait particulièrement les religieux de Jérusalem; il les visitait souvent, leur envoyait des présents, leur fournissait du blé; enfin il ne laissait échapper aucune occasion de leur faire du bien. Lorsqu'il eut rempli pendant soixante et quinze ans, et avec la plus haute réputation de probité, les fonctions qu'il tenait de son père, on trouva un prétexte pour l'attirer avec des paroles flatteuses à la cour du sultan, où, sans accusateur, sans plainte apparente, sans enquête, sans forme de procès, il eut la tête tranchée. La raison en était seulement que c'était jusque-là une chose inouïe dans l'empire qu'un homme eût gouverné une province si longtemps et avec tant d'autorité; et qu'on voulait empêcher que cet exemple ne se renouvelât. S'il n'y a pas eu à cet égard une confusion de langage, d'après le calcul le plus probable, il s'agirait ici d'un autre que d'un parent de l'émir Fécardin, dont il vient d'être fait mention, car il régnait encore il y a quelque soixante ans. D'ailleurs, on dit que ce Fécardin ne succéda point à un parent, mais à son père. D'où je conclus qu'il importe de ne pas confondre ces émirs de Saïd et de Gaza ; et, dans leur aspect général, les choses ne sont guère changées aujourd'hui. En effet, après le meurtre de l'émir, sa puissance ne cessa point d'être héréditaire ; et, lorsque l'on eut mis Fécardin à mort, son parent ne lui succéda pas moins. »

Quant au meurtre de Fécardin, qui d'ailleurs ressemble un peu à celui que nous venons de raconter, voici ce que j'en ai appris dans le Voyage en Orient du R. P. Philippe de la Sainte-Trinité des carmélites déchaux, puis général de cet ordre : « J'ai vu bien des choses, dit-il, en Syrie et en Palestine (c'est-à-dire durant les pérégrinations de l'auteur, de 1630 à 1640) ; d'abord la fin cruelle du prince de Sidon, généralement appelé Mir Fécardin. Descendant des rois chrétiens de Jérusalem, et appartenant à la religion musulmane, mais chrétien de fait ; maître du littoral de la Phénicie, il possédait notamment les villes de Béryte, Sidon, Tyr, Ptolémaïs, Sephet, c'est-à-dire Tibériade, avec leurs annexes. Il vint en Italie et en France, et se mit à la disposition des princes chrétiens, s'ils voulaient recouvrer la Palestine. Ayant longtemps résisté à l'empereur des Turcs, il se laissa enfin attirer, par des promesses de réconciliation et de paix, à Constantinople, où il fut condamné à mort. » Le même P. Philippe de la Sainte-Trinité rapporte que le prince de Carmel, Mir Tarabey, non-seulement céda en 1631 aux carmélites un lieu de retraite sur la montagne, mais qu'il les protégea contre les ermites mahométans et les poursuites du pacha de Damas. Ce même Tarabey ayant été dépossédé dans la suite, son successeur ne fut pas moins bienveillant pour les chrétiens, d'après le même voyageur.

XVIII. J'arrive enfin, après avoir parcouru les provinces, jusqu'à l'Égypte, qui, ainsi que je le ferai voir, est très-disposée à la révolte. Un homme des plus éclairés parle ainsi des sangiaques et des timariotes, ou, ce qui revient au même, des comtes, barons et nobles de l'Égypte : « On confie le royaume d'Égypte à douze beys, dont quelques-uns descendent de l'ancienne race des Osmanlis. Ne pouvant les déposséder, on les laissa héréditaires. Les timariotes dépendent d'eux. Se sentant forts, ils ne cherchent que des occasions de troubles, et les font naître au besoin. Ils osèrent priver le bassa de son pouvoir, le jeter en prison et en demander un autre au sultan, contraint de dissimuler presque en cette circonstance, lorsqu'il ne pouvait sévir sans risquer de perdre la province entière. Il y eut en Égypte beaucoup d'autres révoltes, parmi lesquelles la plus récente est celle d'Achmet, bassa de l'Égypte supérieure en l'année 1660. Il fut accusé d'avoir vendu le blé aux étrangers, et d'avoir ainsi fait renchérir les subsistances. Il fut incarcéré par les beys; puis on vendit à l'encan, sur la place publique appelée le Bazar des Spahis, ses meubles, ses objets précieux; ses chevaux, ses esclaves, ses vêtements, furent confisqués. Le bassa lui-même fut en butte à mille outrages, jusqu'à ce qu'enfin, sur un ordre du sultan, la liberté lui fut rendue. On peut juger par là de l'outrecuidance de ces beys, qui, pour faire valoir leur fidélité envers le sultan, lui avaient nui par leurs artifices. En effet, ils ne pouvaient ignorer que tout ce que le bassa avait extorqué aux provinces était autant pour le sultan que pour lui-même, puisque le sultan, comme nous l'avons déjà dit, partage avec les bassas, celui du Caire en particulier ; seulement il a la part du lion, comme c'est l'usage dans une association de brigands.

Pour ce qui concerne les autres troubles de l'Égypte, ce qui suit est bon à connaître. A Girgé réside le gouverneur de la haute Égypte, lequel était jadis un bassa, comme au Caire, et n'avait au-dessus de lui que le Grand Seigneur. Mais lorsqu'en 1660, le bassa Achmet-bey se révolta contre le sultan, celui du Caire l'assaillit, le vainquit et le fit étrangler. Depuis ce temps, le titre de bassa fut supprimé, bien que son territoire ne fût pas diminué pour cela : seulement il n'a plus que le titre de bey, et il doit reconnaître pour son chef ce même bassa du Caire. En 1664, au commencement de décembre, vers les six heures de nuit, on ressentit au Caire et à Alexandrie un tremblement de terre, chose rare en Égypte. La même année, le 13 dudit mois, on vit pour la première fois la comète. Ce phénomène fut généralement interprété par les Francs comme le signe d'une révolte de l'Égypte pour s'affranchir du joug du sultan, parce qu'à l'heure même il y avait du bruit au Caire, et l'auteur en était le bey de Gidda, qui, transféré de là, fut, malgré le bassa du Caire, fait bey et gouverneur de Girgé. Et ce bruit était vraisemblable, car, en se liguant avec les Maures voisins, et par ses forces propres, ce bey pouvait se rendre aisément maître et bassa absolu de Girgé, comme l'étaient, dans d'autres temps, ses prédécesseurs.

Nous avons souvent déjà mentionné l'insolence et les levées de boucliers des janissaires en général ; il convient maintenant de parler des janissaires d'Égypte en particulier. Ils en ont le titre, mais, en réalité, ce sont des seigneurs, dont on a déjà signalé les mœurs désordonnées. Ils sont d'autant plus pervers, qu'ils se donnent les apparences du courage militaire. Quand ils figurent dans les solennités publiques, à leurs rangs et dans leur ordre, ils gardent un silence religieux, et leur attitude est celle des héros. Mais s'agit-il d'obéir à leurs chefs, de se servir de leurs armes contre l'ennemi, alors il semble que depuis cinquante ans ils n'aient pas vu l'ennemi, et ils ne portent aucun respect à leurs chefs.

« Ces janissaires se vantent d'être plus courageux que tous les autres : ils sont certainement les plus insolents et les plus téméraires ; ils ne respectent personne. Quiconque se fait une affaire avec l'un d'eux est sûr d'avoir à se débattre contre cent autres. La raison de cette insolente domination est dans leur union. » Que si, ne s'élevant pas au-dessus du nombre de cinq ou dix mille hommes (en effet, ceux qui ont été compris dans le nombre ne sont pas plus de cinq mille, comme cela a été dit en son lieu ; les autres ont le titre et le privilége plutôt que la force), ils méprisent toute puissance en Égypte. On se fait dès lors une idée de la faiblesse réelle de cette milice, et l'on n'a aucune peine à comprendre que les Mahométans, malgré toute leur ténacité, dans un pareil moment se divisent en une multitude de sectes.

XIX. Jusqu'ici nous avons fait connaître quelles seront nos forces (et, en somme, elles nous sont connues) et quelles seront, au contraire, celles de l'Égypte; ce que, pour une expédition en Égypte, nous aurons à craindre ou à espérer de l'empire même des Turcs, sous le rapport des forces de cet empire, de la milice, de la population, des ressources des Turcs, des bassas, des janissaires, des sujets chrétiens, des provinces en général. Il s'agit maintenant de rechercher les obstacles ou les secours sur lesquels il faut compter de la part des voisins de la France et de l'Égypte. Nous parlerons d'abord brièvement des voisins de l'Égypte et de tous les autres États qui bornent l'empire à l'orient et au nord. Nous parlerons ensuite des nôtres, alors qu'il faudra réfléchir à ce qui pourra faire la sûreté de notre expédition. Sont voisins de l'Égypte, et forment en quelque sorte la barrière méridionale de l'empire turc, les Arabes, les Dungalites, les Abyssins, les Numides et d'autres Africains. L'empire est borné, à l'orient, par les Perses et les Géorgiens.

Quoique Mahométans, les Arabes ne sont pas très-dévoués à la Porte. On a déjà dit qu'ils sont ennemis des Turcs, et qu'ils en sont maltraités dans toutes les contrées où ils sont soumis à leur domination. « Les Arabes (ainsi que l'écrit un voyageur qui connaît l'Égypte) sont tous esclaves des Turcs, qui les battent sans qu'ils s'osent plaindre. » Lorsque les Turcs furent chassés de l'Arabie Heureuse, Aden devint la résidence du bassa. On a fait remarquer aussi qu'on ne tient nul compte de l'autorité du sultan ni à Laya, près du golfe Persique, ni à Bassora, près du golfe Arabique. Les Arabes, traités en esclaves par les Turcs, leur portent une haine immense, et supportent le joug avec d'autant plus de peine, qu'ils croient, en résistant, s'acquitter de ce qu'ils doivent aux parents du Prophète, aux fondateurs de la religion et aux gardiens de la langue sacrée. L'Arabie se divise en Arabie Pétrée, en Arabie Déserte et en Arabie Heureuse. Plus rapprochée du centre de l'empire, l'Arabie Pétrée souffre beaucoup plus cruellement que les autres de l'oppression des Turcs; en effet, elle touche à l'Égypte, à la Palestine, et les Israélites l'ont presque parcourue dans tous les sens au sortir de l'Égypte. L'Arabie Déserte est comprise dans une sorte de triangle, entre Alep, Babylone et Bassorah. D'Alep à Babylone, il y a environ un mois de route, et deux jusqu'à Bassorah. Les caravanes, avec leurs chameaux chargés, ne font guère que cinq ou six lieues en un jour.

Quand les Arabes se créent un roi, il jure, ainsi que le P. Philippe de la Sainte-Trinité dit l'avoir entendu, « qu'il n'habitera pas dans les villes qui lui sont soumises, mais sous des tentes, dans le désert. » Presque tout le monde ignore le lieu de sa résidence (car les Turcs le font trembler pour sa vie), et, pour prendre ses sûretés, il change souvent de séjour, et transporte la communauté qu'il dirige là où les troupeaux peuvent trouver des pâturages. Pierre du Val fait remarquer que le prince qui régnait de son temps, appelé l'émir Feiad, a été plutôt l'objet de la bienveillance que de la haine des Turcs, car, pour mieux se l'attacher, la Porte lui a donné, avec le titre de sangiaque, la souveraineté de Char, située au-delà de l'Euphrate, en Mésopotamie, ainsi que de ses dépendances. Les habitants de l'Arabie Heureuse sont ceux-là même qui ont chassé les Turcs de Timia et d'Aden, et qui, tout récemment, se sont emparés de Médine et de la Mecque, les cités sacrées, situées à l'entrée de l'Arabie Heureuse. Au surplus, on dit qu'ils ont tenté de gagner à leur cause les sujets du bassa du Caire, et qu'ils troublèrent profondément la Turquie. Mais nous n'avons encore aucune certitude à cet égard. Il y a pourtant du vrai, et il ne paraît pas que les troubles soient calmés. Si donc la discorde dure encore dans ces contrées, ou si elle n'est qu'assoupie, c'est sans doute que la destinée a voulu frayer au roi très-chrétien le chemin qui doit le conduire à une gloire immortelle. Mais qu'importe que ce soient les habitants de l'Arabie Pétrée ou de l'Arabie Heureuse qui aient préparé ces résultats, ou que ce soit l'œuvre d'un ramas de séditieux venus de toutes les parties de l'empire? il suffit que l'Arabie, la Syrie et la Palestine, remplie d'Arabes, et l'Égypte, soient en fermentation et aspirent à la liberté. Il est très-remarquable que le prince ou émir de l'Arabie Pétrée, ayant fait venir un jour expressément de Jérusalem un moine franciscain, le chargea de porter des présents au roi d'Espagne, en lui donnant à lui-même, pour prouver sa mission, des lettres de créance, mais sans autre explication, et personne ne pouvant comprendre quel motif le faisait agir. Il est vraisemblable qu'il avait conçu quelques desseins nouveaux, mais qu'il n'osa les découvrir ; qu'il entreprit de correspondre avec les chrétiens, et de gagner indirectement à sa cause celui des États chrétiens qu'il jugeait le plus puissant, c'est-à-dire l'Espagne (car c'est l'Espagne qui contribue le plus à l'entretien du saint sépulcre).

Le P. del Castillo, que nous avons cité quelquefois, donne, dans son *Pèlerin dévot*, la relation de l'ambassade et la description des présents que le prince d'Arabie envoya au roi don Philippe IV, notre seigneur. Cette ambassade était accompagnée du P. San Salvador de Almia, prédicateur appartenant à la sainte famille de notre séraphique S. François. Elle eut lieu en 1650. Le prince de l'Arabie Pétrée, qui gouvernait la terre des Philistins pour le Grand Turc, écrivit au Père gardien de Jérusalem qu'il désirait s'entretenir avec le pèlerin du roi d'Espagne. Cette entrevue fut accordée sur-le-champ. Alors le prince d'Arabie dit au pèlerin qu'il avait résolu de solliciter la faveur et l'amitié du puissant roi des chrétiens, et qu'il désirait envoyer à ce monarque six dromadaires et six chameaux chargés des produits de l'Arabie, dix chevaux, les meilleurs de la province, richement caparaçonnés, deux éléphants apprivoisés, deux lions et deux tigres, six autruches domestiques, avec d'autres présents de grand prix, suivant lui. Pour conduire ces présents en Europe, le prince d'Arabie offrit au religieux des vaisseaux et toutes les facilités possibles.

Le religieux répondit que, vu la longueur de la route, il ne lui suffisait pas d'avoir le désir de soigner ces animaux ; que d'ailleurs son roi estimerait plus l'amitié que les présents, et qu'ainsi le prince pouvait se contenter d'envoyer quelques dons pour prouver son amitié envers le roi d'Espagne. Le prince d'Arabie suivit ce conseil.

Les nouveaux présents consistaient en une pièce de taffetas rouge, qui portait brodée en caractères castillans cette adresse : « Au grand Sultan des Chrétiens. » Venaient ensuite plusieurs pièces de toile de lin, d'une finesse remarquable, destinées à faire des chemises pour la reine mère, qui avait mis au monde un roi si puissant ; des étoffes aux couleurs éclatantes, venant de la Perse, destinées au roi. On admirait également des housses de chevaux richement travaillées et brochées d'or ; quatre yatagans, deux autres plus grands, avec les lames damasquinées, le fourreau en or massif, et la poignée ornée de pierres précieuses et de joyaux de toute espèce : le plus grand avait soixante-trois diamants. On voyait ensuite deux vases en ivoire, cinquante pierres qu'on appelle bezoards, tirées de l'extrême Orient ; enfin des tapisseries arabes, qui brillaient des plus riches couleurs. Quant aux motifs secrets qui ont poussé le prince d'Arabie à agir ainsi, il n'a pas été possible de les connaître.

Ces présents sont trop considérables pour qu'il n'ait obéi, en les faisant, qu'à un sentiment de vaine curiosité. Quand on nous dit que ce prince arabe gouverne sa province au nom de la Turquie, il ne faut pas se le représenter comme un sujet, mais plutôt comme un client qui porte un certain respect à la puissance ottomane.

Le roi d'Espagne lui envoya à son tour en ambassade F. Alonzo Campeno. Pour ce qui concerne les présents qu'il apporta et les affaires qui furent traitées, je ne trouve là-dessus aucun détail, à part les quelques lignes que j'extrais du même auteur, 14 juillet 1662 :

« Un pacha de la Babylonie (credo intelligi Mortazam, bassam Babyloniæ, qui, cum Hassan Bassam de quo multa supra, circumvenisset, ipse rebellans, in easdem casses incidit), avec huit gouverneurs mécontents, avait levé l'étendard de la révolte. Ils étaient soutenus par un grand nombre de provinces de la grande Asie ; une guerre cruelle s'ensuivit, sous le commandement du pacha de Babylonie. Il vint mettre le siége devant Alep avec sept cents drapeaux et soixante-dix corps de cavalerie. Ayant taillé en pièces les troupes des pachas du midi, et ayant égorgé ces pachas eux-mêmes, il fit subir le même sort à vingt-quatre autres envoyés de Constantinople avec ordre de rapporter sa tête.

« Le pacha de Babylonie se rendit ainsi maître de toutes les villes de la Mésopotamie, et de la plupart de celles de la Syrie et de la Chaldée.

« Le pacha de Damas avait réuni les troupes de l'Asie Mineure ; il donna ordre à tous les pachas de cette région de se réunir aux armées du Grand Turc pour marcher contre les rebelles. Cette guerre parut alors un effet de la colère de Dieu ; on crut que la dernière heure de l'empire ottoman était venue. Alors le Grand Turc, se voyant pressé de toutes parts par ces révoltes, et croyant que le roi de Perse allait lui déclarer la guerre et s'unir aux rebelles, envoya des députés à Vienne pour conclure une trêve avec l'emperur. Pour ces motifs, la Chrétienté envoya au Père commissaire de la terre sainte F. Alonzo Campeno, enfant de la sainte province de Castille, qui, ayant accompli, en qualité d'ambassadeur, sa mission auprès de Hassan-Bey, prince d'Arabie, et lui ayant remis les présents qu'il apportait et traité avec beaucoup de prudence les différents points que contenaient ses instructions, revint pour rendre compte de ce dont il était convenu avec le prince d'Arabie, premièrement auprès de Sa Sainteté, à Rome, ensuite à notre Révérendissime Père Général. Il se rendit de là à la cour d'Espagne, pour rendre également compte de sa mission à Sa Majesté, dont on entendra raconter les hauts faits. »

Ces faits, si dignes d'observation, semblent indiquer autant d'occasions de renverser la puissance ottomane; nous en aurons de plus grandes encore si, au moment d'envahir l'Égypte, nous savons profiter des agitations de l'Arabie. Les Turcs consument l'élite de leurs forces contre la Pologne et la Hongrie. De même que les Arabes voisins bornent l'Égypte du côté de l'Asie, de même les Abyssins, les Dungalites, les Numides, les Maures et les Nigritiens la ferment du côté de l'Afrique. On peut même compter dans le nombre le Portugal, dont je parlerai en son temps, à propos des Européens, et alors qu'il s'agira de rechercher les raisons de sécurité intérieure que peut avoir la France.

Quand de l'Égypte on s'avance du côté du Nil, on rencontre les Nubiens, dont la ville principale, Dungala, n'est qu'à vingt-cinq jours du Caire. Ses habitants sont une race docile, frugale, fidèle, autrefois chrétienne, maintenant mahométane, changement qu'on doit attribuer plutôt au manque de prêtres et à l'absolue privation de toute instruction religieuse qu'à un choix raisonné. De Dungala jusqu'au Sennaar, qui a pour capitale une ville du même nom, il y a vingt jours de marche. On y professe la même religion que chez les Dungalites. Il n'en est pas de même du prince, qui, devenu rebelle à l'empereur des Abyssins, réduisit enfin la province en son pouvoir, l'empereur se trouvant alors retenu dans quelque autre partie de son vaste empire.

De Sennaar jusqu'à la frontière d'Abyssinie, il y a quinze jours de marche. C'est par cette voie, que suivent les caravanes, qu'en deux mois on se rendra d'Égypte en Abyssinie; on y sera secondé par les Mahométans, en partie rebelles à l'empereur des Abyssins. Maintenant, comment les chrétiens d'Éthiopie serviront-ils à nos desseins? Je vais le dire. Comme l'empire d'Abyssinie s'étend jusqu'à la mer Rouge, qui d'un autre côté baigne l'Égypte; comme il résulte de ce qui précède qu'une fois nos vaisseaux et ceux des Portugais entrés dans cette mer, toutes les places fortes des Turcs tomberont entre nos mains, à savoir Suez, Alcossir, Suague, Messane, Erkiko, nous pourrons sans délai communiquer avec les Abyssins. Il est vrai que, près de Suague, l'intérieur du pays est au pouvoir du roi de Balen, avec qui les Turcs partagent les revenus du port, comme l'a raconté le P. Jérôme Lupus, religieux portugais, qui fut fait prisonnier par les Turcs. Mais, dès que vous avez quitté Erkiko, vous vous trouvez aussitôt sur le territoire des Abyssins; car la province de Sennaar, que couvre à cet endroit la mer, est déserte, quoiqu'elle fasse partie de l'Abyssinie. On dit que le monastère de Saint-Michel est à 15 milles de celui de Brisan, le plus célèbre de l'Éthiopie, éloigné d'Erkiko de 24 milles. C'est pourquoi il faut rectifier l'erreur de ceux qui ont dit que les Turcs ont dépouillé de son trône l'Abyssin Marnagassi, tandis qu'il leur avait pris lui-même Erkiko, dans la mer Rouge. Plus près du détroit, il y a un port qui donne entrée dans l'Abyssinie, que les uns appellent Vella, les autres Baillur, dans le royaume de Dankali, dont le prince est tributaire de l'Abyssinie. Or l'Abyssinie, quoique l'on varie sur ses limites, est habitée par des sujets rebelles d'une part, et de l'autre par des vassaux qui représentent avec magnificence la majesté du souverain. Ce qui est certain, c'est que cet empire est très-vaste ; de toutes les parties de l'Afrique, c'est la mieux cultivée. Il s'étend du sud au nord, c'est-à-dire depuis les monts de la Lune jusqu'à la Nubie, par 30 degrés de latitude, à 15 degrés de l'équateur, en partie du côté du tropique du Cancer, en partie du côté du tropique du Capricorne, sans atteindre l'un ou l'autre. Du levant au couchant, c'est-à-dire depuis Dankali jusqu'au fleuve Niger, la largeur du pays est d'environ 300 milles d'Allemagne. Les Abyssins non-seulement sont chrétiens, mais ils sont hospitaliers pour les voyageurs ; car eux-mêmes se rendent fréquemment dans la terre sainte, qu'ils souffrent de voir aux mains des Turcs. Ils ont accueilli avec empressement les Portugais et les membres de la Société de Jésus.

DEUXIÈME PARTIE.

§ I. Tels sont, parmi les États européens, ceux dont les possessions touchent les frontières de l'empire turc, et dont nous avons tout à espérer et rien à craindre.

Je dois parler maintenant de ceux qui doivent nous inspirer des craintes sérieuses, et qui ne peuvent nous offrir aucun avantage, ou presque aucun; je veux dire l'Angleterre et les Provinces-Unies des Pays-Bas.

§ II. Quant à celles-ci, elles me sont d'autant plus suspectes, qu'une expédition d'Égypte leur sera plus qu'à tout autre désagréable. Il est certain que la puissance de ces provinces repose surtout sur le commerce et leurs colonies des Indes orientales. Les Vénitiens et les Génois reçurent le coup mortel le jour où les Portugais, en doublant le cap de Bonne-Espérance, conquirent le monopole du commerce de l'Orient, qui auparavant se faisait par l'Égypte, au profit de l'Italie qui en échangeait elle-même les produits avec les villes libres d'Allemagne Nuremberg, Strasbourg et Cologne, d'où ils passaient en France et en Belgique.

C'est à cette direction du commerce que beaucoup de villes, non-seulement de l'Italie maritime, mais encore d'Allemagne et du continent européen, durent leur opulence et leur prospérité, qui commencèrent à décroître quand les marchandises purent être transportées à travers l'immensité de l'Océan. Et les peuples de ses rivages, Portugais, Espagnols, Belges, Anglais, qui jusque-là ne vivaient que d'agriculture, du produit de leurs troupeaux, du tissage et du travail de la laine, virent à leur tour se développer leurs richesses.

Les gens éclairés observèrent que, de ce moment, la face des choses changea; que la puissance espagnole déclina, lorsque les Anglais et les Hollandais s'établirent aux Indes orientales, et, s'il en faut croire quelques personnes, il vint de ces parages plus de richesses que de l'Amérique même et du Pérou, qu'une illusion vulgaire faisait regarder comme une mine inépuisable. En effet, presque tout ce qu'il y a d'exquis et d'admirable vient des Indes orientales : le gossampin (1), la soie, les aromates, la porcelaine, les pierres précieuses, l'ivoire et une multitude d'autres sources de jouissances. Les savants ont remarqué qu'il n'est pas dans le monde entier un commerce comparable à celui des Chinois, et un voyageur sensé a pu dire : « Il n'y a point de commerce qui approche celuy-là. Le commerce de l'Orient, dont les Romains ont fait autrefois tant de bruit, étoit proprement celuy de la Chine, qu'ils ne connoissoient pas. »

§ III. Quand les Hollandais vinrent dans les Indes,

---

(1) Arbre à coton.

ils trouvèrent des auxiliaires tout prêts dans les Indiens eux-mêmes, lassés par l'orgueil des Espagnols et des Portugais. C'est pourquoi ils prirent pour siége de leurs établissements Java, comme la position la plus avantageuse et dont il était presque impossible de se passer pour dominer les lieux d'alentour et parcourir la mer. Aussi, sur l'instant même, tous ceux dont l'Espagne s'était attiré les haines en Europe furent du parti des Hollandais; plusieurs même, en dehors de la Hollande, embrassèrent sa cause; et l'Espagne n'eut pas seulement la Hollande sur les bras, mais l'Europe tout entière, qui confondit ses intérêts avec ceux des Hollandais. De même que dans les cours et dans certaines villes on flatte les juifs, parce qu'ils sont utiles aux grands, qui prêtent, par leur moyen, leur argent à usure, et en font ainsi retomber la honte sur autrui; de même un grand nombre de princes et de ministres se servaient volontiers des Hollandais. Ceux-ci, en se faisant ainsi les serviteurs de l'Europe, n'en faisaient pas moins leurs propres affaires, et de tant de richesses qui passaient par leurs mains, il devait infailliblement leur rester quelque chose. Ce qui, en s'accumulant pendant une longue suite d'années, devint considérable; surtout du jour où, ayant conclu la paix avec l'Espagne, ils l'amenèrent, à force d'artifices, à exploiter les mines du Pérou plutôt à leur profit qu'au sien.

§ IV. Les Hollandais exercent leurs trafics ou dans les Indes orientales, ou dans la Guinée, ou dans la Méditerranée, ou dans la Baltique, ou dans le centre de l'Europe. Les nations d'Europe avec lesquelles leur commerce est le plus considérable sont la France, l'Espagne, l'Allemagne. Tout le commerce de l'Espagne leur est acquis, surtout depuis que l'intérêt de cette nation est de s'unir à la Hollande contre les prétentions de la France. Aussi ne convoitent-ils plus extrêmement les Indes occidentales. Ils songent davantage à s'ouvrir des débouchés qu'à fonder des colonies, c'est-à-dire des places de commerce, ou à cultiver la terre. Ils voient aussi travailler pour eux les Espagnols, au trafic desquels ils se trouvent si bien mêlés de seconde et de troisième main, qu'Amsterdam peut dès à présent s'applaudir autant que Séville de l'heureux arrivage des galions de la Havane. Il faut bien remarquer que cela se passe sans que les Espagnols trouvent beaucoup à s'en plaindre ; et d'ailleurs ils ne pourraient aisément l'empêcher. Ils manquent d'hommes, et ne sont point animés de cet esprit mercantile que les Hollandais poussent jusqu'à l'avarice la plus sordide.

La situation de leur pays donne à ceux-ci une merveilleuse facilité d'attirer chez eux tous les produits de l'Allemagne, qui leur sont amenés d'ailleurs par le cours du Rhin. Ils utilisent encore le Véser, l'Elbe, l'Oder, la Vistule et la Dwina. En effet, tout ce qu'il y a de principaux marchands à Embden, Brême, Hambourg ou Dantzig, est certainement de race hollandaise, ou s'entend avec les Hollandais, par des alliances, des sociétés, ou, comme ils disent, des factoreries, des œuvres de commerce, ou se rattache à eux par la correspondance, par une sorte d'entente commerciale. Toutes les fois qu'il s'élève des troubles en Allemagne et en Belgique (comme jadis en France), la Hollande (refuge universel des sectes et des exilés) voit grandir sa population et ses richesses. On peut dire, avec raison, que ce simulacre de liberté est une des colonnes fondamentales de la Hollande ; car une bonne partie des habitants, et surtout des artisans, y vivent dans une extrême pauvreté (bien que la nourriture y soit très-coûteuse, la main-d'œuvre est à vil prix, en proportion), grâce aux négociants, qui savent entretenir les artisans dans une dépendance profitable à leur égoïsme. C'est ainsi que furent portées les lois qui y limitaient le nombre des artisans. Présentement, cela n'offre point d'inconvénient, et sera surtout efficace tant que leurs flottes parcourront librement les mers. Mais ce sera fatal le jour où, d'une part, ils seront bloqués sur mer, et de l'autre sur terre. En effet, comme ce peuple nombreux ne vit que de l'étranger et de la contribution de l'Europe entière, il ne pourrait bientôt plus supporter cette sorte de siége. Il s'ensuivrait une dissolution complète, une désertion générale et des soulèvements en masse. Le salut de la Hollande est donc tout entier dans la possibilité d'ouvrir à ses flottes considérables la voie des échanges. Cette nécessité de se procurer des hommes a été cause que, peu à peu, les lois dirigées, je ne dis pas seulement contre les Arméniens ou les Mennonites, mais contre les anti-trinitaires eux-mêmes, ont perdu de leur force, et que la Bibliothèque socinienne, jadis interdite, se vend aussi librement que les Institutions de Calvin. Ils voient avec plaisir la rigueur imposée à autrui, et trouvent ridicule pour eux-mêmes l'abstinence de viande recommandée à d'autres. Tout en déclamant violemment contre la rigueur des édits de l'inquisition, ils y trouvent leur profit, et confisqueraient ailleurs, s'ils le pouvaient, cette liberté de conscience qu'ils favorisent à l'excès chez eux. Je me souviens de ce qu'un de mes amis me raconta un jour à ce sujet. Stingellandius, ambassadeur des États-Généraux en Suède, ayant été prié par certains marchands de faire en sorte que l'on permît aux réformés d'ouvrir un temple et d'exercer publiquement leur culte, le promit avec empressement. Mais, eux partis, il se tourna vers ceux qui se trouvaient avec lui : « Je ferai tout ce que je pourrai, dit-il, pour l'empêcher. » Voilà par quels artifices ces multitudes, qui vivent au jour le jour, trouvent leur satisfaction dans la liberté de croire et de parler. Le plus misérable matelot, dans la taverne où il boit sa bière, se croit un roi ; ce qui ne l'empêche point d'être tenu de porter les plus lourds fardeaux pour gagner sa vie.

V. Cependant cette liberté imaginaire a quelque chose de vrai : on y rend la justice d'une manière très-louable, sans regarder au rang et aux richesses. Là sont inconnues les insolences et exactions des gens opulents sur les pauvres, des nobles à l'égard des paysans, des gouverneurs de provinces envers leurs administrés. La violence n'y trouve point de place, et il n'y a d'autre rivalité possible que celle de l'habileté et du travail. Tels sont les motifs qui, durant les quarante années des guerres civiles en France, pendant celles qui durèrent trente ans en Allemagne, et les quatre-vingts années des troubles de Belgique, ont valu tant d'hommes à la Hollande.

D'Espagne vinrent les juifs portugais ; de Pologne, les sociniens, bannis par les derniers édits ; d'Angleterre, ceux que la restauration força de s'exiler. Chacun apportait avec lui ses connaissances : les arts, le commerce, l'industrie manufacturière de son pays, toutes choses que la nécessité et la faim, cette maîtresse des arts, cette excitatrice de l'esprit, les obligea de concentrer sur un seul point, jusqu'à ce que, faible au début, cette puissance pût acquérir la stabilité que nous admirons et qu'il serait difficile d'ébranler aujourd'hui, puisque la plupart des habitants y sont contents de leur sort. Je reviens maintenant au commerce français et allemand, dont je m'étais écarté, à l'occasion de l'excellence des échanges que ces nations ont laissé passer aux mains de ces hommes.

VI. Quant au commerce *allemand*, on le leur enlèvera difficilement, puisqu'ils font partie, ainsi que je l'ai dit, de la ligue hanséatique. Et, à tous égards, la Hollande semble une portion de l'Allemagne, dont elle est pour ainsi dire le port. Voilà pourquoi il fut décidé, à Bréda, quoique cela fût interdit par la constitution anglaise, que personne ne pourrait importer des marchandises qui ne seraient point produites ou n'auraient pas été faites dans le pays ; tandis qu'il était permis aux Hollandais d'apporter les marchandises allemandes. Supposez que la Suède s'entende avec la France, les Hollandais ne seront pas pour cela exclus du détroit danois, d'Elsinbourg, de l'Oder, de Stettin, du parcours de l'Elbe, du Weser et de Brême ; à moins qu'en même temps on ne prétende porter le trouble dans tout le commerce de l'Empire, ce que les princes ne toléreraient certainement pas. Ce serait encore la même chose, dans le cas où Rheinberg et le parcours de la Meuse seraient au pouvoir de la France. Même en établissant sur le Rhin un système de douanes, avec le concours des Provinces-Unies, la France n'empêcherait pas plus qu'aujourd'hui les vins du Rhin, de la Moselle, de la Franconie et du Necker de passer dans la Belgique et les autres pays méridionaux. Ce qui prouve combien les Hollandais sont indépendants de la France. Mais, à mon sens, ce sont là des artifices indignes, aussi injustes que contraires à tout progrès.

VII. Quant aux *échanges* avec la France, les Hollandais en sont presque dépouillés ; dussent-ils les recouvrer, il suffit que la situation soit telle, que les Français aient plus à gagner avec les Hollandais que ceux-ci avec les Français ; car les Hollandais ont plus besoin des marchandises françaises, que les Français des marchandises hollandaises. De là les droits imposés en Hollande sur les premières. Les habitants de ce pays le sentent parfaitement; et si, à l'intérieur, ils prennent au sujet des marchandises françaises quelque mesure rigoureuse, cela pourra bien se faire sentir dans les premiers temps, mais beaucoup moins plus tard, quand les Français s'accoutumeront à se rendre directement au Nord et à l'Orient.

VIII. Mais ce qui a fait jusqu'ici la supériorité des Hollandais, c'est la patience dans la pauvreté et la sobriété qui les caractérisent, et qui leur permettent de vendre leurs marchandises à meilleur marché que les autres ; de renvoyer les matières premières dans les pays d'où elles viennent, après les avoir travaillées; de faire leurs voyages à moins de frais. Cette vertu, que personne ne peut leur disputer, est à mes yeux le vrai motif de leur supériorité sur les Français et les Anglais, qui ont d'ailleurs sur eux tant d'autres avantages. C'est ce qui m'a souvent fait dire que les Hollandais ont la même position, parmi les Européens, que les juifs parmi les chrétiens. Quoiqu'ils ne cultivent point la terre, qu'ils ne puissent subsister de leur bien propre, cependant, à force de courir çà et là, par leur habileté, leur patience, mal vêtus et mal nourris, ceux-ci finissent par s'attirer la haine des citoyens qui s'indignent de ne pouvoir, comme eux, vendre à vil prix leurs marchandises.

IX. On ne saurait en disconvenir, comme les juifs, les Hollandais ne doivent leur succès qu'à la patience, à l'ignorance et à l'insouciance des autres peuples; défauts que l'expérience peut faire disparaître à la longue. Ce qui montre, avec évidence, que les Hollandais tomberont, du moment où les autres commenceront à comprendre, et, à l'exemple des Anglais et des Français, à sortir de leur sommeil; à moins que les Hollandais, à l'aide de flottes immenses, ne s'attribuent le monopole des navigations lointaines; puis, ayant exclu les autres nations des Indes orientales, ne les forcent à leur demander, à eux seuls, les marchandises. Il y en a de deux espèces : les grossières et les précieuses. Les premières sont nécessaires à la vie; les autres sont des sources de plaisirs. Les premières s'estiment au poids; les secondes à la beauté, à la solidité. Les premières viennent plutôt du Nord, et les autres de l'Orient. Les marchandises grossières sont le fer, le cuivre, le plomb, le bois, la poix, le cuir, l'huile de baleine ; et les précieuses sont les parfums, les pierreries et la soie. Mais les premières forment plutôt une matière et des instruments de navigation, qu'un objet de commerce et de plaisir. Voilà pourquoi les Hollandais firent tant d'efforts pour maintenir la liberté de navigation dans la Baltique. Ils savent, en effet, que c'est de là qu'ils tirent les choses dont ils ont besoin, et qu'ils échangent contre des parfums et autres objets précieux venus de diverses parties du globe. C'est sur cette balance de marchandises grossières et précieuses que reposent, à mes yeux, toutes les affaires de la Hollande.

X. Ceci posé, tenez pour certain que, de longtemps encore (intervalle pendant lequel bien des choses peuvent survenir et bien des entreprises aussi être troublées), les Hollandais ne pourront être facilement primés dans le commerce ; pas plus que les juifs ne peuvent être primés par les chrétiens qui vivent dans la même ville. D'abord, ils ont la possession ; puis, ils ont la première des vertus nécessaires pour conserver : la patience dans la pauvreté. Enfin, il y a chez eux une population qui, se renouvelant sans cesse, tant qu'il y aura en Europe des cultes différents, est inépuisable, et charme le peuple par une apparence de liberté. Il suit de là que le prince a besoin de recourir aux moyens les plus prompts pour les réduire par les armes. Car, pour les affaires maritimes, surtout celles de quelques villes situées dans les terres, telles que Maestricht sur la Meuse, Rheims, et, si vous voulez, Sédan, leur commerce est faible et sans poids aucun sur la souveraineté des choses. Supposons cette puissance conquise, en effet, par la guerre maritime, elle ne le sera que par la coalition générale des autres États, tels que l'Angleterre et la France, et même le Danemark. En effet, cela leur ferait perdre le libre parcours de la Baltique et du canal, en même temps que la faculté de circuler autour de la Grande-Bretagne, si nécessaire à la sécurité des navires indiens, en temps de guerre ; ils n'auraient même plus la retraite de Bergues, qui, dernièrement encore, fut leur unique abri, au grand profit des Hollandais. Mais ces coalitions ne sont pas durables. L'envie, les soupçons, les craintes que les peuples leur causent, la religion, les ennuis de la guerre, changent les dispositions des princes. Non-seulement ils abandonnent leurs alliances, mais ils en contractent de nouvelles. Il y a là-dessus de nombreux exemples.

XI. Le seul moyen qui nous reste d'abattre la Hollande est donc de réunir assez de forces pour lui faire perdre la prépondérance qu'elle a acquise dans les Indes orientales. Mais ni les Espagnols, ni les Portugais, ni les Anglais n'y sont parvenus, bien que leur établissement dans ces contrées fût antérieur à celui des Hollandais. On doit encore bien moins compter sur les Français pour ce résultat, s'ils continuent à suivre la ligne de conduite qu'ils ont tenue jusqu'ici pour y arriver. Il est d'ailleurs très-douteux que les Portugais, les Français et les Anglais puissent frapper un grand coup en réunissant leurs flottes. Il n'est pas vraisemblable, en effet, qu'on fasse partir pour les Indes une flotte considérable ; les Hollandais en pourront armer une autre, presque aussi nombreuse. Une expédition si lointaine rencontre bien des difficultés ; elle est soumise à bien des incertitudes et à des hasards d'autant plus nombreux, que l'on a toujours plus d'avantage à se défendre chez soi. Mais supposez que cette coalition réussisse à chasser les Hollandais des Indes ; supposez qu'on les chasse encore de Java, qui ne voit que les Portugais et les Anglais, établis depuis longtemps dans ces climats, recueilleront tous les fruits de la victoire, et que, quand il s'agira d'en partager les avantages, les Français n'en recevront qu'une part très-mince ? Il faut songer de plus que des dissentiments naissent inévitablement des partages de ce genre ; que les choses prennent une autre face, et que les vaincus finissent par respirer.

XII. Concluons donc avec évidence qu'il n'y a point de moyen plus sûr, plus efficace de troubler les Hollandais dans le commerce des Indes, que de s'emparer de l'Égypte. Telle est la voie sûre, rapide, mais que personne n'a encore essayée, si ce n'est en rêve, et qui conduit pour ainsi dire à la citadelle des choses. Les Français vont chercher à Madagascar le siége des affaires de l'Inde. Mais l'Égypte aussi en est voisine ; elle est plus près de nous, d'un accès facile, sur la ligne même du commerce ; aussi riche par sa population que par les produits du sol, et depuis longtemps florissante. L'invasion de ce pays donnerait le coup mortel aux Turcs, et toute la chrétienté y applaudirait, pourvu que le contre-coup ruinât seulement la Hollande. J'ai lieu de penser qu'une invasion de l'Australie ne leur causerait pas des alarmes plus vives. Pour revenir maintenant à ce qui fait le principal sujet de cette étude (l'espérance et la crainte des Européens), il faut examiner quels obstacles les Hollandais pourraient mettre à l'invasion de l'Égypte, et de quelle manière il nous sera possible de les prévenir.

XIII. Ils s'y opposeront, cela n'est pas douteux. La propagation de la foi n'est qu'une question bien secondaire pour eux, quand leur existence et leurs intérêts sont en cause, eux qui dans le Japon ont excité ou favorisé tant de persécutions et ont fait couler le sang des néophytes, dans l'unique espoir d'enlever aux Espagnols et aux Portugais le commerce de l'île; il faut plutôt songer à la manière de les empêcher de s'en emparer et examiner comment ils peuvent susciter des obstacles soit en avertissant dès à présent les Turcs qu'ils aient à se fortifier, soit en envoyant, l'expédition une fois entreprise, une flotte à leur secours. Quant à avertir les Turcs, ils ne le pourront pas, si nos projets sont tenus dans le plus grand secret, ce qui d'ailleurs est indispensable. Pour la flotte qu'ils pourraient envoyer à leur secours, ce ne sera qu'au commencement ou pendant la durée de l'expédition. Ils ne le pourront pas au commencement de l'expédition, s'ils supposent que l'on se rend à Constantinople, plutôt qu'au Caire. Si, maintenant, nous agissons comme le conseille la raison, nous tomberons à l'improviste sur l'Égypte; et, dans le cas dont je parle, ils ne seront pas assez puissants pour nous arrêter, même dans la suite. Mais si quelque revers vient démentir mes conjectures et qu'il nous faille attendre ou faire passer quelques renforts à travers les mers, alors, je l'avoue, nous aurons à redouter les Hollandais. Même dans cette hypothèse, nous aurons beaucoup de motifs de nous rassurer. D'abord, ils ne sont point jaloux de s'embarquer dans une guerre offensive; d'autant moins qu'une guerre de ce genre les exposerait à la réprobation universelle. Ensuite, les délibérations des États et leurs résolutions dans une conjoncture si grave seront difficiles et sujettes à bien des lenteurs. Ajoutez qu'ils ne verront pas tout d'abord l'importance d'une expédition d'Égypte, qu'ils la prendront pour une simple campagne contre les Turcs. Ceux-là même qui s'en apercevraient seront accablés par le nombre de ceux qui ne verront pas; d'autres se persuaderont à eux-mêmes que la conservation du territoire égyptien sera difficile ou au moins peu durable. Ainsi, vraisemblablement, rien ne se fera, surtout si nous parvenons à armer contre eux les Anglais, et si la maison d'Autriche conclut avec la France une alliance contre la Turquie. Et je ne parle pas de la difficulté qu'il y aurait pour les Hollandais d'envoyer dans la Méditerranée une flotte assez puissante, au risque de dégarnir leurs rivages.

XIV. Parlons maintenant de l'Angleterre, dont l'union avec les Hollandais pourrait, je l'avoue, nous créer des dangers au moment d'accomplir notre entreprise; non qu'ils puissent facilement envahir la France, mais parce que, avec une flotte bien équipée, ils pourraient chasser la nôtre de la Méditerranée.

Telles sont, je pense, les mesures que nous devons prendre en Europe, et grâce auxquelles le succès de l'expédition, Dieu aidant, est assuré. Et il en sera ainsi, pour peu que l'Angleterre soit avec nous ; ce dont je crois le Roi Très-Chrétien très-persuadé, puisqu'il lui donne une subvention si considérable. Ce sera un grand point d'avoir séparé, en cette occasion, les Anglais des Hollandais ; mais nous serons plus tranquilles, s'ils s'engagent à attaquer les Hollandais, dans le cas où ceux-ci voudraient intervenir. Je n'ai aucune raison de parler ici des moyens de retenir l'Angleterre, puisque le Roi Très-Chrétien a prouvé, par l'heureux succès de ses efforts, qu'il les connaissait à fond. Mais comme on se trompe le plus souvent en se fiant sur des dispositions passagères et fugitives, j'aborderai certaines raisons prises dans les entrailles mêmes des choses, qui inviteront le roi et la nation, en Angleterre, à entrer dans l'alliance de la France, et la détourneront de celle de la Hollande. On pourra y attirer la nation, en lui montrant que la France et l'Angleterre pensent se partager le commerce de la Hollande. On considère que l'Angleterre a toujours eu en vue les colonies américaines. On y attirera le roi, en lui montrant qu'il est de l'intérêt de la Hollande de chasser la race royale d'Angleterre, de démembrer la Grande-Bretagne et de l'incorporer aux Provinces-Unies, dans des conditions qui assurent le bonheur des deux nations et les protégent contre toutes les coalitions des autres peuples.

Quoiqu'il ne convienne pas du tout à la France que le roi d'Angleterre tienne en main toutes les forces du pays, on peut toutefois lui laisser cette espérance.

XV. De tout ce qui vient d'être dit au sujet de l'Angleterre et de la Hollande, je conclus qu'une fois l'expédition d'Égypte résolue, une alliance étroite suffira ; qu'il faudra faire une diversion, par une guerre des Anglais contre les Hollandais, afin de prévenir ce qui arrive d'ordinaire dans les guerres de ce genre, c'est-à-dire une alliance plus étroite des deux peuples. Ce qui n'aura pas lieu, si l'on a soin de laisser une tempête suspendue, et de maintenir l'Angleterre sous les armes et dans une attitude menaçante.

Il faut tenir compte aussi des accidents qui peuvent détruire les préparatifs que la France aurait faits pour une expédition sur mer (car rien n'est soumis aux caprices du hasard comme l'issue d'une guerre navale). Je laisse de côté la question d'argent ; ces accidents nécessiteraient plusieurs années de nouveaux préparatifs pour l'expédition d'Égypte, et pendant ce temps-là nous laisserions échapper la plus belle occasion que les circonstances puissent nous offrir. Alors les Hollandais auraient mis sans doute ordre à leurs affaires, eux qui sont maintenant sous le coup de frayeurs qui les empêcheront de rien entreprendre contre nous ; les Français, et les Anglais leurs alliés, dont ils payent les secours, tourneront leurs efforts contre l'Égypte, sans trouver d'obstacle. Mais entreprendre en même temps de combattre la Hollande avec les troupes alliées et d'attaquer l'Égypte avec les siennes, ce serait un dessein plein à la fois de grandeur et de péril. La guerre de Hollande aurait pour conséquence inévitable une guerre d'Espagne, et il serait du moins à craindre qu'elle ne se prolongeât, quand on n'aurait aucun autre péril à redouter. L'Empereur et quelques autres princes d'Allemagne se mêleront à cette guerre, infailliblement. Les Hollandais sont tout disposés à envoyer des troupes dans les villes espagnoles de la Belgique ; l'Angleterre étant peu constante, et toutes les haines de l'Europe se trouvant soulevées, il se pourrait que l'attention générale se portât plutôt sur les progrès de la France que sur ceux de la Turquie. Mais, l'Égypte soumise, non-seulement les affaires de Smyrne feront une concurrence terrible dans la Méditerranée au commerce des Hollandais ; mais encore, en partant de la mer Rouge, les colonies hollandaises des Indes orientales, éloignées du secours de la mère patrie et voisines des possessions françaises, tomberont nécessairement dans une confusion qui nous sera profitable.

XVI. Restent les Espagnols, les Portugais, les Danois, les Suédois, qui ne doivent nous inspirer ni craintes ni espérances ; à l'exception toutefois des Portugais, qui, si nous leur promettons une part des avantages, nous aideront à équiper la flotte destinée à envahir l'Égypte, et à soumettre, — quand le pays sera occupé, — tout le littoral voisin de la mer Rouge, celui d'Asie et d'Afrique ; enfin à chasser les Hollandais des Indes orientales. Par eux-mêmes, ils ne sont pas en état de lutter contre les Hollandais dans ces contrées, bien qu'ils aient réussi à les expulser du Brésil oriental.

XVII. Or les Portugais seront à notre disposition, tant qu'ils craindront l'Espagne. Quant aux Espagnols, cette autre branche de la maison d'Autriche, quand l'Empereur sera enchaîné par l'alliance contre les Turcs, dont nous avons parlé, non-seulement ils seront tranquilles, mais il est même évident qu'ils seront liés. Joignez à cela l'avantage particulier qu'ils retireront d'une expédition d'Égypte, qui diminuera les craintes que leur inspire le Taffiletta. A mes yeux, il y a même une grande raison pour que les Espagnols soient troublés, bien plus que par le passé, des progrès de ce barbare. Si, après avoir pacifié les provinces qu'il régit, il parvient à chasser d'Afrique les Européens, il est à craindre que le détroit de Gébel-Tarik n'arrête point l'ambition de cet homme. De ses possessions, il peut promener son regard sur la province de Grenade, qui se déploie à ses yeux comme l'image toujours nouvelle des malheurs anciens et récents des Maures ; et la facilité de la traversée, le souvenir des anciennes victoires, mêleront la colère à la honte. Le Taffiletta mettra la plus grande ardeur à profiter de la disposition des siens, et, pour les occuper, fera succéder la guerre à la guerre. Il donnera pour prétexte à ses expéditions la religion et l'honneur de sa nation. Il est constant qu'il proclame parmi les siens qu'il n'aura de repos que lorsqu'il aura chassé les chrétiens de tout le littoral. Ceux-là se trompent, qui supposent que la mer bornera son ambition. On dit que déjà il a équipé des vaisseaux de corsaires, ce qui est le prélude de l'armement d'une flotte. Si, ce qu'à Dieu ne plaise, il finit par réussir, les chrétiens trouveront fermé le passage de l'Océan à la Méditerranée. Il y a plus : les îles Fortunées, les rives américaines, la Guinée, Angola, enfin toute l'Espagne et le Portugal trembleront. Mais, quand l'Égypte sera prise, la puissance chrétienne sera assise en Afrique, et les barbares songeront moins à faire des irruptions chez les autres qu'à défendre leurs propres possessions. Quant à la question si importante de la conciliation de la maison de France et de la maison impériale, ce n'est pas le moment de la développer.

XVIII. Il me reste à parler des Danois et des Suédois. Les affaires des premiers se rattachent étroitement à celles du Lunebourg, de l'Autriche, de Cassel et des autres provinces allemandes auxquelles la Suède inspire quelque défiance, et contre laquelle ils sont réunis par une ligue éternelle et naturelle, pour ainsi dire. Ils s'uniront aux Hollandais, si la France se sert des Suédois pour susciter des troubles en Allemagne. Il importe donc à la France de maintenir l'équilibre entre ces deux pays, absolument comme entre les deux plateaux d'une balance.

XIX. Si nous faisons la guerre à la Hollande, il conviendra de nous servir du Danemark, et de la Suède, si c'est à l'Empereur; car le Danemark ne peut faire aucun mal à l'Empereur, mais aux Hollandais; et la Suède ne peut être utile aux Hollandais, si ce n'est contre les Danois; mais elle peut être utile à l'Empereur. Pendant une guerre de Hollande, il faudra, si c'est possible, y faire entrer le Danemark et caresser la Suède, de peur qu'elle ne détourne le Danemark de notre alliance; car, si le Danemark devient hostile à la Hollande, les navires de l'Inde n'entreront plus dans Bergues, ce qui mettra en péril la navigation des Hollandais dans les mers du Nord, qui est pour eux indispensable, fondamentale (car, ainsi que je l'ai dit, c'est de là que leur vient tout ce qui sert à la construction et à l'équipement de leurs vaisseaux). Mais, durant une guerre d'Allemagne, il faudra réveiller la Suède, et endormir, autant que possible, le Danemark, au moyen du Brandebourg-Lunebourg, afin qu'il laisse envahir la Silésie, du côté de la Poméranie, sans trop s'y opposer. Mais c'est à quoi l'on ne réussira pas sans peine, et ces mesures seraient superflues, si les autres ne font point défection, et sans le concert des Français, des Anglais, des Portugais, des Suédois et de quelques princes de l'Empire, tels que le Bavarois, l'électeur de Cologne, de Munster; tandis que, de l'autre côté, se trouveront l'Empereur, l'Espagne, la Hollande, le Danemark, le Brandebourg, les Saxons, et que l'Europe sera entraînée dans plusieurs directions différentes. Mais si, comme nous l'avons établi ci-dessus, nous amenons les Suédois à entrer dans une alliance contre la Turquie, et à appuyer la Pologne et l'Empereur, tous les autres États, paralysés par la crainte, n'auront ni le motif, ni le prétexte, ni même le désir de traverser notre entreprise. En même temps, on déterminera jusqu'à quel point les Suédois pourront se servir des armes, et l'on posera en quelque sorte des bornes à leur avidité.

XX. Selon moi, les Suédois sont les auxiliaires naturels de la France; car, si leur pays est fier de ses soldats, de son fer, de son cuivre, il lui manque ce qui correspond à ces avantages et les fait valoir. Les habitants eux-mêmes sont privés de la faculté d'user, de consommer et, pour ainsi dire, de mettre en œuvre les matières premières nécessaires à leur caractère belliqueux. Ce peuple mène un genre de vie très-dur; il est très-discipliné, et supporte avec une patience étonnante le froid et la fatigue; la nature semble l'avoir façonné elle-même à cette mécanique grossière qui est l'âme de la guerre; mais, pour les merveilles de la mécanique, de la statuaire, enfin pour tout ce qui est raffiné, ils n'ont ni aptitude ni curiosité. Mais, s'il s'agit de fermeté, ils peuvent à bon droit en réclamer le prix. Se préparer à eux-mêmes leurs chaussures, leurs vêtements, leurs aliments, leurs armes; enfin se procurer à soi-même toutes les choses nécessaires, telles sont les habitudes que le Suédois et le Dalécarlien caché dans les retraites des montagnes du nord ont contractées dès l'enfance. La noblesse de la nation puise également sa force dans le même sol, la même eau, le même air, le même ciel; et de plus elle montre, quand elle en trouve l'occasion, dans l'étude, dans les voyages, une vigueur d'esprit que personne ne s'aviserait de chercher aux extrémités septentrionales de l'Europe. Et, comme je l'ai dit un jour moi-même en riant, leur corps tient de l'hiver, et leur esprit de l'été. Car l'un et l'autre, en leur temps, donnent la dernière mesure de leurs forces. Et si l'hiver représente le pôle arctique, l'été représente, par la longueur des jours, l'Espagne épuisée et brûlée par la chaleur. Cette plaisanterie est presque une vérité; car les penseurs ont observé que les Suédois sont les Espagnols du Nord, et qu'il y a quelque chose de gothique dans les deux nations. La magnanimité, la patience, une certaine lenteur profonde qui se change en observation dans les entreprises et en impatience hautaine contre les obstacles, enfin un faste raisonnable, rapprochent les deux nations. En un mot, parcourez l'univers, vous ne trouverez point de peuple plus naturellement guerrier.

XXI. Quant à la France, elle a beaucoup de défauts et de qualités. Les Français ont une grande agilité de corps et d'esprit, que leur constance et leur fermeté sont loin d'égaler. Mais, si cette mobilité d'esprit est un défaut naturel, on peut y remédier en se donnant, à force d'ordre et de discipline, une certaine solidité. C'est pourquoi, lorsque Henri le Grand eut rétabli les affaires de la France, Philippe III perdit celles d'Espagne, par une sorte de contraste.

XXII. Mais ce qui, dans cette lutte entre les deux nations, me semble avoir fait pencher la balance du côté de la France, c'est la population de celle-ci, comparée à la disette d'hommes où se trouve l'Espagne, et qui l'a forcée, après tant d'essais avortés, d'abandonner les œuvres dont elle poursuivait l'accomplissement. Et d'abord, après la paix de Vervins qui inaugura l'abaissement des Espagnols, c'est à peine s'il leur fut donné de respirer; puis, après le traité de Munster et celui des Pyrénées, ils durent se retirer entièrement du champ de bataille. Si l'Espagne était aussi peuplée que la France, ou seulement que l'Allemagne, je dis hardiment que, si l'on considère les magnifiques occasions qui s'offrirent à elle, elle posséderait déjà l'Angleterre et la Belgique, et, ce qui en serait la conséquence, la mer, l'Italie entière, Marseille, Bordeaux et le reste du littoral de la France et de l'Allemagne, et Louis n'eût pas gardé Rupelmonde, ni Gustave-Adolphe la Poméranie.

Bien plus, sans le fatal aveuglement dont il était

frappé, Philippe II aurait pu faire entrer une flotte dans le canal ; mais il eût fallu opérer sa descente par l'Irlande, et alors nous déplorerions en même temps la perte de la Grande-Bretagne et de la liberté.

XXIII. La Suède était alors inconnue aux Espagnols, comme au reste du monde, et elle ne s'en occupait nullement. Car ils n'auraient pas manqué de se tourner vers une nation si avantageusement placée pour tenir l'Allemagne en respect. Mais, quand Gustave-Adolphe montra à l'univers ce que pouvait ce petit coin de l'extrême Nord, l'occasion était déjà perdue, heureusement pour la France et l'Allemagne. Si l'on avait pu depuis longtemps troubler la Suède, si Oxenstiern eût consenti à signer la paix de Prague (désirée dans le Danemark même, il n'eût pas été difficile, comme on l'a vu plus tard, d'amener, en se concertant bien, ce résultat), nous aurions vu les choses prendre un autre aspect ; mais la bataille de Nordlingen avait rendu la confiance aux Autrichiens, qui avaient oublié que déjà un peu auparavant les plus grandes choses avaient pris une face nouvelle. Ainsi la Suède resta attachée à la France jusqu'à la conclusion des traités.

XXIV. En Westphalie, il y eut des semences de troubles entre la France et la Suède ; car la cour de Suède avait puisé comme une sorte de souffle espagnol ; et Christine à Stockholm et Pimentellus abusaient de cet esprit politique, malgré les efforts des deux Oxenstiern, du père à la cour et du fils en Westphalie. Les deux partis cherchaient également à l'emporter et à faire taire les prétentions rivales. La France, mettant en première ligne le zèle reli-

gieux, favorisait peu la cession des évêchés, et la
Suède n'aimait pas trop à voir la France entrer dans
les intérêts de l'Empire. Enfin, la nécessité des conjonctures produisit la paix dont nous jouissons et
qui eut pour conséquence l'abdication de Christine,
après qu'elle se fut attiré la haine de sa nation,
d'une part à cause de ses caprices et de son inconstance en religion, et de l'autre, parce qu'elle avait
le mariage en horreur, et après qu'Oxenstiern, ayant
chassé le sénat de la cour dans l'exil, eut réuni contre
lui tous les États dans une sorte de conspiration. En
effet, les sénateurs, par leurs façons conciliantes,
avaient fait entrer dans leur parti les pasteurs des
bourgs et des villes, une classe d'hommes fort simples et pleins de zèle. Ils leur représentaient l'état
déplorable de la cour, la religion perdue, l'athéisme
imminent et le papisme n'attendant que l'occasion
de rentrer ; le papisme avec son cortége de conséquences, et pour eux en particulier, l'obligation de
renvoyer leurs femmes. Or ces hommes excitèrent
d'abord le peuple à des murmures, à des soulèvements. Ensuite les plus nobles familles de la cour,
tombées en disgrâce ou forcées de quitter les affaires,
étaient dans une incroyable fermentation, ainsi que
tous ceux qui s'y rattachaient par les liens du sang
ou de l'intérêt. Ils ne pouvaient tolérer plus longtemps
certains étrangers qui ne les valaient pas et qui s'étaient emparés des bonnes grâces de la reine. Ces
protestations, s'élevant de toutes parts, forcèrent la
reine à convoquer les états. Déjà Stockholm s'agitait, et la milice commençait à prendre parti pour
Charles-Gustave.

XXV. Charles-Gustave avait l'âme élevée, mais trop guerrière ; il crut que tout devait fléchir sous ses armes et devant une fortune qui, de bonne heure, lui prodigua ses faveurs. Il sollicita les secours des autres nations, en particulier ceux de la France et de l'Angleterre, mais trop tard et quand déjà ses affaires étaient perdues. Et cependant, peu s'en fallut qu'il ne soumît le Danemark ; car si, sans s'arrêter à la paix de Roschild, il se fût rendu tout droit de la Fionie dans le Danemark, comme il en avait alors le droit le plus absolu (puisque d'ailleurs c'était le Danois qui était l'agresseur), nous verrions aujourd'hui cette monarchie du Nord s'élever indépendante et redoutée de l'Allemagne, de la Pologne et de l'Angleterre même (car nous connaissons les expéditions de Canut et des Normands sous Guillaume le Conquérant).

Mais les destins en décidèrent autrement. Charles-Gustave se repentit de la paix inconsidérée qu'il avait conclue ; la guerre recommença, mais fut malheureuse ; car la justice, qui d'abord était de son côté, était alors du côté de ses ennemis. Si le cours de ses succès fut interrompu, c'est aux ministres de France et de Hollande que nous en sommes redevables. Sa mort vint, peu de temps après, mettre fin à ses vastes desseins. Or il n'était pas moins irrité contre les Français que contre les Hollandais. Il pénétrait les artifices de la France, dont l'intérêt était de ne pas laisser la Suède s'agrandir, au point d'être indépendante d'elle ; ce qui devait arriver infailliblement, si le Danemark et la Prusse tombaient au pouvoir du roi. Chacun sait qu'il eut des intelligences secrètes avec les impériaux ; qu'il leur offrit des conditions avantageuses, que ceux-ci ne dédaignèrent que parce qu'ils ne pouvaient croire à ce qui, cependant, était vrai, à la sincérité de ces offres. C'est qu'ils ne connaissaient point le caractère de Charles-Gustave, qui avait pour les Français une sorte de haine instinctive ; ils ne savaient pas que ce prince ne perdit jamais de vue son origine allemande et sa dignité de prince de l'Empire. Il avait un respect véritable pour l'Empereur et la maison d'Autriche, tandis qu'il détestait le cardinal Mazarin ; et ceux qui étaient dans son intimité l'ont souvent entendu dire que son plus ardent souhait était de pouvoir un jour se mesurer avec les Français, rabattre l'orgueil insolent de cette nation, et d'aller jusqu'aux portes de Paris, comme il avait fait en Pologne, jusqu'à Varsovie et Cracovie. Mais, si ces desseins convenaient à ses sentiments, ils ne répondaient pas à la mesure de ses forces, et la mort vint les interrompre.

XXVI. A sa mort, tout prit en Suède une face nouvelle. En effet, certaines familles opulentes et déjà solidement assises, qui constituaient à elles seules une grande partie du sénat, et à la tête desquelles se trouvait le palatin du roi, des familles qui avaient le plus souvent résisté au roi, et non-seulement n'avaient rien fait pour empêcher la prise de Copenhague, mais, dès à présent, cherchaient dans l'assemblée des états généraux à mettre obstacle à l'exécution du testament, profitèrent, pour renverser la monarchie, de la minorité actuelle du prince, à l'exemple des états de Hollande et de la Frise occidentale, qui avaient profité de la mort imprévue de Guillaume d'Orange, en tendant des piéges au dernier rejeton de la plus illustre famille. On abandonna les desseins qu'on avait formés, et l'ardeur guerrière s'attiédit. On s'aliéna à dessein la France, qui avait intérêt à protéger la famille royale (son instrument). Sous prétexte de désintéresser les créanciers de la couronne, on en diminua le domaine, et ce qui restait fut partagé entre ceux qui prétendaient représenter les anciens noms. Il n'y eut plus de conseil secret (comme sous Christine) des principaux personnages de l'État, des ministres, des tuteurs du roi ; mais on déféra à cinquante sénateurs du royaume le pouvoir, dans l'intervalle de la session des états, et jusqu'à ce que le roi, ayant atteint l'âge de la majorité, en décidât autrement. De là vint aussi qu'ils entravèrent les Français dans la Pologne (alléguant la nécessité de la paix); ils entrèrent dans la triple alliance, et maintenant consentent à tout, pourvu que la paix en soit le prix. Si, comme à Brême, ils entreprennent quelque chose, ce sera pour soutenir leur réputation et n'avoir point l'air de s'endormir.

XXVII. Mais, pour peu qu'il y ait dans le caractère du jeune roi un reste de la fierté de ses ancêtres, ces tendances oligarchiques seront facilement confondues, si la famille royale, la petite noblesse, enfin la France, réunissent leurs efforts. En effet, ces desseins des sénateurs, c'est-à-dire des chefs des premières familles du pays, qui ont en vue l'inaction et le *statu quo*, s'éloignent du but naturel de la nation, c'est-à-dire du véritable intérêt de la Suède. Ils rencontreront sur leur route le torrent de l'ancienne noblesse, au sein de laquelle quelques-uns se sont élevés par eux-mêmes, après s'être enrichis dans les anciennes guerres ; ceux-là verraient avec peine d'autres réussir de la même manière. Et comme ces artifices de l'oligarchie portent à remonter aux causes, on peut supposer que, s'il arrive au trône un prince ayant du cœur et de l'initiative, l'art militaire sera rétabli, les dépositaires du pouvoir seront rappelés à la raison, et enfin que la puissance royale se relèvera, ce qui n'intéresse pas moins le peuple suédois et son roi, que la France elle-même.

XXVIII. De tout ce qu'on vient de dire, il résulte naturellement que la Suède est une puissance à la solde de la France, puisqu'elle a besoin de faire la guerre (je veux dire le roi et la nation, en exceptant certaines familles dont les intérêts, solidement assis, ne sont pas solidaires des intérêts publics), et ne trouve point en elle-même des ressources suffisantes pour la faire. Elle s'unira donc à la France, qui est la nation d'Europe qui a le plus d'intérêt à voir tout se renouveler autour d'elle. Mais où diffèrent les tendances de la France et du roi de Suède, c'est qu'il importe à ce pays de devenir indépendant de la France, but que poursuivait si maladroitement Charles-Gustave, et qui ne peut se réaliser qu'avec le concours du Danemark et de la Suède. Mais il importe à la France que la Suède reste pauvre, et cela lui est indispensable (c'est un tempérament également applicable au roi d'Angleterre vis-à-vis de son Parlement). Il y a un degré de force où il lui importe de ne pas laisser arriver la Suède ; car, une fois que la Suède paraîtra franchir ses limites, la Moscovie, la Pologne et le Brandebourg ne demanderont pas mieux que de tomber sur elle. Il ne faut donc accorder aux Suédois qu'un genre de protection qui nous permette toujours de revenir vers le Danemark, le Brandebourg et les autres princes de la faction opposée aux Suédois. Mais cela ne sera guère possible, si la France veut tourner contre l'Empire ses propres forces ou celles des Suédois. Rien que le soupçon d'une entreprise de ce genre fera naître une coalition entre l'Autriche, l'Espagne, la Hollande, le Danemark, la Pologne et plusieurs princes de l'Empire ; coalition qui marquera à la France un inflexible *nec plus ultra*. Maintenant, comment pourrons nous tenir en haleine les Suédois et éviter cette tempête ? Il ne reste qu'un moyen, à savoir : les engager dans l'alliance contre les Turcs, dont nous avons parlé plus haut. Par un concours de circonstances à peine croyables, cette alliance fera tout converger vers le but glorieux du bonheur public ; ce qui est de l'intérêt de la France, de l'Autriche, de l'Italie, de l'Espagne, de l'Angleterre, de la Suède, du Danemark, de la Pologne, de l'Empire, de l'Europe, de l'Église ; à l'exception toutefois des Hollandais, dont la prospérité et l'existence n'ont point leurs racines dans la nature, et qui, comme les ulcères, se nourrissent de tout ce qu'il y a de malsain dans le reste du corps ; des Hollandais, disons-nous, dont le but est inconciliable avec un dessein qui leur serait funeste ; tandis que la France en retirera la première des avantages que personne ne saurait nier, et s'élèvera au plus haut degré de puissance auquel elle puisse raisonnablement aspirer.

XXIX. Nous avons, jusqu'ici, examiné égalementment les forces de la France et celles de l'Égypte, ainsi que les secours que l'une et l'autre peuvent attendre de leurs voisins d'Asie et d'Europe, et ce qu'elles ont à craindre. Nous avons fait voir qu'une fois ses forces bien disposées, la France seule s'emparera de l'Égypte, en une seule expédition; que cette occupation réalisée, elle tiendra en respect tout l'empire ottoman; que si, en même temps, l'Empereur et le Polonais, avec le concours simultané des renforts français et suédois, envahissent la Hongrie et la Roumanie; et bien plus, si la Russie tient en respect les Tartares et la Perse, les Bassas de la Haute-Asie (sans parler des soulèvements intérieurs, dont nous ne dirons plus rien, et sur lesquels il est permis de compter), on fera tomber l'empire turc; que l'Allemagne, l'Espagne et l'Italie se trouveront liées. La Hollande n'osera faire un mouvement, et, si elle l'ose, sera contenue par l'Angleterre. Ainsi, on le voit avec évidence, cette vaste entreprise est d'une exécution si facile, que je ne sais s'il s'est jamais rencontré un grand dessein si aisé à réaliser.

XXX. Nous ajouterons ici quelques mots à ce que nous avons dit de la sécurité de cette expédition.

La *sécurité* repose sur l'énumération des maux qui sont à craindre, comme l'*utilité* (que j'ai examinée dans la première partie de ce Traité) consiste dans les avantages que nous pouvons espérer de cette expédition. Mais, comme l'exposé des moyens qui peuvent conduire au but a surtout ce résultat, de nous faire déployer toutes nos ressources, afin que, prenant un chemin oblique entre les biens et les maux, nous puissions obtenir les uns et éviter les autres, il importe donc de bien voir, en examinant la facilité et les moyens, ce qui peut menacer la sécurité et mettre en péril. Les dangers se trouvent ou dans l'expédition elle-même, ou dans les choses qui s'y rattachent, c'est-à-dire ou en Égypte et dans le chemin qui y mène, ou en Europe.

XXXI. En Europe, il y aurait danger si les voisins entreprenaient de faire quelque diversion (car, quant à la fidélité des sujets dans l'état présent des choses, il n'y a pas lieu d'en douter), et si cette diversion venait à déconcerter nos projets ; par exemple, si l'Autriche, l'Espagne, la Hollande, l'Angleterre (et qu'y a-t-il de plus variable que cette dernière puissance ?) allaient attaquer la France, quand celle-ci aurait dégarni ses frontières, en envoyant la fleur de son armée en Orient. Je réponds d'abord que ceci n'aura pas lieu, premièrement parce que l'Espagne et l'Autriche n'ont aucun goût pour les nouveautés, et c'est ce que ne sauraient nier ceux qui connaissent ces deux cours ; en second lieu, parce qu'une guerre turco-égyptienne est ce qu'il y a de plus désirable pour l'Autriche, l'Égypte, et par suite l'Afrique, se trouvant envahies. La Hollande n'ose guère entreprendre une guerre offensive, et il est vraisemblable que l'Angleterre prendra parti pour nous. Ajoutez que nous nous servirons des Portugais pour alarmer l'Espagne, des Suédois pour contenir l'Empereur, des Anglais pour arrêter la Hollande. Le Pape, le clergé, les ordres religieux, feront aussi leur devoir ; ils stimuleront par les menaces et les châtiments ecclésiastiques les esprits récalcitrants ou ceux qui troubleraient le bon accord. Quant à l'Italie, menacée par les Turcs, le plus indigne des ennemis et en même temps le plus près d'elle, une fois qu'il aura franchi Rhodes, Chypre et Candie, l'Italie, disons-nous, inquiète et jalouse de sa propre conservation, ne manquera point d'applaudir à cette expédition de la France. Et il n'y a pas à craindre que les Italiens, qui sont une nation défiante jusqu'à la folie, redoutent plus les victoires de la France que celles de la Turquie; car ils imagineront tout, plutôt qu'un succès aussi prompt et aussi sûr (ils ignoreront d'ailleurs le but véritable de l'expédition, et ne sauront pas que l'Égypte sera le théâtre de la guerre). Maintenant, comme ils augureront que, à forces égales, les hostilités de la France contre la Turquie se prolongeront, non-seulement les princes italiens, mais ceux de l'Empire, seront heureux de voir s'éloigner les Turcs (si toutefois ils n'ont pas de la France une autre opinion). Mais s'il se conclut, comme je l'espère, quelque alliance contre les Turcs, plus de crainte alors du côté de l'Autriche et de l'Espagne. Reste aussi à savoir si l'on ne réussira pas à faire naître quelque querelle entre les Turcs, d'une part, et l'Empereur et la Pologne, de l'autre, avant que la France se déclare, événement qui rendrait notre sécurité complète. Ainsi la France sera priée, elle ne priera point; et l'expédition contre les Turcs sera regardée comme entreprise non dans son intérêt particulier, mais dans celui de la chrétienté. Pour prendre à ce sujet un parti décisif, il est nécessaire de connaître l'état présent des esprits en Turquie et à la cour de l'Empereur. Ceci bien connu, on verra qu'il y a des motifs suffisants pour commencer l'entreprise.

XXXII. Mais, pour que l'on soit mieux fixé encore sur notre manière d'envisager cette question, supposons ce qui pourra arriver de plus fâcheux, à savoir, que l'Empereur et la Pologne ne voudront pas se laisser entraîner à une guerre contre les Turcs, ou que la guerre commencée s'arrêtera dès nos premières manifestations, et qu'ils ne veuillent ni envahir l'empire turc, ni l'abandonner aussitôt; supposons encore qu'une alliance réussisse entre le Pape et les princes italiens, l'Empereur et les princes de l'Empire; que l'Espagne, la Hollande, et, si vous voulez, l'Angleterre, se coalisent pour mettre obstacle à l'agrandissement de la France; enfin que, de toutes parts, on conspire contre nous, suppositions qui ne se réalisent jamais, ou, si elles se réalisent, ne dureront point, ou peuvent aisément être détournées, il faut néanmoins examiner quels motifs de sécurité pourront rester à la France. Je réponds qu'en dépit de la coalition universelle, nous pourrons, sans péril, nous emparer de l'Égypte et la garder; que nous pourrons ensuite nous retirer à volonté et remettre les choses dans leur état primitif.

Voici comment je prouve les deux propositions que je viens de mettre en avant. D'abord, nous pouvons, malgré l'opposition générale, nous emparer de l'Égypte et la garder; tout dépend de la manière dont notre flotte abordera. De même que Charles-Gustave a pu prendre Copenhague, malgré le petit nombre de ses troupes; de même que, malgré l'Europe, il a pu s'emparer du Danemark ; de même il eût pu le garder après l'avoir envahi, s'il avait fortifié les places par lesquelles on peut déboucher sur la Zélande et la Fionie ; et, si l'on supposait qu'elles sont trop nombreuses, il suffirait qu'il se fût borné à pourvoir les principales de provisions et de soldats, enfin de toutes les choses nécessaires en cas de siége. Puis, la province une fois tombée en son pouvoir, la coalition se serait dissipée, parce que la plupart de ses adversaires auraient recherché comme avantageuse l'alliance du vainqueur. Ainsi tout le monde rechercha celle de Cromwell, qui était universellement détesté. Si les Suédois s'étaient fortifiés dans la Fionie, il est certain qu'ils n'auraient jamais eu à déplorer un désastre semblable ; et si, au lieu de disséminer leurs forces sur les îles du Danemark, ils les eussent concentrées sur Copenhague, que vraisemblablement ils auraient prise (car, bien que peu nombreux, ils plantèrent leurs drapeaux sur les murs de la ville, et, s'ils avaient pu presser et poursuivre ceux qui s'étaient retirés sur les hauteurs, ils l'auraient certainement prise), le Danemark eût succombé sous les yeux des Hollandais, des Impériaux et du Brandebourg.

XXXIII. Mais l'Égypte permet beaucoup mieux de se passer des secours étrangers ; en effet, dès que cinquante mille de nos soldats, comme nous l'avons dit plus haut, seront entrés en Égypte, la conquête du pays tout entier sera le fruit d'une seule expédition.

L'Égypte, une fois prise et convenablement gardée, par nos troupes, deviendra inexpugnable.

Les accès y sont rares et difficiles pour les navires, et une poignée de soldats suffit pour les fermer. Les terres, entourées par le Nil, protégées par des retranchements nombreux et suffisant aux besoins des habitants, peuvent soutenir un siége de longue durée ; en outre, les déserts qui entourent l'Égypte la mettent à l'abri des attaques par terre.

J'ai dit plus haut qu'une occupation subite de l'Égypte n'est pas plus possible qu'une occupation subite de la Hollande ou de la Zélande, pourvu que quelques fortifications soient élevées sur le rivage ou même dans l'intérieur des terres, et qu'une armée de chrétiens soit là pour la défendre. Une fois que nous aurons mis le pied en Égypte, nous serons sûrs, non-seulement de l'occuper, mais encore de la posséder, malgré les cris et les tentatives des autres nations. Il suffit pour cela que notre entreprise soit exécutée à temps.

Ce que je regarde comme intempestif, c'est la rumeur publique, plus à craindre pour moi que tous les ennemis ensemble. Elle peut, en effet, nous soulever deux obstacles insurmontables ; je ne veux parler ni de nos alliés, qui se détacheraient de nous, ni de nos autres projets anéantis, mais de notre expédition en Égypte avortée et d'une flotte ennemie s'élançant à notre rencontre pour nous barrer le passage. Si cette rumeur publique, dont j'ai parlé, ébruite nos projets, nous verrons s'opposer à notre descente en Égypte Alexandrie, Damiette, Rosette, ainsi que les autres villes maritimes fortifiées à la hâte. Pour que tout cela soit l'œuvre de quelques jours, il suffira qu'un Européen s'en mêle, et, alors, il pourra arriver que toutes nos espérances s'évanouiront d'un seul coup d'œil.

XXXIV. De toutes les flottes ennemies qui peuvent essayer de nous barrer le passage, ou d'intervenir pendant l'expédition pour faire échouer notre entreprise, sans parler de l'Angleterre ou de l'Espagne, celle de la Hollande seule suffit.

Elle n'a qu'à envoyer une flotte dans la Méditerranée sous prétexte de protéger les navires de Smyrne contre les pirates français, milésiens et barbaresques. Et qu'arrivera-t-il si elle s'unit à la Turquie, dont les forces sont modestes, il est vrai, mais toujours prêtes dans l'Archipel? Qu'arrivera-t-il si elle joint sa flotte à celles d'Alger, de Tunis, de Tripoli et de toute la Barbarie promptes à agir dans ce danger suprême? Alors sera perdue pour nous la plus magnifique occasion de réaliser nos projets. C'est pourquoi, je l'avoue, j'ai appris avec douleur que les Milésiens, forts de l'appui de la France, avaient menacé la flotte hollandaise.

Cet événement me jette dans de vives inquiétudes, et je crains que les vaisseaux hollandais, plus nombreux et mieux armés que d'habitude, n'occupent la Méditerranée, et alors une rencontre fortuite entre eux et notre flotte faisant une descente en Égypte et mille autres incidents peuvent entraîner des résultats funestes, ou bien, que les Hollandais ne profitent du plus spécieux des prétextes, pour s'unir aux Turcs contre les Milésiens leurs ennemis communs, et que, violant ou éludant les décrets, ils n'agissent ouvertement aujourd'hui envers les chrétiens, de la même manière dont ils agissaient en secret autrefois, et ne les exterminent comme des pirates publics.

XXXV. Pour redouter une pareille alliance entre les Turcs et les Hollandais, j'ai des raisons plus plausibles qu'on ne pourrait le supposer d'abord. Tout homme sage qui a soigneusement réfléchi à mes paroles conviendra que ce que je dis en ce moment mérite la plus grande attention. Il est constant que les intérêts de la France et de la Hollande sont diamétralement opposés ; mais aussi, d'un autre côté, j'ai prouvé que les intérêts de l'Autriche, de l'Espagne, de l'Empire, de l'Italie, du Danemark, de la Pologne, de la Suède et de toute l'Europe chrétienne, peuvent être mis en harmonie avec ceux de la France.

Il en résulte évidemment que les intérêts de la Hollande et de la Turquie concordent d'une manière merveilleuse, ensuite que la Hollande, mise en péril par le soulèvement des autres puissances contre elle, recourra avec empressement à l'amitié de la Turquie, son seul refuge, sa seule voie de salut.

XXXVI. Je le déclare ouvertement, la Porte et la Hollande doivent désirer cette alliance par-dessus toutes choses. Chacune de ces deux puissances, en la contractant, suppléera à ce qui lui manque.

La Turquie, forte des renforts maritimes que lui fournira la Hollande, ne craindra plus les chrétiens ni les Français. Ses derrières étant à couvert, elle mettra partout ses projets à exécution. Il est certain que la Turquie ne peut être attaquée que par mer. Les Hollandais auront un bouclier, un rempart et un refuge contre les agressions des chrétiens, surtout des catholiques, et, en outre, leur union avec les Turcs sera d'autant plus solide qu'elle aura pour base des intérêts communs.

Les Turcs ne recherchent pas les richesses commerciales; j'en vois une preuve dans le monopole du commerce laissé chez eux aux mains des Juifs et des Arméniens.

Les Hollandais (témoin le Japon) ne s'inquiètent pas de commander dans l'intérieur des terres. Si les Vénitiens avaient suivi leur exemple, devenus les arbitres de l'Asie, ils seraient aujourd'hui une nation bien plus florissante qu'elle ne l'est. D'autre part, les Hollandais ne sont pas assez voisins des Turcs pour avoir à redouter chez eux l'accroissement de puissance de ces derniers.

XXXVII. Dieux bons! si les Hollandais se joignent aux Turcs, quelles flottes enfantera la mer Noire, dont les îles abondent en arbres tout à fait propices à la construction des vaisseaux! Que de navires fourniront Rhodes, Cypre, la Phénicie, Carthage, et quelques îles encore, lorsque les Hollandais seront devenus les amis, les conseillers et les guides des Turcs! L'Europe entière sera saisie de frayeur. La terreur s'emparera non-seulement de l'Italie et de la France, mais encore elle gagnera jusqu'à l'Amérique elle-même. Il est certain qu'un Espagnol apostat conseilla à la Porte une entreprise dangereuse pour l'Amérique. Instruit de ce fait, l'empereur chargea son ministre Alexandre de faire disparaître cet homme. Le ministre, ayant invité l'apostat à sa table, le fit tuer et enterrer dans sa maison. Le meurtre connu et le corps de la victime découvert,

Alexandre subit dans le château des Sept-Tours un emprisonnement des plus durs.

Que ne suggèrent pas et que ne font pas les Hollandais ! Ils se garderont bien de se laisser arrêter par la haine dont ils seront l'objet de la part des chrétiens.

On trouve, dit-on, en Afrique, un animal chétif et sans moyens de défense, mais d'un odorat très-fin. Les habitants du pays l'ont qualifié par un mot de leur langue qui veut dire conducteur du lion, qu'il accompagne toujours à la chasse. La subtilité de son odorat lui fait découvrir la proie dont s'empare le lion. Eh bien ! les Hollandais seront pour les Turcs ce qu'est pour le lion l'animal dont nous venons de parler. Ils leur montreront assez l'art nautique et l'art commercial ; mais ceux-ci, ignorants et pleins de mépris pour la science, ne s'occuperont pas plus de s'instruire qu'ils ne le firent lorsque, il y a déjà quelques siècles, ils laissèrent les Juifs, qu'ils regardent comme les plus vils des hommes, acquérir chez eux, par leur industrie, des richesses immenses. Les Hollandais s'empareront des richesses de l'Orient, du commerce de l'Égypte, en un mot de tous les biens que j'ai promis aux Français. Ils occuperont l'Inde orientale, dont ils deviendront les souverains et éternels possesseurs à l'exclusion de tous les autres peuples, et auront pour eux l'affection de tous les mahométans répandus dans l'Inde.

XXXVIII. Ajoutez qu'en Hollande les religions d'Arméniens et de Sociniens, qui ont entre elles une grande ressemblance, quoique non prêchées du haut des chaires des temples et des écoles, comptent beaucoup de prosélytes et exercent une grande influence. Les Sociniens sont les plus avancés des réformateurs. Les Turcs seuls peuvent aller plus loin qu'eux en matière religieuse. Voici un fameux distique, par lequel ils revendiquent pour eux la palme de la pureté des doctrines : « Tu as été détruite de « fond en comble, ô Babylone ! Luther a renversé « tes toits, Calvin tes murailles, Socin tes fonde- « ments. »

On raconte que le secrétaire de la légation polonaise à Constantinople, appartenant à la religion des Sociniens, comme la plupart de ses compatriotes, s'étant trouvé un jour à table avec des Turcs, leur parla longtemps de religion, de Trinité, de Fils de Dieu, choses qui, de toutes celles qui nous concernent, sont les moins goûtées des Turcs; néanmoins il s'exprima avec plus d'onction que les chrétiens n'ont coutume de le faire, et les Turcs, saisis d'admiration, applaudissaient vivement à son discours, lorsqu'un des principaux d'entre eux s'écria : « Mais, mon ami, pourquoi ne vous faites-vous pas circoncire ? »

Ces détails peuvent paraître plaisants, mais, à mon avis, ils méritent qu'on y fasse attention. Les Turcs haïssent les images et le culte des saints. Que de chrétiens éprouvent la même haine ! Du Christ, les Turcs font l'Esprit et le Verbe de Dieu. Leur opinion se rapporte assez à celle d'Arius et même d'Origène, qui se réveille maintenant dans les écrits des Hollandais, car ces derniers font du Christ un principe existant avant la formation des créatures et la création du monde. Aussi les Turcs n'outragent pas le Christ, mais seulement l'image du crucifié.

Ce que firent autrefois les iconoclastes, le siècle dernier et le siècle présent l'ont vu se reproduire en Belgique, en France, en Bohême et ailleurs. Le fait est de notoriété publique.

XXXIX. La révélation ne joue aucun rôle dans les dogmes des Turcs ; leur religion est une religion naturelle. Leur culte sacré est tout politique ou civil et il n'est basé que sur la raison, comme le prouve Bodin dans un ouvrage qui n'a pas encore été imprimé (et plaise à Dieu qu'il ne le soit jamais !). Ce livre, écrit sous forme de dialogue comme ceux d'Ochinus et de Vaninus, donne l'exemple d'une liberté poussée à l'excès et favorise beaucoup les Mahométans. Tel est à peu près le caractère de la religion socinienne, qui est presque une religion naturelle ; car elle repousse la plus grande partie des mystères ou les élude par une fausse interprétation.

Il sera facile aux Hollandais de s'abstenir de manger de la chair de porc pendant leur séjour en Turquie et de pratiquer des ablutions utiles à leur santé. A l'exception des Agariens, qui descendent directement d'Abraham, les Turcs ferment volontiers les yeux sur l'article de la circoncision. Les chrétiens, de leur côté, comme le prouvèrent autrefois les apôtres, et comme le prouvent encore les Éthiopiens, les Albaniens et les Bulgares, ne redoutent pas trop la circoncision. Je ne veux pas rappeler ici ce que j'ai dit plus haut sur l'approche du sérail des Turcs par les chrétiens.

XL. Il est très-probable qu'une religion nouvelle,

tenant de celle de Socin par les croyances et de celle de Mennonius par les mœurs, et formée d'un mélange de l'une et de l'autre, ne tardera pas à régner en souveraine en Hollande. Suivant l'exemple des puritains anglais, les sociniens et les mennonites s'efforcent de s'unir et de se confondre. C'est une espèce de religion tout à fait démocratique et favorisant essentiellement la liberté par son extrême tolérance qui s'étend à toutes les religions. Aussi les sectes de la Zélande ne consentiraient jamais à adopter les conditions dans lesquelles plusieurs autres provinces voulaient circonscrire leur chef général qui doit être le prince d'Orange.

Entre autres griefs qu'elles firent valoir dans un synode, elles reprochèrent aux Hollandais de tolérer publiquement les sociniens ainsi que beaucoup d'autres sectes. Les plus rigides des puritains, ennemis des cérémonies romaines, fondent leur espoir dans les Turcs.

Interrogez les Polonais, les Hongrois, les Transylvaniens, les habitants de Claudiopolis et d'Hermanstadt, ils me donneront raison sur ce point. Ineptes, mais grands parleurs, les prophètes Costérus, Poniatovius et Drabilius, dernièrement conduit au supplice, entraînés dans les ténèbres par l'obscure lumière qui les guidait, à l'aide de je ne sais quelle conversion des Turcs, se promettaient, avec les protestants, entre lesquels et eux existe une grande union, la ruine de la maison d'Autriche, le renversement de Babylone et la chute de l'Antechrist. Les hommes les plus rigides de ce parti, commentant le passage de l'Apocalypse où le prophète parle des rois de l'Orient convoqués des bords du fleuve de l'Euphrate desséché, l'appliquaient aux Turcs orientaux convertis et inondant l'Europe.

J'ai rappelé tous ces faits dans l'unique but de prouver que les esprits étaient plus portés qu'on ne saurait le croire à une alliance de l'empire ottoman avec la Hollande, et que le plus petit prétexte suffirait pour y donner lieu. Elle est curieuse et vraiment digne de remarque, la profession de foi que certains Hollandais firent aux Japonais dans la nouvelle Batavie.

Comme ils se trouvaient dans l'île au moment où l'on sévissait avec la dernière rigueur contre les chrétiens indigènes et les étrangers dont les croyances n'étaient pas celles du pays, on les invita à se prononcer sur leur religion. Alors ceux-ci, sans avouer ou renier ouvertement leur foi, répondirent à ceux qui leur demandaient s'ils étaient chrétiens : « Nous sommes Hollandais; » comme si le nom de Hollande était le nom d'une religion ! Quoi qu'il en soit, les Japonais, qui connaissaient leur caractère, leur foi et leur zèle, en entendant prononcer ce seul nom se déclarèrent satisfaits et ne donnèrent pas de suite à cette affaire.

XLI. Les Hollandais ne peuvent pas trouver, pour se joindre aux Turcs, de plus spécieux prétexte que celui de chasser de la Méditerranée les pirates français et milésiens. Les uns fourniront la flotte, les autres les soldats ; les uns fourniront les guerriers, les autres l'industrie et l'habileté militaires. Là ne s'arrêtera pas leur union ; elle s'étendra bien plus loin, une fois qu'on en aura senti l'utilité. La Turquie d'Asie tout entière favorisera les Hollandais, ses nouveaux amis, comme elle favorisait autrefois les Français. Tous ceux qui voudront se mettre en sûreté en Turquie rechercheront l'appui des consuls hollandais ; alors, grâce à la protection des consuls, ils seront déchargés des impôts trop lourds, verront les ports s'ouvrir devant eux et échapperont seuls aux pirates de la Barbarie. Mais aussi la France pourra bien dire adieu au commerce avec tout le Levant, ainsi qu'à ses projets si salutaires à la république et à l'Église. La flotte hollandaise, pour défendre l'Égypte, ne restera pas au-dessous de ce qu'elle fit autrefois pour arracher Dantzig des mains des Grecs. Ce danger, qui certes est immense, nous ne pouvons l'éviter qu'en tenant nos projets aussi secrets que possible, en faisant tout ce qui dépendra de nous pour hâter notre descente en Égypte et pour ne pas fournir aux Hollandais le moindre prétexte d'envoyer leur flotte dans la Méditerranée.

XLII. J'ai prouvé qu'en choisissant le moment favorable, et en nous mettant en garde contre les tentatives ennemies, nous pourrions, malgré tout, occuper sûrement l'Égypte. Je vais montrer que, si les destins contraires réservaient une issue malheureuse à nos projets, nous pourrions impunément nous désister de notre entreprise et faire tout rentrer dans son état normal. Supposez, en effet, que nous soyons repoussés par les Égyptiens et arrêtés sur mer par la flotte ennemie se précipitant à notre rencontre pour nous barrer le passage, et calculez l'étendue du dommage et des pertes que nous éprouverons. Si vous le voulez, supposez en outre que le ciel et la mer combattent contre nous, et qu'un climat meurtrier répand la contagion dans notre armée ; ajoutez à cela tous les autres fléaux contre lesquels la science humaine est impuissante; enfin, que peut-il nous arriver de plus désastreux que la perte de notre armée et de notre flotte? Admettons que deux cent mille hommes, si l'on compte les matelots et les soldats, trouvent la mort dans cette expédition (ce qu'à Dieu ne plaise!) et que nous éprouvions le sort de Charles V, dont la flotte fit naufrage devant Alger, et celui de Philippe II, dont les vaisseaux se perdirent dans le canal ; est-ce que la France se montrera plus faible? Ne savons-nous pas tous que la France, à cause de sa population immense, abonde en soldats, que ses trésors sont comme des fleuves inépuisables? Mais il n'est pas raisonnable de supposer une entière destruction de notre armée et de notre flotte. Nos vaisseaux peuvent être repoussés ou brisés par les ennemis ou par les flots, mais ils ne seront pas tous anéantis. La mer Méditerranée est si vaste, les ports de l'Italie, de la France et de l'Espagne sont si voisins qu'un abri sûr serait facilement offert à notre flotte en danger.

XLIII. Il est à craindre, direz-vous, que notre armée, une fois débarquée, n'éprouve le sort de celle de saint Louis. Mais les temps sont bien changés. En lisant le récit de cette expédition, on sent que les chrétiens manquèrent de deux choses principales, d'armes à feu d'abord, ensuite de navires pour occuper le Nil. Les Sarrasins, au contraire, étaient abondamment pourvus de ce qui faisait défaut aux chrétiens. L'histoire de cette expédition par Joinville, qui fut l'ami et le compagnon d'armes de saint Louis, montre assez que ce qui fit éprouver les plus terribles désastres aux chrétiens, ce fut le feu grégeois des Sarrasins auquel ils n'avaient rien à opposer.

Aujourd'hui les Égyptiens font peu usage d'armes à feu, tandis que ces mêmes armes sont notre principale force. Autrefois l'Égypte était très-bien fortifiée pour l'époque; aujourd'hui elle est presque sans défense et ouverte à toutes les invasions.

Les Sarrasins d'autrefois avaient puisé une grande expérience dans leur contact avec l'Europe; les Égyptiens d'aujourd'hui, arriérés de plusieurs années, ignorent complétement l'art de la guerre.

Enfin, une fois que notre flotte sera maîtresse dans le Nil, les transports et les communications deviendront faciles, et nous n'aurons point à redouter les inondations qui perdirent autrefois les chrétiens. Le plus grand avantage de cette position, c'est que, tout étant désespéré, nous pourrons aisément effectuer notre retour par le fleuve. Quant à la peste, à la cherté des vivres et à la difficulté de maintenir les soldats dans le devoir, j'en ai parlé plus haut ou bien j'en parlerai plus longuement en temps utile.

XLIV. Le plus beau côté de cette expédition, c'est que nous pourrons y mettre un terme à notre gré, car nous n'aurons pas d'ennemi qui nous poursuive. Notre repos sera pour lui comme une paix. J'en conviens, les Turcs songeront alors à fortifier l'Égypte, mais ce ne sera là qu'un dommage privé comme celui qui résulte de la cessation d'un gain. Instruits par la nécessité, les Turcs, il est vrai, prendront plus à cœur les affaires maritimes, mais les conséquences s'étendront à tous les chrétiens et seront plus terribles pour l'Espagne et l'Italie que pour la France.

Les Français se désisteront de leurs entreprises en Égypte aussi impunément que le fit autrefois Genséric. De même qu'alors les Maures ne poursuivirent pas ses troupes dans leur retraite, de même les Turcs ne songeront pas à nous frapper de la peine du talion. L'Italie, à cause de sa situation, éprouvera les effets de leur rage plutôt que la France. La Sicile sera saisie de frayeur; mais Marseille, Toulon et les rivages de la Provence seront facilement mis à l'abri des attaques des Turcs.

XLV. Quoi qu'il arrive, l'honneur et la réputation de la France seront à couvert. L'honneur et la réputation, qui, pour les Turcs, sont comme des choses de l'autre monde, ne sont point en danger ici, et ce n'est pas à notre faiblesse, mais bien à l'éloignement et à la nature des lieux, que l'on attribuera l'insuccès de notre entreprise. Nous voyons, en effet, que la réputation du roi et de la nation ne perdit rien de son prestige lorsque Genséric abandonna peu glorieusement Candie. Pas une insulte ne fut épargnée à Constantinople, et les Barbares prodiguèrent les affronts dont on ne leur demandait pas réparation. Dans ce cas rien ne change dans le royaume, il n'y a qu'une malheureuse entreprise de plus. Je vous le demande, en effet : en quoi aurons-nous souffert dans notre puissance intérieure, dans notre amitié avec les souverainetés étrangères et enfin dans tous nos intérêts? Si l'Autriche venait à nous abandonner, nous qui avons tant fait pour l'Église, pour la religion, pour l'Europe tout entière, elle ne devrait s'en prendre qu'à elle-même en voyant toutes les conséquences qui en seraient la suite. Les Turcs oublient aussi vite les injures que les bienfaits ; ils ne sont préoccupés que des craintes ou des intérêts du moment. Les événements passés ne sauraient plus les émouvoir; ils n'en rechercheront donc pas moins l'alliance de la France. Au contraire, la terreur que leur inspireront nos armes lorsqu'ils les auront une fois senties, les conseillera et persuadera bien mieux que ne pourraient le faire la modération et la bienveillance. Ils feront leur possible pour ne plus se trouver en face de nos soldats et de nos épées. Alors la Belgique, l'Espagne et l'Allemagne réduiront leurs prétentions. Elles y seront bien contraintes par la nécessité, quand elles verront que nos armées, plus fortes que les leurs, ont dû se retirer devant les destins où les hommes.

XLVI. J'ai montré assez clairement, je pense, que nous pouvons entreprendre en toute sécurité une expédition en Égypte ; je passe maintenant à l'opportunité du temps où elle doit avoir lieu. C'est maintenant que nous devons faire cette expédition, d'abord parce que les circonstances sont favorables, et qu'une occasion propice ne se représentera peut-être plus. Je dois donc prouver deux choses : premièrement, que l'expédition projetée obtiendra l'assentiment de tous les Français; en second lieu, que si nous laissons s'échapper l'occasion de la faire, elle ne reviendra peut-être plus jamais. L'expédition en Égypte est d'accord avec les destinées du roi et du christianisme ; les sentiments de la France et les actions elles-mêmes du roi le montrent assez. Du reste, cela ressort, je crois, des débats et des discours qui ont eu lieu depuis que nous agitons cette question. Il me suffira donc de dire quelques mots sur les points les plus saillants et de les faire ressortir dans un parallèle.

XLVII. Il appartient à la France de devenir l'arbitre du commerce du Levant. L'Égypte est le centre de ce commerce. Une fois maîtres de l'Égypte, nous aurons obtenu plus en une année que par toutes nos lentes entreprises à Madagascar. La France veut la ruine de la Hollande ; mais la Hollande sera vaincue en Égypte où elle ne peut se défendre. La Fable raconte que la mère de Méléagre, indignée contre son fils, plongea dans les flammes ardentes son infortuné rejeton et fit brûler ses entrailles. Un feu aussi dévorant s'allumera dans le cœur des Hollandais, et ils iront chercher ailleurs des aliments à cette flamme en s'ouvrant une route plus directe vers l'Inde.

La France ambitionne d'être la première des nations ; eh bien ! elle acquerra le titre de reine de l'Orient qu'elle a tant de droit de rechercher. La France, non contente d'être appelée la fille aînée de l'Église, voudrait encore un titre qui est l'apanage de l'Empereur. (Ce ne sont là, du reste, que des noms spécieux qui nous poussent dans bien des entreprises sous des prétextes religieux.) Voici l'occasion d'acquérir ces deux titres et de mériter les applaudissements et l'approbation de tout le monde, en faisant une guerre cent fois plus utile que toutes les guerres entreprises dans un but sacré ou profane, une guerre telle que Machiavel l'approuverait, Machiavel qui riait de toutes les choses sacrées et dont l'axiome fondamental dit qu'il faut cacher le profane et l'utile sous les apparences du sacré et de l'honnête.

Certes, la religion peut bien jouer encore un grand rôle dans une entreprise, quand même les fruits de cette même entreprise seraient doublés par les avantages profanes qui en sont le résultat. Dans l'Église il est bien permis de vivre de l'autel ; celui qui sert l'autel a donc bien raison de rechercher à la fois les intérêts publics et ses intérêts privés, en unissant toujours la justice à la sagesse. La France songe à faire prospérer l'autorité de l'Église à Rome, à réformer les abus et enlever les impôts. Comment arrivera-t-elle plus aisément à ce résultat qu'en mettant l'Italie entière à l'abri de la ruine qui la menace, et surtout en devenant maîtresse absolue dans la Méditerranée ? J'ignore si la France a des vues sur l'Empire d'Allemagne ; mais, si cela est, y a-t-il un moyen plus efficace de s'attirer l'affection publique, que de combattre pour l'Église, pour l'empire et pour l'empereur ? Si le roi ambitionne de devenir l'arbitre du monde, ce à quoi doivent tendre les vœux d'un monarque sage, est-il un moyen plus sûr que de l'emporter en puissance sur tout le monde, d'être le juge qui règle toutes les discussions, d'attirer à soi le monde entier, non-seulement par sa réputation de puissance, mais encore par sa réputation de sagesse, de sacrifier d'odieuses minuties au repos public, de faire de la France une espèce de gymnase militaire de l'Europe d'où sortiront d'illustres guerriers, de séduire les grandes familles et les grands génies en leur fournissant les moyens de déployer leurs talents, enfin d'être le vengeur de la justice outragée, le chef du christianisme, les délices de l'Europe et du genre humain, d'être comblé d'honneurs et de jouir de son vivant de la réputation qu'il se sera acquise? Une vaste carrière s'ouvre ici devant l'homme éloquent, mais j'ai horreur des longs détours de paroles. J'ai montré et mis au jour ce que j'appellerai les nerfs de la chose, et je ne veux pas m'arrêter aux conséquences, car des hommes éclairés, qui ont le talent d'écrire, suppléeront facilement à ce que j'aurai omis de dire. Il n'est pas un des articles que j'ai traités dans ce paragraphe qui ne mérite tout un chapitre, ou plutôt un livre entier, si on veut le traiter comme il convient. On verra en effet une multitude d'actions remarquables s'y présenter. Mais je suis borné par le temps; j'ai dit, du reste, au début de mon discours, que je n'entrerais pas dans des détails minutieux sur chaque chose, mais que j'en fournirais cependant assez pour persuader et pour prouver. Certes, une fois la chose faite, les poëtes et les panégyristes ne feront pas défaut.

XLVIII. Je vais prouver maintenant que nous devons nous hâter, car un plus long retard pourrait nous faire perdre les magnifiques occasions qui s'offrent à nous aujourd'hui. Plusieurs motifs doivent nous le persuader. Je vais les rappeler sommairement. En général, ce qui pèche aujourd'hui dans les affaires d'une nation ne péchera pas demain, et les destins ne favorisent ni la lenteur ni la nonchalance. Je ne vois pas ce qui nous retarde ni ce que nous cherchons encore. Les soldats et la flotte sont prêts; seul, le roi Très-Chrétien, qui est l'instigateur des nouvelles entreprises, a sur ses voisins l'avantage que jusqu'ici les Turcs ont eu sur de lâches chrétiens; je veux dire qu'il est toujours l'agresseur. Il n'a pas besoin de se plier aux exigences des autres puissances, lui qui tient en ses mains les destinées de l'univers qu'il change à son gré.

Comment croire que la France conservera à jamais ces prérogatives? Profitons pour nuire aux Hollandais du moment où les conspirations règnent en Angleterre et en Allemagne. Croyez vous que tout le reste soit tranquille? Non certes!

La guerre d'Espagne peut être la suite de celle de Hollande, et chacune d'elles peut être plus longue qu'on ne le pense. Comment se fier à la changeante Angleterre sans bonne caution?

L'ardeur religieuse s'éveillera et ne permettra pas au roi d'exécuter toutes ses volontés en Hollande. Enfin, qu'arrivera-t-il si les Hollandais, sous prétexte de combattre les Milésiens, s'unissent aux Turcs et renversent ainsi, en un clin d'œil, tout l'édifice de nos projets? Alors nous nous repentirons d'avoir trop tardé, mais il ne sera plus temps.

XLIX. Voilà quelles sont, du côté de l'Europe et du côté des Turcs, les raisons qui nous empêchent de différer. Il est certain que Kupriulius et son fils, grands vizirs, songent très-sérieusement à introduire une réforme en Turquie. Il importe au salut de l'Europe de les prévenir. Je vous le demande, que manque-t-il aux Turcs pour qu'ils sortent de leur assoupissement? N'ont-ils pas un corps et un esprit comme nous, un pays meilleur? Fussent-ils les plus sots des hommes, il y a chez eux un nombre très-considérable de transfuges qui pourraient facilement leur enseigner toutes les sciences divines et humaines dans lesquelles sont versés les chrétiens. Il n'y a qu'une application sérieuse et une volonté ferme qui manquent aux Turcs ; mais qui pourrait répondre qu'elles leur feront toujours défaut ? Il se flatte celui qui suppose que les sciences et les arts connus des chrétiens sont tous ignorés des Turcs. J'ai toujours pensé en moi-même que le long siége de Candie fut très-nuisible aux chrétiens, car il devint comme une école où les Turcs s'instruisirent à loisir. Il eût peut-être mieux valu que Candie fût prise tout de suite. Un voyageur a récemment observé, près de Constantinople, des traces de fortifications élevées dans le même plan que celles du reste de l'Europe. Certes, il est à souhaiter pour le bien commun de la chrétienté, qu'ils ne se réveillent jamais de ce profond assoupissement ; car s'il leur prenait envie quelque jour de devenir puissants sur mer, et qu'ils s'y appliquassent comme il faut, ils se rendraient formidables à toute la terre. Si une fois ils commencent à s'instruire dans ces arts, il ne faudra plus songer à faire la conquête de l'Égypte, mais bien à défendre ses autels et ses foyers.

L. Il me reste à vous faire ressortir en quelques mots la justice de cette cause. C'est la Turquie qu'on envahit, la Palestine qu'on délivre, l'Église dont on sert les intérêts ; c'est Dieu enfin qui nous récompensera d'un succès tant désiré. J'ignore si des alliances ont jamais existé entre la Turquie et la France ; pour le moment, il n'en est pas question, je crois. Lorsque dernièrement la France fournit des secours à l'empereur et aux Vénitiens, aucune alliance ne fut violée, pas plus qu'elle ne le sera et qu'elle ne l'est maintenant. Que dirai-je des outrages prodigués à l'ambassadeur français ainsi qu'à nos marchands ? On avait intercepté je ne sais quelles lettres d'après lesquelles il résultait que l'ambassadeur français s'entendait avec les Vénitiens, les ennemis de la Porte ; on manda Isaac qui s'excusa sur sa santé, et qui, ne s'attendant nullement à ce qui devait arriver, envoya son fils à sa place. Le grand visir reçut le jeune homme avec des menaces. Celui-ci laissa échapper quelques paroles un peu trop libres ; car il reprocha au visir de ne pas avoir le droit de le traiter de la sorte, et le menaça de la vengeance de son roi. Le visir, indigné en voyant qu'on osait lui résister, fit infliger au jeune homme un supplice tellement violent que ses dents en furent ébranlées. Ensuite le père et le fils, jetés en prison, échappèrent avec peine et à force de prières au tourment des fers.

Dans une autre circonstance, un ambassadeur français, ayant donné ordre qu'on annonçât au visir une victoire remportée sur les Espagnols, croyait lui donner ainsi une preuve de déférence, mais le visir répondit au messager : « Je ne m'inquiète guère si les chiens mangent les porcs ou si les porcs sont mangés par les chiens, pourvu que les affaires de l'empire du sultan soient en prospérité. » Autrefois, déjà, lorsque les offenses entre la France et la Turquie étaient moins nombreuses, M. de Sancy, homme remarquable, fut longtemps détenu dans les fers parce qu'il était soupçonné d'avoir fourni des secours au chef polonais Koniek pris dans sa fuite. Aujourd'hui, le nom Turc est devenu si odieux que des religieux français, pour échapper aux vexations des Turcs, invoquant le bon droit pour les persécuter, n'eurent d'autre ressource que d'implorer la protection de l'ambassadeur polonais.

LI. C'est pourquoi, dans l'expédition que nous voulons entreprendre, la bonne cause et ce que les hommes appellent les droits de la guerre sont de notre côté.

Si un des censeurs les plus rigides de la morale, parlant au nom de la conscience, faisait connaître ici son opinion, non-seulement il approuverait cette guerre, mais encore il irait jusqu'à nous en faire un devoir. L'illustre Bâcon, dans un traité de la guerre sacrée, prouve très-bien que celui qui est revêtu du souverain pouvoir a le droit de faire la guerre toutes les fois qu'il s'agit de propager chez les barbares le culte et la religion. Mais la guerre doit être faite avec cette modération que dicte la raison, afin qu'on ne soit pas exposé à en retirer plus de mal que de fruits, et qu'on ne travaille pas à la ruine ni à la servitude des nations, mais à leur bonheur et à leur régénération. C'est ainsi qu'agirent autrefois Bacchus, Hercule, Thésée, Osiris, Sésostris, Alexandre et les autres héros qui domptèrent les monstres et les tyrans et dont la fable chante les exploits. Mais telle ne fut pas la conduite d'Alaric, d'Attila et de Tamerlan, qui s'intitulaient les fléaux de Dieu et prétendaient être nés pour soumettre les nations. C'est à bon droit qu'un sage a dit qu'un monarque puissant et éclairé est comme le guide du genre humain; qu'il n'est pas seulement l'ami d'une nation, mais l'ami de tous les hommes, et qu'il doit faire la guerre non aux hommes, mais aux bêtes, c'est-à-dire aux barbares, pour défendre ses intérêts et non pour le plaisir de tuer. Combien, à plus forte raison, nous avons le bon droit pour nous dans une guerre où il s'agira non-seulement de propager, mais de maintenir et de conserver la religion et de délivrer une malheureuse nation qui gémit sous le joug des barbares et qui perdra bientôt les restes de la foi?

Le salut d'une grande partie du genre humain dépend de la résolution que nous prendrons, car les intérêts de Dieu et de l'âme sont ici certainement en jeu.

L'Égypte, la Palestine, l'Euphrate ne seront point les limites du règne du Christ, comme elles l'étaient autrefois de la puissance romaine, car la France étendra l'empire du Sauveur depuis l'Égypte jusqu'aux nations les plus reculées du globe, non-seulement jusqu'au Japon, contrée très-instruite de tout, excepté de la vraie foi, mais encore à la honte du reste de l'Europe, jusqu'aux rivages les plus inconnus de l'Australie, qui sont les limites du monde.

Cette expédition délivrera l'Europe de la terreur où elle est plongée, le christianisme qui se déchire lui-même au grand scandale de tant de siècles, les chrétiens de l'Orient gémissant sous le joug des infidèles, le monde devenu barbare, et le genre humain frappé d'aveuglement.

Notre roi lui-même, qui doit compte au Roi des rois de l'usage qu'il fait de sa puissance et de tous les talents qu'il a reçus du ciel, remplira ainsi un vœu qui a été contracté presque en son propre nom. Il n'est pas possible de concevoir une expiation plus rigoureuse des fautes commises, une réparation plus entière des torts causés à l'Église ou à la république, ni une moisson plus abondante de mérites.

Examinez bien toutes les faces de la question, et dites, si vous l'osez, qu'il y a quelque chose de plus facile, de plus grand, de plus saint et de plus universel? Qu'est-il besoin ici de prononcer de longs discours? Ne suffit-il pas, puisque l'on parle à des hommes intelligents, de montrer tout ce qu'il y a là de mérite, de gloire, de sagesse, de vertu, de piété et de justice; tout ce qu'il y a d'héroïque, d'apostolique et de chrétien, il faut bien le dire en un mot? Les poëtes français, dont l'esprit presque céleste semble puiser aux cieux mêmes ses idées inspirées, et peint les choses avec de scouleurs si vives que l'harmonie des vers met nos âmes en extase, seront eux-mêmes forcés d'avouer ici leur impuissance. Age heureux auquel tous les siècles porteront envie!! Trois fois heureux, nous-mêmes, qui aurons vécu dans ces temps et aurons accompli les desseins de Dieu en servant d'instrument à sa volonté suprême!! Mais nous aurions à redouter la colère vengeresse du ciel, si nous refusions d'obéir à sa voix qui nous commande des choses aussi saintes. Je m'arrête, car je me garderai bien de mal augurer de mes vœux. L'âge d'or renaîtra pour le christianisme et nous verrons la primitive Église ressusciter florissante. Quant à étendre la puissance humaine au moyen de machines de guerre, à maîtriser les événements et, ce qui importe le plus, après le salut de l'âme, à pourvoir et à veiller à la santé du corps avec les secours de la médecine, nous délibérerons là-dessus d'une manière plus efficace dans une autre circonstance. Je me fais fort de répondre à l'argument qu'on pourrait me poser sur cette question, et de prouver qu'un homme, même ignorant dans cet art, peut obtenir d'importants résultats en n'employant que les remèdes politiques. Le soleil de la justice dissipera par sa clarté les nuages de l'incertitude, et l'on verra une morale parfaite, cette image de la vie céleste, passer de l'imagination des philosophes dans la réalité de la vie humaine. La loi imposée par le Christ sera respectée autrement que de nom, et à la foi sera rendue sa beauté première. C'est au roi que nous devrons tous ces heureux résultats, car c'est lui qui en sera l'auteur. Le nom de Louis deviendra par la suite un nom prédestiné, et la postérité pieuse honorera deux saints du même nom. Je me suis laissé entraîner en parlant et, ayant interverti l'ordre de mes idées, je ne puis plus trouver d'issue. Je suis comme en présence d'une vaste mer et, dirigeant mes voiles d'un autre côté, je rentre dans le port. D'autres s'élanceront dans la route que j'ai ouverte, et, plus heureux que moi, ils fourniront une plus longue carrière. Ils s'éloigneront plus que moi du rivage et sauront éviter les nombreux écueils qui se présenteront à eux. Maintenant des choses bien plus grandes se présentent à mes regards et devant mes yeux s'ouvrent les secrets de l'avenir.

LII. Ce que je fais aujourd'hui pour entraîner le roi dans une expédition contre l'Égypte, d'autres le feront un jour pour pousser le Dauphin à diriger ses entreprises vers d'autres pays ; du reste, il faut bien laisser quelque chose à faire au Dauphin, pour qu'un jour Alexandre ne se plaigne point des conquêtes de son père Philippe. Pour moi, je me contente de le prédire. Le nom de Charles sera un nom aussi apostolique et d'aussi heureux présage que celui de Louis.

Je cherche une occasion qui me permette de finir mon discours, mais la matière abondante que je traite me fournit pensée sur pensée ; je terminerai pourtant par les paroles que saint Louis adressa, dans un songe, à son petit-fils, paroles que je mis dans la bouche du saint roi, lorsque Louis se croyait en vue de la Hollande et qu'il voyait sa flotte battue par une tempête imaginaire.

Alors, plus à loisir, et sous le titre d'histoire de l'avenir, je composai, à l'exemple des Romains, une fable d'un nouveau genre. C'était comme une prophétie politique inspirée par l'état actuel du monde et la série d'événements qui devaient s'accomplir, et n'ayant d'autre but que de réformer le genre humain, ce à quoi tendaient toutes les conséquences qu'on pouvait en tirer.

Il fit entendre en vers français un oracle que la bouche des mortels a reproduit dans les vers latins qui suivent :

« O mon fils, noble rejeton des Dieux, né pour de meilleurs destins, tu n'as été poussé ici ni par la rage des flots ni par les fureurs des vents, mais par le père des Dieux à qui toute cette tempête obéit. Tu es le jouet de la volonté céleste. Vois le rivage ! C'est ici que les crimes de mes pères m'ont livré à tous les maux. Ces marques qu'un fer aigu a imprimées à mes bras captifs, tu les vois. Le sang peut seul les effacer. Deux fois nous avons tenté la loi du ciel, deux fois nous avons fait une guerre vaine. Le fer d'abord, la peste ensuite! Nos cœurs ont été percés de leurs traits de feu.

« Le temps n'était pas encore venu et la nation chrétienne n'avait pas achevé son expiation.

« Prenant enfin pitié de mon malheureux destin, le Père tout-puissant m'a fait trouver le repos dans l'asile de la mort.

« Il sèche mes pleurs et me dévoile les secrets de l'avenir. Il m'a montré du haut des cieux les armes de mon petit-fils dirigées sous de meilleurs auspices. Et maintenant il veut que je hâte le but prochain et que de mes restes surgisse celui qui, avec la torche et le fer, poursuivra le barbare.

« Prends pitié du malheureux Orient, ô mon fils! Sois ainsi l'honneur de ton pays et obéis aux ordres du ciel. Alors ce sol, plus heureux pour toi que celui de la Hollande, ce sol qui enfanta jadis des merveilles d'art et de génie et qui est maintenant barbare, te livrera l'empire du Levant et de l'immensité des mers.

« Ni les gouffres, ni les murailles ne pourront protéger la Chine. A tes pieds tu fouleras Gaza et Surate ; puis ce sera Lukach et Beach.

« Tu franchiras les pôles et tu dresseras ta tente par delà les plaines où parmi les flots croissants court le Samoïède, race vouée à d'éternelles ténèbres.

« Tu iras ensuite jusqu'à l'extrême limite du monde, terre mystérieuse et condamnée à une éternelle immobilité et partout tu porteras l'étendard du Christ.

« Si la terre te manque, ton ardeur te donnera des ailes et tu t'élanceras vers d'autres mondes et d'autres planètes, jusqu'à ce qu'enfin l'Olympe te reçoive dans son sein que tu n'auras point encore exploré. »

TROISIÈME PARTIE*.

PROJET DE FABLE POLITIQUE

POUR FAIRE

SUITE AU PROJET DE CONQUÊTE DE L'ÉGYPTE.

Pour mieux me faire comprendre, j'exposerai ici la fable politique que j'avais le dessein de peindre avec les couleurs que lui ont imprimées les événements, et d'appeler Ludovisie. Supposons que c'est quelque historien d'il y a cent ans qui a la parole en ce moment. L'Europe était émue en face des immenses préparatifs de guerre de Louis. L'élite de la milice était sur pied, et les forces imposantes de la nation la plus vaillante, animées par le fougueux

---

* Cette fable politique, dont l'épilogue en vers finit la seconde partie, « *Nate, Deum soboles*, etc. » ne trouvant pas sa place dans la suite du discours, mais ayant été préparée par Leibniz pour servir de conclusion à son projet, doit figurer ici et faire suite au projet de conquête de l'Égypte. Il n'y a d'ailleurs aucun doute sur l'authenticité de ce morceau, dont une partie a été insérée par Leibniz lui-même dans son œuvre définitive.

génie du prince, avaient répandu la terreur jusque chez les peuples les plus éloignés.

L'effroi s'était emparé des Espagnols, qui se souvenaient des sujets de discussions auxquels ils pouvaient encore donner lieu.

Redoutant l'incendie que pouvait allumer l'étincelle partie de Cologne, et gardant un vif souvenir du danger qu'elle avait couru lorsqu'Henri, dans le voisinage de Juliers, avait fomenté un incendie pareil, l'Allemagne s'apercevait, mais trop tard, de sa propre faiblesse. Tout à coup le roi prolongea la trêve accordée aux Espagnols, et, par son langage conciliant, dissipa les craintes de l'Allemagne.

Selon toute apparence, le poids de la guerre devait retomber tout entier sur les confédérés belges. Ces derniers, sauvés jadis par les Français et les Anglais et n'ayant plus à redouter l'Espagne, avaient tourné leurs armes contre leurs libérateurs. Ce ne fut même pas sans violence qu'ils abandonnèrent tout à coup les Français, qui protestèrent en vain lors du traité de Munster. Ils chassèrent presque les Anglais des Indes Orientales, et ne leur laissèrent en Amérique que ce qu'ils dédaignaient pour eux-mêmes. A force d'industrie, d'activité et de persévérance, ils leur ravirent tout leur commerce.

Charles II, roi de la Grande-Bretagne, comprit que si l'on n'intervenait pas, les choses iraient trop loin, mais, voyant qu'on ne pouvait vaincre les Belges ni par l'industrie, ni par les arts de la paix, déterminé d'ailleurs, soit par l'insolence des Hollandais, soit par le désir de purger son royaume d'un ramassis d'hommes dépravés et d'avoir en son pouvoir l'armée et la flotte, c'est-à-dire toutes les apparences de la domination, il avait fort à cœur de se venger de ceux à qui il imputait la première sédition de l'Angleterre et le ferment des nouveautés qui devinrent un obstacle pour les desseins de la monarchie dans le présent comme dans l'avenir. Il gardait aussi le souvenir de la guerre heureusement faite par Cromwel, et espérant que les Hollandais céderaient à la terreur, obéissant enfin à la facilité de son esprit, ou plutôt aux instances de ses ministres, corrompus peut-être par l'or de ceux qui étaient intéressés à entraîner les deux nations dans des hostilités, il déclara aux Hollandais une guerre qui tourna contre lui-même, moins à cause des forces ennemies que des circonstances. Sollicitée par les Anglais au moment où elle songeait à s'emparer de la succession de la Belgique, la France, pensant que si elle ne prenait point parti contre les Hollandais la guerre traînerait plus en longueur, fut sourde aux prières qui lui étaient adressées. Mais la guerre et la peste ayant décimé les habitants de leur capitale, les Anglais accablés n'eurent bientôt d'autre désir que celui de la paix, dont la nature des événements faisait aussi un besoin pour les Hollandais.

Ainsi, l'on déposa non-seulement les armes, mais encore on conclut le traité de Bréda, sous le fallacieux prétexte de contraindre l'Espagnol à donner satisfaction à la France, sous l'influence de laquelle il se trouvait déjà placé, mais en réalité dans le but de se défendre si l'on voulait s'affranchir des craintes inspirées par la France.

Ce traité s'appela la triple alliance; il avait pour

auteurs les Hollandais, qui oubliaient les services que la France leur avait récemment rendus, et ne voyaient que les périls qui dans l'avenir pourraient leur venir d'elle à cause du voisinage. Ils étaient indignés contre les Anglais, inopinément entraînés dans le parti de la France par suite d'une alliance conclue depuis peu de jours. Les Suédois, divisés entre eux, étaient incapables de rien faire, quelque secours qu'on leur prêtât, et même, dans la diète, beaucoup de membres cherchaient à détacher la Suède de la France, afin de retenir le roi dans l'inactivité, une fois qu'il aurait atteint sa majorité, en le privant, pour faire la guerre, des ressources que la France seule fournissait. Ce traité fut accueilli avec enthousiasme par la Hollande et par l'Angleterre, où l'on fait sonner bien haut les mots : liberté, religion, et d'autres aussi spécieux.

Mais Charles, qui avait cédé à un premier mouvement plutôt qu'au désir de se venger d'une injure prétendue de la France, revint bientôt à son caractère, et considéra les Français comme des amis et les Hollandais comme les ennemis de sa monarchie et de sa maison. Il ne tarda pas à regarder les premiers comme les protecteurs de la hiérarchie, et les seconds comme des presbytériens, c'est-à-dire des indépendants.

Louis, exaspéré par les machinations et les injures des Hollandais, et voyant l'ingratitude de ceux que la protection de ses ancêtres avait arrachés à une perte certaine, résolut de maintenir d'abord les Espagnols, les Suédois et les Anglais, et d'attaquer ensuite cette compagnie de marchands qui affichait à la Haye une insolence incroyable, posait des conditions et osait tout ce qu'il y avait de plus indigne ; mais l'importance des affaires empêche souvent un prince de suivre ses inclinations : c'est ce qui arriva à Louis, qui fut entraîné d'abord dans un autre sens. C'est ce que je crois utile de raconter en remontant au principe.

Dès que son âge et les loisirs de la paix lui permirent de diriger ses pensées vers les affaires intérieures, Louis, s'étant assuré de ses forces et les ayant organisées, résolut de conduire à bonne fin les entreprises interrompues d'Henri le Grand. Son vaste génie lui avait fait comprendre que pour concevoir les plus hautes espérances et devenir l'arbitre des affaires de la chrétienté la puissance navale et le commerce des mers lui faisaient seuls défaut : la France, en effet, abondait en hommes de cœur, qui donneraient des preuves de leur génie et de leur bravoure militaire dès qu'ils auraient pris des habitudes d'ordre et de constance, bien précieux, fruit de l'expérience de quelques années. Ce qui accroît les richesses d'un pays, c'est la fertilité du sol, l'industrie et un nombre limité d'alliances matrimoniales.

Le royaume importait plus qu'il n'exportait chaque année : il ne fallait donc plus que la paix pour affaiblir les voisins et porter au plus haut degré la prospérité de la France, les étrangers, exclus soit par une loi expresse, soit par la ruse, soit enfin par la force de la faculté d'importer leurs marchandises en France, ou ne pourraient ou n'oseraient se venger en opposant la force à la force, ou la ruse à la ruse, ou une loi analogue à celle qui les frapperait. En supposant même que les Hollandais veillent à ce que, par la voie d'Angleterre ou d'Italie, rien de fabrique française ne pénètre de France dans leur pays, ou qu'aucune matière première n'y soit exportée de chez eux (ce qui leur sera très-difficile, car la France produit des matières premières dont ils ne peuvent guere se passer), obligés de l'aller chercher, ils auraient encore à acheter contre leur gré l'objet transformé, car on ne trouve guère chez eux d'objets dont ils puissent rendre la France tributaire. Le Nord abonde en hommes et en objets plus grossiers, qu'il envoie au reste du monde, et il emprunte au Midi ses lois, ses religions et ses produits artistiques. Il pourrait se passer pourtant de tout le reste, lui qui est pourvu de tout ce qui est nécessaire à la vie, et à qui il ne manque que ces délices que la terre doit à la faveur ou à la colère des Dieux. L'Allemagne, la Pologne et les autres nations de ces contrées ne se dépouilleront pas facilement de la simplicité invétérée chez elles depuis des siècles, sous apparence de liberté et en présence de la faible autorité des chefs et des factions, qui la divisent à tel point qu'une amélioration dans l'état de choses qui pèse sur elles semble impossible.

Si enfin les habitants du Nord ne veulent pas se réveiller un jour, et, ce qui est plus difficile, conspirer pour leur propre salut, il sera facile de les contraindre, non-seulement par les armes, mais encore par des digues jetées sur les fleuves, ces voies naturelles des échanges. Les Français bloqueront aisément le haut et le bas Rhin. Le Wéser et l'Elbe seront facilement investis par les Suédois, qui pourront exercer des ravages sur la Vistule, qu'ils occupaient naguère. On peut compter sur les Suédois, qui, nés soldats, sous un climat rigoureux, ne pourraient vivre sans la guerre ni rien faire de mémorable sans le secours de l'étranger.

La nature des choses les rend donc les auxiliaires de la France, et rien ne leur importe moins que la paix de l'Europe ou quelque traité ayant pour objet de la maintenir. En outre, si leur roi est sage, il comprendra que ce louage à l'étranger est nécessaire, et qu'il est dans l'intérêt du Nord, sujet à une crainte perpétuelle. S'il arrive que des familles puissantes, satisfaites de l'état actuel des choses et lasses d'acquérir, forment comme une espèce d'oligarchie, il sera bon, lorsqu'un roi manquera de soldats, d'ouvrir au reste de la noblesse une nouvelle carrière de gloire, d'honneurs et de richesses. . . . .

Il est certain que c'est en France que le commerce par terre a ses plus profondes racines. La France peut, en effet, se dispenser de recourir au Nord, et, en outre, on fait le plus grand cas de ses produits, qui se distinguent par un cachet de confortabilité et d'élégance; ensuite, l'assentiment volontaire des autres nations a fait de la France l'arbitre suprême du bon goût. Quelques années d'épargne, et cette contribution de l'univers serait pour elle une source de richesses et de puissance, une sorte d'instrument des plus grandes choses.

En Italie et en Allemagne, les princes sont la plupart du temps besoigneux; ils vont où afflue le luxe, et souvent se donnent au plus offrant, surtout lorsque la nécessité les pousse à se mettre en quête d'un protecteur. Les cadets de grande famille, ne pouvant vivre honorablement que dans la carrière des armes, iront nécessairement se fixer là où il y aura de l'ardeur à déployer et où l'on pourra espérer accomplir de grandes actions. Le peuple suivra certainement la même impulsion, et la France deviendra l'arsenal et l'école militaire de l'Europe. En outre, la France est autorisée par le traité de Westphalie même à se mêler aux controverses, aux assemblées allemandes, à l'exécution des traités de paix, enfin à toutes les affaires. Les Italiens, toujours portés à redouter les Espagnols, se sont depuis longtemps accoutumés au patronage de la France; et du reste il ne leur est plus possible de revenir sur leurs pas, car, vu la proximité de l'ennemi, le temps n'est pas loin où, comme sous Pépin et sous Charlemagne, ils feront appel à l'aide des Français.

L'Espagne, dans son intérieur, fait à peine plus de bruit que n'en ferait le Portugal. Le roi y est enfant, et, au sein d'une population d'ailleurs faible, le danger peut venir de l'Afrique et de mille autres côtés. L'Empereur sera retenu d'abord par les agitations de la Hongrie, et ensuite les factions des princes empêcheront son armée de rien entreprendre. Enfin, si haut qu'on remonte dans le cours des siècles, on trouvera avec peine une époque où une occasion plus favorable se soit présentée à un prince pour qu'il pût concevoir de hautes espérances.

Parmi les plus grandes espérances que puisse concevoir un roi chrétien, celle d'être l'arbitre du monde doit passer en première ligne. Prétendre parcourir l'univers à la façon d'Alexandre ou de César, et semer la révolution dans les empires, serait un projet insensé et complétement en désaccord avec l'état actuel des choses. Mais revenons à notre sujet. Nous avons dit que pour devenir l'arbitre des affaires il ne manque au roi que d'acquérir la puissance navale et d'être en possession des échanges maritimes. Les Espagnols, les Allemands et les Italiens n'accepteront cette puissance qu'autant qu'ils seront tenus en respect par la majesté de la France. Si cette dernière devient maîtresse sur mer, qu'on le sache bien, elle sera souveraine absolue. Tranquilles chez eux, ses habitants seront assez riches et auront assez de forces pour se défendre et pour exciter en sous-mains leurs ennemis, et les inquiéter sur leur vaste littoral, qu'ils ne pourront suffisamment garder à cause de son étendue. Le premier parti à prendre, c'est de les mettre aux prises entre eux. On trouvera facilement des causes de dissentiment. Toutes les forces de la France doivent être tournées contre la Hollande. En effet, les Hollandais sont odieux à tous les monarques. Ils passent partout pour être des fauteurs de rébellions. Haïssant ceux dont ils ne peuvent être les rivaux par l'industrie, ils ne diffèrent des Juifs que parce qu'ils ne sont pas circoncis. Ils égalent les Juifs par la négligence du vêtement, par la basse poursuite du gain, par la patience avec laquelle ils supportent les injures, et enfin par l'opiniâtreté dans le travail.

Les motifs qui ont rendu les Juifs odieux aux habitants de l'Allemagne et de l'Italie ont dû faire détester les Hollandais par tout l'univers. Les Hol-

landais vivent aux dépens de la sottise des autres
peuples. Vienne le réveil de la France, et ils perdront beaucoup, surtout si on leur ferme l'accès
des produits de l'Allemagne, de manière que tous
les bénéfices commerciaux retournent aux Français.
Il sera très-possible de les éloigner des marchés de
l'Allemagne par la voie de Cologne. Ils seront ainsi
bloqués de front et par derrière, surtout si l'Angleterre nous prête son concours. Il s'ensuivrait qu'une
telle multitude d'hommes, se trouvant enfermée
quelque temps, serait bientôt en proie à des séditions, car depuis longtemps a disparu de chez eux
cette paix intérieure, source de la constance avec
laquelle ils opposèrent une résistance si désespérée
aux Espagnols. Il n'y a pas là de ces corporations
d'artisans avec lesquelles les républiques ont coutume de refréner la multitude, si difficile à alimenter
en temps de disette, et si l'on doit des éloges à l'esprit hollandais en temps de paix, il est très-dangereux en temps de troubles. Il est constant qu'il existe
en Hollande une foule d'ouvriers et de marins qui,
par leur multitude même, procurent d'immenses
avantages aux marchands, dont ils sont les serviteurs. C'est ainsi qu'ils gagnent leur pain de chaque
jour, et la plupart n'ont plus de quoi vivre pour peu
que le commerce s'arrête quelque temps seulement.
En effet, une bonne partie de ce qu'on y fabrique
s'exporte au dehors de la Hollande; or, si l'entrée
et la libre sortie des marchandises se trouvait interceptée par une guerre anglo-française, il arriverait
nécessairement qu'il y aurait autant d'hommes inutiles qu'il y en a maintenant d'employés à ce labeur.

De là l'impossibilité de gagner sa vie et la nécessité de s'expatrier pour un grand nombre d'habitants, que la France pourrait utiliser s'ils venaient se réfugier dans son sein ; et ils y viendraient en effet, si on les attirait par la perspective de certaines faveurs. Ils exerceraient en France l'art nautique ou le pilotage. C'est ainsi que jadis l'art du tissage fut introduit en Angleterre par des réfugiés belges ; c'est ainsi que l'Inde orientale se servit des navires belges pour chasser les Portugais, c'est-à-dire d'autres Belges. . . . .

Des réflexions de ce genre et d'autres plus profondes encore agitaient Louis à l'âge de vingt ans, et lorsqu'il commença à régner par lui-même. J'ai voulu les exposer, pour mieux faire ressortir la face des choses.

Dans l'intervalle étaient survenus des événements de nature à exciter l'attention. Les Hollandais, tranquilles du côté de l'Angleterre, avaient commencé à manifester plus insolemment leur confiance. Leurs envoyés et leurs salariés s'en allaient çà et là déclamer en Europe contre la France. Ils faisaient revivre la dénomination odieuse de monarchie universelle, et ils insinuaient que la France, succédant à cet égard à l'Espagne, avec plus de succès peut-être, hériterait aussi des mêmes haines. Enfin ils comprirent que la guerre qu'ils voyaient menaçante s'avançait à grands pas, que le repos même imprimerait à la puissance de la France plus d'habileté, et que bientôt les Français seraient invincibles et leur porteraient des coups mortels. Les Français savent très-bien endurcir leurs corps, et leurs facultés intellectuelles sont plus grandes que celles des Hollandais; l'essentiel est qu'ils apprennent à se discipliner. Un roi opulent peut aisément se donner des vaisseaux, des matelots, et pour acheter un attirail maritime il peut trouver des ressources chez les hommes de sa nation, qui n'ont point oublié l'honneur de la patrie ni l'amour inné qu'ils ont pour leurs souverains. Cet espace de terre que couvre la France, et qui de deux côtés est baigné par la mer, deviendrait bientôt, si l'on prenait les mesures nécessaires, une sorte d'arsenal naval, à la hauteur des desseins de l'Europe.

Si les desseins de la France manquent de persistance, l'autorité du roi ainsi que le prestige de sa puissance, chez les siens et à l'étranger, en souffriront; voulût-on même plus tard reprendre ces projets avortés, on en serait peut-être empêché, et une occasion excellente se trouverait perdue. Si, au contraire, on met sans retard ces projets à exécution, les secours des particuliers, sous forme de sociétés, ne manqueront pas au roi. Grotius fut député vers ce prince, sous prétexte de le prier de rendre au commerce sa force primitive : or on savait qu'à moins de se départir de sa ligne de conduite, le roi ne pouvait y consentir. Aussi Grotius avait-il reçu ordre de joindre les menaces aux prières; car, s'il devait revenir sans avoir rien obtenu, les marchandises françaises ne seraient reçues en Hollande à aucune condition. Voilà quelle couleur on donnait à la négociation, de manière à forcer le roi, dont l'esprit était si vif et si soucieux de sa gloire (l'unique passion de son règne), à précipiter imprudemment ses projets. Grotius exposa son mandat, et n'obtint rien. Aussitôt les ordres de Hollande interdisent les produits français, et entre autres les eaux-de-vie. Le roi dut être irrité de cette mesure, mais elle ne le porta pas à faire des concessions.

Tout prend dès lors les apparences de la guerre, et, pour mieux s'attirer le courroux du prince, ils prohibent les fruits du sol, comme le vin, le lin et le chanvre ; enfin ils rompent ouvertement avec une nation rivale. Sûr de la guerre, le roi sentait que la paix ne dépendait plus de la seule Angleterre ; que, restée seule, la France ferait marcher sa flotte contre les Hollandais. Il fallait saisir l'occasion, réaliser les espérances conçues, et profiter d'un armement monté à tant de frais.

Tenté par des monts d'or et par l'espoir de recouvrer sa domination sur les siens, Charles était d'ailleurs peu audacieux de sa nature. On lui offre de soudoyer son armée, et d'éviter ainsi une convocation des chambres du parlement afin de voter les contributions que doit payer la nation, ce qui est toujours une affaire très-grave. Du reste le peuple goûtera mieux une expédition entreprise avec le concours d'une autre puissance que s'il était livré à ses seules forces.

Tel était le sujet des conférences entre Buckingham et Colbert. Soit bonté d'âme, soit vice de sa nature, Charles était toujours incertain et partagé ; en outre, il se trouvait agité par des préoccupations secrètes. D'une part il cherchait des conditions au moins dignes de lui, de l'autre il calculait la grandeur du péril, au sein d'une nation encore peu pacifiée, et d'autant plus facile à émouvoir que de prétendues prophéties venaient enflammer les esprits surexcités. Il sentait qu'il y avait encore le souffle des anciennes commotions civiles, les causes, les hommes, et, fussent-ils enlevés, ces hommes, soit par les supplices, soit par la mort naturelle, il y avait encore les fils, les frères, qui craignaient pour eux-mêmes depuis l'avénement du roi, se fiaient peu à une amnistie incomplète, et formaient des factions au sein du peuple. Il sentait que les factieux commençaient à relever la tête, faisaient courir mille bruits, excitaient au soupçon et au murmure, et, encouragés par l'insuccès de la dernière guerre, parlaient de la duplicité et de la trahison de la France. Il comprenait que tout cela avait remué les haines mal éteintes, et que l'aliénation de Dunkerque n'avait pas eu lieu sans danger, car il était lui-même impuissant à protéger contre la fureur publique le chancelier auteur de ce conseil. Qu'arriverait-il, si à tout cela venait se joindre la vente de la flotte, de la religion, enfin de tout ce qui intéresse la nation? Charles comprit, en outre, que les Hollandais usaient de leur influence sur les masses, de manière à persuader au peuple que les deux nations, s'il y avait accord entre elles, jouiraient d'une calme et mutuelle souveraineté de la mer et du commerce, et qu'elles n'auraient plus qu'une foi, qu'une loi et qu'un même intérêt.

Ces idées avaient des racines profondes dans les masses, et si une sédition était comprimée par les armes, il y aurait encore des dangers à redouter de la part des fanatiques. Il y avait des exemples effrayants de l'audace des marchands du temps passé, aussi bien que de l'époque actuelle. Mais pourquoi ne servirait-il pas ses intérêts en spéculant sur l'ambition de l'étranger? Il lui était bien permis de nuire à la Hollande par la France, en les mettant aux prises l'une contre l'autre. Il avait devant lui les exemples de Richelieu, de Mazarin et de Louis lui-même, qui venait de rouvrir une guerre en Belgique sans actes suffisants pour la motiver. Du reste, il avait le plus grand intérêt à rétablir en Angleterre la fortune de ses ancêtres.

Ainsi flottait l'esprit de Charles, tout disposé secrètement pour la France, mais ayant soin de ne rien avancer de prématuré en public. Du consentement du parlement, il fit faire des armements, en présence des nombreux préparatifs de guerre des peuples voisins; seulement il se contenta de compléter ce qui lui parut insuffisant, le secours de la France devant suppléer au besoin à ce qui manquerait. Il serait ainsi suffisamment armé dans tous les cas : ainsi, encore maître de lui-même et conservant sa liberté d'action, il pourrait toujours prendre conseil des événements.

Quand les Hollandais sentirent qu'un changement se préparait en Angleterre, au moment où ils s'applaudissaient du calme de ce pays, ils commencèrent à revenir de leur superbe. L'union de la France et de l'Angleterre ne leur présageait rien que de fâcheux. Ils comprirent que les Suédois et les Allemands viendraient au secours de la France et soutiendraient ses derrières. Déjà Munster et l'abbé de Corbie avaient enfreint, sous le premier prétexte venu, les articles du traité hollandais qui leur prescrivaient de se tenir dans l'inaction. Cologne avait armé ses habitants. Brandebourg tenait une conduite équivoque. Les autres États, encore froissés des stipulations de ce qu'on appelait la triple alliance, n'annonçaient pas pour l'avenir un secours bien efficace. Les provinces voisines de la France étaient pour la plupart effrayées par l'exemple de la Lorraine ; quant aux autres, elles se souciaient peu de participer aux périls d'autrui. Il arriva heureusement que la cité de Cologne, avertie par la ruine des Brunswickois, reçut des secours, non-seulement de l'empereur, mais des Hollandais présents. Cependant l'évêque se vantait d'obtenir les secours de la France. Il y avait en effet des signes publics de la volonté royale à cet égard, soit qu'en effet le roi eût réellement résolu de lui venir en aide, soit qu'il voulût seulement le rassurer et lui permettre de se retirer avec les honneurs de la discussion. Le prélat possédait des lettres de Lionne qui promettaient un asile aux réfugiés repentants. Il les montrait à ceux qui en doutaient, et leur faisait part de son admission aux conseils de la France depuis plusieurs années. Les Hollandais, voyant que le roi et l'empereur avaient interposé leur autorité, saisirent l'occasion et engagèrent les habitants de Cologne à résister. Ils espéraient par là que, si l'empereur venait à s'émouvoir de cet état de choses, la maison d'Autriche s'allierait facilement contre la France dans le cas où le roi ferait quelque tentative contre l'empereur. Mais les habitants de Cologne, voyant que le siége de leur ville par les Hollandais pouvait devenir long et dangereux, que la cavalerie et les autres moyens nécessaires pour l'attaque par la voie de terre ne suffiraient pas à éloigner l'empereur ; que la Belgique, ne se trouvant pas en état de pourvoir à sa propre défense, ne se mêlerait à une guerre étrangère qu'à son détriment, les habitants de Cologne, disons-nous, firent secrètement entendre aux Hollandais qu'ils ne se laisseraient pas réduire à l'extrémité si on leur proposait les conditions d'une paix supportable. Les choses en étaient venues à ce point qu'ils devaient tenir seuls avec l'aide de la maison d'Autriche contre l'Angleterre également seule, et, en cet état d'hésitation, en présence du plus grand danger qu'ils eussent couru depuis un siècle, ils n'avaient rien de mieux à faire que de conclure une paix honorable.

On considéra que, dans l'intervalle, le pays pourrait être mis en état de défense ; que l'on relèverait ce retranchement au moyen duquel Guillaume d'Orange avait espéré rendre la Hollande imprenable à l'époque où elle se trouvait dans un état désespéré ; que l'on parviendrait peut-être ainsi à détourner la tempête qui s'annonçait du côté de l'Allemagne et à détacher l'Angleterre de son alliance avec la France. De Wit, homme d'un sens profond, déclara aux états généraux de la Haye qu'il avait conçu un projet au moyen duquel, s'il lui était permis de le développer, ils seraient mis à même de deviner les entreprises des Anglais, et qu'en outre ils pourraient braver les menaces de l'univers. Invité à répondre à l'impatience de ses auditeurs, il entra dans d'utiles explications, et dit que ses collègues si éclairés savaient sans doute de quelle manière Louis XII avait fait participer aux richesses américaines et aux trésors espagnols une multitude d'hommes qui confondirent ainsi leurs biens avec ceux de la royauté ! De la sorte, pertes et profits, tout fut commun entre le roi et eux. Pour le même motif, l'intérêt de presque toute l'Europe demande aujourd'hui qu'une flotte américaine chargée d'argent puisse entrer saine et sauve en Espagne à des époques déterminées. En outre, il faut entraîner habilement les Anglais dans des compagnies hollandaises. Ils cherchent tous un placement facile et lucratif de leur argent ; eh bien ! ils n'en trouveront nulle part de meilleur ni de plus sûr. La plupart des grands personnages anglais, soit mollesse, soit insouciance, laissent exercer le commerce par d'autres. Quelques-uns se plaisent à l'idée que leurs capitaux sont placés en un lieu où les rois ne peuvent les atteindre. La Hollande et l'Angleterre pourront s'unir pour faire le commerce, et ces relations commerciales procureront d'immenses avantages aux deux nations. Il s'ensuit que l'on n'aura pas à redouter qu'il ne survienne quelque concurrence ni que les richesses du monde prennent quelque autre direction. La Hollande sera ainsi le centre des échanges. Les autres nations seront bien forcées de se contenter de minimes revenus et ne pourront guère disputer à une nation, qui sait tout s'asservir, une prééminence à laquelle se rattachent de si grands avantages.

Ce conseil ayant été approuvé, on envoya au roi une magnifique ambassade sous prétexte de témoigner combien la paix générale était précieuse aux états généraux. Rien, disaient-ils, ne les empêcherait de chercher à détourner la guerre, et ils ne prendraient les armes que lorsque la nécessité leur en ferait une loi.

Le roi devait se rappeler que Charles de Bourgogne s'était mal trouvé d'avoir poussé les Suisses à la guerre, car une révolution subite avait fait tomber ce prince altier malgré ses forces supérieures. On députa aussi vers les Espagnols et l'empereur pour réclamer leur intervention et remontrer, d'ailleurs secrètement, que, si les Hollandais étaient accablés, la puissance de la France, déjà formidable, serait bientôt sans limites, si on lui laissait prendre encore l'empire des mers. Ils se verraient bientôt exposés à conclure une paix désavantageuse ou à se voir exterminer jusqu'au dernier, si, renonçant à s'occuper des affaires de l'Europe, ils laissaient les choses suivre leur cours et le commerce tout entier passer aux mains des Français.

Sans doute, leur éloignement du théâtre où devait avoir lieu la guerre leur permettrait peut-être de se trouver à couvert; cependant tant de choses peuvent survenir dans un siècle!

La députation envoyée au roi s'exprima avec une extrême réserve. Elle fit entendre que les états généraux avaient enfin compris qu'ils s'étaient laissé entraîner par la perfidie des ennemis de la paix à prendre le roi en haine; que les signes de cette perfidie étaient des plus manifestes.

Ils avaient dû se rappeler qu'ils avaient un devoir à remplir, celui de se montrer purs de toute faute devant Dieu, devant l'univers chrétien, enfin devant le roi lui-même, et ils avaient résolu de consentir à tout ce qui s'accorderait avec la raison pour faire cesser l'effusion du sang chrétien; ils espéraient d'ailleurs faire entendre et peser leurs moyens de défense, et enfin ils ne laisseraient subsister aucun sujet de plainte.

L'empereur et l'Espagnol, qui voulaient maintenir, en vue des événements ultérieurs, la puissance hollandaise, firent démontrer par leurs ambassadeurs combien la guerre actuelle avait de portée, combien les sujets de la maison d'Orange seraient lésés si l'on déplaçait le siége des échanges commerciaux. Le roi ne vit dans tout cela qu'une chose, c'est que ces prétendus amis des Hollandais ne leur donneraient guère que des paroles, surtout si, une fois l'affaire de Cologne arrangée, on ne s'adressait pas à l'empire. Mais, en revanche, il ne se fiait pas aux Anglais.

Il convoque le conseil privé et fait appel à une délibération générale. Les avis étaient singulièrement partagés, et, bien que personne ne voulût conclure, chacun faisait ressortir les avantages de son opinion et les inconvénients de l'opinion contraire. Appelé le premier, à raison de son âge, à dire son sentiment, le Tellier entra dans de longs développements sur les préparatifs de guerre que l'on avait faits, sur les dépenses qui avaient eu lieu, sur l'ardeur des soldats; il fit observer que si cette fois, comme dans les dernières années, tout cela ne devait aboutir qu'à des efforts stériles, il en résulterait la retraite d'une foule de guerriers qui étaient accourus au service du roi avec tant d'ardeur, et qui désespéreraient de tout ce que l'on entreprendrait désormais; le roi avait fondé une sorte d'école militaire, qui devait être comme le rempart de son autorité et de sa puissance; des étrangers même étaient venus se former à cette sorte de gymnase, et si la pratique de la science de la guerre venait à faire défaut, on verrait bientôt se dissoudre ce patronage de la France au grand détriment de l'opinion de ceux qui s'adressent à elle.

En supposant même qu'on n'entendît plus parler ni des inutiles dépenses du roi, ni des vains préparatifs d'une noblesse épuisée, on n'accueillerait sans doute jamais plus avec tant d'enthousiasme l'annonce d'une guerre nouvelle, et l'on ne se montrerait peut-être plus disposé à sacrifier au moindre geste de la royauté sa fortune entière en vue d'une espérance incertaine. Les querelles privées étaient assoupies. Cette partie de la noblesse que l'on appelle les cadets de famille, voyant s'évanouir les perspectives qu'elle se promettait à l'intérieur, dégénérerait peut-être, courrait les aventures, se transformerait en bandes de brigands, et, ce qui serait encore un moindre crime, déserterait la patrie et irait chercher fortune à l'étranger. L'on ne retrouverait sans doute plus l'occasion de nuire aux Hollandais. Ces derniers seraient forcés de prendre le prince d'Orange pour chef perpétuel, car presque toutes les provinces se montraient disposées à ce choix.

Tout en reconnaissant la justesse de ces observations, Colbert, qui s'était illustré dans les arts de la paix, voulait qu'on établît une balance des avantages et des désavantages des opinions en présence. Il disait qu'on ne pouvait pas conserver une armée sans faire de grands frais; mais on ne pouvait pas non plus la renvoyer sans sacrifier à cela beaucoup de temps et d'autorité.

Il était plus utile que l'on crût en la justice qu'en la sévérité du roi, si, toutes choses égales, on ne lui demandait que ce qui était juste.

L'on obtiendrait par la paix de plus grands résultats que par la guerre; l'opinion des Hollandais concordait avec celle du roi.

C'étaient surtout des étrangers que l'on salariait pour la guerre; et quant aux cadets de famille, on ferait bien de les envoyer dans les colonies indiennes, pour leur apprendre à se dépouiller de l'horreur qu'ils avaient pour les pays lointains et pour la mer, que les Hollandais se faisaient un jeu de parcourir. A l'exception des matelots hollandais, personne n'était plus propre que les Français aux entreprises maritimes.

Du reste les Hollandais parcourent les côtes plutôt qu'ils ne s'y fixent, et ils n'ont point coutume de cultiver le sol; il en résulte qu'ils ont presque abandonné l'Amérique, et qu'il n'y a guère que les Allemands qui se fassent colonisateurs. Si les rois s'étaient arrêtés jadis à cette considération, il est certain que depuis longtemps la France serait en possession du commerce et des richesses des deux Indes. Pour le moment présent, une guerre hollandaise amènerait en peu de temps la ruine des établissements fondés à tant de frais par les sociétés commerciales dans ces pays; car, il fallait bien en convenir, les Hollandais étaient très-puissants dans ces contrées, mais ils cesseraient de l'être un jour, la paix devant imprimer un grand essor à la puissance de la France. Il est constant, ajoute Colbert, que les navires français ne peuvent nuire aux Hollandais que dans la Méditerranée, et là encore on y parviendra difficilement. Au surplus, les profits de la guerre ne sont guère considérables, fût-elle couronnée du plus grand succès. Que peut-on, en effet, en attendre ou lui demander? le recouvrement de Maestricht, de Vésel, de Rheinberg, qui, en vertu des traités, doivent être rendus à leurs souverains. Cologne et Munster sont des principautés électorales, et les projets y changent moins que les gouvernements, attendu que ces principautés ne sont pas toujours l'apanage de la même famille. Mais, quand bien même on parviendrait à soumettre Arnheim, Groningue, Utrecht, Gueldres et tout l'évêché, puis la Frise, enfin tout ce qui est placé en dehors de la Hollande et de la Zélande, ce serait encore peu pour la domination universelle, tant il faudrait amasser de forces pour attaquer une contrée maritime que les eaux rendent inaccessible.

La ténacité des Anglais suffirait-elle à leur fermer la mer? C'est un point qu'il importe beaucoup d'examiner, dans l'intérêt du commerce de la France.

Pomponne, membre du ministère et récemment arrivé des cours étrangères, prit la parole, et dit : Ce qu'il faut examiner avant tout, c'est le degré de confiance que l'on peut accorder à l'Angleterre. Je veux bien que nous soyons à couvert du côté de la Suède, mais la maison d'Autriche ne peut-elle pas se porter au secours des Hollandais? Je ne voudrais certes pas répondre que les Autrichiens seront toujours tranquilles, ni qu'ils n'élèveront pas quelque réclamation si nous commençons la guerre, surtout si l'empereur est excité par son fils. A la vue des avantages que nous pourrons remporter, il est possible qu'ils ne soient pas au nombre des conciliateurs, et un prétexte d'intervenir se présentera peut-être. On suivra alors l'exemple de ces dangereux voisins qui proposent des conditions de paix les armes à la main. Pour moi, je ne considère point les victoires ni les luttes sur terre comme d'un grand poids dans la question de prééminence politique. Si nous l'emportons sur mer, nous pourrons mépriser ou même réprimer les révoltes de l'Espagne et de l'Autriche. On n'a pas à craindre le Lorrain, occupé uniquement à se consoler de son exil par le désir de la vengeance. Il médite sans doute de nous rançonner un jour quand la guerre d'Espagne se rallumera dans la partie non couverte de la Bourgogne. Tout dépend des événements maritimes. Il faudra donc que nous fassions la guerre seuls ou avec le concours des Anglais. Si nous sommes livrés à nos seules forces, je pense que l'avantage ne sera pas de notre côté, car nous n'avons pas la réputation de l'emporter dans les affaires navales. Les Anglais, fussent-ils vaincus, répareront leur flotte plus facilement que nous. La dernière guerre soutenue contre l'Angleterre est là pour nous servir d'exemple, et pour prouver que ce n'est pas sans mille difficultés que nous tirerions nos vaisseaux de ports si distants les uns des autres. Il semble, au contraire, que la Hollande tout entière ne forme qu'un port. Nous avons, nous, une côte d'une étendue immense, que des troupes nombreuses ne suffisent pas à garder; car on n'est pas ici comme en Angleterre en présence de la mer, et l'on n'y est pas non plus servi par l'embouchure des fleuves et les ports, de manière que les marins puissent s'y mettre à l'abri contre le feu de la flotte ennemie. La cavalerie ne pourrait pas suivre, du rivage où elle serait disposée, une flotte amenée par un vent favorable ; de même, la milice de la province aurait de la peine à trouver quelque endroit propice d'où il lui serait possible de repousser le choc d'un ennemi qui s'avancerait avec toutes ses forces.

C'est, en général, l'agresseur qui a le choix du moment ; et combien cela a d'importance ! Les expéditions de terre elles-mêmes sont là pour le prouver. Si l'ennemi armé, pénétrant en France, venait à s'emparer d'un seul port, parmi tant d'autres, il deviendrait très-redoutable, car dans ce fort ouvert se précipiterait sans doute l'écume de la France, ainsi que tout ce qui prendrait le masque de la religion. Nul doute que les huguenots, contenus depuis plusieurs années, ne cherchassent à se donner carrière. Les huguenots sont paisibles à peu près comme ceux que l'on enferme dans l'établissement de Charenton, et les traces des anciennes agitations ne sont point partout évanouies ; les chefs subsistent, ils murmurent, et appellent liberté leur licence perdue.

Cette tourbe ne manquerait point de s'agiter si, dans un engagement, il arrivait malheur à la flotte royale et si la fortune se déclarait en faveur de l'ennemi. Les habitants du Vivarais ne sont pas seuls avides de nouveautés. Ayant avec les Hollandais de fréquentes relations commerciales, imbues de leurs principes et de leurs idées de liberté, les provinces maritimes sympathisent avec eux même pendant l'interruption des affaires. L'on sait combien d'idées de nouveautés et de réformes germèrent au sein de la Grande-Bretagne lorsque la flotte hollandaise vint mouiller devant l'embouchure de la Tamise. N'y eût-il que ce résultat à craindre, ce serait énorme, car il pourrait arriver qu'une grande partie des habitants des pays maritimes déserteraient leur patrie pour se réfugier en Hollande. Que faire si une flotte hollandaise venait à s'emparer d'une île située dans la mer de France, comme, par exemple, l'île de Rhé et Belle-Ile, dont l'une fait l'ambition de l'Angleterre et l'autre, s'il faut en croire des soupçons, doit être considérée comme un nid de pirates? elle est, du reste, d'un accès facile, et reste ouverte à toutes les entreprises ennemies. De là peuvent partir des tentatives très-nuisibles à l'autorité du roi. Les Hollandais connaissent bien tous ces points vulnérables, et il est à craindre que le roi ne jouât d'un coup de dé toute sa réputation de prudence et de sagesse, ainsi que l'idée qu'on a des grandes choses qu'il peut entreprendre, s'il se hasardait tout seul contre les Hollandais. Si, au contraire, les Anglais, partageant notre manière de voir, s'unissent à nous contre l'ennemi commun, les choses prendront bientôt une face nouvelle; et c'est précisément ce que les Hollandais considéreraient comme une fatalité. Mais il importe que nous ayons des preuves irrécusables des bonnes dispositions de l'Angleterre, pour ne pas nous exposer à devenir la risée de l'univers; et cela arriverait certainement si nous courions à notre perte, et si nous nous trouvions un jour dans un danger imminent en face de l'ennemi. On sait à quoi s'en tenir sur la mobilité de Charles. Après avoir abandonné si tôt la cause des Hollandais, il pourrait tout aussi aisément déserter la nôtre, d'autant mieux que nous l'avons beaucoup plus lésé. Il pourrait bien se souvenir des injures des cardinaux, et surtout de celle qu'il a reçue récemment de nous lorsque, malgré ses protestations et dans un but d'utilité, nous n'avons pas embrassé sa cause. Certes, son incurie serait extrême, s'il avait déjà oublié un tel coup. S'il n'en a pas gardé le souvenir, peut-on supposer que la nation aura été également oublieuse? S'il n'a pas l'art de nous jouer, il a pu recevoir de nous de bonnes leçons dans la dernière guerre. Peut-être aussi les manœuvres du prince d'Orange auront-elles quelque influence. Ce prince peut craindre que, si la guerre avec l'Angleterre se rallume, sa faction, qui paraissait devoir rétablir le prince dans ses prérogatives, comme les exploits de Blenheim le faisaient supposer, ne se trouve réprimée par le fait même, que, mettant de côté toute pudeur et toute indignation, on ne laisse s'évanouir une espérance suprême, amenée par un concours extraordinaire de circonstances; que, les affections du peuple venant à changer, ses rapports avec l'Angleterre ne se trouvent exposés, par le fait de ses rivaux, et non sans danger de ruine. L'influence d'Orange doit être puissante chez les Anglais, à raison de sa parenté avec le roi, et il faut se conduire vis-à-vis de lui comme envers un puissant instrument aux mains des Hollandais. Il est donc désirable de demander à l'Anglais quelques gages de ses dispositions, et en quelque sorte des preuves sinon d'une foi sincère, du moins de la fermeté de sa volonté, d'autant plus que, jusqu'à ce jour, il semble s'être étudié à ne point se découvrir et à ne pas s'avancer assez pour ne plus pouvoir revenir sur ses pas. En vérité, on a bien sujet de douter de ses dispositions.

Mais le voulût-il, l'Anglais craindrait encore de donner les gages qu'on lui demande. Qu'arrivera-t-il, s'il se fait un prétexte de ce que les vents contraires empêchent de rassembler les flottes ou retardent les préparatifs, ou si les Hollandais attaquent sur mer les premiers? Qu'arrivera-t-il encore, s'il éclate en Angleterre quelque trouble fictif ou même, ce qui peut arriver, quelque trouble sérieux? La moindre apparence de commotion intérieure lui sera un prétexte pour manquer à sa parole. C'est un prétexte de ce genre qui a empêché l'amiral Black d'agir et l'a porté à tromper l'espérance que Charles-Gustave fondait sur l'Angleterre. Si, grosse de calamités, cette île devait donner naissance à des agitations intérieures, sa flotte pourrait se diviser en deux parties, dont l'une ne manquerait pas de passer aux Hollandais, toujours disposés à saisir les occasions d'agiter l'Angleterre.

Sans doute, il importe à la France que l'Angleterre soit troublée, mais il ne faut pas que ces troubles surviennent au moment de la guerre avec la Hollande; il est utile qu'ils n'éclatent que lorsque le repos de l'Angleterre serait funeste à la prospérité des affaires maritimes de la France.

Enfin, supposons que l'Angleterre, poussée à bout, se décide pour la guerre : soyez sûr qu'une fois l'ennemi abattu, ses anciennes controverses renaîtront, et avec elles les conspirations fomentées par ceux qui y ont intérêt. Alors, se trouvant armé dans la plénitude de son pouvoir, ne se sentant plus sous la dépendance de la France, et craignant de faire retomber sur lui tout le courroux des Hollandais, le roi d'Angleterre se ralliera facilement à eux. Ceux-ci gagneront à cette affaire, comme jadis les Vénitiens, dont l'exemple s'applique parfaitement à notre temps. Se trouvant accablée par la ligue de Cambrai, formée par le Pape, l'Empereur, la France et l'Espagne, Venise fit la paix avec tous les autres, et enleva ainsi aux Français tout le fruit de la victoire. Les Hollandais y gagneront, disons-nous, et la France, après avoir tenté d'acquérir l'empire des mers, s'en trouvera privée et devra recommencer tout ce qu'elle avait pu réaliser.

En présence de l'incertitude de tels hommes, de la bouche desquels il entendait sortir de grandes vérités, le roi était agité de diverses manières. Il pesait dans son esprit l'insolence passée des Hollandais et leur humiliation présente, les tendances de Charles, sa noblesse d'âme, les avantages qu'apporterait à l'Angleterre une alliance française, les divisions des principaux souverains allemands, en partie hostiles, les dispositions incertaines de l'empereur et de l'Espagne, les dépenses énormes qu'il faudrait faire, sa renommée de valeur guerrière, de justice et de vertu à sauvegarder. Il considérait en outre que si les Hollandais étaient quelquefois portés à se révolter, ils se battaient en temps de guerre avec un courage inouï, et que si l'Angleterre venait à faire défection au moment du combat, il compromettrait à jamais sa puissance maritime à la face du monde entier, qui aurait les yeux tournés vers cette lutte. Le roi ne se dissimulait pas en outre qu'il serait très-difficile de faire tomber les Hollandais s'ils se trouvaient mêlés aux affaires de l'Europe. Défaits, ils se relèveraient assez facilement, tandis qu'en les isolant on les empêcherait sans peine de recouvrer leur puissance en décadence ou tout à fait tombée.

L'esprit si vif du roi embrassait ainsi les raisons opposées qui militaient en faveur de telle ou telle manière de juger ; mais, ne voyant pas pour le moment d'issue à sa perplexité, il résolut de différer quelque peu la solution de cette affaire qu'il renvoya à trois jours, dans l'espoir que le repos fournirait à son esprit quelque trait de lumière qui pût l'éclairer dans la voie qu'il avait à suivre pour l'avenir. Il ordonna à ses ministres de se réunir chaque jour dans l'intervalle, afin de débrouiller soigneusement tous les fils de cette affaire. La veille du jour fixé pour la conclusion, le roi, étant entré dans l'église placée sous l'invocation de saint Louis, et se trouvant amené par la sainteté du lieu à se souvenir de la piété de son aïeul, fut saisi tout à coup de l'idée de promettre à Dieu, s'il lui inspirait quelque pensée salutaire, d'user de sa puissance dans l'intérêt de la chrétienté et du salut du genre humain. Entraîné plus loin par sa ferveur, et pour mieux raffermir sa disposition d'esprit, il appela sur lui, en présence de Dieu et des anges, les plus horribles châtiments s'il devait manquer un jour sciemment à sa promesse.

S'étant ainsi acquitté de ses devoirs de piété, il se lève, se sent tout transformé et plein de confiance;

le front haut, il retourna au Louvre et y passa gaiement le reste du jour.

Il est certain, quoi qu'en pense la postérité, qu'un songe du roi, cette nuit-là même, fut cause des grands événements qui suivirent. J'en ai trouvé le récit tout défiguré dans plusieurs ouvrages, et je m'en tiendrai aux détails que donne à ce sujet l'histoire de Louis XIV par Pellisson, écrivain érudit qui florissait à la cour de ce monarque.

En effet, durant son sommeil, il sembla à Louis que, du consentement du conseil, il dirigeait lui-même une flotte contre les Hollandais. Il était en vue du territoire ennemi. Au milieu de clameurs joyeuses, on disposait les barques pour la descente des soldats, quand une noire tempête vint les rejeter en pleine mer. La flotte se disperse ; quelques vaisseaux, en proie à la fureur du vent, errent çà et là. Les matelots ne retrouvent plus, au milieu de ces flots qui tourbillonnent autour d'eux, leurs papiers ni leurs coffres. En même temps, apparaissent des monstres marins, puis des rives inconnues bordées de rochers à l'aspect formidable, jusqu'à ce que la mer, se dressant comme une montagne, les lance sur la terre placée en face.

Soudain, une vive lueur vint illuminer la chambre du roi qui fut tout surpris devant ce spectacle. A ce moment même, il commandait de jeter l'ancre, ce qui devenait alors possible. Tout à coup apparut un vieillard à la chevelure et au front pleins de majesté. Il portait une couronne et un sceptre, et, chose étonnante! de longues chaînes pressaient ses bras. Se tournant vers le roi, qui s'étonnait à la vue de choses aussi extraordinaires et n'osait ni lui adresser la parole ni l'interroger, il dit :

« O mon fils, noble rejeton des Dieux, né pour de meilleurs destins, tu n'as été poussé ici ni par la rage des flots ni par les fureurs des vents, mais par le père des Dieux à qui toute cette tempête obéit. Tu es le jouet de la volonté céleste. Vois le rivage ! C'est ici que les crimes de mes pères m'ont livré à tous les maux. Ces marques qu'un fer aigu a imprimées à mes bras captifs, tu les vois. Le sang peut seul les effacer. Deux fois nous avons tenté la loi du ciel, deux fois nous avons fait une guerre vaine. Le fer d'abord, la peste ensuite ! Nos cœurs ont été percés de leurs traits de feu.

« Le temps n'était pas encore venu et la nation chrétienne n'avait pas achevé son expiation.

« Prenant enfin pitié de mon malheureux destin, le Père tout-puissant m'a fait trouver le repos dans l'asile de la mort.

« Il sèche mes pleurs et me dévoile les secrets de l'avenir. Il m'a montré du haut des cieux les armes de mon petit-fils dirigées sous de meilleurs auspices. Et maintenant il veut que je hâte le but prochain et que de mes restes surgisse celui qui, avec la torche et le fer, poursuivra le barbare.

« Prends pitié du malheureux Orient, ô mon fils ! Sois ainsi l'honneur de ton pays et obéis aux ordres du ciel. Alors ce sol, plus heureux pour toi que celui de la Hollande, ce sol qui enfanta jadis des merveilles d'art et de génie et qui est maintenant barbare, te livrera l'empire du Levant et de l'immensité des mers.

« Ni les gouffres ni les murailles ne pourront protéger la Chine. A tes pieds tu fouleras Gaza et Surate ; puis ce sera Lukach et Beach.

« Tu franchiras les pôles et tu dresseras ta tente par-delà les plaines où parmi les flots en courroux court le Samoïède, race vouée à d'éternelles ténèbres.

« Tu iras ensuite jusqu'à l'extrême limite du monde, terre mystérieuse et condamnée à une éternelle immobilité, et partout tu porteras l'étendard du Christ.

« Si la terre te manque, ton ardeur te donnera des ailes et tu t'élanceras vers d'autres mondes et d'autres planètes, jusqu'à ce qu'enfin l'Olympe te reçoive dans son sein que tu n'auras point encore exploré. »

CORRESPONDANCES ET PIÈCES DIVERSES

RELATIVES

AU PROJET DE CONQUÊTE DE L'ÉGYPTE.

LETTRE DE M. L'ABBÉ GRAVEL A M. DE BOINEBOURG.

A Wirtsbourg, le 19 septembre 1671.

Monsieur,

J'ai appris avec plaisir de vos nouvelles par la lettre que vous m'avez fait l'honneur de m'écrire du 15me du courant. Je crois que vous avez perdu aussi bien que nous à la mort de M. de Lionne, parce que je sais qu'il connoissoit et estimoit tout à fait votre mérite. Les lettres de demain nous apprendront si M. le marquis de Berny succédera d'abord à sa charge, ou si quelque autre l'exercera par commission encore pendant quelques années, ainsi que le bruit en court.

Je ne pense pas, Monsieur, avoir l'honneur de vous voir à cette foire.

Je n'ai rien eu de nouveau depuis la dernière foire; mais j'attends de Paris la réponse aux *Entretiens d'Eugène et d'Ariste*, que vous avez vus et estimés.

On fait grand cas de cette réponse. Il y en aura encore quelques autres dont je vous ferai part très-volontiers, lorsque je les aurai reçues.

J'avois deux exemplaires de l'*Histoire d'Égypte*, dont j'ai donné l'un à M. l'Électeur et l'autre à mon frère, de sorte que je n'en ai plus ; dont je suis bien fâché, puisque je vois que vous auriez été bien aise de l'avoir. J'ai celle de M. Thévenot, in-fol., que vous aurez vue chez moi la dernière fois que vous y fûtes. Si vous la voulez, néanmoins, je vous l'enverrai.....

LETTRE DE BOINEBOURG A SA MAJESTÉ LE ROI DE FRANCE.

Sire,

Votre Majesté me permettra que je lui présente ce petit projet qu'Elle, quoiqu'il n'y ait pas d'abord assez d'apparence, ne dédaignera pas de considérer selon l'importance du sujet qui y est traité pour le bien de son service, dont l'auteur, homme de quelques qualités considérables, est si passionné, qu'il croit Elle, presque seule, en notre temps assez généreuse et assez puissante à entreprendre heureusement quelque grande chose pour la félicité du genre humain ; et, pour cela, il a aussi trouvé que personne n'est plus capable à entendre avec effet à sa proposition.

Il confesse pourtant lui-même qu'elle paroisse d'abord un peu chimérique, et sur cela il a balancé longtemps s'il devroit prendre la hardiesse de la proposer. Mais, m'ayant été expliquée naïvement (distinctement) la pensée, quoique je ne sois pas accoutumé autrement à me mêler des propositions de cette nature, j'ai néanmoins trouvé l'affaire digne au moins d'être considérée avec attention, principalement puisqu'il a montré que quelques grands princes et ministres du temps passé ont eu ce dessein, maintenant oblitéré; mais qui n'ont pu venir à bout ni même commencer, à cause de quelques empêchements bien connus : la Providence l'ayant réservé tout entier à Votre Majesté.

J'ai donc lui conseillé de ne tarder plus, ni de laisser passer ce moment des affaires qui semble être opportun; mais comme il y a eu l'appréhension de consumer mal à propos la grâce de la nouveauté, et de perdre peut-être l'espérance du succès pour jamais, par la première mauvaise rencontre; puisqu'on est fastidieux par après d'entendre une chose deux fois, l'ayant déjà rejettée ou négligée à cause de quelques conjectures au commencement peu favorables : il a voulu en user de cette sorte, et, ayant expliqué dans le billet ci-joint les effets de cette entreprise, il a cru être plus à propos de découvrir les moyens particuliers, sitôt qu'il auroit obtenu une sérieuse réflexion sur ces positions préliminaires.

Il adjoute qu'il a craint les accidents, tant à la poste qu'à la cour, auxquelles sont exposées les lettres principalement, dont on fait peu d'estat d'abord ou qui sont trop étendues, comme il seroit nécessaire en s'expliquant entièrement, et que quelques-uns, en ayant la moindre odeur, pourront fermer le chemin en un moment.

Il suplie donc que tout soit ménagé fort secrètement, s'offrant à une conférence personnelle, comme on l'adressera, dont Votre Majesté aura la bonté de n'être pas mal satisfaite.

J'attendrai ses ordres sur ce propos, étant persuadé qu'il est très-avantageux à la gloire de Votre Majesté, comme au principal but de tous mes souhaits, qui je suis avec un profond respect et avec une véritable soumission,

de Votre Majesté,
le très-humble, très-obéissant et très-fidèle serviteur.

LETTRE DE BOINEBOURG A SA MAJESTÉ LE ROI DE FRANCE.

Sire,

Votre Majesté me permettra que je Lui présente ce petit projet, qu'Elle, quoique d'abord il paroisse un peu extravagant, ne dédaignera pas de regarder selon l'importance du sujet qu'il traite pour le bien de votre service.

L'auteur, dont la capacité mérite beaucoup d'approbation, croit avec raison que Votre Majesté sente en Elle assez de forces pour entreprendre cet ouvrage, qui, par la Providence (en égard des temps passés, quand d'autres y ont songé, n'en pouvant venir à bout), semble être réservé tout entier à Votre Majesté. Je Lui en laisse la décision, sachant que Votre Majesté, si Elle veut, trouvera bien de la facilité d'y réussir effectivement, même nonobstant les conjonctures présentes; dont, après Dieu, Elle est le maître. Votre Majesté agréera donc faire quelque réflexion sur les effets et les suites de cette entreprise, si avantageuse à la gloire de son invincible règne, qui sont marqués dans ce billet préliminaire ci-joint, en français et en latin, et de m'ordonner où Elle veut qu'on Lui, ou à son député, représente en détail la véritable réalité de l'affaire même, et les propres moyens de l'effectuer. Cependant l'auteur est prêt à une conférence personnelle, dont Votre Majesté aura la bonté de n'être pas malsatisfaisante. J'en attends ses ordres et je suis, avec un zèle très-respectueux et une inviolable fidélité, Sire, de Votre Majesté,

le très-humble et très-obéissant serviteur :

J.-C., baron de Boinebourg.

Mayence, ce 20 janvier 1672.

I.

Il y a une proposition, dont l'auteur prétend faire voir clairement qu'une certaine entreprise :

1. [Laquelle pourra être achevée en un an, infailliblement (sans intervention d'un malheur tout à fait extraordinaire), si Sa Majesté a l'intention d'y employer une partie médiocre de ses forces avec un peu de chaleur];

2. Ruinera les Hollandois, quoiqu'indirectement, avec plus de sûreté et plus d'efficace, que par le plus grand succès qui se puisse raisonnablement attendre d'une guerre ouverte; avec un tel avantage, qu'ils ne pourront ni s'opposer ni venger; et seroient sans appuy et même en haine de leurs alliés et amis quand ils tâcheroient de s'y opposer;

3. Les mettra hors de possession de la plus considérable et plus profitable partie de leur commerce, dont ils tirent la plus grande partie de leur subsistance : la transférant au bien des sujets de Sa Majesté et à ses dispositions ;

4. Rendra Sa Majesté, par conséquent et par suite de peu de temps, maître de la mer ;

5. En quoi on n'entend pas cette proposition des colonies éloignées, ou des Indes, ou de l'Amérique, où il y a peu à faire maintenant, par force d'une voie directe et par des conseils subits et violents ; en égard à la jalousie, non-seulement des Hollandois, mais aussi des Espagnols, des Portugais et des Anglois, dont on toucheroit la prunelle d'œil ;

6. Au contraire, cette proposition sera très-agréable à la maison d'Autriche ;

7. Et pourra servir à un bon fonds d'une alliance fort étroite, même à une parfaite union entre ces deux maisons principales de la chrétienté, située sur le véritable intérêt de toutes les deux, bien que la France en ressente de son côté plus d'avantage ;

8. Et sera conforme aux souhaits des Allemands, des Italiens et des Portugais ;

9. Et effacera comme d'un trait toute la haine et tous les soupçons conçus ou débités par quelques ignorans ou malitieux ;

10. Et fera la France l'école militaire de l'Europe, et le théâtre où les plus grands génies et les plus illustres du siècle en toutes sortes de professions et arts civils et militaires, pourront et voudront jouer leurs personnages ;

11. Et lui donnera, par une conséquence indubi-

table, la direction universelle des affaires et l'arbitrage entre tous les princes et toutes les républiques, et attachera les familles illustres partout à ses intérêts ;

12. De plus, le tout se pourra faire avec ses préparatifs d'à présent, même pour la partie la plus superflue, qu'on quitteroit autrement et licentieroit apparemment en cas d'une paix prochaine avec qui que ce soit, etc. ;

13. Et ainsi cette entreprise sera parallèle à la ligne présente des desseins, autant qu'on en peut connoître ; et elle semblera préméditée depuis longtemps conformément aux dépens derniers, qui y seront si propres qu'on les tiendra quasi destinés dès le commencement à cette visée ;

14. Et pour cela, quand l'intention éclatera à l'improviste, elle étonnera tout le monde par surprise et l'admiration sur la conduite secrète de Sa Majesté à gouverner si bien l'affaire d'une si vaste conséquence ;

15. Et confirmera par l'événement le jugement honorable de ceux qui, ne croyant pas encore tout à fait résolue la guerre contre la Hollande, même par le motif qu'Elle est crüe et publiée partout, ont raison d'appeler les conseils de Sa Majesté le miracle du secret ;

16. Et ouvrira le chemin à Sa Majesté et à sa postérité qu'elle tient la même route ; aux espérances les plus souveraines et les plus héroïques, et les plus dignes d'être souhaitées avec raison du plus grand monarque de ce siècle ;

17. Et sera de l'intérêt perpétuel du genre humain,

et ainsi la source d'une gloire immortelle à l'avenir à l'égal des plus grands héros.

18. L'auteur peut ajouter plus de particularités de la dernière conséquence, mais lesquelles ne peuvent pas être mises dans ce petit billet. Il espère l'occasion et le loisir de s'étendre plus amplement sur cette matière, si Sa Majesté le veut et le commande;

19. Et, puisque le secret est l'âme d'un tel projet, dont l'exécution doit éclater en foudre, l'auteur se réserve de dire la meilleure partie et l'essentiel même en personne. Car si les Hollandois ou ceux qui tiennent leur parti en étoient tant soit peu informés ou avertis, ils en ôteroient aisément toute l'espérance de réussir pour jamais : ce qu'il leur sera impossible après le commencement de l'exécution, et sitôt qu'on aura mis la main à l'œuvre;

20. La facilité est si grande et si visible, qu'au pis aller, contre toute vraisemblance, néanmoins, une considérable partie doit réussir, sans qu'on eût à craindre de la perdre par après à perpétuité;

21. Et la sûreté en est si extraordinaire que, si tout alloit en fumée, ce qui ne peut être appréhendé avec raison, néanmoins la retraite seroit tout ouverte, et la liberté tout entière de cesser et de rompre le fil tous les jours, sans aucune diminution de la puissance de Sa Majesté;

22. Enfin, l'auteur conclut que l'année première est la meilleure, et qu'on a toutes les raisons du monde à craindre, qu'en différant un peu trop, on perdra la plus belle occasion sans en pouvoir rien retenir, sinon le souvenir plein de regret de ce qu'on auroit pu faire.

II.

Expositum est nuper, esse certum quoddam expeditionis genus, quod a rege Christianissimo mediocri virium parte intra anni spatium confici possit, quod præsentibus consiliis apparatibusque mire consentaneum sit, ut videri possit dici præmeditatum; quod Hollandos etiam sine bello det in ruinam; quod eos ut nec movere se contra possint dejiciat possessione nobilissimæ commerciorum partis, quam in Franciam transferat; quod regem Christianissimum reddat dominum maris, quod ei conferat arbitrium directionemque rerum : denique quod tutum sit, a quo etiam incepto desistere possit cum velit, sine auctoritatis jactura.

Ex eo tempore erupit manifestius, de quo tunc etiamnum dubitari poterat, certum esse Regi Christianissimo, fœderatos ordines bello petere et uti conjunctionibus rerum tam præclaris, ac terra marique hinc ex Anglia propensa, illinc ab ipso Rheno in eos ciere arma.

Fateor tunc, cum scriberentur litteræ priores nondum omnino Angliæ inclinationem ad fœdus etiam offensivum cum Francia ineundum apparuisse.

Nunc ergo, posito in Hollandos bello, addendum est : cum finis ejus sit humiliatio aliqua insolentis erga ipsos reges cœtus mercatorum, qui se custodem quietis publicæ et pacis arbitrum propria auctoritate erexerat, et leges principibus præscribebat et omnibus sectis asylum præbet et monopolium per orbem exercet :

Et finem illum, Anglia accedente, imperiique principibus vicinis conspirantibus, ac cætera Europa sedente spectatrice, assequi regem Christianissimum posse, valde verisimile sit.

Sequitur, bellum Hollandicum non fore diuturnum aut certe non fore diuturnius, quam rex Christianissimus velit.

Nam si humiliationem eorum quærit, habebit certe; si ruinam per bellum apertum, nec tam subito rem conficiet, sed nec tam certo ; excitabit enim æmulorum patientiam eousque non duraturam.

Potest ergo Rex Christianissimus eo, ut sic dicam, momento, quo pacem cum Hollandis facit, in illam supradictam expeditionem transferre vires, mira sapientiæ fama in ordinandis tam præclare occasionibus.

Ita absolvet hoc stratagemate, hoc obliquo ictu, id quod solo in ipsos bello non perfici facile poterit : Hollandicorum commerciorum finem ; cum tunc eo jam eos redegerit, ut durante illa expeditione nihil ab illis oppositum sit metuendum.

Et quod consideratu dignissimum est, non cogetur dimittere militem, exarmare se rursus, aut si retineat exercitum classem qui in præsenti statu, immanes impensas sedendo consumere.

Sed novam statim gloriæ et exercendorum armorum et augendæ, et in fastigium certe ingens, supra quam ante rem intellectam credi potest Hollandæ potentiæ habebit materiam.

Unum adjiciendum est, optandum fuisse, ut hoc anno potuisset illa expeditio suscipi.

Sunt enim conjunctiones quædam occasionum mire faventes quarum pars videtur præteritura nisi expressa cura in eam impensa conservetur.

Poterit tamen Rex Christianissimus efficere non difficili opera, imo maxime omnium ac Cæsaris, imperii Italiæque potissimum approbatione et applausu, ut idem rerum in iis locis status duret in annum sequentem ; qui si res sibi relinquuntur, mutabitur.

Et hoc quoque inter cæteras rationes habendum est cur, si non expeditionem ipsam, saltem consiliorum instructionem ac præparationem jam nunc incipere, rationis esse videatur.

Posset fortasse ipso durante Hollandico bello etiam illud agi, sed non æque certa spes successus ; quia communicatio cum Anglia necessaria foret, quæ non videtur tempestiva, nisi Rex Anglicanarum intentionum sit omnino securus.

LETTRE D'ARNAULD DE POMPONNE A BOINEBOURG.

A Saint-Germain, le 12 février 1672.

Monsieur,

J'avois déjà reçu par le sieur Heis les lettres qu'il vous avoit plu de m'écrire. M. Verjus m'a envoyé depuis celle du premier mois. Toutes m'obligent à vous témoigner combien je suis sensible à vos civilités, et combien je profite avec plaisir de cette occasion pour vous assurer de l'estime que j'avois conçue depuis longtemps pour votre mérite, et dont je suis bien aise moi-même de vous faire paroître la vérité.

J'ai eu l'honneur de rendre compte au roi, non-seulement de vos lettres, mais des mémoires que vous y avez joints, et qui portent en général un avis très-grand pour la gloire et l'avantage de Sa Majesté, sans qu'ils fassent voir par quels moyens il peut s'exécuter. Comme l'auteur s'est réservé (ainsi que vous le marquez) de s'en pouvoir déclarer lui-même, Sa Majesté verra volontiers les ouvertures qu'il auroit à faire, soit qu'il veuille venir ici pour s'expliquer, soit qu'il veuille le faire par telle autre voie que vous jugerez à propos. Dans une proposition d'autant d'étendue, et qui permet de si grandes choses, Sa Majesté considère particulièrement l'opinion que vous en avez, par la connoissance qu'Elle a de votre discernement et de vos lumières.

Croyez-moi, s'il vous plaît, avec vérité, Monsieur, Votre très-humble et très-affectionné serviteur :

Arnauld de Pomponne.

LETTRE DE BOINEBOURG A ARNAULD DE POMPONNE.

M., 4 février 1672.

Monseigneur,

J'ai reçu par M. l'abbé de Gravel la lettre dont vous m'avez bien voulu favoriser, et je suis sur le point de trouver moyen d'envoyer l'auteur en question à la cour. Je lui fournirai les deniers et tout ce que je puis pour le faire venir au plutôt. J'espère que le roi aura agréable ce que j'ai la hardiesse d'entreprendre en cela pour son service, et que Sa Majesté agréera mon zèle de me conserver l'honneur de la grâce et bienveillance royale et le bien de sa protection. Je vous supplie de me répondre seulement un mot, afin que je sache si celle-ci est bien arrivée.

Je suis avec respect et avec vérité, Monseigneur,
Votre très-humble et très-obéissant serviteur :

J.-C., baron de BOINEBOURG.

M. de Pomponne, à la Cour.

LETTRE DE BOINEBOURG A ARNAULD DE POMPONNE.

A Mayence, le 18 mars 1672.

Monsieur,

Voilà celui que le roi a demandé pour celle qu'il vous a plu de m'écrire. C'est un homme qui, quoique l'apparence n'y soit pas, pourra fort bien effectuer ce qu'il promet, et dont je voudrois que les bonnes qualités fussent uniquement appliquées au service de Sa Majesté pendant son séjour auprès de vous. Je vous supplie de lui prêter le bien de votre protection et de votre faveur, et de permettre incessamment qu'il s'explique avec vous ou avec celui que le roi commandera, le sujet nommé étant prêt de répondre de plus en plus à tout ce qu'on en trouvera soumis à des difficultés qui semblent au commencement un peu surprenantes et quasi insurmontables.

La plupart, et le fond et le sort de l'affaire, consiste dans le dernier secret et dans une mûre considération des circonstances essentielles, laquelle soit par pièces bientôt achevée, sans quoi la chose paroît sujette aux intrigues du temps. Vous apprécierez donc mes instances, par lesquelles je vous prie de prendre un soin tout particulier, que cet homme soit entretenu sans bruit et sans discommodité pour songer seulement à son fait, et qu'on lui rende les avances qu'il a reçues ici pour son voyage à Paris. Il est seul avec un valet, n'a rien de son chef qu'il puisse contribuer, sinon son étude, sa fidélité et son application, qu'il employera parfaitement à l'exécution des ordres de Sa Majesté. Je m'en remets à votre disposition et vous assure de nouveau qu'il n'y a plus de personne qui soit autant que je le suis, Monsieur,

Votre très-obéissant, très-humble et très-zélé serviteur :

J.-C., baron de BOINEBOURG.

APPENDICE.

I.

G. G. LEIBNITII CONSILIUM ÆGYPTIACUM, 1672.

1.

Summa.

Maximum eorum quæ suscipi possunt; facillimum eorum, quæ magna sunt; periculi expers, etsi frustra susciperetur; præsenti destinationum lineæ ita consentaneum, ut quasi præmeditatum videri possit; admirationemque eorum aucturum, qui profundam istam consiliorum inter se connexorum sapientiam : *le miracle du secret* appellant.

Ad dominium maris et commerciorum efficacissimum, non nisi præsentium apparatum superfluis gerendum. Publicum amorem, deletis odiis suspicionibusque, Ludovico paraturum.

Daturum arbitrium Rerum et Generalatum Christianorum.

Sternet viam posteritati, imo ipsi Ludovico, ad ausus Alexandreos; sine amittendæ occasionis metu diutius non differendum.

2.

Historia Consilii.

Consilium istud, etsi temporum injuria, nescio quomodo, ex animis hominum deletum, olim tamen maximis sapientissimisque viris placuit, velut unicum restaurandarum rerum christianarum instrumentum.

Prima ejus origo fuit a captivo. Cum enim Philippus Galliæ, et Richardus Angliæ Reges expeditionem maritimam suscepissent in terram sanctam, et Ptolemaida cepissent, Philippo inter captivos obvenit Arabs, quem historici vatem vocant, ego sapientem fuisse credo, nomine Caracux. Is a Rege de belli ratione interrogatus, prædixit, Christianis omnes in terram sanctam expeditiones frustra fore, nisi Ægypti regnum everteretur. Id Philippus ita probavit, ut statim verti arma voluerit in Ægyptum : at Richardus Anglus, qui spe regnum Hierosolymitanum devoraverat noluit: Philippus iratus domum rediit. Richardus, irritus cœptorum, reversus votum postea fecit tentandæ Ægypti, sed ante executionem obiit. Secuta est ergo in Ægyptum expeditio in consilio Lateranensi per Innocentium III indicta, ubi Christiani egregiis initiis usi, postea cum dissentirent inter se, neque enim uni capiti suberant, nec Cardinali Pelagio, Duci, satis obtemperabant, clade affecti sunt. At Ludovicus Sanctus modicarum, si præsentibus Francicis comparetur, virium princeps datum avo a captivo supra dicto consilium exequi constituit, et felici aggressu Damiatam cepit ; sed ut ipse ad Barones Franciæ domi relictos scripsit, cum nimis in interiora terræ processissent, nondum maris fluminisque domini, circumventi, victi captique sunt. Si contenti fuissent litore subacto, reliqua accersitis majoribus viribus facile adjecissent. Postea bella inter Galliam Angliamque secuta has Christianis cogitationes ademere, etsi Leo Armeniæ Rex et Cassanus Tartarus Christianos ad invadendam Ægyptum sollicitarent et Petrus, Cypri Rex, Francicis Venetisque auxiliis classe instructa, subito Alexandriam redegerit in potestatem, cui tamen retinendæ solus impar fuit.

Unum tantum ex eo tempore præclarum consilium captum invenio a Francisco Ximenio Cardinali, Episcopo Toletano, Hispaniæ ministro, qui inter tres sapientissimos, *Ferdinandum Castellæ, Emanuelem Lusitaniæ* et *Henricum VI Angliæ Reges*, fœdus invadendæ Ægypti designaverat, quod morte Ferdinandi, Hispania ad Austriacam domum delata, unde æmulationis inter duas potentissimas Europæ famifias materies alia longe consilia nasci fecit, turbatum est. Maximo tamen documento, quam non sint hæc vana et a praxi aliena, quæ tantis viris approbata fuere, scribente *ipso Rege Emanuele his verbis :* « *Equidem apparet, Deum hoc specialiter tempore velle et manifestare, quod hæc sua sit voluntas, et nobis præterea promittere hujus diei victoriam, in quo proinde superest sperare cum talis expeditio hæc sit, ut majorem sub cœlo non valeamus consequi gloriam, quam in ea vel vincere vel mori.* »

Nescio an non hæc eodem aut majori jure nostro tempore dici possint, ubi ipsa Ægyptus ita munita non est ut tunc, nec ita custodita, cum non amplius sedes Imperii, sed provincia sit, distractis alibi viribus; et vero rectius ab uno Ludovico, quam a tribus istis regibus conjunctis resusciperetur; cum præsertim ipsi Lusitani sint in mari Rubro affuturi.

3.

Maximi semper in rebus humanis momenti Ægyptus fuit. Aut enim Chinensium colonia est, aut Chinenses ipsius; mater scientiarum, frugum, miraculorum naturæ artisque. Alexander M. ibi sedem Imperii stabilire, et in Alexandria a se structa sepeliri voluit. Pompejus victus ibi speravit recolligere vires. Antonius Augusto socius Ægyptum opportunissimum Imperii locum judicavit. Augustus cum victo Antonio in provinciam redegisset, non senatus, sed suam provinciam esse voluit, et prohibuit, ne quis Senator Equesque Romanus illam, se inscio, adiret. Nero, desperatis rebus, imperio jam dejiciendus, præfecturam Ægypti sibi postulavit a senatu. Habita est pro Imperii Romani horreo, fida florensque, donec a Saracenorum Califa Omar occupata est.

Et vero ab eo tempore Saraceni in mare descendere ausi per Asiam Africamque usque in ipsam Europam, et in ea per Italiam, Hispaniam, Græciam potestatem extendere, donec in Europa a Francis et Normannis, in Oriente a cruce signatis et Tartaris repressi sunt, intestinisque inter se dissensionibus attriti; at in Ægypto tamen semper nidulati sunt. Certum est, omissam Ægyptum solam fuisse causam terræ sanctæ a Christianis rursus amissæ, et Mahometanismi in orbe conservati, qui in eo erat, ut penitus extingueretur.

4.

Ægyptus semper facilis fuit tentanti. Cambyses, Alexander, et Cæsar, et Augustus et Saraceni nullo negotio cepere. Almericus, Rex Hierosolymitanus, modicarum virium princeps, in eo erat, ut, Cairo jam obsessa, totam Ægyptum caperet, cum, pecunia accepta, princeps avarus obsidionem solvit urbis, sibi posterisque postea exitiosæ. Cardinalis quoque Pelagius et Ludovicus S. parum abfuere a subjugatione, non nisi iis causis impediti, quibus occurrere in nostra potestate est : dissensione Christianorum, quæ uno Rege expeditionem suscipiente, nulla est; et quod litore nondum occupato munitoque, in interiora processissent. Et vero Emanuel Lusitaniæ Rex se solum Ægypto occupandæ parem fore credidit, ut ex literis ad Ximenium scriptis constat. Idque eo tempore, quo Ægyptus longe potentior munitiorque, proprii scilicet Imperii Mammeluccorum, qualia ad desperationem usque defenduntur, sedes erat; Turcis nunc vires provinciæ, ambitionis causa, alio vertentibus, et incolis ipsis exosissimis. Nostro seculo Osman Turcarum Imperator transferre volebat sedem imperii Constantinopoli Cairum, sed a Janizaris id nolentibus strangulatus est; volente providentia, ut hic in subruendum Imperium Turcicum cuniculus Christianis apertus relinqueretur.

5.

Propositionis corpus.

Expeditio Ægyptiaca efficacissima ad Summam rerum.
Summa rerum est, quod maxime optari in Ægypto cum ratione potest. Hoc (1) vero non est chimærica Monarchia Universalis, quam in Europa per vim et internecionem sibi parare, non impium tantum, sed et ineptum : verum arbitrium rerum, directio universalis, Generalatus Christianorum, Advocatiæ Ecclesiæ resumtio cum titulo primogenituræ. Hinc amor universalis, Papa ipse obligatissimus. Gallia in scholam Europæ militarem, per confluentias præclarorum arte et fortitudine ingeniorum, Emporium Oceani et Mediterranei maris, dominamque commerciorum Orientis erigetur. Ut nihil dicam titulum et jus Imperatoris Orientalis, quod aliquando apud Francos fuerat, ipsis restitutum iri.

6.

Bellum Europæum inconsultum. Ibi exiguo velut velo objecto, majores spes perduntur. Quantuli est v. g. aliquot urbes ad Rhenum aut in Belgio capere, et interea sibi ipsi figere metas, et præscribere durum illud : non plus ultra, omnibus aliis armatis, et in suspicionem metusque erectis, et ad odia coactis? Unde non tantum inquietudo perpetua, sed et commerciorum Franciæ necessaria clades, cæteris ad ea prohibenda conspiratis, unde necessario paupertas, et subtracti rerum gerendarum nervi; cum contra, quiete in Europa durante, res Gallicæ semper crescent in majus, si vel commercia sola spectemus, quibus plus semper quotannis recipit Francia quam emittit.

7.

Ægyptus præ cæteris regionibus orbis in præsentia rerum digna tentari. Est Isthmus mundi principalis, potissima orbis maria conjungens, non nisi circumnavigatione totius Africæ vitabilis, Orientis Occidentisque vinculum, emporium commune, et velut stapula necessaria (necessario enim ibi exonerandæ naves, postulante rerum natura) commerciorum Indiæ et Europæ, oculus circumjacentium regionum, sola florens in medio desertorum, incredibili et fertilitate et populositate; olim horreum Imperii Romani, nunc Ottomanici, cui linum cannabimque, materiem ad naves necessariam, tum Cafe, Sorbetum, Orizam, et innumera alia necessaria pene sola affert. Imo cum constet pecuniam Turcicam pene omnem ex Europa per commercia venisse, certum est, id contigisse per solum Canalem Ægypti. Unde jam olim jure canonico exportatio auri et argenti ad Ægyptios Mahumetanos prohibita; quod constaret, id ad Europæ ruinam pertinere. Breviter, Ægyptus est Hollandia Orientis, ut Francia Occidentis China; sed tanto Ægyptus Hollandia superior est naturalibus bonis, quanto China Francia. Est enim Ægyptus regio per se subsistens, quæ indeque ab humani generis, pene dicam, initiis florens; at Hollandia vicinorum fluctibus religionumque æstu crevit, nec nisi aliorum stultitia aut divisionibus subsistit.

Reditus Ægypti hodie ad VI anni milliones ascendunt, cum tamen in summa Turcarum ignorantia et negligentia commercia plane pessumdata sint. Bassa Cairi triennalem tantum præfecturam tribus ad quatuor usque centenis Scutatorum millibus emit, et tamen exiguo illo tempore prodigiose ditescit; Sultano nihilominus prædam cum reverso partiente. Soli Bassæ Cairi ob immensas illas divitias triennale præfecturæ tempus præscriptum est. Sed præsentis Sultani ex Ægypto reditus minutiæ sunt, si cum illis fructibus conferrentur, quos ex tanti momenti regione Francia perceptura esset, sola jam, si tantum Lusitanorum societate utatur, domina futura commerciorum Orientis, quæ mundi potissima sunt. Quis enim jam caput Bonæ spei hujus rei causa navigaret cum omnia et promtiora et recentiora per Ægyptum afferrentur? Hæc vetus commerciorum via fuit ante navigationes novi orbis, qua Veneti et Genuenses et liberæ Germaniæ civitates, cum illis connexæ, ad eas opes venere. Turcica Tyrannis alias navigationes quærere coëgit, non quod melior nova illa via, sed quod necessaria esset. Si Francia, quæ Manufacturis toti Europæ hodie prævalet, aut mox prævalebit, etiam Aromata Orientis ad se trahet, quis cum ea de commerciorum arbitrio, et divitiis et potentia disputabit? Sed parva loquor : constat Lusitanos totam Indiam Orientalem imperio subjecturos fuisse, si exercitus, quos illuc ducerent, habuissent. Francia tot myriades, quot illi millia, mittere potest in apertum, per Ægyptum captam, Orientem; nec Lusitanum militem Francico quisquam contulerit. Inde in immensum patefactæ spes, strataque ad Alexandreos ausus, et propagationem Christianismi per remotissimas gentes, et felicitatem per omnes populos diffundendam via. Facilius est Ægyptum, quam Hollandiam, Orientem totum, quam solam Germaniam domare. Oriens Franciæ, Occidens Austriacæ domui, quasi partito per sortem orbe, obveniet. Italia et Germania Turcico, Hispania Mauritanico metu liberabitur. Indissolubilis erit maximarum familiarum, in quod utriusque interest, nexus, sicut arbitrii rerum humanarum, quod sapientissimi ministri in congressu apud Pyrenæos aliquando agitavere.

8.

Expeditio Ægyptiaca Franciæ facilis. Florentissima legio, parata ad expeditionem omnia, ita ut, si quid hodie vel vesperi Rex constituat, id cras summo mane cœptum sit, nullo plane strepitu immutatorum consiliorum, nemine destinata præsentiente. 30,000 militum sufficiunt cœpto tanto. Emanuel Lusitanus, Rex sapiens, minoribus longe viribus, idem sibi spondebat. Superfluum tantum virium, nec nisi pars, ut sic dicam, *offensiva*, ac ne ea quidem tota, illuc vertetur. Similis Hollandiæ et Ægypti conditio, quod ad naturalia; Nilo hic faciente, quod illuc Rhenus et Mosa; at nulla artificialium munimentorum comparatio, totius Ægypti litore munimentis carente et facile adiri per nostros maris dominos. Satis navium triremiumque jam in promptu, incredibilis ad rei semel prospere cœptæ famam, volonum ex toto orbe concursus erit.

Transportatio exercituum maritima hoc commodi habet, ut disciplina ordoque, anima rei militaris, exacte servari possint, morbi enim maritimi in navigatione tam brevi nullius momenti. Omnes pene terrestres in terram sanctam expeditiones infelices fuere. *Iter exiguum.* Potest Massilia in Ægyptum iri sex, imo aliquando quatuor septimanis. Ludus nunc est navibus Francicis percurrere Mediterraneum mare, naufragiis alicujus momenti raro auditis; si Candiam versus accesseris, jam duas tertias Ægyptiaci itineris absolvisti; tuta Melitæ, Francis obligatissimæ, statio, tuta Lampadosæ.

9.

Regio valde sana, Christianis magis quam Turcis, quippe a peste Turcica plerumque immunibus. Potest doceri *plurium relationibus :* commode admodum se in Ægypto vixisse, præsertim ob aquam Nili, qua nulla in orbe terrarum sanior, ut adeo in febris ardoribus tuto bibatur; et vero Nilus est medicus naturalis regionis. Homo, qui vino carere velit, in illa regione, Mahometanorum more vivens, non dependet ultra tres (*sols*) s. albos. Mense Junio, qua Nilus exundare incipit, pestis, si qua (ob Turcarum negligentiam, tale enim olim nihil erat) regionem afflixit, cessat; inde durat inundatio ad mensem usque Novembrem. December, Januarius, Februarius apti agendis in campo sicco rebus, etsi tunc non nihil pluat. Finis Martii Aprilisque ventus tempestuosi; a fine Maji ad medium Junii calor intolerabilis. Hinc tempus eligi potest rerum gerendarum. Scilicet maritima, tempore inundationis aut ventorum, non adeo minus facile capientur munienturque, nisi placeat uno impetu agere omnia.

10.

Militia Ægypti ita numeratur : Spahiorum, id est equitum levis armaturæ, novem millia; Hastatorum equitum seu

Mustaferakaorum aliquot millia ; Janizarorum verorum (nam magnus est titularium numerus) quinque millia ; Asapporum quatuor millia, qui scilicet Janizarorum simiæ sunt. Sed si omnes milites titulares pariter et veri, stipendia habentes, computentur, confici poterunt 36 hominum millia. At militia Bejiorum, Zaimorum, Timariotarum, Arabumque Campestrium, quæ scilicet cum Haribanno Nobilitatis nostræ comparari potest, centena millia conficiet. Sed sciendum est, Janizaros, utcunque numero paucissimos, spernere cæteros omnes, et impune rebellare, magno satis indicio debilitatis cæterorum. Tam Janizari quam Spahi ad rebelliones perpetuo proni sunt. Sæpe Beji primarii ab ipsis occisi, sæpe Bassæ ipsi in vincula conjecti. Cæteroquin omnis illa militia imbellis. Ægyptus enim plus quam a duobus abhinc seculis hostem non vidit ; summa ibi Turcarum securitas, ut ex iis quoque apparebit, quæ mox de munimentis plane collapsis dicentur. Et vero in genere nihil Orientalibus et maxime Ægyptiis, licet in pompam armatis, imbellius. Beji, Zaimi, Timariotæ cæteraque nobilitas, Arabesque vel Mauri regionis habitatores, Turcis infensi, juncti inter se sæpe insolescentes, Turca ne punire quidem auso, quod exemplis didicimus relationibusque eorum qui interfuere. Tota Arabia vicina ad omnes motus erecta, jugumque ubi poterit excussura, quod tot nuperis etiam motibus testata est. Sed de his suo loco in fine, ubi plura de seditionibus Turcarum intestinis, de disciplina militari apud eos perdita, Janizaris ipsis ex militibus in mercatores plerumque versis.

11.

Munimenta Ægypti vel maritima vel terrestria : maritima vel ad mare mediterraneum vel rubrum. Munimenta ad mare mediterraneum potissima : Alexandria, Rossetum, Damiata. Alexandriæ duo castella, sed in plano posita, sine fossis propugnaculisque, ideoque nullius momenti ad vim sustinendam, nec aqua dulcis intus. Rosseti ad Ostium Nili itidem exiguum castellum, sine fossis propugnaculisque;

Damiata, quæ tantum olim negotii Christianis facessivit, hodie miserabilis : caret enim muris. In apice urbis castellum, in quo nihil forte præter quandam turrim vetustam. Bogas ad Ostium Nili prope Damiatam est castellum quadratum quatuor turribus, sed depressis instructum; sed plane nunc apertum est, nullisque portis clausum. Hæc omnia litoris Ægyptiaci, ubi Francis exscendendum, propugnacula sunt. Ab altera parte litus maris Rubri etiam neglectum. Sues et Alcossir duo portus Ægypti ad mare Rubrum. Sues etsi armamentarium maris Rubri, si diis placet, non nisi misera quadam turri rotunda munitum, in qua 22 tormenta servantur. Alcossir, etsi portum habeat insignem, hodie miser est vicus. Cætera, Zibith, Suagnem, Messava vix ab aliquot centenis militibus custodiuntur, facile a classi Lusitanica Francicæ juncta per mare Rubrum veniente occupanda. Ex mediterraneis sola, quæ resistere possit, quæ oppugnari mereatur, Cairus. Sed cum non sit munita, nisi magnitudine sua et populositate: possit vero ignibus et exclusis subsidiis, quæ a Turcico Imperio non nisi longinque et sero venire possunt, commeatuque arctato facile ad deditionem redigi, non est, quod de hoc victoriæ complemento dubitetur. Sed et maritimis captis, ac proinde commerciis sublatis, Cairum per se collabi necesse est. Etsi autem plurimum pulveris Nitrati in Ægypto conficiatur, pauca tamen in ea sunt tormenta, et in ipso castello Cairano nunquam auditum est ultra triginta tormenta displodi.

Examinavimus quoque statum vicinorum totius Syriæ munimentorum, maxime maritimorum : Japhnis, Larissæ, Catiæ, Hanionis, et ubi Palæstina incipit, Gazæ, Ascalonis, Joppes, Carmelitanæ arcis, et in Phœnicia Acconis, Tyri, Sidonis, Berythi, Bibli, Tripolis; et vero comperimus, ibique castella esse miserabilia, vetustate collapsa, neglecta, incustodita, nulla.

In ipsa Syria Alexandretta sola maritimarum consideratu digna; sed nihil ibi munitum, domus lapideæ paucæ. Tantum prope ipsam est Bagas castellum lapideum, non ultra munitum, etsi in extremo maris Mediterranei acumine positum. En totum maris Mediterranei litus quocum nobis res erit. In ipsa Cypro vicina munimenta egregia, Nicosia et Famagusta a Venetis structa, neglectu Turcarum collapsa. Cæterum duæ tantum sunt mediterraneæ Syriæ urbes consideratu dignæ, Aleppus et Damascus, sed hæ aut sequentur fortunam maritimarum, aut commerciis subtractis collabentur.

12.

Turca Ægypto succurrere aut non aut nisi tardissime ægerrimeque potest. Primum quia nihil minus suspicabitur, nisi nos ipsi prodimus, quam Ægyptum petitum iri. Egrediente Christiana classe, metuet potius Candiæ aut ipsis Dardanellis Constantinopoli. Deinde ubi exscensio facta erit a Francico exercitu, captis primo impetu maritimis, sane succurri nullo modo potest. Hæc ergo certissime in potestate statim erunt, et in ipsis nervus rerum. At Cairo et Mediterraneis succurri non nisi tardissime ægerrimeque potest, quia non mari, sed terra. Terra autem difficillimo itinere per arenosa et ab Arabibus infesta, tali maximo tempore deserta, et inter angustias, ubi centena millia a viginti millibus excludi possunt. Difficillimum est tale iter terrestre et ob ventos arenam ferentes, non nisi certo anni tempore suscipi potest, quo neglecto nihil potest toto anno geri. Ut taceam, posse ab exercitu Christiano, occupatis prope Alexandretam Pylis Syriæ vicinis, communicationem Syriæ et Palestinæ cum Asia minori intercipi, relictis tantum longissimis difficillimisque circuitibus, quos facile impediat Persa, cujus terras tali casu ab exercitu Turcico deserta et montes evitaturo, radi necesse sit. Quod si interea flos Turcicæ militiæ in Europa, ut in Polonia Hungariaque occupata est, prius capta (1) erit Ægyptus, nihil enim tardius exercituum Turcicorum motu, cum in regionibus tam desertis, qualis magna Turciæ pars est, copiarum ultro citroque commeatus mari sit impeditus. At miles per provincias Orientis, Mesopotamiam, Syriam, Cappadociam sparsus tam est exiguus, ut ægre tuendis suis provinciis contra Persas et Georgianos, Scythas sufficiat, quas præsidiariis ad Ægyptum defendendam accurrentibus indefensas prædæque vicinorum relinqui necesse foret : duplicato fortasse damno, dum et Ægypto frustra succurreretur et provinciæ quoque reliquæ a custodibus desertæ amitterentur. Denique Ægypti aditu terrestri potentissimum hostem facile excludi, vel hoc indicio est, quod Tamerlanem, domita tota pene Asia et Sultano Turcico capto, contra Sultanum quoque Ægypti duodecies centenis millibus tendentem, triginta Mammeluccorum millia in aditu Ægypti locata cum dedecore repulere.

13.

Turcicæ potentiæ decrementa sane majora sunt quam vulgus credatur : maritimis hic potissimum viribus opus, quæ nunc apud Turcas nullæ, et generatim regiones magis magisque deseruntur, reditus et commercia decrescunt; augeatur licet extra Imperii moles, viscera tamen corrumpuntur, omnibus subitum aliquando casum daturis, modo sit aliquis, qui nonnihil impellat. In hoc uno subsistit fortuna Turcarum, quod nunquam defendunt sua, semper aggrediuntur aliena. Hinc illis arbitrium, commoditas, successus cœptorum. Possunt totas vires suas in unum locum convertere et aggredi imparatos, experti a tot seculis, neminem interim a latere ac tergo imminere; quæ utinam eos experientia aliquando fallat! At si vel semel duobus locis dissitis potenter occupentur, certa Imperii ruina est. Sultanus ipse vilis ingenii, avarus, libidinosus, alteri relinquens Imperii habenas : Janizaris pariter ac Spahis invisus. Incolæ pauperes (sciunt enim, divitiis Nabalis fatum imminere), nec liberis operam dantes, qui oneri sunt. Hinc nefandum sodomiæ crimen et in media polygamia contemptus sexus muliebris. Commercia in Judæorum et Christianorum manu non minus, quam manufacturæ et agricultura et pastoratus : Turcis sub militiæ prætextu ignavam vitam agentibus, Hispanico ritu. Potissima divitiarum Sultani pars ex Europa affluit per canalem Ægypti. Reditus annui Sultani ne cum Francicis quidem, ex magnorum virorum sententia, comparandi. Justitia apud eos publice venalis, hinc cogitari potest, quis subditorum amor erga judices : et tamen hoc inter potissimos acquirendi modos. Ibraimo Sultano præsenti parente Mufti et Visirius quædam ornamenta Seraglii vendi curavere, ut satisfieret militiæ. Thesauri, qui in separatis concamerationibus Sultani collectoris nomine inscriptis, velut sacri custodiuntur, pretiosa potius, ut gemmas, vestes, aulæa, quam pecuniam continent, qualia in casu necessitatis non facile inveniunt emtores.

14.

Militia Turcica maritima quidem nullius plane momenti est, corruptis, nescio qua negligentia, præclaris Solimanni institutis, ut, si institissent successores in tanta ad navalem potentiam commoditate, formidabiles essent orbi terrarum. Nunc a Venetis compulsi intra Dardanellos sub ipsius Constantinopolis mœnia se trepidi recepere. Carent fere velis, nec nisi remis utuntur, ligna pro navibus sine delectu cædunt, majoribus navigiis destituuntur. Quidam Beji Archipelagi habent insulas cum onere alendi certum numerum triremium, qui ad 14 ascendere dicitur. Sed quam exiguum hoc et parum metuendum! cum illi præsertim more piratarum Barbaricorum prædas agere, quam triremes duas, in quibus omnes eorum opes consistunt, periculo exponere malint.

15.

Militia Turcica terrestris generatim corruptissima. Maximus olim rerum militarium apparatus Constantinopoli erat, armamentariis egregie instructis : hodie omnia ad quotidianos usus arrogantur : provinciæ a Bassis instar regionum bello captarum tractantur, et incolarum liberi sæpe pro mancipiis Polonis Constantinopoli distrahuntur. Ingens est numerus militum titularium, qui militatorum privilegia, corruptis præfectis, obtinuere. Janizari olim cælibes, nunc plerumque maritati et mercimoniis artificiisque ad uxorem liberosque sustentandos impliciti. At nuper belli Hungarici famam horrebant, non sine seditionis periculo. Spahi speciatim, inprimis Asiatici in miserabilem statum reducti odio ipsius Sultani, qui meminit ab iis patrem suum occisum. Olim divites, nunc jungere se coguntur ad sustinendum qualecunque tentorium. Absoluta est eorum ruina per rebellionem postremam Hassan Bassæ Aleppi, a Spahis inprimis sustentati. Spahorum verorum (dempta militia Ægypti, quæ separatum habet instituti genus) novem sunt per imperium millia. Janizarorum verorum viginti. Hodie Janizari fiunt, etiam qui Christiani nunquam fuere. Olim Noviciatu sex septemque annorum exercebantur, hodie momento creantur annuo ad summum spatio exerciti. Olim præfecturæ militares meritis, nunc ditium filiis Constantinopoli intra militiam educatis creduntur. Fama Constantinopoli fuit, proximum bellum Hungaricum ideo maxime cœptum, ut Janizarorum Spahiorumque veterum ruina absolveretur. Et vero anno 1664 ultra 12 millia, flos militiæ Turcicæ ad S. Gothardi montem periere, Visirio id agente, ut etiam cum Imperii debilitandi periculo extinguantur, spe novæ aliquando militiæ obedientioris, aliisque legibus circumscriptæ instituendæ.

Timariotæ componunt militiam, ut sic dicam feudalem, ex terrarum dominis, certum servorum militum numerum secum adducere coactis conflatam. Timariotæ Europæ conficiunt centena hominum millia. Beglerbejatus Natoliæ sedecim millium est. Caramania, Syria, Cyprus aliaque vicina ad triginta millia ascendunt. Reliqui Cappadociæ, Armeniæ, Mesopotamiæ regionumque aliarum Persiæ vicinarum ad triginta sex. Ex his patet neque Europæos nec Persiæ vicinos Ægypto succurrere posse, quare non nisi quinquaginta millia superesse, etsi extrema a Turcis tententur. Quorum tamen quam difficilis tentusque motus, quam facilis exclusio ab aditu Ægypti, quam matura in desertis illis ruina, ex dictis patet. Nec vero his in ruinam datis, semelque, cæsis, nulla reparandi exercitus rerumque restituendarum spes est. Tarnovius Potoky, insignis miles, jam Solimanni tempore dicebat : exploratum esse, Turcas omnibus suis viribus in unum collectis, vix conficere posse 60 millia lectæ gentis.

16.

Nunc de intestinis Turcarum divisionibus, ruinæ præcursoribus, dicendum est. Sapientes viri cum considerarent, non posse fingi gubernationem magis brutam et tyrannicam : unum hominem eumque absurdum potentiam habere absolutam, justitiam prorsus esse venalem, miseros subditos plane ad desperationem usque oppressos, totas gentes male contentas, et fame morientes, hominibus in deserta diffugientibus, ut tyrannidem præfectorum vitent, impunitatem scelerum, nulla amplius præmia virtutis, nequidem militaris, præfectos mortalium imperitissimos, casu plerumque ac sæpe pudenda causa elevatos, toto potestátis tempore, cum brevem fore, aliorum exemplo, augurentur, id unum agere, ut quam velocissime rapiant, certi tamen nec sibi, nec liberis suis rapta quæri ; et hoc ipsum ruinam eorum, exprimente spongium domino, acceleraturum : hæc, inquam, cum viderent viri sapientes credidere occulto Dei judicio hujus inimici nobis Imperii conservationem deberi. Sed fortasse mensura eorum impleta est, fortasse visitabit Deus populum suum.

Appetunt tempora, si velimus. Perdidit Sultanus opinionem inviolabilitatis sacræ inter suos, jam duobus exemplis Osmani et Ibraimi. Omnes ejus ministri quasi per somnium et velut in comœdia vivunt, instar fungorum e terra nati, ignorantes originem suam, nec cogitantes finem. Nulla hic generositas curaque futuri, posteritatis, nec immortalitatis. Aliquando evigilavere quidam ex stupore fatali, jugumque generose excutere conati sunt, certi, nihil deterius evenire posse morte jam sibi quotidie impendente; sed, cæteris, bestiarum instar, servitutem misere ignavam generoso periculo præferentibus, plerumque occubuere. Scilicet vix unquam in Imperio Turcico accidit, ut duo Bassæ simul fide conspirarent, semper alio alium prodente. Si simul conspirassent certa erat Imperii ruina. Sed quod Bassæ non poterant, Janizari et Spahi egere, hi Osmanum eos in ordinem redigere tentantem, hi Ibraimum Agæ Janizarorum mortem minatum occidere, hi ipsi Sultano præsenti adhuc infanti mortem intentavere. Visirius Cupriulius in animos matris Sultani nunc regentis Sultanique se insinuaverat, et ut se necessarium redderet, persuaserat ruinam Janizarorum; hinc sedem Constantinopoli Adrianopolim transtulit, prætextu metus a Veneta classe, Janizarosque antea in uno loco agentes in varias habitationes dispersit, seditiosissimos quæsitis prætextibus bellis perituros objecit. *Mais il a porté l'Estat à sa ruine, les Janissaires estant la force de l'Empire;* horum consiliorum heredem Cupriulius filium Visirium hodiernum reliquit, inaudito exemplo: Sultano scilicet jam credente salutem Visirii et suam esse complicatas. Eodem prætextu Visirius custodiam corporis obtinuit, et ex Albanis, gente feroce, popularibus suis, legit. Quæ res aliquando in ipsius Sultani perniciem vergere potest; et hæc erumpere poterunt turbatis per Ægyptiacam expeditionem Turcicis rebus. Multa jactantur de Sultani cum fratre matreque simultatibus, de quibus nil, quod dicam, habeo. Bassarum rebellionibus nil crebrius, ut olim Gazellis, Zelibis, Calenderi, Morabuti in Africa. Nostro seculo quoque celebris rebellio Ali Bassæ Aleppi, qui primus Segbanos et Sergios, Bassarum militiam armavit, quos Janizaris et Spahis opponeret, quem Inchi Bassa, Felicia Bassa et, nostra memoria, Hassan Bassa secuti sunt. Notanda et rebellio Bassæ Babyloniæ, qui urbem aliquando Persis tradidit, et alterius, qui Taurisium. Quidam Georgius Nebi omnes Asiæ minoris Spahios commoverat, ut postea Hassan Bassa, et post hunc Mortaza Bassa Babyloniæ; si Hassan Bassa recta peregisset, evertisset profecto Sultanum nullis tunc præsidiis stipatum, militia in Hungarico bello novissimo occupata. Maxima hactenus Imperii Turcici felicitas fuit, quod nunquam duo Bassæ simul rebellavere. At ejus rei causa, quod inter se cogitata communicare non audent, nec ulla vera amicitia inter unius generis servilia ingenia nascitur. At si quis princeps extraneus eodem tempore proditionem tractaret cum diversis, is certe solus est modus diversis simul locis incendium tale excitandi; quod Ægyptiaca expeditione haud dubie futurum est. Et vero nunc Bassæ, nescio quomodo, in multis locis emancipavere sese. Bassa Bassoræ fere absolute regnat. Coacta est Porta interponere tertium inter Bassas Aleppi et Diarbequir. Cochabiensis in montana se recepit. Dedidicere tandem aliquando consuetudinem istam sive traditionem veterem stultorum illorum, qui beatitudinem putabant chorda a Sultano missa suffocatum mori. Absoluta est Bassarum plerisque in provinciis potestas, nec nisi vastitate ac miseria populorum in officio continentur, cum miles eorum, si quem colligant, diu subsistere non possit. At ubi pluribus simul locis erumpet incendium, ubi Porta bellis magnis externis simul distinebitur variis locis, secura erit et infallibilis plane rebellio Bassarum limitaneorum, usque adeo, ut non sit res impossibilis, ipsi Bassæ Ægypti persuadere, ut divitiis suis salvis, provinciam prodat, exercitu scilicet nostro semel ingresso. Neque enim ullus illis in Principem amor, nec nisi servili metu continentur. Cumque etiam a male gestis rebus Constantinopoli chordam imminere videat, credibile est matura cum Christianis pactione sibi opibusque consulturum suis, cum non ignoret, felicem sibi apud nos et quietam et affluentem cum honore vitam fore : neque enim putandum est, odium illis hominibus in Christianos adeo inexplacabile esse, cum plerique nulla penitus religione ducantur.

17.

Christiani quoque in Turcia plurimum conferent ad successum tantarum rerum. Nam Europæorum Constantinopoli, Cairi, Hierosolymis, Smyrnæque numerus ingens ; hi Christianis subditis oppressisque per se nil ausuris, pro ducibus erunt in hac rerum conversione. Constat vero, non modo mercatores et artifices sed et rusticos toto pene Imperio magnam partem esse Christianos. Rustici Christiani plerique se in montana et sylvas saltusque recepere, ut in Armenia, Cappadocia, Syria, exemplo Maronitarum et Curdorum in Europa. Peloponesiaci seu Moreani, Albani, Bulgari, ferocissimæ gentes ; his non nisi Duces occasionesque desunt, prodeundi ex latebris asserendique sese in libertatem. Nihil de insulis, Cypro, Lesbo, Lemno, Candia, Chio ; Mesopotamia, Media, Armenia Curdis implentur. Ægyptii originarii Christiani Copthi sunt. Sæpe gentes diu dura servitute pressæ subito erumpentes magna Imperia opilionibus ducibus occupavere ; ita Arabes, Tartari, Turcæ ipsi. Georgevilius, qui per ultima Natoliæ et Caramaniæ deserta viam sibi fugæ quæsivit, satis nobis describit eorum vires statumque; nihil ab eo tempore mutatum, nisi quod magis efferati sunt. Nam Turcas reddi, quod quidam offerebant, ne volunt quidem Præfecti provinciarum, ne reditus imminuantur. Prœlio ad Agriam commisso, fama erat Turcas cæsos, quo audito omnes Albaniæ, Epiri, Illyrici incolæ conclamaverant ad arma. Ipsi principes quoque Transylvani, Wallachii, Moldavi, Georgiani Christiani sunt. In Curdia quoque quidam Sangiaci sunt Christiani. Et huc referenda sunt, quæ Emanuel, Lusitaniæ Rex, ad Ximenium scribebat de Christianis in Sultani Ægyptiaci ditione ad omnia promtis, modo Europæa arma fulgentia cernere daretur. Maronitas constat armis a se servitutem Turcicam depulisse. Horum vicini Drusi, Christianorum Europæorum in Palæstinam expeditionem suscipientium reliquiæ sunt. Ex horum posteritate sunt Emires Tyri et Sydonis, hodieque promti ad res novandos et Christianis faventes, ut Emir Fecardin in Italiam ejus rei causa iter susceperit, hortatus Christianos ad Ægyptiacam expeditionem, si quis audisset. Et non multis abhinc annis quidam vicinus Arabum Emir, nemine causam conjectare valente, Regi Hispanico secreto dona ingentia misit, haud dubie meditans rebellionem. Et nuper cognatus quidam successor Fecardini fratribus Minoribus Hierosolymitanis magnum favorem testatus est, de quibus omnibus fidas relationes habemus. Denique compertum est, gliscere inter ipsos Janizaros et Spahios in ipso seraglio sectam quandam semichristianismi, ex qua prudentes viri bonum aliquid cum tempore rebus humanis augurantur, dominante Deo in medio inimicorum suorum.

18.

Antequam a divisionibus Turcarum intestinis abeam, subnectam tantum aliquid de *divisionibus Turcarum in ipsa Ægypto.* Duodecim in ea Sangiacis seu Bejis creditæ provinciæ partes; hi ex vetustis familiis cum eradicari non facile possent, hereditarii relicti sunt; pendent Timariotæ ab ipsis, hinc, cum potentes se sentiant, ad minimas quasque occasiones turbant, ausi sunt dejicere Bassam summa potestate et carcere includere, successore a Sultano flagitato; Turca pene dissimulare coacto, quæ punire, non nisi perdendæ provinciæ periculo potest. Multæ aliæ in Ægypto fuerunt turbæ, ex quibus recens illa Achmet Bassæ Ægypti superioris anno 1660. Et notabile est, cum terræ motus ingens (res in Ægypto rara) et postea cometa anno 1664 appareret, id a multis pro augurio rebellionis Ægypticæ magnæ habitum fuisse, concurrente tunc rerum statu et Arabum tam Ægyptiorum, qui Timariotas constituunt, quam vicinorum conspiratione; quæ militia infesta Turcis, cæterum disciplinæ impatiens, vagabunda, nec nisi Tartarico more in prædam militans advenis potius hostibus, ut in prædæ partem veniat quam sua defendentibus, ubi nulla lucri spes, conjungetur. Sed et ipsorum Janizarorum reliquæque militiæ stipendiariæ summa in Ægypto insolentia et simul rei militaris imperitia est. Hostem a centum quinquaginta annis Ægyptus vidit nullum, nisi hos ipsos intestinos hostes pacis, qui sæpe jactant se cæteram omnem Ægypti militiam pro nihilo ducere, etsi ipsi ad decem millium numerum non accedant. Et vero reapse illi arbitri sunt rerum, usque adeo, ut ausi sint Bassam ipsum in vincula conjicere, Bejos trucidare, et vindicaturis a Sultano missis extrema minari. Quis non videt adventante Europæo exercitu omnia fore plena divisionum, desperato a Turca auxilio, si præsertim alibi destineatur?

19.

Nunc aliquid de *vicinis Ægypti Turcæ non subjectis* dicendum est, ut judicari possit, quantum nobis ab illis spei metusve. Tales sunt a latere meridionali, Turcici Imperii Arabes, Abyssini, Dungalitæ, Numidæ aliique Africani; ab orientali Persæ et Georgiani. Constat, Arabes diu a Turcis dure habitos incipere aspirare ad libertatem. Aden Bassatus in Arabia felici sedem, pulsis Turcis, recepere, nec in Laxa ad sinum Persicum, nec in Bassora ad Arabicum, Portæ ratio habetur. Rex ipsorum Arabum vagabundorum Turcas non minus, quam hostes cavet, et ideo per desertum vagatus quotidie mutat sedes; absconditos habent fontes, ne Turcis aliquando invasuris innotescant. Certum est, Syriam, Arabiam, Palæstinam, Ægyptum in fermento esse. Supra dixi, principem Arabem cum Rege Hispaniæ, alium Emirem cum Italis principibus consilia communicasse. Expectant nos, si sapimus, fata. Nubienses seu Dungalitæ Ægypto proximi, olim Christiani, amisere fidem magis ob pastorum defectum, quam affectum erga Mahometem, facile reducendi, si talia erumpant. Post Dungalam et Sennaar proximi Abyssini gens quæ homines vilissimo pretio æstumat et pro nugatoriis Europæorum artificiolis vendit. Unde facile nobis copia hominum, qui primis hostium incursibus objiciantur; Abyssino fortasse, hoc rerum statu, nec auxilia negaturo. Facile autem Abyssina auxilia per mare advehi possunt a Lusitanis. Ingens Abyssinorum in Copthos amor, velut fratres sociosque sacrorum. Accedit peculiaris affectus Abyssinorum in terram sanctam, quam crebris peregrinationibus honorant et sub turcica potestate esse, indignissime ferunt. Homines tota Africa facile emes, si corallos, margaritasque factitias, cultellos, forfices, aliaque id genus opera attuleris. Quare nec dubitandum, Abyssinos multa millia in usus nostros concessuros, cum Cairum una sæpe die aliquot centeni homines ex illis venum agantur. Isti, etsi armis nondum exerciti, sunt tamen patientes soli climatisque, et primis hostium furoribus objici possunt, ita ut si quis exercitus Christianus 50 millium accedat, facile crescat ad centena tum ascitis bis hominibus, tum Arabibus Numidisque confluentibus ad prædam; stultum enim est credere, hoc hominum genus religione duci.

Georgiani etiam in pace Turcas infestantes, quid non facient bello accenso? At Persæ plurimum momenti afferent ad turbandas res Turcarum in Oriente; etsi enim a tempore Regis Abbas, qui multis cladibus Turcas affecit, nihil amplius usi sint post receptam a Turcis Babylonem, ardent tamen in eos odio implacabili, nec nisi nuntium nostrorum armorum expectabunt.

20.

Dictum est de vicinis Ægypti, dicendum nunc et *de vicinis Franciæ*, ut appareat, quis ab iis spes metusve. Considerandi hic primum Imperator et Imperii Status. *Imperator* princeps prudens, gravis, solidus, plus cautione quam spe ducitur, consilia fovet tuto ubique publicabilia, ostendit reapse nihil se statuum libertati detrahere velle, asseruit potius, quam perdidit (ut antecessores metuebant) in comitiis auctoritatem, ostendit enim Statibus, nisi accedat auctoritas sua, eorum deliberationes esse arenam sine calce. Ita suspiciones a sua familia in æmulam transtulit. Cæterum suscepta semel fortiter executus est, fœderatos oppressos fideliter juvit, Suecos Turcasque feliciter repulit; id unum denique potissimum agit, ut Imperio, ut ditionibus suis securitas ab omni Europæo Asiaticoque hoste constet. Cumque hac expeditione in Ægyptum solide stabilita, omnis ab Europæo pariter Asiaticoque hoste metus ei auferatur, certum est, non obstiturum. Nam quis dubitat, quin optaturus sit Francum Turcamque collidi, singulatim formidabiles sibi? Sed quæretur non tantum : an non obstiturus, sed etiam, an Franciæ contra Turcam auxilio futurus sit? Ac primum fieri potest, ut ipsemet a Turca invadatur, rebellibus auxiliaturo. Quod si fiat, junget utique Francis arma sua. Sed ponamus id non futurum : fateor, difficulter ad invadendum Turcam adducetur, nisi necessitas eum ad conservandam Poloniam cogat. Et vero cautionem a Francis haud dubie desiderabit. Sed nulla certior, quam si reapse Francia invadat Ægyptum. Si interea subsidia aliqua Cæsari, saltem pecuniaria, præstet, ad augendas in Hungaria copias, specie domandorum penitus rebellium ; quæ res Turcam, in arma Cæsarea extra ordinem aucta intentum et viribus illuc versis, Asiam nudare coget.

Polonia nunquam periculo. Turca ei minatur. Amici Cosacci defecere, qui olim Ottomannum in bello Chotimensi maxime repulerunt. Turca tunc a Tyræ transitu prohibitus, quem nunc cum volet, habebit in potestate. Poloni fortitudinis et fidelitatis ¡famam bello Suecico amisere ; Cosacci sub hoc rege Piasto irreconciliabiles, quem præsertim odere. Factiones residuæ. Frustra blandimur nobis, Tartaros et Cosaccos ipsosmet Poloniæ perniciem non permissuros, ne Turca nimis vicinus fiat ipsis. Nimirum hæ gentes præsenti lucro ducuntur. Si non, subigere et vastare Turca totam Poloniam ad Vistulam usque potest. Nullus ergo nobis metus a Polonis; spes hæc, ut, si velit Francia, acerrime Turcis sint resisturi, ita enim reconciliabitur Regi, quidquid adhuc Francicas partes respicit; jungent se Moscis Cæsarique. Habebit Tùrca ubi totas Imperii vires impendat, a tergo interea de improviso periturus. Paulum argenti sufficiet, ad Poloniam egregie animandam ; quanto rectius id, quam in Angliam, aliquando futurum hostem, impendetur ! Interest Cæsaris quoque adesse Polonis, si modo illi a Polonia cautio perseverationis, et a Francia sinceritatis.

Moscum Polonis laborantibus affore, aut certe Hungariam a Turcis capi, ægre laturum, rationis est credere. At ab *Anglia Hollandiaque* fortasse metuendum est, ne illi expeditionem Ægyptiacam nolint. Et in primis *Batavi* in extrema necessitate positi possent Turcæ jungere sese, specie navigationis suæ in Mediterraneo stabiliendæ; quo nihil formidabilius, cum constet Turcis non nisi maritimam potentiam aut potius industriam deesse. Excusabit Batavos necessitas, ut olim Franciscum I ; nec Sociniana religio, quæ nunc in illis regionibus gliscit, usque adeo Turcis exosa, ut Romana.

Batavorum vis in commercio, maxime orientali. Hoc illis difficulter auferet Francia in ipsa India, ut nunc sunt res, nisi per Anglos Lusitanosque; at ita ipsis Anglis Lusitanisque potius quam Franciæ lucrum cedet. At si Francia teneat Ægyptum, poterit ipsa extendere dominium in Indiam orientalem, longe rectius quam ex sterili Madagascare (adhuc longius, quam ipsa Ægyptus ab India dissita), aut ex Surata, ubi Franci precario, nec nisi mercatorum forma, agunt. Sed etsi in India nihil acquireret Francia, sufficeret Ægyptum tenere, ad commercia Indiæ, vitato Africæ circuitu, in se derivanda. Hæc unica commercia Hollandis extorquendi ratio est. Per vim non extorquebuntur, nisi Anglia Lusitaniaque ascita; at ita lucrum illis cedet, sumtus nobis. Per artes non nisi eo sordium pudendarum se demittant aliæ Nationes, quo Batavi, qui id fere lucrantur, quo genium defraudant suum, instar Judæorum. Una ergo restat via, ut breviores detegamus commerciorum rationes, quarum nos simus possessores soli; quod occupata Ægypto Francia obtinebit. Cæterum nec posse eos, nec posse velle serio expeditionem Ægyptiacam impedire manifestum est, tum quia non nisi sero scient, tum quia conspirante contra Ottomannum Europa, id est Francica simul et Austriaca Domo, non est verendum, ut se opponat in Europa quisquam. Præterquam quod exiguæ Batavorum vires in Mediterraneo mari, classes autem ingentes illic tenere difficile: Nec vero illi facile invadent, nec milite instructi, nec ducibus ad terrestre certamen exercitis, quod illis a Francia, temere adeo lacessita, sine auxilii spe, condemnante eos Europa, immineret.

Generatim aut *Angliam* aut *Batavos*, aut alium quemquam in Europa expeditioni Ægyptiacæ impedimento fore, modo Imperator conspiraverit, nulla verisimilitudo est. *Lusitani* etiam aderunt Franciæ, Ægyptum invadenti, ex mari Rubro. *Hispani* haud dubie applaudent. Quid enim illis nunc, nisi de servitudine sua cogitantibus optatius, quam a Turcæ metu Cæsarem, a Gallico se liberari? Et possunt hic fundamenta jaci solidæ duarum potentissimarum familiarum ad salutem generis humani, et bonum Christianismi, ineundæ in perpetuum unionis; solidæ, inquam, in ejus quod interest, conciliatione fundatæ.

Danus nunc non nisi de sua, et per consequens, Germaniæ securitate sollicitus est.

Sueci natura stipendiarii esse debent ejus principis Christiani, qui novas res moliturus, qui quærit ire plus ultra, id est Franciæ. Coget eos ipsa necessitas ad Franciæ semper partes recurrere. Sed in Germaniam res magnas amplius per Suecos geri posse, non magna verisimilitudo est, omnibus vicinis in eos intentis armatisque. Quodsi Regis Christianiss. jussu atque auctoritate Poloni militent in Turcam : hoc Polonis saluti, Suecis lucro, Franciæ felicitati, Turcis exitio erit.

21.

Ex his jam apparet, summam esse in Ægyptiaca expeditione *securitatem*. Nam nec in Europa quisquam metuendus, conspirante Franciæ Austriaca Domo; faciet Clerus, faciet Pontifex maximus officium suum; cum nihil ipsi Italiæ accidere possit optabilius. Sed pessima ponamus : Europæos et Austriacos ipsos Franciam in Barbaros euntem invadere. Quis non videt, posse Franciam, quando libet, impune desistere, Turca non persecuturo? Non minus quam post Gigerinum tentamentum, aut Candiotica auxilia. Jamque causam suam Francia coram Deo hominibusque justificatam habebit, ostendit optimam voluntatem suam, declamabit jure in impedientes, resumet priora, nec difficulter cum Porta in gratiam redibit in eo quod utriusque interest fundata. Securus reditus, mari aperto. Sed omnibus pessime euntibus, quid nisi classis cujusdam exercitusque clades; major Francia est, quam ut tali infortunio magnopere percelli possit. Periculo exercitus perdendi, spes tantæ regionis emi potest, etiam ex prudentissimi cujusque æstimatione. Sed cum nemo in mari remansurus sit, ne metui id quidem cum ratione potest. Nec metuenda nobis, quæ Pelagio Cardinali aut Ludovico S. evenere. Scimus quid ordo et disciplina et bonum consilium possit, quibus quantum nunc valeat Francia jam multis speciminibus ostendit. Sed et quantum inter illius et nostri temporis rationis intersit, facile ostendi potest. Exiguæ Ludovici S. vires, mare et Nilus in hostium potestate, interiora regionis intrata, infesto litore a tergo relicto, ne commeatu quidem suppetente. Missilia ignea (quæ tunc ignis Græcus appellabantur) Saracenis tantum, non et nostris. Saraceni in Ægypto tunc bellis continuis exerciti et magnam partem ex ferocissimis Circassiis orti. Ægypti litora tunc pro illius temporis ratione munitissima erant. Nunc omnia contra. Nec status ratio tantum, sed et honor in titulo est, etsi cœpta infelicia Rex desereret. Nihil nocuit famæ Regis, quod Gigeris Candiave desertæ. Perpulsare licet. Ægyptiacus conatus tertius, et, ut spero, auspicatior esto. Paucis addam :

. 22.

Ægyptiacam Expeditionem præsenti consiliorum lineæ consentaneam, ac nunc omissam occasionem fortasse perituram.

Francia quærit arbitrium rerum, possessionem commerciorum maxime Orientis, eversionem Hollandorum, Rex gloriam principis magni : omnia ista in Ægypto et, hoc amplius, honor Imperatoris Orientalis, res ob magnas consequentias non prætereunda. Bellum hoc sacrum titulo, fructu quovis profano utilius, quale probaret ipse Machiavellus. Orbis Christianus obligatus habebitur, Italia inprimis et Germania, in quibus maxime Franciæ interest auctoritate atque amore valere, devincientur.

Confluet ad Regem tam præclara molientem, quidquid Europa habet magnorum virorum pariter et excellentium ingeniorum veræ gloriæ in Franciæ theatrum, nulli amplius calumniæ, nullis suspicionibus obnoxium erit. Sed tantæ rei consequentias pro dignitate persequi, vastum ac pene infinitum.

23.

Addo vero *maturandum esse*. Parata omnia necessaria ad navalem expeditionem, et in maritima regione adest etiam, quod supersit. Si pax bono Europæ fiat, quæ rectior occupatio virtuti militari ab otii rubigine præservandæ? Jam Rex arbiter belli pacisque; possunt tempora evenire ubi non sit, Anglis pariter Hollandisque Austriacæ Domi arctius illigatis, tum metus domesticus adimet animum Franciæ audendi majora. Sed fac eandem semper Europæ faciem perseverare : non eadem Turciæ Ægyptique erit. Constat Turcas et primum inprimis Visirium omni studio laborare in reformatione rerum. Jam pene artes militares nostras didicere, discent mox maritimas quoque, ipsa natura manum præbente et affluentibus apostatis. Quo facto, dabitur orbis Christianus in tremorem, seraque erunt et frustra tunc optanda, quæ nunc cum contemtu audiuntur. Quid mirum? nonne nostris similia Turcis capita, nisi quod turban gerunt? Si semel illis in mentem venerit, munire maritima Ægypti, quod unius anni opus erit, valeat spes Christianitatis, quam solam reliquam video.

24.

Post hæc explicata non est quod *de expeditionis justitia* dicam. Quid justius bello sacro, pro bono generis humani, profectu Religionis Christianæ, liberatione miserorum, nostra auxilia implorantium, sepulchro Domini, ultione fastus injuriarumque, quas etiam Francia a Barbaris accepit? Nec peculiaria Regi cum Porta fœdera pactaque esse puto. Si Candiotica et Gigerina expeditio justa est, erit Ægyptiaca quoque. Vertitur in momento, quod Rex huic meditationi dabit, salus millies mille animarum; cœlum ipsum deliberationi ejus intentum est. Hic gloriæ, hic meritis, hic virtuti, hic fidei locus, hic commissorum expiationi, hic saluti.

25.

Nunquam gloria divina nostraque arctius ligata fuit, nihil credo majus simul justius sanctiusque in humanam cogitationem venit. Destituunt verba plura dicturum, et multitudo rerum maximarum omnem ordinis potestatem eripit. Cætera ergo supplebunt ingentes animæ, a quibus lux atque regimen humanis rebus, quæ uno mentis ictu plura complectuntur, quam voluminibus enuntiari possit.

Hoc unum superest, ut precemur a Deo, ut attentionem et animi adversionem largiatur : quo majus gratiæ donum nunc neque illis, neque nobis dari potest.

II.

LEIBNITII DE EXPEDITIONE ÆGYPTIACA EPISTOLA AD REGEM FRANCIÆ SCRIPTA, 1671.

REGI CHRISTIANISSIMO.

Fecit opinio publica de sapientia Majestatis Vestræ, ut offerre audeam meditationem de consilio, etiam magnorum quorundam virorum judiciis, maximo eorum quæ suscipi possunt et facillimo eorum quæ magna sunt. Apud alium irriderer fortasse, sed Majestas vestra altiori genio omnia agitans, nihil externo rerum specie tangitur, nec offerentem sed oblata spectat, cum sciat etiam ingentium tenuia initia, nec privatorum propositiones, utcunque primo obtutu suspectas vanitatis, semper spernendas.

Petrus Eremita in consilio Claromontano Europam inflammavit ad bellum sacrum, quam prudenter, non dicam. Hieronymi Vianelli, hominis Itali, consiliis debent Hispani Oranum et Masalquivir seu portam magnam, et ceterorum in Africa progressuum fundamenta. Nihil novissimas orbis amplificationes, Columbum, Vesputium et Magellanum memorabo, aut itinera M. Pauli, quorum lectio Johannem II, Lusitaniæ regem, ad expeditionem in Indiam Orientalem decernendam animavit, aut topographiam Herreræ, quæ prodidit Hispanorum hostibus tentandorum Americæ litorum rationem; aut Franciscum Houtmann et Wilhelmum Usselinum, qui cum inter Lusitanos egissent, consiliis suis apud mercatores Amstelodamenses, illic Orientalis, hic Occidentalis Indiæ societatum fundum jecere, aut Gualterum Raleigh, equitem Anglum, qui, quamquam propositionem Americanam apud Jacobum, artibus Hispanici legati et ipsius regis flexibilitate, supplicio luit, at Cromwellum consiliorum reassumtorem reliquit. De propositione tantum, quæ a me nunc adfertur, superioribus seculis celebri, nunc nescio quo modo ex animis deleta, dicam originem ejus primam vetustissimamque esse a captivo.

Mihi quidem paulo plus quam quadriennio abhinc in mentem de meo venit. Cum enim ego, quoties aliquid novi cognosco, perpetua reflexione confestim mecum considerem, nihilne inde possit ad usum vitæ.... (quæ methodus etiam alia mihi non contemnenda peperit), et in omni genere rerum qualitatumque id investigare soleam, quod inter cætera summum, et quod cætera aut trahit secum aut supplet, eodem animo in historia quoque et geographia etiam adolescens versabar, et comperi tandem, nullum esse in præsentia hominem in orbe terrarum potentiorem rege Franciæ, et si idem sapiens sit, potentiorem tentandis maximis rebus; contra nullam esse regionem in mundo cognito tentari digniorem, et, si teneatur, efficaciorem ad summam rerum, quam Ægyptum, quam ego Hollandiam Orientis, ubi contra Franciam Occidentis Chinam appellare soleo. Hunc hominem, hanc terram, id est Regem Franciæ et Ægyptum inter se maritari, generis humani et religionis Christianæ interesse putavi. Memineram expeditionis a Ludovico Sancto susceptæ in Ægyptum; hujus originem inquisivi diligentius. Sane constabat ex voto cruce signatum, cum subitaneo morbo clausis sensibus de improviso respirasset : at cur Ægyptum potius quam, cæterorum more,

Hierosolymam tentasset, ejus rei rationem hanc tandem reperi.

Cum Fredericus Barbarossa Imperator, suscepta terrestri expeditione in Orientem, in ipso victoriarum cursu, fatali rebus Christianis casu, sublatus esset, Philippus Franciæ et Richardus Angliæ reges Acconem, quæ veterum Ptolemais est, a Christianis arcta et pertinaci obsidione cinctam, classe appulere. Capta tandem urbe Saladinus sultanus, qui paullo ante Hierosolyma pulsus, post diuturnam possessionem, Christianis recesserat, captivos sibi reddi stipulatus, s. crucem vicissim restituere spopondit. Cum non præstaret, Richardus captivos, qui sibi obvenerant, decem et amplius hominum millia trucidari jussit. Philippus humaniore consilio suos cum captivis Christianis commutavit. Erat inter eos Caracux, Arabs, vates, ut historici vocant, ut ego arbitror homo sapiens, clarusque inter suos, qui cum Philippo multa et inprimis de belli ratione collocutus, dixit : « Hierosolymam et regnum Christianum in Oriente conservari non posse, nisi Ægypti imperium everteretur, et ut hoc fieret, Damiatæ possessionem necessariam esse. » De Damiata locutus est haud dubie, quia inter urbes Ægypti ea Palæstinæ proxima est. Hæc viri verba Philippi animo alte infixa testimonio est nata mox inter Francos Anglosque dissensio, Philippo Ægyptum tentari suadente, Richardum regnum Hierosolymitanum affectante. Richardus apud homines speciosa magis, externa sanctitatis specie, quam utilia et solida quærentes, prævaluit. Philippus iratus in Galliam rediit. Richardus quoque consiliorum irritus post multa terra marique pericula et Austriacam captivitatem vix tandem reversus est.

Visi sunt errorem agnovisse tandem Christiani, quod, occupatis mediterraneis Hierosolymaque capta contenti, Ægyptum, olim maris et commerciorum dominam, novi semper belli sedem, Mahometanismi cor reliquissent. Innocentius igitur tertius, pontifex sapiens, indicto consilio Lateranensi expeditionem decrevit in Ægyptum, quæ initiis læta, fœdo exitu corrupta est, cum cardinalis Pelagius, copiarum ductor, credo in magistro sententiarum quam natura rerum versatior, collocatis iniquissimo loco castris, imperitus regionis, exercitum hosti apertis Nili cataractis inundandum objecit ; ita interclusi vitam libertatemque restitutis omnibus, quæ tenebant, ægre redemere.

Secuta mox Ludovici Sancti expeditio est, qui datum avo a captivo consilium exsequi constituens, classe recta Damiatam applicuit, quam et nullo negotio cepit, ac debellasset haud dubie, si maritimam provinciæ partem totam ante omnia domuisset et Nilum navibus redegisset in potestatem. Sed exercitu inter Nili ramos in interiora ducto, cum flumen a tergo in hostium manu reliquissent, navium penuria commeatu interclusi, eruptione tentata, succubuere. Rex, domum reversus, post regnum diuturnum et felix, jam gravis annis denuo expeditionem Ægyptiacam ingressus est : in itinere Tunetam intercipere decrevere Christiani. Ibi obiit sanctissimus princeps, cæteri infectis rebus rediere. Postera tempora bellis inter Galliam Angliamque, inde inter Austriacam domum et Franciam turbulenta, omnem Christianis animum tentandi Orientis ademere; quamquam Hayto, Armeniæ rex, tum ipse præsens, tum per Marium Sanutum Venetum ad bellum Ægyptiacum hortatus sit Europæos, et Cassanus Tartarus Christianus Saracenos tota Syria ejectos redegerit intra Ægyptum, in quam navium penuria nihil poterat, illis ex Ægypto, mahometanismi asylo, facile, ut semper, omnia recuperantibus : et quamquam Petrus Cypri rex, Francorum et Venetorum auxilio, classe Alexandriam Ægypti ceperit, at impar retinendæ pulcherrimam occasionem dimittere coactus sit.

Unum ex eo tempore præclarum consilium captum inveni a Francisco Ximenio, Cardinali Toletano, Hispaniæ ministro, viro magno. Cum enim eodem fere tempore India utraque Lusitanorum et Castellanorum navigatione aperta, Castilia Arragoniæ juncta, Saraceni Hispania pulsi essent, Ximenes fœdus sacrum inter sapientes ejus temporis reges, Ferdinandum Castellæ, Emanuelem Lusitaniæ et Henricum VII Angliæ reges, de quibus jure meritoque dici potest, eos suæ quisque gentis potentiam fundasse, moliebatur. Multis sententiis propositis excussisque Ximenis opinio fuit : tentandam Ægyptum et inprimis Alexandriam portu inclytam, quod et regibus persuasit. Didici hæc ex literis Emanuelis ad Ximenem, in quas apud scriptores vitæ Ximenii forte incideram. Ibi Emanuel sententia Ximenii de belli gerendi ratione collaudat his verbis : « Tum quæ ad belli gerendi formam a Te dicuntur, ita apte et convenienter, ita fortiter et robuste a Te disponuntur, ut nihil aliud tractasse videaris, » subjicit : « Quantum ad Alexandriæ attinet expeditionem, de qua prudentissime discurris, visa nobis est res optima et suo tempore valde prospicua ; memoratis enim a Te gaudet bonis, et judicio oculatorum haud difficulter intercipietur ; minus vero negotium faciet ipsam semel interceptam manu tenere. Imo nuper sub adventum prioris ratis Rhodum appulsæ, de ipsa sat superque sumus ita informati, ut subito mandavissemus eam aggredi, nisi quod præsenti expeditioni simus totaliter intenti, suo tamen tempore non deerimus. Arrisit quidem animo scire quæ scribis concernentia Christianos in Sultani ditione detentos. Equidem apparet Deum hoc specialiter tempore velle et manifestare, quod hæc sua sit voluntas, et nobis præterea promittere hujus diei victoriam, in quo proinde superest sperare, cum talis expeditio hæc sit, ut majorem sub cœlo non valeamus consequi gloriam, quam in ea vivere vel mori. » Hæc sunt verba gloriosi Regis. Dixerat paulo ante : « Ægyptum simul ex altero latere per mare Rubrum classe Indica se invasurum. » Omnia omissa sunt morte regis Ferdinandi, quia Hispania in Austriacos manus venit, et alia longe consiliorum series, æmulatione duarum potentissimarum in Europa familiarum, orta. Ximenes tamen propriis sui Episcopatus sumtibus, Vianelli consiliis, Africam invasit et Oranum cepit.

Franciscus. . . . .
. . . .
. . . .

Ægyptus omnium regionum ad dominium non maris tantum sed et orbis opportunissima, et ipso situ incredibilique fertilitate et populositate gentis : mater scientiarum, miraculorum naturæ materia, asylum perfidiæ Mahometicæ, cujus solius neglectio effecit, ut Christiani terram sanctam amiserint; Asiæ et Africæ vinculum, Oceani et Mediterranei maris agger interjectus, horreum Orientis, emporium commune Indiæ et Europæ. Nec difficilis adeo navigatio erit; jam ab aliquot annis ludus est navibus Gallicis mare Mediterraneum percurrere, naufragiis alicujus momenti raro auditis. Ad Cretam seu Candiam, si a Massilia computas, circiter una tertia itineris pars est, ad Cyprum partes duæ. Constat quam facile fuerit ire in Cretam et redire, cæterum Tuneti aut Algerii aut Tripolis litora legere. Accedit quod Maltæ tuta statio est, quod Lampadosam, in vicinitate Maltæ, Francia tenet. Turca mari invalidus. Ægyptus a Constantinopoli, ubi vis imperii est, dissita et, quod consideratione dignissimum est, ita sita, ut non nisi mari a Turca succurri possit, interjectis inter Ægyptum et imperium Turcicum vastissimis desertis, transitu difficillimis. Ægypti militia diuturna pace invalida, Janizaris illic mercatum potius quam arma tractantibus. Omnia ad seditionem non in Ægypto tantum, sed toto Oriente pronissima, modo aliqua externa vis accederet, cui fidere rebelles possent. Appropinquant Imperii Turcici fata, quod certum est, capta Ægypto, daturum in ruinam. Visirius Janizaros et Spahios studiose perdidit, ut caput domini suumque in tuto locaret, etiam cum Imperii periculo. Nihil est in Ægypto, quod non exploratum sit primo impetu capi posse, præter Cairum, quæ tamen ab omni auxilio exclusa est, si maritima teneantur. Multo studio hæc hominibus itinerariisque quæsivi, comperi omnes conspirare. In vicinia hinc Arabes, illinc Numidæ Turcis infesti et cuivis venales. Militia Ægypti ad triginta hominum millia ascendit. Sed hæc quoque speciosa magis quam valida; ex quo Janizari titulus factus est venalis et vetus Turcarum disciplina pessum ivit. Damiata et castellum Alexandriæ, vetere tantum more munita, nihil contra hodierni belli artes; Rossetum ne munitum quidem. Nec miles Asiaticus ex egregio illo Candiæ et Hungariæ bellis armato æstimandus.

Consilium etiamsi irritum (quod tamen humanitus æstimando esse non potest) periculi expers. Quid enim Turcia

Franciæ nocere potest? jam tot injuriis, jam satis irritavit. Unum objici potest, domi Franciam nudari et Europæis conspirationibus exponi; sed majores Franciæ vires sunt, quam sit necesse ad defensionem sui; ostendere possum, hoc totum superfluo illo efficere licere, quod jam nunc in promtu et ad tentandum aliquid comparatum est; viribus, ut vulgi nominibus utar, offensivis, servatis domi defensivis : sed et sunt in promtu artes, omnem ab Europa invasionem cavendi. Domum Austriacam non quietam tantum sed et fœderatam habebimus et cœpti sociam, si res recte instituatur. Hollandica cum summo honore componi possunt. Turca potest proximo vere bello Hungarico aut Polonico, immo utroque illigari, quod si fiet, infallibilis ejus ruina est.

Rationes hæc præstandi certæ sunt et promptæ, etsi scripto brevi satis dilucide exponi non possint. Nec a præsenti consilio Majestas Vestra minime abibit, transverso pilo. Bellum hoc Hollandico simillimum, regionis fere eadem natura, omnis apparatus in Hollandicum destinatus huc converti potest. Fateor Ægyptum Hollandia remotiorem, sed et contra Hollandia mari armata est, in Ægyptum autem transportatio militis periculi omnis, imo hostis in itinere ac cursu expers. Nec ut quidam arbitrantur, damnosum ideo et difficile est milites classibus transferre, sunt exempla in contrarium, imo ratio, cum contineri miles in navibus et sub exactissima disciplina haberi et ad certam ac salubrem victus rationem adigi possit. Cæterum Hollandia maritissima, Ægyptus pene nuda. Certum est Alexandriam aut Damiatam citius quam Trajectum Mosæ aut Sylvaduas, et Cairum quam Amstelodamum captum iri. Bellum in Hollandos sine sociis certis erit, nisi qui propria pecunia instruendi sunt, at in Turcam alii conspirabunt. De Pontifice Maximo et Italiæ principibus et Sicilia cæterisque ad mare Mediterraneum ditionibus Hispanorum certa res est. Cæsare et Polono arte implicatis. Lusitani in mari Rubro ab altero Ægypti latere nostri erunt; nam ipsorum intererit, Franciam ex Ægypto contra Hollandos in India auxiliatricem habere.

Prudentum opinio est, bellum Hollandicum, etsi felicissimum sit, parum allaturum ad summam rerum, imo plurium pristinorum consiliorum executionem detracturum. Nam verisimile est, fundatas tot sumtibus societates Franciæ Indicas et stabilitas colonias ab Hollandis eversum, et quidquid tot annorum labore in commerciis Galliæ erigendis actum est, labefactatum iri; quæ res non animos tantum hominum dejiciet facietque de successu commercii Galliæ in multos annos desperare, sed et difficillimos in posterum ad conferendum aliquid subditos reddet, et si cogantur, tumultibus propinquos, cum videant Rege consiliorum cursum nonnihil mutante, omnes suas impensas inanes esse. Certum est, vel sola quiete in Europa Galliam ita crescere, ut vicinos omnes debilitet, plus enim quotannis accipit, quam dat. Quiete aliquot annorum commercia Galliæ firmabuntur, potentiæ navalis quieta possessio, si semel recte apprehendatur, vix poterit a conspirante Europa everti, imo orbe, si Ægyptus accederet. Agitata arbor non facile radices agat. Initia aliquot annorum tranquillitate indigent, quemadmodum Turcas constat occupata aliqua nova regione statim pacem facere, ut eam per otium ordinare possint. Ideo sunt qui dicant, Regem beneficio Hollandos afficere, si eos mature invadat. Nec occupatio lenta aliquot urbium limitanearum et aliis reddendarum, quas certum est ab ipsis Hollandiæ prudentibus non magni fieri ad commercia et navigationem in corde provinciæ tutam..... Defensivum Hollandorum terrestre bellum, maritimum offensivum erit. Maritimum sine classium, si quæ utrinque prodeant, conflictu esse non potest. De exitu pugnarum navalium tantopere a fortuna pendentium ægre aliquid statuet vir prudens; ab eo autem omnis plane Hollandici belli fructus pendet; incertus est ergo. Accedit quod majore Franciæ damno Hollandica, quam Hollandiæ Francica classis vincet. Nam Hollandorum res navalis stabilita est; Franciæ cœpta; at facilius ferunt ictus radicata quam nova. Hollandica asperrimas fortunæ tempestates experta constantiam probavit, Gallicæ nondum experientiam habemus. Unde verum, saltem circumspiciendum est, an non facilius classem Hollandi quam Franci reparare possint. Deinde ut respublicæ mercibus, ita reges fama negotiantur, et quod mercatoribus fides (*le crédit*), id regibus auctoritas. Jam constat Hollandos honoris specie non magnopere moveri, dummodo res familiaris salva sit. Unde a Cromwello ad duram et parum gloriosam pacem se adigi æquo animo passi sunt; at alia regis ratio est qui, cum directionem rerum Christianarum affectare debeat, auctoritate imminuta tota consiliorum summa excideret. Respublicæ fere statum rerum præsentem amant et potentiam lucrumque artibus pacis affectant, reges armorum felicium opinione ad majora utuntur. Denique etiam litora Hollandiæ arcta, Galliæ per longissima terrarum spatia diffusa. Unde duplex Hollandis fructus; nam et facilius conjungere classem, et si nulla sit classis in mari, tueri litus potestate. Constat plurimis Anglos nuper noluisse, quod Hollandica classe maturius educta et Tamesin ipsam ingressa, naves Anglicæ partim in Tamesin subductæ, partim per alios portus dispositæ coire non possent; sed etsi egrediantur naves ad conjunctionem, in medio ab hostili classe jam juncta per partes excipi possunt. Quod litoris defensionem attinet, manifestum, ad tantum terrarum tractum, quo Gallia mari alluitur, tuendum, immensis sumtibus opus esse, nec tamen satis caveri posse, quin hostilis classis, si prospera pugna usa sit, tota loco opportuno impressionem faciat, milite etiam exposito et sub navium tutela intra tormenti majoris jactum, etiam propugnaculum struat. Quæ res quam periculosa sit, non est opus me dicere. Sed et insulæ maris Francici, præsertim a continenti remotiores, ægre defendentur. Hollandiæ litus arctum; insulæ a continenti dissitæ nullæ, Texel et Vlie et mare australe Zuyderzee difficulter intrantur, præsertim ex quo Batavi nupera Anglorum in Uliam audacia facti cautiores. Denique satis ex hac collatione apparet, minus Franciam lucrari victoria, plus amittere clade, velut inæquali inter duos lusu, quorum alter altero plus victori cessurum deseruit : et in summa bellum Batavum etsi felicissimum supponatur, parum ad summam rerum allaturum, si mediocriter infelix, imo etsi irritum tantum, ac in neutram partem eventu inclinatum, auctoritate, et quod hinc sequitur, directione Europæ ac spe majori Franciam facile deturbaturum. Contra bellum Ægyptiacum si succedat, dominationem maris, commercia Orientis, Generalatum Christianorum, ruinamque Turcici imperii non nisi Franciæ debendam, et quod hinc sequitur, directionem rerum Christianarum, honorem titulumque Imperatoris Orientalis et arbitrum orbis collaturum; si irritum sit, nihilo amplius aut potentiæ aut auctoritati Francicæ nociturum, quam Gigeris amissa aut Candia frustra adjuta. Præsertim cum ipsa expeditio sacra et applausibus vulgi probata, etiamsi infelix, non æque animos plebis, quæ in religiosorum potestate est, ad indignationem concitet ac cæteris cœpta, quæ fere a populo odio habentur et ambitioni Principis imputantur. Nec Turcæ irritatio metuenda; dudum auxilio Hungarico et Candiotico ejus patienta tentata est. Timebit Francos magis quam terrebit, si videbit tandem aliquando rediisse nobis in præcordia majorum nostrorum virtutem. Sed nec invadere Franciam potest. Damna ab eo non nisi duo video : hominum commerciorumque Franciæ periculum in Ottomannicis ditionibus, et animi alienatio effectura, ut instrumentum Franciæ ad Austriacam distinendam domum esse desinat. Sed commercia Francica jam nunc illuc exigua et pene data in ruinam, etiam confessione peritorum; ac fateor caveri non posse in Christianos suarum ditionum Turca sæviat. Sed primum sacrificandi semper aliqui publico bono : an ideo nihil unquam tentandum in hunc hostem? Ego vero arbitror, nec ausurum Turcam uti vindictæ genere tam crudeli; cum metus futurus sit, ne Franci, ut sunt audaces et ad magna incipienda validi, desperationeque inter se avidi, seditionem in maritimis locis excitent et in ipsa Barbari viscera grassantur. Constat Amuratem incendium aliquod urbis Christianis imputantem, Latinos Constantinopoli habitantes occidi jussisse; at Agam Janizerorum ostendisse, rem periculo plenam, nec sine summo metu exsequendam. Eadem de Smyrna aliisque Imperii locis judicanda sunt. Sed et vicina Francorum arma et ultio imminens facile barbariem frenabuntur. Quod animi alienationem attinet, hoc quidem nihil est. Cœpit dudum Majestas Vestra generosioribus consiliis uti et Legati sui violationem missis in

Hungariam auxiliis præclare ulta est; nec ideo Turca ei æquior aut iniquior factus. Si contra Austriacos ageretur, non ideo minus id quod interest commune . etiam coget Turcas Franciam respicere. Sed quanto non sanctius tantum, sed et utilius amittere hos, si rem recte tandem expendimus, minutos respectus, cum tempora nunc inciderint, quibus magnum opus nec Ecclesiæ tantum, sed et generi humano salubre et magnis illis ministris Cardinali et Haroo in Pyrenæis congressibus agitatum, conjunctio scilicet utriusque augustæ domus in communem consiliorum scopum, non fictis promissionibus, sed ipsa cœptorum necessitate perficiatur. Illud quoque consideratione dignissimum, expeditionem hanc, etiamsi profanis eam oculis, nulla religionis ratione habita intueremur, prætextum, vim effectumque longe alium longeque majorem habiturum, quam omnes Veterum in Terram Sanctam expeditiones, quæ non nisi exigua Ægypti accessio erit.

Ægyptus ipsa aditum in ditissima Orientis regna aperiet, et commercia Indica Franciæ alligabit et viam sternet generosis Regibus ad ausus Alexandreos. Certum est si Lusitani Ægyptum occupare potuissent (neque enim illorum vires Francicis comparandæ) dudum eos sibi totam Indiam fuisse subjecturos. Et sic quoque, tamen se formidabiles gentibus reddidere, nec nisi ab Hollandis Anglisque pulsi sunt. Hollandi reges Orientis impune terrent. Sexaginta rebellium millia vastissimum imperium Chinense in potestate redegere, notæ sunt nunc Mogolii dominatus facillimæ conversiones, summa Orientis imbecillitas; nec quicquam facilius nostris, capta Ægypto, quam totum saltem litus Indici maris et quicquid in eo infinitarum insularum est, habere in potestate. Interiora a commerciis divitiisque exclusa sponte sequentur. Ausim dicere, nihil majus et inter magna facilius animo concipi posse. Denique si ad minutiora velut invita cogitatione redeundum est, Hollandia rectius in Ægypto quam in se ipsa vincetur, ita enim ei omnes Orientis thesauri extorquebuntur, quibus solis floret.

Et discrimen notabile est, quod illic directum in se ictum non sentire, antequam successerit, aut etsi sentiat, ne evitare quidem potest, quis enim non videt, si expeditionem Franciæ Ægyptiacam impedire vellet, communi Christianorum odio obrutum iri? Hic si invadatur, non excutiet tantum sed et regeret ictum, et communi favore contra suspectam scilicet Franciam sublevabitur. Expeditionem in infideles optabant non tantum, qui rempublicam Christianam amant, sed et qui Franciam odere, vel ideo ut objiciatur scilicet ejus ambitioni, ut illi putabunt, potens hostis, in quem irritas vires consumat. Nam de bello Ægyptiaco, qui tantæ in Indias quoque et commercia orbis et arbitrium orbis consequentiæ est, nemo somniabit. Modo scilicet ratio expeditionis locusque in arcano habebatur, atque illud potius persuadeatur hominibus, sive nidos piratarum Africanorum, sive Moream, ut quidam putant, sive omnino Dardanella et imperii sedem peti. Interea suspensis omnibus Ægyptus fulminis instar pervaditur. Quæ res miram Majestati Vestræ non pietatis tantum et generositatis sed et sapientiæ reconditæ famam pariet, dum omnes, nihil Hollandico bello nunc certius credentes, omnia momento conversa, retento priorum deliberationum cursu, translatoque illuc omni in Hollandos apparatu, quasi in Ægyptum jam diu destinato, taciturnitatem consilii tam se in longinquum extendentis, et Hollandis simul terrore ad officium cogendis et Turcis debellandis comparati, admirabuntur (1).

(1) Cette lettre à Louis XIV n'est que le début du grand mémoire que nous avons donné *in extenso*. C'est elle qui a trompé Guhrauer, qui a bâti sur ce fondement toute sa théorie des deux projets, l'un pour Louis XIV, et l'autre pour l'Électeur de Mayence.

III.

ÉPILOGUE EN VERS DU MANUSCRIT DE LEIBNIZ (1).

Nate, genus Divum, melioribus edite fatis,
Non huc te brutum pelagus ventique furentes,
Sed Pater ipse Deum cui vis hæc tota ministrat
Consiliis egit cœlestibus : aspice litus !
Huc me delatum quondam peccata meorum
Objecere malis; duri vestigia ferri,
Brachia quod captiva notis inscripsit acutis,
Cernis, Agareno tantum delenda cruore !
Bis Cœli tentata fides, bis vana movemus
Bella pii ferroque prius, dein peste jacemus,
Sidereis passim transfixi pectora telis.
Nondum tempus erat, nec tunc gens dedita Christo
Exhaustis luerat commissa piacula pœnis.
Me pater omnipotens fati miseratus iniqui
Transtulit in lætam tranquilla morte quietem,
Solatus lacrymas venturaque tempora dixit,
Et mota auspiciis melioribus arma nepotis
Jamdudum e summo monstravit culmine rerum.
Et me nunc metas jussit celerare propinquas;
Exoriare aliquis nostris ex ossibus ultor
Qui face barbaricos ferroque sequare furores,
Et tandem oppressi miserere Orientis et una
Redde decus patriæ pareque vocantibus astris.

(1) Cet épilogue se retrouve à la fin de la fable politique, intitulée : *Ludovisie*, mais ne doit pas être confondu avec une autre poésie que Leibniz avait composée et *publiée* vers la même époque et sur le même sujet : *Memini tum me versus quosdam edere quibus per occasionem rem obiter attigeram.* (Voir, à l'Appendice, le n° X.)

Hic alio melior vobis Hollandia cœlo
Frugumque ingeniumque parens miracula quondam
Naturæque artisque gerens, nunc barbara tellus
Imperium immensi tradet maris : omnis eodem
Sub pedibus calcanda jacebit Gaza Suratæ
Chinaque se frustra muris et gurgite claudet.
Inde Lukach super atque Beach, pomœria rerum,
Hinc atque hinc ad utrumque polum, super Obea castra,
Qua concrescentes currit Samojeda per undas,
Monstra hominum gens æternis damnata tenebris,
Consciaque arcanis supremo in margine mundi
Limina, non unquam fatis concessa moveri
Ibitis imperio Christumque feretis in omnes;
Denique cum Tellus deerit, dabit impetus alas
Ad mundos alios lucentia nec minus astra,
Donec inexhaustum cœli calcetis Olympum.

IV.

Mayence, le 4 juin 1672.

« Sire,

« J'arrivai ici le 30 mai, et je visitai le lendemain l'électeur de Mayence. Je commençai, Sire, par les points qui témoignent de la confiance et de la véritable amitié de Votre Majesté, et je parlai après des circonstances présentes, seulement comme si je voulais recevoir ses conseils, tandis que je fis remarquer qu'à mon passage par Trieste, je m'y étais conformé.

« Tout ceci, Sire, fut reçu avec de grands témoignages de joie et de respect pour Votre Majesté. Mais, tandis qu'il glissait légèrement sur ses propres intérêts, ou comme s'il voulait les réserver pour une autre fois, ou comme s'ils lui tenaient moins au cœur, il tomba bientôt sur les intérêts généraux.

« Il est d'accord, Sire, pour la justice et la nécessité d'humilier les Hollandais, de même que sur la garantie de l'État envers ceux qui viendront à son secours par les armes. Il n'approuve pas non plus la conduite du Brandebourg, dont il ne connaissait pas toutes les circonstances ; car je lui ai appris la proposition que Votre Majesté lui avait faite de lui remettre ses places, quand elle les aurait conquises ; ce qui serait une sûreté pour l'État. Il me parla, sur ce point, des places que l'électeur de Brandebourg aurait été empêché de conserver. Sur quoi, je lui répondis par cette question, savoir, ce qu'il préférait des deux choses : que la citadelle de Mayence fût rasée, ou de la laisser sous la protection d'un prince, quel qu'il fût ? Et il ajouta : Dites encore que ce sont des places que les Hollandais ont fortifiées contre lui, depuis qu'ils les ont mises en leur puissance. Il fit alors, Sire, valoir devant moi les conseils qu'il avait donnés à l'électeur de Brandebourg comme utiles à son propre intérêt, à celui de tout l'Empire, et au service de Votre Majesté. Il ne voit en ce moment personne dans l'Empire qui pût avoir la volonté ou le pouvoir d'entreprendre ouvertement quelque chose contre Votre Majesté, excepté, peut-être, le Brandebourg, qui se trouvera cependant pour cela assez gêné, tant à cause de la déclaration faite par l'Empereur, que, aussi, à cause du traité suédois ; et tous ses raisonnements s'étendirent enfin sur des suppositions pour l'avenir, qui lui faisaient espérer bientôt la paix.

« Il dit, Sire, que si Votre Majesté n'a entrepris la guerre que pour punir les Hollandais, ils le seront bientôt assez par leurs dépenses de guerre, par la ruine de leur pays, et la perte de quelques places.... Et qu'un roi très-chrétien et très-sage ne doit pas pousser plus avant son ressentiment contre un État qui se fait passer aujourd'hui pour un boulevard de la liberté commune.

« Que la continuation d'une guerre de si grande dépense, dont il ne peut arriver aucun avantage à Votre Majesté, que celui de ruiner les autres, *deviendrait aisément suspect* à *toute l'Europe*, qu'on a déjà commencé d'alarmer par cette excessive puissance, et par cette facilité avec laquelle Votre Majesté l'emploie et l'entretient. Et qu'enfin, Sire, les envieux de la gloire de Votre Majesté se prévalent déjà contre elle-même de *son humeur guerrière* et de toutes les autres qualités extraordinaires qui sont en sa personne.

« Que, pour le présent, Votre Majesté a liberté d'agir. Mais que, sans parler du propre poids de votre grande armée dans un pays sec et sans pénétrer dans les parties intérieures du royaume, il peut arriver des révolutions dangereuses dans la fin de la campagne. *L'Empereur peut se débarrasser des Turcs,* qui vont avoir les Moscovites sur les bras en faveur des Polonais. On ne sait pas *ce qui peut arriver des Anglais,* mais on croit bien qu'ils n'agissent, aussi bien que les Suédois, qu'aux dépens de Votre Majesté ; ce qui, par conséquent, épuisera ses finances. Il dit de plus, Sire, que Brandebourg avec Hesse, quelques ducs de Brunswick et celui de Saxe pourraient commencer le branle ; et qu'encore que Danemark paraisse mal content des Hollandais et satisfait de Votre Majesté, néanmoins il ne s'y faut pas tout à fait fier, à cause de son antipathie pour les Suédois. Et que tous ceux-là ensemble agiraient, sous le prétexte de la religion, cependant que les Espagnols auraient le choix de se déclarer, ou de faire du pis qu'ils pourraient, sans rien risquer.

« Et conclut qu'il croyait servir utilement Votre Majesté, en se réservant pour faire, selon sa profession de Capelan, des propositions raisonnables, lorsque la justice de Votre Majesté sera satisfaite, et cependant qu'il essayera de divertir tout ce qui vous pourrait nuire ou en faire seulement démonstration, afin que tout l'honneur vous en demeure. *Car il faut que les Hollandais soient à l'amende et se prosternent.* Et il est en peine, seulement, si Votre Majesté agréera d'être priée par l'Empereur et par l'Empire, ou par ses serviteurs.

« Après cela, Sire, il se *mit sur un plus digne emploi des armes de Votre Majesté* : c'est à savoir *contre les infidèles !*

Il m'en veut *communiquer un projet*, et j'espère, avant partir, en pouvoir rendre quelque compte à Votre Majesté.

« J'ai répondu à tout cela, Sire, que la colère de Votre Majesté, qui avait été allumée par l'insolence, se terminerait toujours par la justice; mais que la justice était, premièrement, due aux sujets et aux amis. Que la jalousie de l'Europe était bien prématurée, puisqu'elle avait encore en soi le moyen de faire trois partis, dont l'un pourrait tenir la balance contre les deux autres; et que ce serait un méchant prétexte pour laisser former celui des protestants, que de soutenir des insolents et des usurpateurs! Et que lui, électeur, *qui ne désirait que la paix entre les princes chrétiens*, saurait bien leur montrer un meilleur chemin pour y parvenir, que celui de les mettre tous en armes et de brouiller l'Empire avec Votre Majesté. Qu'à l'égard de l'Empereur et de tous les rois dont il parlait, je ne connaissais pas leurs intérêts; mais que je savais bien que s'il y en avait d'envieux, il y en avait aussi de véritables amis, et qui avaient besoin de Votre Majesté.

« Et que, pour ce qui était des propositions qu'il se réservait de faire, je savais bien aussi qu'en tout temps et en tout lieu tout ce qui viendrait de lui serait toujours favorablement reçu de Votre Majesté, mais que ce serait toujours un préalable, de mettre à la raison des brouillons qui ne feraient qu'empêcher les autres.

« Dans les autres conversations, Sire, *nous avons rebattu et particularisé les mêmes choses à peu près dans le même sens*, et j'essaye de me mettre en état de pouvoir insinuer ce que Votre Majesté voudra.... »

V.

EXTRAIT D'UNE LETTRE D'ARNAUD DE POMPONNE AU MARQUIS DE FEUQUIÈRES,
AMBASSADEUR DE FRANCE AUPRÈS DE L'ÉLECTEUR DE MAYENCE.

Au camp devant Emmerich, le 14 juin 1692.

Je ne réponds pas particulièrement sur votre dépêche, parce qu'il n'y a proprement qu'à louer tout ce que vous faites, et de vous souhaiter une heureuse continuation dans les cours d'Allemagne, jusqu'à ce que vous entreprendrez un plus éloigné.

ARNAUD DE POMPONNE.

VI.

LETTRE D'ARNAUD DE POMPONNE A M. DE BOINEBOURG.

Au camp de Doesbourg, le 21 juin 1672.

. Monsieur,

J'ai reçu par Monsieur de Feuquières, non-seulement la lettre du 4 de ce mois que vous avez pris la peine de m'écrire, mais encore les témoignages qu'elle a rendus au Roi des soins et de l'affection que vous continuez à apporter dans tout ce qui est du service et des intérêts de Sa Majesté. Je n'ai pas manqué d'en informer le Roi, qui a reçu aussi agréablement que vous pouvez le souhaiter la cause que je lui ai rendue. J'en fis voir en même temps à Sa Majesté ce que vous m'écrivez touchant vos intérêts particuliers, et je l'ai vu dans la résolution de donner toujours les ordres nécessaires pour vous faire jouir de la somme qu'elle vous a accordée sur les Aides de Rhétel. Pour ce qui regarde la pension dont vous me parlez, comme ces sortes d'affaires trouvent moins de lieu au milieu des occupations de la guerre et de la campagne, je prendrai le temps d'en faire souvenir Sa Majesté lorsqu'elle sera de retour à Paris. Je trouverai toujours bien du plaisir dans les occasions de vous faire connoître l'estime dans lequel je suis, etc.

Arnaud de Pomponne.

VII.

EXTRAIT D'UNE LETTRE D'ARNAUD DE POMPONNE
AU MARQUIS DE FEUQUIÈRES,
AMBASSADEUR DE FRANCE AUPRÈS DE L'ÉLECTEUR DE MAYENCE.

Au camp devant Doesbourg, le 21 juin 1672.

Monsieur,

Sa Majesté a trouvé que votre passage à Mayence avoit eu tous les succès qu'elle avoit eu lieu d'en souhaiter, et elle a vu avec plaisir ce que vous lui marquiez des sentiments où vous aviez laissé M. l'Électeur. Ceux de Sa Majesté sont tels pour lui, que je ne vois pas lieu de douter que ces bonnes dispositions ne s'augmentent de plus, lors particulièrement qu'elles seront appuyées par l'affection que le baron de Schœnborn et les plus sages de son conseil font paroître pour l'alliance de Sa Majesté.

Je ne vous dis rien sur les projets d'une guerre sainte : mais vous savez qu'ils ont cessé d'être à la mode depuis saint Louis.

Arnaud de Pomponne.

VIII.

LETTRE DU BARON DE BOINEBOURG A ARNAULD DE POMPONNE.

Mayence, le 4 novembre 1672.

Monsieur,

Ayant quelques intérêts à la cour, dont j'ai commandé la poursuite au sieur Leibnitz, je vous ose recommander et la cause même et la personne qui la doit solliciter. Votre bonté me donne cette confiance, et je m'en promets une assistance quasi assurée, lorsqu'il vous plaira d'entendre dudit sieur Leibnitz la justice de mes prétentions. Il ne manquera pas de vous les présenter, et si, par ce moyen, il obtient encore le bonheur d'entrer auprès de vous dans une conversation plus familière, vous reconnoîtrez en lui un trésor inépuisable de toutes les belles sciences dont un esprit solide jamais a été capable; de sorte que vous ne sauriez pas départir vos faveurs à un sujet plus digne, et, comme il se pourra assez rendre recommandable par ses propres mérites, je vous prie seulement de prendre aussi à cœur le soin et la conduite de mes affaires particulières. En quoi, si je puis réussir, je vous en aurai l'entière obligation, et serai toute ma vie, Monsieur, etc.

J. CH. BARON DE BOINEBOURG.

IX.

MÉMOIRE FAIT PAR M. DE POMPONNE

CONTENANT

LA RÉPONSE DU ROI A L'ÉLECTEUR DE MAYENCE SUR L'OFFRE DE SA MÉDIATION.

Le Roi a entendu avec d'autant plus de satisfaction, par le sieur baron de Schœnborn, les offres que M. l'électeur de Mayence lui a fait faire de sa médiation, conjointement avec d'autres princes de l'Empire non suspects à Sa Majesté, pour travailler à rendre la paix à la Hollande et le repos à l'Empire, que Sa Majesté les regarde comme un effet de l'amitié dudit sieur électeur pour elle, et comme une marque de son affection pour la tranquillité générale. Comme Sa Majesté a donné des témoignages publics, qu'elle n'avoit point perdu les sentiments de la paix, lorsqu'elle s'étoit vue indispensablement obligée de déclarer la guerre à la Hollande, elle conserve encore les mêmes dispositions au milieu même de tous les avantages dont il a plu à Dieu bénir ses armes. C'est ce qu'elle a déjà fait paroître lors des premières ouvertures de paix qui lui furent faites durant la campagne, et dont elle vient de donner de nouvelles marques, en acceptant, conjointement avec le roi de la Grande-Bretagne et les princes ses alliés dans l'Empire, les offres que les ambassadeurs de Suède ont faites de la médiation du roi leur maître. Mais comme, depuis ce temps, Sa Majesté a vu élever en Allemagne des mouvements en faveur desdits États, contre ce qu'elle devait si justement attendre, non-seulement des liaisons particulières qu'elle avoit prises avec l'Empereur, en suite de la part qu'elle lui avoit donnée de ses desseins contre la Hollande, mais encore de la foi des traités qui engagent tout l'Empire à garder une autre conduite envers la France, Sa Majesté a vu avec déplaisir que ledit Empire, dont elle a toujours affectionné le repos, se trouvât exposé à de nouveaux troubles par une querelle étrangère.

C'est ce qui a obligé Sa Majesté à ne rien oublier de ce qui étoit en elle pour les amortir dans leur naissance, et comme les places du duché de Clèves ont servi de fondement aux plaintes de M. l'électeur de Brandebourg, elle a fait connoître de telle sorte ses intentions sur ce sujet, tant dans la diète de Ratisbonne que dans le reste de l'Allemagne, qu'il ne peut rester aucun doute dans les esprits tant soit peu équitables, que Sa Majesté n'ait même préféré les intérêts de l'Empire aux siens propres. Lorsque la justice et la raison de la guerre l'ayant rendu maître des places que les Hollandais avoient sur le Rhin, elle n'a voulu user du droit qu'elle y avoit acquis par les armes, que pour les rendre inutiles à ses ennemis durant la guerre, et pour en remettre après la paix la possession à leur prince légitime. Ainsi Sa Majesté ayant fait voir dans les affaires de Hollande et dans celles de l'Empire qu'elle étoit également portée à terminer les unes par une paix équitable, et à prévenir les autres par un juste accommodement, ledit sieur électeur de Mayence ne peut désirer dans Sa Majesté des dispositions plus favorables que celles qu'elle a déjà fait paroître pour rendre le repos à l'Empire et la tranquillité à l'Europe. Mais, parce que l'Empire et la Hollande n'ont rien de commun ensemble et que leurs intérêts sont naturellement séparés, Sa Majesté ne croit pas que, contre les dispositions formelles des traités de Westphalie, aucun membre dudit Empire puisse faire sa querelle propre de celle des ennemis de Sa Majesté, hors de l'Empire. C'est ce qui fait croire à Sa Majesté que ledit sieur électeur de Mayence ne voudra point mettre les deux intérêts dans un même traité, et qu'il jugera que sa médiation et celles des autres princes qui lui seront unis doivent travailler premièrement à ramener le calme en Allemagne, avant que de s'employer à la paix de la Hollande.

Sa Majesté se promet que ledit sieur électeur trouvera d'autant plus équitable que Sa Majesté mette cette distinction dans la médiation générale qu'il voudroit exercer, qu'il jugera sans doute plus convenable à la dignité de Sa Majesté, quelque entière confiance qu'elle eût d'ailleurs en ses offices, que lorsque le chef de l'Empire et un de ses principaux membres sont armés ouvertement en faveur de ses ennemis, et qu'ils sont liés par des traités particuliers avec eux contre leurs obligations générales, particulières à l'égard de Sa Majesté, Sa Majesté diffère à prendre des médiateurs dans le corps de l'Empire pour son accommodement avec lesdits États Généraux, jusqu'à ce qu'elle puisse croire qu'il n'y aura dans tout ledit Empire qu'un même esprit et un même sentiment pour procurer la paix entre elle et les Provinces-Unies, à des conditions raisonnables. C'est ce qui fait que Sa Majesté souhaite qu'avant que ledit sieur électeur et autres princes de l'Empire puissent porter leur médiation jusqu'aux affaires de Hollande, ils se servent des dispositions si favorables qu'ils ont trouvées dans Sa Majesté pour rendre le repos à leur patrie et pour redonner l'entière force aux traités de Westphalie. Et pour rétablir l'étroite intelligence entre la France et tous les membres de l'Empire, qu'ils commencent par apaiser les mouvements qu'ils excitent chez eux, qu'ils finissent le prétexte des plaintes de M. l'électeur de Brandebourg, et qu'ils le mettent en état de profiter des avantages que Sa Majesté lui a bien voulu procurer par la restitution de ses places, dont elle lui a donné les mêmes assurances avant que de commencer la guerre, et qu'elle lui a toujours continuées depuis ces places prises sur les Hollandais.

Mais, parce qu'en admettant la médiation dudit sieur électeur de Mayence et d'autres princes non suspects à Sa Majesté pour les différends qui peuvent être survenus dans l'Empire depuis la déclaration de la guerre avec les Hollandais, l'intention de Sa Majesté *n'est pas de les exclure de la même médiation entre elle et les Provinces-Unies*, Sa Majesté déclare, dès à cette heure, qu'elle aura leur entreprise très-agréable, aussitôt qu'ils auront étouffé par leurs soins les mouvements qui se sont excités dans l'Empire et qu'ils auront fait retirer de part et d'autre, en conséquence d'un traité ratifié, les troupes qui troublent aujourd'hui si fort le repos de l'Allemagne.

Ainsi ledit sieur électeur de Mayence connoîtra combien Sa Majesté accepte volontiers sa médiation dans toutes les affaires pour lesquelles il s'est offert de l'exercer, et le zèle si louable qui le porte à procurer la paix générale, pour agir avec succès, bien que successivement, pour terminer deux différends, et pour rendre à l'Empire l'ancienne tranquillité. Mais afin que Sa Majesté donne encore une plus grande preuve de la sincérité de ses intentions pour la paix, et qu'on ne puisse lui attribuer qu'en ne voulant pas comprendre dans une même médiation les affaires de l'Empire et celles de la Hollande, elle songe, en s'accommodant avec l'Empire, à désarmer les États Généraux des secours qu'ils pourroient attendre de l'Allemagne pour travailler ensuite à leur ruine avec plus de liberté, Sa Majesté, pour faire voir qu'elle ne veut pas se prévaloir contre lesdits États du temps que ledit sieur électeur et les princes qui lui seront unis donneroient à la médiation dans l'Empire, déclare encore qu'elle voudra bien les rendre maîtres de convenir en son nom, jusqu'au premier jour du mois de mai prochain, d'une *suspension d'armes* pour l'Allemagne, comme elle a déjà donné aux instances qui lui ont été faites de la part du roi de Suède, de remettre à ses ambassadeurs le pouvoir d'en accorder une, pendant le même temps, pour la Hollande. Lesdites suspensions conformes à celle qui fut faite en 1659 entre la France et l'Espagne avant le traité des Pyrénées.

Et bien que ce terme-là doive être plus que suffisant pour apaiser les mouvements de l'Empire et terminer ensuite la guerre de la Hollande, lorsque, particulièrement, Sa Majesté s'est expliquée aussi favorablement sur les places du duché de Clèves, parce qu'il pourroit arriver toutefois que la paix ne seroit pas encore conclue au premier mai avec la Hollande, et que la même appréhension pourroit renaître, que, l'Allemagne désarmée par une pacification, la Hollande ne demeurât exposée, sans aucune assistance du dehors, aux armes de Sa Majesté, pour ne pas laisser aucun doute de la sincérité avec laquelle elle a déjà témoigné, aussi bien que le roi de la Grande-Bretagne, de vouloir donner la paix aux États-Généraux, elle veut bien encore déclarer que, lorsque ledit sieur électeur de Mayence et les princes qui seront joints à lui pour la médiation de l'Empire, auront par leur entremise procuré le repos de l'Allemagne, et qu'ensuite ils se trouveront joints à la médiation déjà exercée par le roi de Suède entre la France, l'Angleterre et leurs alliés d'une part, et les États-Généraux de l'autre, alors Sa Majesté promet, dès à cette heure, et s'assure que le roi de la Grande-Bretagne et leurs alliés entreront dans le même sentiment, de prolonger la suspension d'armes avec la Hollande pour autant de temps que les médiateurs le jugeront nécessaire pour traiter la paix avec les États-Généraux.

Après des déclarations si expresses et si favorables des intentions de Sa Majesté, non-seulement pour la tranquillité de l'Europe, mais encore pour les moyens d'y arriver, Sa Majesté se promet que ledit électeur de Mayence et les princes de l'Empire qui sont entrés dans la médiation, du consentement de Sa Majesté, du roi de la Grande-Bretagne et de leurs alliés, trouveront qu'elle ne pouvoit avoir plus de confiance, ni remettre ses intérêts entre leurs mains, qu'autant que Sa Majesté se trouve obligée, par la différence si naturelle qui est entre les affaires de l'Empire et celles de la Hollande, à ne les point confondre dans une même négociation, et par les égards qu'elle doit avoir à sa dignité et à sa gloire, à ne point prendre précisément des médiateurs du corps de l'Empire pour les affaires de l'Empire même; autant elle verra avec plaisir les mêmes médiateurs travailler ensuite à la paix des États-Généraux, conjointement avec le roi de Suède, lorsque leurs soins, ayant agi avec succès, auront rétabli la première confiance entre Sa Majesté et tout l'Empire en général, et tous ses membres en particulier.

Fait en Versailles.

Louis Arnauld.

X.

Voici quelques-uns des vers que Leibniz avait composés et qu'il rappelle à Ludolf en ces termes :

« Memini tunc me versus quosdam edere, quibus per occasionem rem attigeram et quibus nunc isti succurrunt, cum de Cæsare locutus essem :

> Alæ Sarmaticæ juxta pedes Hungarus ultro
> Addit se comitem et spoliis Orientis inardet.
> Tunc repetens Faniæ miserabile Græcia bustum
> Et Constantini redduntur mœnia Christo.
> Parte alia ventis et dis, Ludovice, secundis
> Immensum invictis insternis classibus æquor.
> Rumpit enim dulces idem tibi nomine somnos
> Æternam meritus sancti cognomine famam
> Progenitor, subicitque faces stragesque suorum
> Flagitat ulcisci et duri vestigia ferri,
> Brachia quod captiva notis inscripsit acutis,
> Deleri tandem saraceno sanguine poscit,
> Fortibus, atque animis heroïbus adjicit iras.
> Sternuntur Mauri imbelles, fugitivaque frustra
> Gigeris, et quondam magnæ Carthaginis arces,
> Et toto accipiens victorem flumine *Nilus*. »

FIN DE L'APPENDICE.

TABLES

DU

CINQUIÈME VOLUME DES ŒUVRES DE LEIBNIZ [*].

Conspectus ou Plan général de l'ouvrage (en latin et en français).

Table du *Sommaire* ou Abrégé du *Projet de conquête de l'Égypte.*

Table analytique de la première, de la deuxième et troisième partie.

Correspondances et pièces relatives au *Projet de conquête de l'Égypte.*

Table de l'Appendice.

---

[*] Ces tables ne sont pas de nous : elles ont été trouvées dans la bibliothèque de Hanovre et sont pour la plupart l'œuvre des précédents bibliothécaires. (*Note de l'Éditeur.*)

CONSPECTUS.

Proœmium 1
   Summa expeditionis. 1

PARS PRIOR VEL HISTORICA.

Sectio 1. Historia consilii 2
— 2. Ægyptus maximi momenti in rebus humanis semper fuit. . 3
— 3. Ægyptus semper facilis fuit tentanti. 4

PARS POSTERIOR VEL POLITICA, CORPUS PROPOSITIONIS COMPLECTENS.

Sectio 1. De expeditionis utilitate. 5
— 2. Quid de bello europæo judicandum 6
— 3. Ægyptus an digna tentari. 7
— 4. Num expeditio Franciæ facilis. 8
— 5. Descriptio Ægypti. 9
— 6. De militia. 10
— 7. De munimentis 11
— 8. Num Turca Ægypto succurrere possit. 12
— 9. De potentia Turcarum 13
— 10. De militia Turcica maritima. 14
— 11. — — terrestri 15
— 12. De intestinis Turcarum divisionibus 16
— 13. De Christianis in Turcia 17
— 14. De divisionibus Turcarum in ipsa Ægypto. 18
— 15. De vicinis Ægypti Turcis non subjectis. 19
— 16. De vicinis Franciæ. 20
— 17. De securitate expeditionis. 21
— 18. Expeditio Ægyptiaca an præsenti consiliorum lineæ consentanea. 22
— 19. Num maturandum. 23
— 20. De justitia expeditionis. 24
     Epilogus. 25

PLAN GÉNÉRAL.

Discours préliminaire I
Résumé général de l'entreprise I

PREMIÈRE PARTIE OU PARTIE HISTORIQUE.

I. Histoire du projet. II
II. L'Égypte joua toujours un grand rôle dans les intérêts du genre humain III
III. L'Égypte fut toujours facile à conquérir IV

DEUXIÈME PARTIE OU PARTIE POLITIQUE CONTENANT LE CORPS DE LA PROPOSITION.

I. De l'utilité de l'expédition V
II. Ce qu'il faut penser d'une guerre européenne. VI
III. L'Égypte offre-t-elle une conquête qui mérite d'être tentée? VII
IV. Est-il facile à la France de faire une descente en Égypte? VIII
V. Description de l'Égypte. IX
VI. Composition de la milice égyptienne. X
VII. Fortifications de l'Égypte XI
VIII. La Turquie peut-elle venir au secours de l'Égypte? . . . XII
IX. De la puissance de la Turquie. XIII
X. Marine turque. XIV
XI. Armée de terre. XV
XII. Divisions intestines des Turcs. XVI
XIII. Des chrétiens de Turquie XVII
XIV. Dissensions des Turcs en Égypte même. XVIII
XV. Des voisins de l'Égypte non soumis à la Turquie. XIX
XVI. Des voisins de la France. XX
XVII. Sécurité de l'expédition. XXI
XVIII. L'expédition d'Égypte est parfaitement opportune. . . . XXII
XIX. Il ne faut rien précipiter. XXIII
XX. Du bon droit de l'expédition. XXIV

Les chiffres de gauche indiquent ma division, plus large; ceux de droite correspondent aux paragraphes du Sommaire ou Abrégé.

TABLE

DU

SOMMAIRE OU ABRÉGÉ.

		Pages.
I.	Sommaire.	1
II.	Historique du projet.	2
III.	L'Égypte joua toujours un grand rôle dans les intérêts du genre humain	3
IV.	L'Égypte fut toujours facile à conquérir.	4
V.	Fond du projet.	5
VI.	Une guerre européenne serait inconsidérée.	5
VII.	L'Égypte, dans le moment actuel, offre une conquête préférable à celle de tout autre pays du monde.	6
VIII.	Facilité pour la France d'une descente en Égypte.	8
IX.	Salubrité de ce pays.	8
X.	Composition de la milice égyptienne.	9
XI.	Fortifications.	10
XII.	La Turquie, si elle vient au secours de l'Égypte, ne peut le faire que tardivement et avec beaucoup de peine.	11
XIII.	La décadence de l'empire ottoman.	12
XIV.	La marine turque est insignifiante.	13
XV.	L'armée de terre est généralement abâtardie.	14
XVI.	Divisions intestines des Turcs.	15
XVII.	Concours des chrétiens de Turquie.	18
XVIII.	Dissensions des Turcs, en Égypte même.	19
XIX.	Des voisins de l'Égypte non soumis à la Turquie.	20
XX.	Des voisins de la France.	22
XXI.	La sécurité parfaite de l'expédition résulte de ce qui vient d'être dit.	25
XXII.	L'expédition d'Égypte est parfaitement opportune, et peut-être l'occasion, une fois manquée, serait-elle perdue.	26
XXIII.	Elle doit toutefois être mûrie.	26
XXIV.	Après ces explications, on n'a pas besoin de parler du bon droit de l'expédition.	27
XXV.	Conclusion.	27

TABLE ANALYTIQUE.

DU

GRAND MÉMOIRE A LOUIS XIV.

PREMIÈRE PARTIE.

	Pages.
INTRODUCTION.	20
I. Grandeur politique de ce projet.	29
II. Historique du projet.	30
III. Importance de l'Égypte.	38
IV. Facilité de cette conquête.	40
V. Divisions principales du projet.	42
VI. Prépondérance de la France, sûr moyen de l'assurer.	42
VII. Situation géographique de l'Égypte : isthme de Suez ; avantages de cette situation ; revenus de l'Égypte.	47
VIII. Forces à y envoyer.	59
VIII*. Itinéraire.	61
IX. Salubrité du climat.	65
X. Forces militaires de l'Égypte.	69
XI. Fortifications de l'Égypte.	78
XII*. Difficultés pour les Turcs de secourir l'Égypte.	115
XIII. Décadence de l'empire ottoman.	123
XIV. État de la marine turque : leurs trésors.	127
XV. État de l'armée turque.	139
XVI. Divisions intérieures de la Turquie ; insolence des janissaires ; révoltes des pachas.	152
XVII. État des chrétiens sujets de l'empire turc : leur alliance assurée.	177
XVIII. Divisions intestines des Turcs en Égypte même.	193
XIX. Des voisins de l'Égypte non soumis.	199

* Il y a une erreur typographique dans le numérotage de XII à XVI, le n° XII a été marqué XI, et les numéros suivants ont été omis jusqu'à XVI. On remarquera d'ailleurs la parfaite concordance de ces numéros avec ceux du Sommaire. A partir de XX, c'est la deuxième partie.

DEUXIÈME PARTIE.

DISCUSSION PREMIÈRE.

SECTION PREMIÈRE.

États européens auxquels l'expédition d'Égypte doit causer beaucoup de crainte, et n'apporter que peu ou point de profit.

Pages.
I. Les Provinces-Unies 205
II. Du commerce des Hollandais aux Indes orientales. 205
III. Excursion sur la disposition favorable des Indiens. 206
IV. Et des Européens envers les Bataves 207
V. Du commerce des Espagnols. 210
VI. Excursion sur la situation des Provinces-Unies et sur leurs habitants ; sur les artifices hollandais pour faire interdire la liberté de conscience dans les autres États, et sur l'administration de la justice. 210
VII. Sur le commerce des Allemands. 211
VIII. Et des Français 212
IX. Excursion sur la manière dont les Hollandais supportent les besoins, et sur leur façon parcimonieuse de vivre. 212
X. Ce qui fait que les affaires des Hollandais se soutiennent dans une espèce d'équilibre. 213
XI. Si les Hollandais doivent être attaqués sur terre ou sur mer . . 214
XII. S'ils peuvent être renversés aux Indes orientales. 215
XIII. La meilleure manière d'abattre la puissance des Hollandais. . 216
XIV. Si l'occupation de l'Égypte peut être empêchée par eux. . . . 217
XV. L'Angleterre. — Si une alliance étroite suffit avec les Anglais. 218
XVI. Ou si la guerre doit être faite aux Hollandais par les Anglais. . 219

SECTION II.

États européens auxquels l'expédition d'Égypte ne doit causer que peu de crainte et ne donner que peu d'espérance.

XVII. Du Portugal. 221
XVIII. Des Espagnols 221
XIX. Des Danois. 223
XX. Des Suédois. — Description de la nation 223
XXI. *Excursion* : les Français sont comparés aux Suédois. . . . 224
XXII. De la population de la France. 226
XXIII. De Gustave-Adolphe. 227
XXIV. De Christine. 227

TABLE ANALYTIQUE.

DU

GRAND MÉMOIRE A LOUIS XIV.

PREMIÈRE PARTIE.

		Pages.
INTRODUCTION		20
I.	Grandeur politique de ce projet.	29
II.	Historique du projet.	30
III.	Importance de l'Égypte.	38
IV.	Facilité de cette conquête.	40
V.	Divisions principales du projet	42
VI.	Prépondérance de la France, sûr moyen de l'assurer	42
VII.	Situation géographique de l'Égypte : isthme de Suez ; avantages de cette situation ; revenus de l'Égypte.	47
VIII.	Forces à y envoyer.	59
VIII*.	Itinéraire.	61
IX.	Salubrité du climat.	65
X.	Forces militaires de l'Égypte.	69
XI.	Fortifications de l'Égypte.	78
XII*.	Difficultés pour les Turcs de secourir l'Égypte.	115
XIII.	Décadence de l'empire ottoman.	123
XIV.	État de la marine turque : leurs trésors	127
XV.	État de l'armée turque.	139
XVI.	Divisions intérieures de la Turquie ; insolence des janissaires ; révoltes des pachas.	152
XVII.	État des chrétiens sujets de l'empire turc : leur alliance assurée.	177
XVIII.	Divisions intestines des Turcs en Égypte même	193
XIX.	Des voisins de l'Égypte non soumis	199

* Il y a une erreur typographique dans le numérotage de XII à XVI, le n° XII a été marqué XI, et les numéros suivants ont été omis jusqu'à XVI. On remarquera d'ailleurs la parfaite concordance de ces numéros avec ceux du Sommaire. A partir de XX, c'est la deuxième partie.

DEUXIÈME PARTIE.

DISCUSSION PREMIÈRE.

SECTION PREMIÈRE.

États européens auxquels l'expédition d'Égypte doit causer beaucoup de crainte, et n'apporter que peu ou point de profit.

		Pages.
I.	Les Provinces-Unies.	205
II.	Du commerce des Hollandais aux Indes orientales.	205
III.	Excursion sur la disposition favorable des Indiens.	206
IV.	Et des Européens envers les Bataves.	207
V.	Du commerce des Espagnols.	210
VI.	Excursion sur la situation des Provinces-Unies et sur leurs habitants ; sur les artifices hollandais pour faire interdire la liberté de conscience dans les autres États, et sur l'administration de la justice.	210
VII.	Sur le commerce des Allemands.	211
VIII.	Et des Français.	212
IX.	Excursion sur la manière dont les Hollandais supportent les besoins, et sur leur façon parcimonieuse de vivre.	212
X.	Ce qui fait que les affaires des Hollandais se soutiennent dans une espèce d'équilibre.	213
XI.	Si les Hollandais doivent être attaqués sur terre ou sur mer.	214
XII.	S'ils peuvent être renversés aux Indes orientales.	215
XIII.	La meilleure manière d'abattre la puissance des Hollandais.	216
XIV.	Si l'occupation de l'Égypte peut être empêchée par eux.	217
XV.	L'Angleterre. — Si une alliance étroite suffit avec les Anglais.	218
XVI.	Ou si la guerre doit être faite aux Hollandais par les Anglais.	219

SECTION II.

États européens auxquels l'expédition d'Égypte ne doit causer que peu de crainte et ne donner que peu d'espérance.

XVII.	Du Portugal.	221
XVIII.	Des Espagnols.	221
XIX.	Des Danois.	223
XX.	Des Suédois. — Description de la nation.	223
XXI.	*Excursion* : les Français sont comparés aux Suédois.	224
XXII.	De la population de la France.	226
XXIII.	De Gustave-Adolphe.	227
XXIV.	De Christine.	227

TABLE ANALYTIQUE.

		Pages.
XXV.	De Charles-Gustave.	229
XXVI.	De l'oligarchie suédoise.	230
XXVII.	Prophétie politique sur la Suède.	231
XXVIII.	Les Suédois à la solde de la France.	232
XXIX.	Récapitulation de la première discussion sur les voisins des Turcs et des Français, tant en Asie qu'en Europe.	233

DISCUSSION II.

XXX.	De la sûreté de l'expédition.	234
XXXI.	Section I. — Quant à l'Europe.	235
XXXII.	Section II. — Quant à ce qui regarde l'Égypte et le chemin pour y arriver. — Si, malgré l'opposition de tous, l'Égypte peut être conquise. — Cela est prouvé historiquement.	238
XXXIII.	Géographiquement.	238
XXXIV.	Mais il suffit d'une seule flotte hollandaise pour rompre l'entreprise.	240
XXXV.	*Excursion :* si l'amitié entre la Porte et la Hollande doit être à craindre.	241
XXXVI.	1° On ne peut proposer d'alliance plus avantageuse à l'une et à l'autre.	241
XXXVII.	2° Elle doit être à craindre, à cause de l'habileté des Hollandais dans la marine.	242
XXXVIII.	3° A cause de leurs opinions religieuses.	243
XXXIX.	4° A cause de la religion des Turcs.	245
XL.	5° Les esprits des Hollandais sont déjà préparés à une confédération avec l'empire ottoman.	245
XLI.	6° Les corsaires des Français peuvent fournir aux Hollandais un prétexte de joindre leurs forces aux Turcs.	247
XLII.	Si on peut se désister impunément de l'expédition. — On peut s'en désister en chemin.	248
XLIII.	Après la descente effectuée en Égypte.	249
XLIV.	Nous n'avons pas d'ennemis à notre poursuite.	250
XLV.	L'honneur.	251
XLVI.	Et la raison d'État seront en sûreté.	251

DISCUSSION III.

XLVII.	Du temps opportun.	252
XLVIII.	L'expédition s'accorde très-bien avec les vues et les projets actuels des Français.	253
XLIX.	L'occasion, une fois échappée, ne reviendra peut-être plus. Il faut se hâter pour des raisons tirées des Européens.	255
L.	Et des Turcs.	256

DISCUSSION IV.

LI. De la justice de l'expédition. — Le Turc envahi accable les ambassadeurs et les marchands français d'injures et d'affronts. . 257
LII. Des raisons de religion conseillent l'expédition. 259

DISCUSSION V ET DERNIÈRE.

LIII et LIV. Épilogue. 262

TROISIÈME PARTIE.

Projet de Fable politique pour servir de suite au Projet de conquête de l'Égypte. 267

CORRESPONDANCES ET PIÈCES DIVERSES
RELATIVES AU PROJET DE CONQUÊTE DE L'ÉGYPTE.

Lettre de M. l'abbé Gravel à M. de Boinebourg. 301
Lettre de Boinebourg à Sa Majesté le roi de France. 302
Lettre du même au même. 304
Proposition envoyée à Louis XIV, en français. 305
Autre proposition, en latin. 309
Lettre d'Arnauld de Pomponne à Boinebourg. 311
Lettre de Boinebourg à Arnauld de Pomponne. 312
Lettre du même au même. 313

APPENDICE.

I. Sommaire. 315
II. Lettre de Leibniz à Louis XIV. Fragment. 341
III. Épilogue en vers du *Consilium Ægyptiacum*. 353
IV. Lettre du marquis de Feuquières à Sa Majesté le roi de France. 354
V. Extrait d'une lettre d'Arnauld de Pomponne au marquis de Feuquières. 358
VI. Lettre d'Arnauld de Pomponne à M. de Boinebourg. 359
VII. Extrait d'une lettre d'Arnauld de Pomponne au marquis de Feuquières. 360
VIII. Lettre du baron de Boinebourg à Arnauld de Pomponne. . . 361
IX. Mémoire fait par M. de Pomponne, contenant la réponse du Roi à l'électeur de Mayence, sur l'offre de sa médiation. . . 362
X. Vers de Leibniz sur l'Égypte. 366

FIN DES TABLES DU Ve VOLUME.

ERRATA.

Page 37, ligne 32. — Au lieu de : Oran qui fait face à l'Afrique, *lisez* : qui fait face à l'Espagne.

Page 38, ligne 13. — Au lieu de : ces possessions, *lisez* : ses possessions.

Page 69, ligne 2. — Au lieu de : et, *lisez* : est.

Page 79, ligne 1. — Au lieu de : tels que, *lisez* : telles que.

Page 217, ligne 1. — Au lieu de : Australie, *lisez* : Autriche.

Page 264, ligne 27. — Au lieu de : flots croissants, *lisez* : flots gelés.

Page 299, ligne 5. — Au lieu de : flots en courroux, *lisez* : flots gelés.

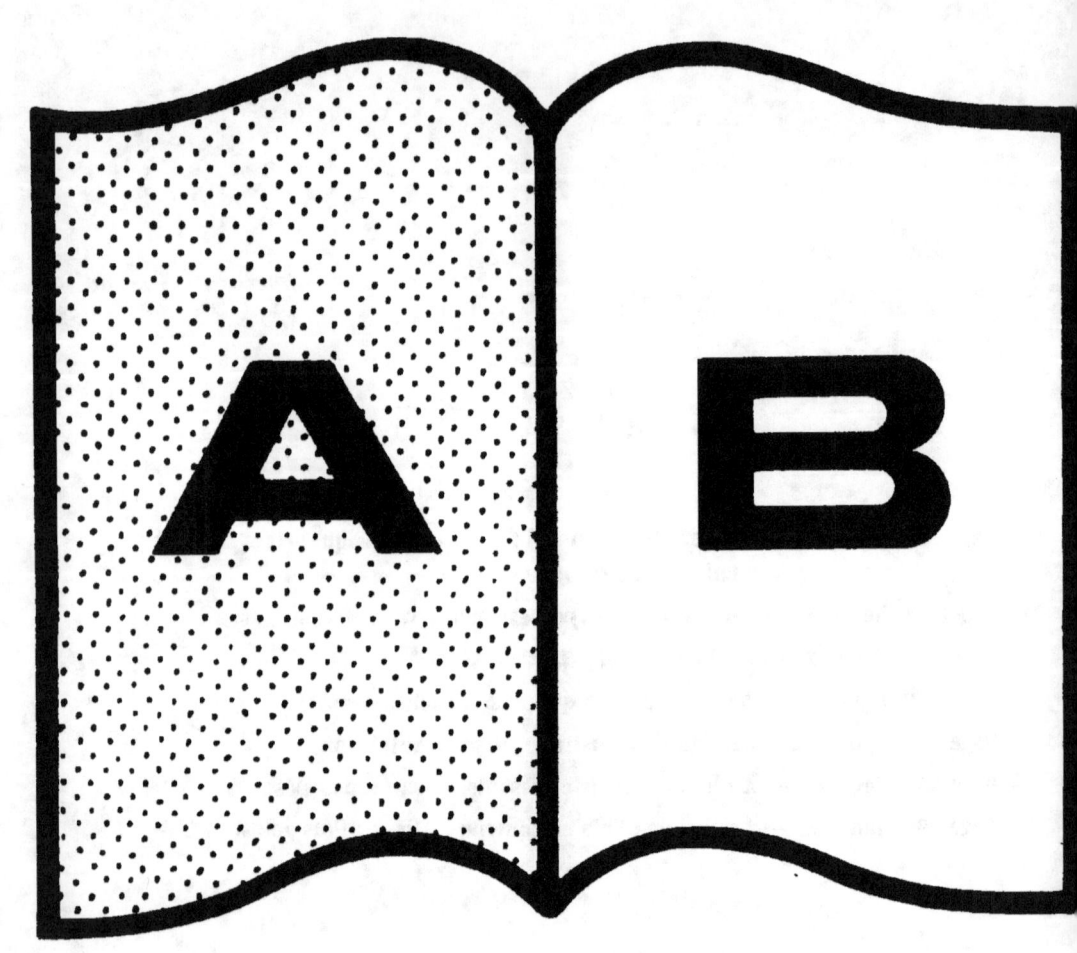

Contraste insuffisant

NF Z 43-120-14